Séparations conflictuelles et aliénation parentale

Enfants en danger

La *Chronique sociale* est à la fois un organisme de formation et de recherche et une maison d'édition. Fondée à Lyon en 1892, elle s'est préoccupée dès ses origines de sensibiliser aux évolutions de la société et de suggérer une organisation de la vie collective plus solidaire et plus respectueuse des personnes.

Actuellement, les ***Éditions de la Chronique sociale*** publient des ouvrages et des jeux pédagogiques qui contribuent à mettre en œuvre ces orientations. Issus de pratiques professionnelles et sociales, ils sont au service de tous ceux qui s'efforcent de mieux comprendre le monde.

Chacun pourra s'approprier ces outils et les utiliser, tant pour son développement personnel que pour une action collective efficace.

Pour plus d'informations :
www.chroniquesociale.com

Couverture : Collection de l'auteur

Responsable des Éditions : André Soutrenon

Coordination éditoriale : Philippe Fournier-Bourdier

Correction : Gil Mozzo

Imprimeur : Sepec 01692160102

Chronique sociale, Lyon, Dépôt légal : février 2016
Imprimé en France

PEFC™ 10-31-1470 / Certifié PEFC / Ce produit est issu de forêts gérées durablement et de sources contrôlées. / pefc-france.org

Sous la direction de

Dr Roland Broca – Olga Odinetz

Préface du Dr William Bernet

Séparations conflictuelles et aliénation parentale

Enfants en danger

Comprendre
la société

l'essentiel

Chronique Sociale 1, rue Vaubecour – 69002 Lyon
Tél. : 04 78 37 22 12

« C'est le malheur des temps que les fous guident les aveugles. »
William Shakespeare, *Le Roi Lear*, acte IV, scène I.

« Les hommes se trompent quand ils se croient libres ; car cette opinion consiste en cela seul qu'ils sont conscients de leurs actions et ignorants des causes qui les déterminent. »
Baruch Spinoza, *L'Éthique*, Livre II, proposition 35.

Les contributeurs

Roland Broca

Psychiatre des Hôpitaux honoraire. Ancien chef de service et d'intersecteur de psychiatrie générale et de psychiatrie de l'enfant et de l'adolescent.

Psychiatrie générale. Psychiatrie de l'enfant et de l'adolescent. Psychanalyse.

Expertise dans le domaine des séparations familiales conflictuelles.

Membre du Parental Alienation Study Group (PASG).

Paul Bensussan

Psychiatre expert agréé par la Cour de cassation et par la Cour pénale internationale.

Alexis Chalom

Psychologue clinicien.

Michel Delage

Professeur de psychiatrie du Service de Santé des Armées. Ancien chef de service de psychiatrie à l'Hôpital d'instruction des Armées Sainte-Anne, Toulon.

Thérapeute familial actuellement en exercice à l'hôpital d'instruction des Armées Sainte-Anne à Toulon et dans l'Association « Vivre en Famille » à La Seyne-sur-Mer.

Benoît van Dieren

Psychologue. Psychothérapeute indépendant (thérapie brève, thérapie familiale et de couple). Médiateur familial. Expert auprès des tribunaux. Membre du Parental Alienation Study Group (PASG).

Marie-France Hirigoyen

Psychiatre, psychanalyste et thérapeute familial systémique.

Chargée de cours de victimologie à l'université Paris Descartes, elle y est également chercheuse associée.

Membre de l'International association on *workplace* bullying and harassment, association mondiale de recherche sur le harcèlement moral.

Marc Juston

Juge aux affaires familiales honoraire.

Président de Tribunal honoraire.

Célia Lillo

Psychologue. Expert et médiatrice familiale accréditée.

Fondatrice et directrice de la clinique de psychologie Celia Lillo au Québec.

Bee Marique

Avocate au barreau de Dinant.

Olga Odinetz

Présidente-fondatrice de l'Association contre l'aliénation parentale (ACALPA).

Membre du Parental Alienation Study Group (PASG).

Expert-interprète près de la Cour d'appel de Paris.

Sophie Paricard

Juriste. Maître de conférences HDR Université Toulouse 1 Capitole, EA 1920, CUFR Albi.

Gérard Poussin

Docteur en psychologie. Université Paris V.

Professeur de psychologie clinique à l'université Pierre Mendès-France de Grenoble.

Christine Ravaz

Avocate.

Séparations conflictuelles et aliénation parentale

Un rapide tour du monde de l'Aliénation parentale

L'Aliénation parentale (AP) est un état mental très particulier qui se produit parfois chez les enfants qui se trouvent piégés dans une longue bataille entre leurs parents. L'idée de base de l'aliénation parentale est assez simple : quand les parents se séparent ou divorcent et sont dans un conflit très intense, les enfants peuvent former une alliance forte avec un parent et refuser d'avoir une relation avec l'autre parent, même si auparavant ils avaient une relation affectueuse forte et saine avec le parent dorénavant rejeté. L'aliénation parentale se produit dans des milliers de familles, dans les pays et les cultures du monde entier. Partout où ce phénomène est rapporté, on observe des modèles de comportement que l'on pourrait qualifier à première vue de bizarres et imprévus, difficiles à comprendre et très douloureux à vivre. Cette préface va expliquer comment le concept d'AP a été décrit aux États-Unis et s'est rapidement répandu au Canada, puis en Europe et ensuite à d'autres pays à travers le monde.

Le terme ***Syndrome d'aliénation parentale*** (SAP) a été introduit par le psychiatre américain Richard A. Gardner. Les premières explications qu'il donne de ce concept figurent dans un article du bulletin de 1985 et dans son livre *Child Custody Litigation* (Contentieux sur la garde des enfants), publié en 1986. Son livre définitif, qui fera référence sur la question, *The Parental Alienation Syndrome : A Guide for Mental Health and Legal Professionals,* (Le syndrome d'aliénation parentale : un guide pour les professionnels de la santé mentale et du droit), est publié en 1992. Gardner était un enseignant et un écrivain prolifique, qui a écrit environ quarante livres, de nombreux chapitres dans livres collectifs, et des articles sur divers aspects de la pédopsychiatrie. Cependant, Gardner ne fut pas le premier à décrire l'AP, puisque le concept d'AP est mentionné dans des procédures juridiques depuis le début du XIXe siècle, ainsi que dans les écrits des professionnels de la santé mentale depuis les années 1940. Par exemple, David M. Levy, qui n'avait jamais entendu parler de SAP, décrit tous les composants de ce phénomène dans son livre *Maternal Overprotection* (La surprotection maternelle), publié en 1943.

Dans les années 1980, plusieurs chercheurs et écrivains, en dehors de Gardner, décrivent le SAP. Les psychiatres américains, Elissa P. Benedek et Diane H. Schetky, publient en 1985 un article intitulé « Custody and

Visitation : Problems and Perspectives » (« Droits de garde et de visite : problèmes et perspectives »), dans lequel ils écrivent : « [Le parent hostile, vindicatif] peut faire pression sur l'enfant afin qu'il prenne parti, le faisant se sentir coupable de ses visites à l'autre parent. À l'extrême, cela peut conduire à un lavage de cerveau. » De même, Judith Wallerstein et Sandra Blakeslee publient en 1989 *Second Chances : Men, Women, and Children a Decade after Divorce* (Une deuxième chance : hommes, femmes et enfants une décennie après le divorce), dans lequel elles notent : « Une femme trahie par son mari peut être en opposition profonde avec le fait que ses enfants doivent lui rendre visite tous les week-ends… Elle ne peut pas arrêter la visite, mais elle peut planter les graines du doute du "ne faites pas confiance à votre père" dans l'esprit des enfants. » Enfin, Stanley S. Clawar, sociologue, et Brynne V. Rivlin, travailleur social, publient en 1991 un livre célèbre, *Children Held Hostage* (Enfants pris en otage), dans lequel ils analysent sept cents cas de consultations impliquant des enfants du divorce qu'ils ont suivis. Ils constatent que dans environ 80 % des cas, il existe un élément de programmation parentale dont l'objectif est d'implanter des idées fausses et négatives au sujet de l'autre parent. Dans la 2e édition de *Children Held Hostage,* publiée en 2013, Clawar et Rivlin rapportent déjà mille cas. Certes, ces auteurs, et bien d'autres, utilisent différents termes pour nommer le même phénomène que Gardner appelle le SAP. Et de nos jours, la plupart des auteurs se réfèrent désormais à l'AP, et n'utilisent pas le terme de SAP, sauf quand ils discutent le sujet dans un contexte historique.

Bien entendu, Gardner a été la principale référence pour la formation des professionnels de la santé mentale et du droit en matière de SAP. Entre 1986 et 2003, année de sa mort, Gardner réalise environ cent présentations sur le SAP et sur des sujets étroitement liés dans des réunions professionnelles, des centres médicaux et des universités. Grâce aux écrits de Gardner, les professionnels de la santé mentale et du droit dans de nombreux autres pays prennent connaissance du concept de SAP. Ils l'invitent à participer à leurs conférences et dans leurs universités pour parler des manifestations et des causes du SAP, ainsi que des interventions possibles. Nous savons que Gardner a fait des conférences à Lund, en Suède (août 1993) ; Edmonton, Canada (mai 1994) ; Oslo, Norvège (octobre 1994) ; Londres, Angleterre (octobre 1995 et septembre 2002) ; Saint-Pétersbourg, Russie (avril 1997) ; Hersylia, Israël (mars 1998) ; Breda, Pays-Bas (juin 1998) ; et Frankfurt am Main, Allemagne (octobre 2002). **Le SAP devient un concept connu et étudié dans les communautés professionnelles** dans de nombreux pays grâce aux nombreux voyages et conférences de Gardner. Il demande alors à ses collègues du monde entier de contribuer à la rédaction du *International Handbook of Parental Alienation Syndrome (Manuel*

International du Syndrome d'Aliénation Parentale). Des chapitres de ce manuel sont rédigés, sous la direction de Gardner, Richard S. Sauber, et Démosthène Lorandos, par des chercheurs d'Australie, du Canada, de la République tchèque, d'Allemagne, d'Israël, de Suède, du Royaume-Uni et des États-Unis. À sa publication en 2006, ce manuel représente la discussion la plus détaillée et la plus élaborée de l'AP de l'époque.

Peu de temps après que Gardner ait introduit la définition du SAP, en 1985 et 1986, des décisions judiciaires et des publications concernant le SAP paraissent au Canada. En 1991, Anne-France Goldwater publie un article intitulé « Le syndrome d'aliénation parentale », dans la revue de droit *Développements récents en droit familial*. Son article est presque entièrement basé sur un chapitre du livre que Gardner avait publié en 1989, *Family Evaluation in Child Custody Mediation, Arbitration, and Litigation* (Évaluation de la famille dans des situations de médiations, d'arbitrage et de contentieux concernant la résidence de l'enfant). Dans son article, Mme Goldwater décrit une affaire judiciaire mettant en avant le SAP, (PSM vs AJC), qui avait déjà été jugée au Canada. Le Dr Abe Worenklein, psychologue judiciaire, explique comment, dans cette affaire, Gardner avait identifié et décrit le SAP. C'est ainsi que Mme Goldwater et le Dr Worenklein sont devenus les pionniers dans la diffusion d'informations concernant le SAP et l'AP au Canada.

Dans les années 1990, le SAP commence à apparaître dans la littérature professionnelle juridique et de santé mentale en Europe. Ainsi, la première description de l'AP faite par un professionnel en Norvège figure dans l'article de l'anthropologue Jan Brøgger, qui écrit en 1995 « Når barn utvikler sykelig hat mot foreldre » (« Quand les enfants développent une haine morbide envers les parents »). L'AP est mentionnée dans la littérature professionnelle allemande pour la première fois en 1995, avec la publication de l'important article de Wolfgang Klenner, psychologue médicolégal, « Rituale der Umgangsvereitelung bei getrennt lebenden oder geschiedenen Eltern » (« Rituels de frustration-manipulation de parents séparés ou divorcés »). En 1998, Ursula Kodjoe, psychologue judiciaire, et Peter Koeppel, avocat en droit de la famille, publient en Allemagne trois articles sur le SAP qui vont alimenter de vives discussions en Europe entre professionnels de santé mentale et du droit sur le concept de SAP et son diagnostic.

Le psychologue Eduard Bakalář, qui a étudié les conflits de garde des enfants pendant de nombreuses années, relate l'apparition de situations d'AP dans la République tchèque. En 1996, il décrit avec Daniel Novák l'AP dans un chapitre intitulé, *Popouzení dítěte proti druhému rodiči* (Contraindre un enfant contre son autre parent) de leur livre *Průvodce rozvodem pro všechny zúčastněné* (Guide du divorce pour toutes les personnes impliquées). En 1997, Lena Hellblom Sjögren, psychologue suédoise, décrit le SAP dans un livre important sur la mémoire, la suggestibilité et les abus sexuels : *Hemligheter och minnen. Att utreda tillförlitlighet i sexualbrottmål* (Secrets et souvenirs : enquêter sur la fiabilité dans les affaires pénales de crimes sexuels). Apparemment, la première personne à écrire sur ce sujet dans la littérature professionnelle italienne est la psychologue Isabella Buzzi, avec un chapitre concernant le SAP dans l'ouvrage Separazione, *Divorzio e affidamento dei Figli* (Séparation, divorce et garde des enfants), publié en 1997. L'année suivante, le professeur Guglielmo Gulotta publie dans une revue médicale « La sindrome di alienazione genitoriale » (« Le syndrome d'aliénation parentale »). Toujours en 1998, Ludwig F. Lowenstein, psychologue judiciaire au Royaume-Uni, publie un article dans un journal pour les thérapeutes de la famille, intitulé « Parent alienation syndrome : A two-step approach toward a *solution* » (« Le syndrome d'aliénation parentale : Une approche en deux étapes vers une solution »).

Dans les années 2000, l'information sur l'AP s'étend à d'autres pays d'Europe et d'autres parties du monde. En 2001, Sandra S. Berns publie en Australie un article à propos du SAP. En 2002, Christopher P. Szabo rédige un éditorial dans un journal psychiatrique sud-africain dans laquelle il écrit que les professionnels de santé mentale qui ne comprennent pas le SAP « peuvent envenimer les affaires ». En 2004, José Manuel Aguilar, psychologue judiciaire espagnol et écrivain prolifique, publie *Síndrome de Alienación parental* (Syndrome d'aliénation parentale). En 2007, Colin PA Jones, professeur dans une école de droit au Japon, publie un article sur « what American lawyers need to know about child custody and visitation in Japan » (« ce que les avocats américains ont besoin de savoir à propos de la garde des enfants et la visite au Japon »). Jones écrit : *Parental child abduction and parental alienation are problems for parents and children in Japan, regardless of race or nationality* (L'enlèvement parental d'enfant et l'aliénation parentale sont des problèmes pour les parents et les enfants au Japon, sans distinction de race ou de nationalité). En 2007, l'avocate Anja Hannuniemi publie un article sur le SAP pour une revue de droit en Finlande. Enfin, en 2009, Paul Bensussan, psychiatre expert judiciaire, publie un article plein d'espoir, « L'aliénation parentale : Vers la fin du déni ? » dans une revue médicale française.

Alors que la connaissance de l'AP se répand rapidement parmi les professionnels de la santé mentale, les avocats introduisent le concept de l'AP dans les procédures judiciaires et les législateurs créent des lois concernant spécifiquement ce problème. Le concept de l'AP est introduit le plus souvent dans les procédures judiciaires devant des tribunaux des États-Unis et au Canada, généralement dans le cadre d'un litige concernant la garde de l'enfant. Le *Supplemental Reference Guide* (Guide de référence supplémentaire) publié en complément du livre édité en 2013, *Parental*

Alienation : The Handbook for Mental Health and Legal Professionals (Aliénation parentale : Le Manuel pour les professionnels de la santé mentale et du droit), par Démosthène Lorandos, William Bernet, et S. Richard Sauber, résume près de cinq cents cas aux États-Unis et au Canada dans lesquels l'AP a été discutée, que ce soit à travers le témoignage d'un expert ou dans un verdict de la cour.

En France, de nombreuses procédures concernant des AP sont examinées par un tribunal de première instance ou par une cour d'appel. En particulier, dans un cas soumis à la Cour de cassation en France (Cass. 1re civ., 26 juin 2013, n° 12 à 14,392), l'AP est reconnue comme « un nouvel élément qui a justifié une nouvelle saisine de la Cour d'appel ». Enfin, la Cour européenne des droits de l'homme, tribunal supranational, prend la question de l'AP en considération dans plusieurs affaires importantes. Dans le cas de Mincheva c. Bulgarie (2010), par exemple, la Cour reprend le diagnostic de l'AP dans son arrêt et dit spécifiquement : « La Cour estime également qu'en omettant d'agir avec diligence, les autorités nationales, par leur comportement, ont favorisé un processus d'aliénation parentale au détriment du demandeur, ignorant ainsi son droit au respect de la vie familiale garanti par l'article 8 [de la Convention européenne des droits de l'homme] ».

Dans certains pays, les professionnels de la santé mentale et les professionnels du droit réussissent à collaborer avec les autorités judiciaires dans la lutte contre le problème de l'AP. Ainsi en Belgique, Benoît Van Dieren, psychologue, organise un groupe multidisciplinaire (un magistrat, un avocat, un médiateur et un psychologue) pour étudier comment détecter l'AP et comment intervenir quand il se produit. En Allemagne, Ursula Kodjoe, psychologue expert, participe activement avec d'autres intervenants au modèle de Cochem, dans lequel les professionnels de la santé mentale et du droit coopèrent pour aider les enfants de parents divorcés à garder de bonnes relations avec leurs deux parents.

En France, Olga Odinetz créé l'Association contre l'aliénation parentale (ACALPA), qui vise non seulement à informer et soutenir les parents, mais aussi à former des officiers de la gendarmerie, des professionnels du droit et de la santé mentale sur l'aliénation parentale. En Roumanie, Codin Băltăgan et d'autres ont organisé la Asociaţia Română pentru Custodia Comuna (Association roumaine de garde conjointe), qui propose de réduire l'AP en plaidant pour la garde conjointe. Au Canada et aux États-Unis, Parental Alienation Awareness Organization (Organisation parentale de sensibilisation à l'aliénation) sensibilise le public en général, les écoles, la police, les conseillers en santé mentale et les responsables religieux, de même que les parents qui ne sont pas conscients de la façon dont leurs comportements aliénants peuvent nuire aux enfants.

En ce qui concerne la législation, le gouvernement de l'Argentine adopte en 1993 une loi (Loi n° 24270) qui institue des sanctions pénales pour *« un parent ou une tierce personne qui empêche ou entrave illégalement le contact d'un mineur avec son parent non résidentiel »*. Bien que la loi ne mentionne pas spécifiquement l'AP, elle a été utilisée pour poursuivre des parents qui aliènent leurs enfants contre l'autre parent. En 2004, le district fédéral de Mexico a été la première province à adopter une référence spécifique à l'AP dans son code civil : *« Chaque parent doit éviter tout acte de manipulation, d'aliénation parentale visant à produire le ressentiment de l'enfant ou le rejet de l'autre parent »*. La législation la plus exhaustive concernant l'AP a été promulguée par le gouvernement du Brésil en 2010. La Loi n° 12.318 commence ainsi : « Esta Lei dispoe sobre a alienação parentale » (Cette Loi régit l'aliénation parentale).

Mes collègues et moi-même avons compilé une bibliographie internationale concernant l'AP. Nous avons trouvé des articles concernant l'AP dans la littérature professionnelle, les chapitres de livres et livres provenant de trente-huit pays. La portée mondiale de l'AP s'est étendue à l'Algérie, Cuba, Hong Kong, Inde, Israël, Lituanie, Malaisie, Suisse et d'autres pays. Le livre le plus lu au sujet de l'AP, écrit par le psychologue américain Richard A. Warshak, *Divorce Poison : Protecting the Parent-Child Bond from a Vindictive Ex,* a été publié pour la première fois aux États-Unis en 2001 puis traduit et publié en croate, tchèque, finlandais, japonais et coréen.

Des bourses d'étude pour des travaux concernant l'AP sont attribuées dans de nombreux pays et de nombreuses cultures, dans de nombreuses disciplines professionnelles. Ce livre, *Séparations conflictuelles et aliénation parentale - Enfants en danger,* poursuit cette dynamique de collaboration entre chercheurs et praticiens de divers horizons professionnels. Parmi les contributeurs figurent des psychologues, des psychiatres, des avocats, un juge, une juriste, des enfants et des parents. Ce type de collaboration est essentiel pour comprendre une question aussi complexe que l'Aliénation Parentale, afin de développer des solutions, des mesures préventives et des interventions qui permettront de protéger au mieux nos enfants et petits-enfants si vulnérables face aux conflits de leurs parents.

William Bernet, M. D.

Professeur émérite au Département de psychiatrie,
Faculté de l'Université Vanderbilt, Nashville, Tennessee, États-Unis.

Introduction

La séparation et le divorce sont des moments de rupture très déstabilisants et difficiles à gérer pour les parents comme pour les enfants. Ce type d'épreuve s'inscrit dans le quotidien de millions de familles. Les situations familiales sont très diverses, de même que les raisons de rupture.

Globalement, les divorces ont progressé dans le sens inverse de la courbe des mariages et sont en augmentation constante. Certes, une majorité de séparations est désormais conclue par consentement mutuel mais les procédures conflictuelles encombrent toujours davantage les tribunaux, indépendamment du type d'union à laquelle les parents souhaitent mettre fin.

Avec l'augmentation du nombre de séparations, on constate que de plus en plus d'enfants perdent ou rompent le contact avec l'un de leurs parents peu de temps après la séparation de ces derniers.

Dans tous les cas, l'enfant, dont les droits et l'intérêt supérieur sont au centre des préoccupations du législateur, devient le *principal enjeu de la séparation de ses parents*. Cet enfant, qui dorénavant « fait famille », sera ainsi au cœur de la chaîne des événements psychojudiciaires qui va se déclencher à la séparation de ses parents. La situation sociale et les biens matériels ne sont plus des arguments décisifs dans les dossiers de divorce : le conflit parental porte désormais sur la résidence de l'enfant, qui sera l'objet d'un combat juridique acharné particulièrement néfaste. Pour beaucoup d'enfants, la séparation des parents devient ainsi un vrai cauchemar, d'autant plus douloureux et traumatisant que le conflit parental sera élevé.

C'est à ces moments de rupture et de crise que peuvent se révéler des difficultés psychiques aussi bien chez les enfants que chez les parents. Des maladies mentales ou des troubles de la personnalité peuvent apparaître ainsi au grand jour, pour qui sait les décrypter, sans oublier les violences conjugales, soient-elles physiques ou psychologiques, dont les enfants, souvent témoins, sont toujours les victimes, qu'ils en soient les cibles, les spectateurs ou les auteurs. Ce conflit peut s'étendre rapidement aux deux familles ainsi qu'aux amis qui vont prendre parti et témoigner, avec des accusations croisées de délits et de mensonges.

Quand la séparation devient une guerre, l'enfant se retrouve exposé à un *subtil chantage psychologique* d'un parent, parfois des deux, qui s'opposera aux décisions judiciaires et abusera, consciemment ou inconsciemment, de son autorité parentale pour l'inciter à rompre tout lien affectif avec son autre parent.

Instrumentalisé malgré lui, l'enfant parfois n'a d'autre solution que de se rallier corps et âme au parent préféré qu'il « a choisi », jusqu'à devenir captif de son mode de pensée. Piégé dans une relation d'emprise, l'enfant victime de ce phénomène peut tenir des propos d'une extrême dureté, voire proférer les accusations les plus graves ou les plus insensées. Certains enfants, parfois très jeunes, se comportent avec une violence et une cruauté inouïes, allant jusqu'à proférer des menaces de mort à l'encontre du parent rejeté. Ils peuvent également se mettre en danger eux-mêmes dans un chantage au suicide, radical et morbide, pour ne plus jamais le revoir. Cette attitude est en complète rupture avec la nature de la relation d'autrefois : jadis aimé, le parent rejeté devient au pire un ennemi, au mieux un étranger. L'enfant, pris dans ce processus pathologique, rejette également toute la famille du parent aliéné (grands-parents, oncles et tantes, cousins…) ainsi que les personnes autrefois aimées. C'est une véritable amputation de l'arbre généalogique qui va se mettre en place, avec une destruction des liens affectifs qui peut durer des dizaines d'années, voire devenir irréversible.

La dépendance naturelle de l'enfant, la peur et l'identification avec le parent à l'origine du rejet – dit « parent aliénant » – vont favoriser chez lui l'apparition de véritables *symptômes traumatiques*. Repli sur soi, sentiments de dévalorisation, perte de confiance en soi, perception biaisée de la réalité sont autant de symptômes qui annoncent ou accompagnent de graves perturbations qui vont marquer durablement sa jeunesse puis sa vie adulte : troubles psychosomatiques, échec scolaire ou surinvestissement, mais également conduites à risques, délinquance, comportement psychotique ou paranoïde, voire des tentatives de suicide.

Mais dans les procédures de séparations parentales conflictuelles, le propre système judiciaire devient également acteur de cette aliénation. Au tribunal, les avocats ne vont plus décrire un mari volage ou une épouse vénale pour gagner un divorce : ils vont s'attacher à démontrer que leur client est le seul parent respectable et aimant, capable d'élever ses enfants, et que l'autre parent, désigné comme la « partie adverse », représente au mieux une angoisse, au pire un danger. Ces guerres familiales sont rarement loyales. Elles sont mises en scène pour éliminer un parent et faire gagner un autre, et les parents oublient trop souvent que les avocats bénéficient de l'immunité judiciaire et que de ce fait les procédures sont rarement équitables. Par ailleurs, face à des enfants déterminés, les différents intervenants hésitent à prendre les décisions qui s'imposent. Et quand ils prennent conscience de la gravité de la situation, après des années de procédures, il est souvent déjà *trop tard pour restaurer les liens détruits*.

S'appuyant sur l'analyse du parcours affectif, psychologique et judiciaire d'affaires réelles, cet ouvrage montre comment des situations familiales apparemment ordinaires peuvent parfois, faute de diagnostic précoce, prendre des développements dramatiques. Il s'appuie sur les témoignages des parents et des enfants victimes de ces guerres familiales pour parcourir les différentes étapes de la chaîne judiciaire, en croisant les regards des différents acteurs : magistrats, expert, psychiatre, psychologue, juriste et avocat. Il présente les limites des différentes formes d'interventions dans le contexte judiciaire actuel et s'appuie sur des expériences mises en place dans des pays voisins pour avancer des modèles de prises en charge multidisciplinaires pour les situations les plus difficiles, pour lesquelles non seulement le diagnostic mais l'accompagnement par un professionnel de la santé mentale spécialisé est indispensable pour mettre en place une réponse adaptée à la situation familiale.

Ce livre s'adresse avant tout au grand public car quiconque envisage une séparation se pose anxieusement la question des enfants et de la préservation du lien avec eux. Il s'adresse également aux acteurs concernés par ces séparations parentales conflictuelles : professionnels du droit, de la santé et du secteur psychosocial, confrontés dans leur pratique à des situations difficiles.

L'objectif de cet ouvrage est d'apporter des éléments de compréhension des phénomènes en jeu lors des séparations parentales conflictuelles, ainsi que des pistes de solutions pour la protection des enfants et le respect de leurs droits. Il montre que les réponses psychojudiciaires, pour être efficaces, doivent être adaptées à chaque situation et s'appuyer sur la collaboration de toutes les personnes concernées.

Première partie

Le concept d'aliénation parentale : diagnostic et évaluation clinique

Chapitre 1

Émergence du concept d'aliénation parentale et reconnaissance en France

Par Olga Odinetz

L'émergence du concept

Sans remonter jusqu'aux temps anciens et au mythe de Médée[1], force est de constater que des prises en otage d'enfants lors d'une séparation parentale conflictuelle, accompagnées de comportements de rejet violent et injustifié d'un parent par ses enfants, ne sont pas des phénomènes nouveaux. Ces situations sont rapportées dans la littérature, avant même l'abolition de la puissance paternelle dans les pays occidentaux ou l'institutionalisation du divorce. Reich[2] mentionne des *« parents se vengeant de leurs partenaires en les privant de leur plaisir d'être avec l'enfant »*. Wallerstein & Kelly[3] ne parlent pas d'aliénation parentale mais décrivent déjà sans équivoque *« des enfants particulièrement vulnérables face à la colère d'un parent contre l'autre. Ils sont des alliés fidèles et précieux pour faire du mal à l'autre parent. Assez souvent, ils se retournent contre le parent qu'ils ont aimé et dont ils ont été proches avant la séparation conjugale »*.

1. Trahie et humiliée par Jason dans sa promesse d'une éternelle fidélité, Médée tue la maîtresse de son mari, égorge ses propres enfants en proférant des terribles mots de vengeance, et se déchire le ventre qui a enfanté les fils du héros de la Toison d'Or. Du point de vue clinique, le syndrome de Médée est défini comme une modalité de harcèlement mise en œuvre par un parent voulant priver son conjoint de la relation avec ses enfants et apparaissant à l'occasion d'une rupture conjugale. Ce concept ajoute des dimensions psychopathologiques importantes à la notion de syndrome d'aliénation parentale : utilisation de l'enfant pour se venger, deuil sadique d'amour, retour de rites sacrificiels chez des sujets avec trouble de la personnalité confrontés à des relations d'amour dramatiques. Alain Depaulis, *Le complexe de Médée – Quand une mère prive le père de ses enfants,* De Boek, 2008 ; Antonio Andreoli, « Le syndrome de Médée – Parcours sadique de la perte d'amour », *Revue médicale suisse,* 2010).

2. Wilhelm Reich, *Character analysis,* Farar, Straus and Giroux, 1949.

3. Judith S. Wallerstein & Joan B. Kelly, *Surviving the break-up : how children and parents cope with divorce,* Basic Books, 1980.

En 1992, le psychiatre américain Richard A. Gardner décrit et conceptualise pour la première fois le Syndrome d'aliénation parentale (SAP) pour définir certaines situations pathologiques observées chez des enfants, associées à des séparations parentales hautement conflictuelles. Il en donne cette définition : *« Le syndrome d'aliénation parentale est un trouble qui se manifeste principalement dans le cadre de litiges de garde d'enfant. Sa manifestation principale est la campagne de dénigrement menée par l'enfant contre le parent sans aucune justification. Ce trouble résulte de la combinaison de l'endoctrinement réalisé par le parent aliénant et les propres contributions de l'enfant à la diffamation du parent aliéné »*. Il pose de suite les limites du concept : *« En revanche, lorsqu'un abus et/ou une négligence parentale existent vraiment, l'animosité de l'enfant se justifie et son comportement s'explique. »* Gardner définit une liste de *huit critères* diagnostiques que l'on peut observer chez l'enfant victime d'un SAP et qui permettraient de distinguer ce phénomène d'une autre forme de rejet, que l'on pourrait observer à la suite de mauvais traitements ou de carences affectives (voir Chapitre 7).

Le livre de R. Gardner *The Parental Alienation Syndrome, a guide for mental health and legal professionals*[4] devient l'ouvrage de référence à partir duquel va se développer le débat sur le concept d'aliénation parentale. Les travaux sur le SAP vont se multiplier aux États-Unis. Les chercheurs et les praticiens décrivent différentes variantes de modèles comportementaux pathologiques dans des situations de séparations parentales conflictuelles. Nous retiendrons les deux principaux.

Alors que la définition de Gardner est centrée sur le comportement de l'enfant et sa participation active dans le dénigrement de l'autre parent, Darnal[5] propose une définition de l'aliénation parentale (et non du *syndrome SAP)*, centrée sur le comportement du parent aliénant envers le parent aliéné, car c'est bien son comportement qui sera à l'origine de la rupture du lien parental. Il définit le processus comme *« toute constellation de comportements, conscients ou inconscients, qui peuvent engendrer une perturbation dans la relation entre un enfant et l'autre parent »*. L'auteur constate que les situations peuvent être complexes : le modèle théorique de SAP avec un « mauvais parent » par opposition à un « bon parent », n'est pas toujours défendable, car les parents aliénés ne sont pas toujours parfaits et peuvent, d'une façon ou d'une autre, devenir aliénants à leur tour.

À l'opposé, Kelly et Johnston[6] centrent leur définition uniquement sur l'enfant sans faire aucune référence à l'influence du parent aliénant : *« L'enfant*

4. Richard A. Gardner, « The parental alienation syndrome, a guide for mental health and legal professionals », *Creative Therapeutics*, 1992.

5. Douglas Darnall, *Divorce casualties – Protecting from parental alienation*, Taylor publishing, 1998.

6. Joan B. Kelly & Janet R. Johnston, « The alienated child syndrome », *Family Court Review*, vol. 39, n° 3, 2001, p. 249-266.

aliéné est celui qui exprime librement et de façon persistante des sentiments et des croyances déraisonnables (tels que rage, haine, rejet, crainte) envers un parent et qui sont significativement disproportionnées par rapport aux expériences réelles que l'enfant a vécues avec ce parent. »

Major[7] note que « *le parent aliénant peut avoir été bloqué dans les premiers stades de son développement dans sa propre individuation. Ce parent doit avoir impérativement la maîtrise absolue de son enfant, qu'il ne considère pas comme une personne à part entière. Ce type de parent aliénant n'a pas de conscience morale et il est incapable de ressentir de l'empathie, ou de considérer un autre point de vue que le sien propre. Il est aussi incapable de faire la part des choses entre la réalité et ses désirs : il peut ainsi décrire de manière très convaincante un événement inventé dans le détail, car dans son esprit, cet événement a vraiment eu lieu* ».

Richard Warshak[8] fait une synthèse des travaux scientifiques sur le SAP et de ses controverses et il définit son propre concept du SAP pour développer des programmes d'intervention. Les plus connus sont « *Family Bridges : A Workshop for Troubled and Alienated Parent-Child Relationships* »[9] ainsi que « *Welcome Back Pluto, Understanding, Preventing, and Overcoming Parental Alienation* »[10], proposés sous forme de DVD professionnels. Ces deux programmes sont destinés aux parents ainsi qu'aux enfants, pour les aider à prévenir une rupture ou à restaurer des liens positifs après un conflit familial.

Amy Baker[11] consacre plusieurs ouvrages et de nombreuses publications au sujet. Elle présente les conséquences du SAP à partir de l'examen d'adultes concernés par le phénomène alors qu'ils étaient enfants. L'auteur établit un parallèle entre l'endoctrinement dans des systèmes de sectes et le processus

---

7. Jane A. Major, « Parents who have successfully fought Parental alienation syndrome », *Aspen Law Journal*, 2000.

8. Richard A. Warshak, *Divorce Poison – Protecting the Parent-Child Bond from a Vindictive Ex*, Regan Books, 2001. ◊ « Bringing sense to parental alienation – A look at the disputes and the evidence », *Family Law Quarterly*, vol. 73, n° 2, 2003, p. 273-301. ◊ « Family bridges – Using insights from social science to reconnect parents and alienated children », *Family Court Review*, vol. 48, n° 1, 2010, p. 48-80. ◊ *Divorce poison – How to protect your family from bad-mouthing and brainwashing*, Harper Collins, 2010.

9. *Ponts familiaux :* intervention pour des liens parents-enfants perturbés et aliénés.

10. *Bienvenue Pluton :* comprendre, prévenir et surmonter l'aliénation parentale.

11. Amy J. L. Baker, « Adult recall of Parental Alienation in a community sample : Prevalence and associations with psychological maltreatment », *Journal of Divorce and Remarriage*, vol. 51, n° 1, 2010, p. 16-35. ◊ « Knowledge and attitudes about the Parental Alienation Syndrome : A survey of custody evaluators », *The American Journal of Family Therapy*, vol. 35, n° 1, 2007, p. 1-19. ◊ « The long-term effects of parental alienation on adult children : A qualitative research study », *The American Journal of Family Therapy*, vol. 33, n° 4, 2005, p. 289-302. ◊ « Working with alienated children and their targeted parents », *Annals of the American Psychotherapy Assn*, vol. 11, n° 2, 2008, p. 17. ◊ *Adult children of Parental Alienation Syndrome : Breaking the ties that bind*, W. W. Norton & Co, 2007.

de SAP. Elle élabore un programme de prévention destiné aux enfants des écoles primaires.

Le débat public sur le concept d'aliénation parentale arrive en Europe en octobre 2002 avec la conférence internationale *« Parental alienation syndrome (PAS)/Syndrome d'aliénation parentale (SAP) »* qui se tient à Francfort-sur-le-Main[12], organisée par le Dr Wilfrid von Boch-Galhau. La conférence est en allemand et en anglais. Les conférenciers, dont Richard Gardner, sont des professionnels américains, allemands ou autrichiens de renommée internationale. Les annales de ce colloque sont publiées en anglais et en allemand sur *Verlag Wissenschaft und Bildung*[13]. Aucun professionnel français n'est intervenu.

La première synthèse internationale *« International Handbook of Parental Alienation Syndrome : Conceptual, Clinical and Legal Considerations »* est publiée en 2006 par Richard A. Gardner (à titre posthume), S. Richard Sauber et Demosthenes Lorandos, regroupant 34 chapitres, rédigés par 32 professionnels, les plus connus de ce champ de recherche.

Dans son livre *Parental Alienation – How to Understand and Address Parental Alienation Resulting from Acrimonious Divorce or Separation,* L.-F. Lowenstein, psychologue clinique et légiste anglais, détaille les effets du SAP sur les enfants qui le subissent et sur les parents concernés par l'aliénation et la rupture des contacts. Il analyse également de manière détaillée le rôle des acteurs des différents métiers juridiques impliqués et discute les possibles interventions thérapeutiques en cas de SAP. Lowenstein montre également les similitudes entre le syndrome d'aliénation parentale et le syndrome de Stockholm[14] qu'il analyse dans le cas bien connu de l'enlèvement de l'Autrichienne Natascha Kampusch.

Le concept de SAP de Richard Garner ayant été décrit en 1992, il ne pouvait pas figurer dans le DSM-4, publié deux ans plus tard. Quelques années plus tard, le projet de proposer l'aliénation parentale pour la nouvelle version du DSM[15] se concrétise. Willliam Bernett[16] fait la synthèse des travaux publiés

12. *www.pas-konferenz.de*

13. Wilfrid von Boch-Galhau, U. Kodjoe, « The Parental Alienation Syndrome : an interdisciplinary challenge for professionals involved in divorce », *Verlag für Wissenschaft und Bildung,* 2003, p. 175-185.

14. *www.parental-alienation.info/publications/46-thecomofparalitothestosyn.htm*

15. Publiée le 18 mai 2013, la cinquième édition du Manuel diagnostique et statistique des troubles mentaux (DSM, de l'anglais Diagnostic and Statistical Manual of Mental Disorders) de l'Association américaine de psychiatrie (APA), communément intitulée DSM-5 (anciennement connue sous le titre DSM-V) remplace la quatrième édition du DSM (DSM-IV, 1993 ; textes révisés en 2000, DSM-IV-TR).

16. William Bernet, « Parental Alienation Disorder and DSM-V », *The American Journal of Family Therapy,* 2008, vol. 36, n° 5, p. 349 – 366. ◊ William Bernet, Wilfrid von Boch-Galhau, Amy J. L. Baker, Stephen L. Morrison, « Parental Alienation, DSM-V and ICD-11 », *The American Journal of Family Therapy,* vol. 38, n° 2, 2010, p. 76-187.

dans différents pays, fédère un groupe international d'étude de l'aliénation parentale, et demande de l'inclure comme diagnostic à part entière dans le DSM-5 ainsi que dans l'ICD-11. Cette proposition, *« Parental Alienation, DSM-5 and ICD-11 »* est publiée en 2010 dans la revue *The American Journal of Family Therapy,* avant d'être reprise sous forme d'ouvrage collectif en 2011.

Après cinq années de travaux et débats, le DSM-5 est publié le 18 mai 2013. Le terme « aliénation parentale » n'y figure pas en tant que tel, mais W. Bernett propose de se référer aux diagnostics suivants pour décrire ces mêmes situations suivant l'angle avec lequel l'expert fait son analyse.

1. Problème relationnel Parent-Enfant

Ce diagnostic dispose désormais d'un Chapitre dans le DSM-5, et pas seulement d'une étiquette. La discussion explique que les problèmes cognitifs dans un problème relationnel parent-enfant peuvent inclure des attributions négatives aux intentions de l'autre, de l'hostilité envers l'autre ou la prise de l'autre comme bouc émissaire, ainsi que des sentiments d'éloignement injustifiés. *« C'est une assez bonne description d'un enfant du point de vue du parent aliéné, même s'il s'agit d'une utilisation malheureuse du mot "éloignement". »*

2. Abus psychologique de l'enfant

C'est un nouveau diagnostic dans le DSM-5. Il est défini comme « des actes non accidentels de violence verbale ou symbolique de la part d'un parent ou d'un adulte proche, qui ont pour résultat, ou qui ont potentiellement pour résultat, un dommage psychologique significatif chez l'enfant. » *Dans de nombreux cas, le comportement du parent aliénant constitue un abus psychologique de l'enfant.*

3. Détresse de l'enfant affecté par une relation parentale très dégradée

C'est un autre nouveau diagnostic dans le DSM-5. Il doit être utilisé « lors de l'examen clinique d'un enfant dans la famille, si la discorde parentale (par exemple, des niveaux élevés de conflit, de détresse ou dénigrement), a des effets négatifs sur l'enfant dans sa famille, y compris avec des effets inducteurs de troubles psychiques ou physiques chez l'enfant. » *C'est également une bonne description de la façon dont l'aliénation parentale apparaît.*

4. Trouble factice imposé à un autre

C'est la terminologie du DSM-5 pour « trouble factice par procuration » ou « syndrome de Münchhausen par procuration ». Sa définition est : « falsification de signes ou de symptômes, physiques ou psychologiques, ou induction de blessure ou de maladie, chez un tiers, associée à une tromperie identifiée. » *Dans certains cas, cela pourrait décrire le comportement du parent aliénant.*

5. Symptômes délirants chez un individu partenaire d'un individu avec un trouble délirant

C'est la terminologie du DSM-5 pour « trouble délirant induit », « trouble psychotique partagé » ou « folie à deux ». Dans le cadre d'une relation, la thématique délirante du partenaire dominant fournit un contenu de croyance délirante à l'individu qui autrement pourrait ne pas répondre entièrement aux critères du trouble délirant.

L'ouvrage collectif *Parental alienation : The Handbook for Mental Health and Legal Professionals*[17] contient plus de 1 000 références bibliographiques provenant d'une cinquantaine de pays des cinq continents, plus de 500 analyses de cas d'Amérique du Nord et 25 requêtes types, en version livre électronique.

Depuis près de 10 ans, le Canada a adopté une politique très claire pour la résolution des conflits concernant le droit de garde des enfants, basée sur des recherches scientifiques et des évaluations de programmes. L'ouvrage *Challenging Issues in Child Custody Disputes – A Guide for Legal and Mental Health Professionals*[18] à destination des métiers impliqués dans le divorce, contient une analyse détaillée des concepts d'aliénation parentale et de syndrome d'aliénation parentale et de ses controverses. Des modèles d'intervention interdisciplinaires destinés aux cas sévères d'aliénation parent-enfant y sont présentés.

Le droit canadien et le droit américain relatifs au divorce considèrent depuis des années le SAP comme un état de fait justiciable. Ces situations sont prises en compte dans des centaines de jugements de tribunaux et de chambres compétentes dans les affaires familiales de plusieurs pays. En République tchèque, le phénomène de SAP fait partie de la littérature

17. Demosthenes Lorandos, William Bernet, Richard Sauber., *Parental Alienation – The Handbook for Mental Health and Legal Professionals,* Charles C. Thomas Pub Ltd, 2013.

18. Barbara J. Fidler, Nicholas Bala et al, *Challenging Issues in Child Custody Disputes – A Guide for Legal and Mental Health Professionals,* Thomson Carswell, 2008.

scientifique dès 1996, et la formation continue sur le SAP est obligatoire pour les juges aux affaires familiales.

La Cour européenne des droits de l'homme (CEDH) reconnaît le SAP et de nombreux pays ont été condamnés pour ne pas avoir fait appliquer leurs décisions judiciaires ou/et pour avoir manqué de célérité dans des situations de SAP, considéré comme un élément aggravant.

Un aperçu de la littérature scientifique internationale sur l'aliénation parentale est disponible sur les sites Internet *www.warshak.com*.

La reconnaissance de l'aliénation parentale en France

Les premiers articles mentionnant explicitement le SAP dans la littérature francophone, sont signés par des psychiatres canadiens : Goldwater[19] et Lamontagne[20]. Le psychologue canadien Hubert van Gijseghem[21] deviendra l'expert francophone incontournable sur la question.

Néanmoins, des psychologues français ont dénoncé l'effet destructeur des conflits de séparation parentale sur les enfants avant même de connaître le concept d'aliénation parentale (Gérard Poussin[22]).

Le phénomène d'aliénation parentale, en tant que concept clinique, va rentrer peu à peu dans l'espace public français par le biais du débat mené autour des enlèvements internationaux d'enfants. L'association *SOS Enlèvements internationaux d'enfants* alerte sur l'emprise dont les enfants kidnappés sont victimes, qui rend la reprise de lien avec le parent abandonné puis retrouvé parfois impossible. Nancy Faulkner[23] dénonce à l'ONU les enlèvements parentaux qu'elle qualifie de *« viol de la personnalité de l'enfant »*. Le 18 novembre 1999, le psychologue Hervé Chapelière intervient à

19. Anne-France Goldwater, « Le Syndrome d'Aliénation Parentale – Contexte et pièges de l'intervention », in *Développements récents en droit familial,* Les Éditions Yvon Blais, 1991, p. 121-145.

20. Paule Lamontagne, « Syndrome d'Aliénation Parentale : Contexte et pièges de l'intervention », in Hubert Van Gijseghem (sous la direction de), *Us et abus de la mise en mots en matière d'abus sexuel,* Les Éditions du Méridien, 1999.

21. Hubert van Gijseghem, « L'aliénation parentale : Les principales controverses », *La Revue d'Action Juridique et Sociale,* vol. 23, 2004, p. 11-18. ◊ « L'Aliénation parentale : Points controversés », *Aliénation parentale,* n° 3, Éditions Labor, 2005, p. 13-27. ◊ « Le Syndrome d'aliénation parentale », *La Revue d'Action Juridique et Sociale,* vol. 218, 2002, p. 38-41. ◊ « Les controverses entourant la notion de l'aliénation parentale », *Revue de Psychoéducation,* vol. 34, n° 1, 2005, p. 119-29.

22. Gérard Poussin, "Un conflit destructeur", in « L'Enfant écartelé », *Enfances & Psy,* n° 4, 1998.

23. Nancy Faulkner, « L'enlèvement parental est un viol de sa personnalité », article présenté pour l'association P.A.R.E.N.T. et les victimes de L'enlèvement parental, le 9 juin 1999 devant le Comité de la Convention des Nations Unies des Droits de l'Enfant par Mme Myriam Fournier.

l'Assemblée nationale à Paris pour alerter sur les conséquences psychologiques de l'enlèvement et de la rétention abusive d'enfants par un parent, à la suite d'une séparation.

Mais le SAP concerne également et surtout les familles en séparation sur les territoires nationaux. *Synapse, Journal de Psychiatrie et Système Nerveux Central* est la première revue à publier un article sur le SAP en France en 2002. Le psychiatre allemand Wilfrid von Boch-Galhau présente longuement le processus et surtout les impacts de la séparation et du divorce sur les enfants et sur leur vie d'adulte.

La revue *Émergence,* entièrement dédiée au SAP et publiée par Chaplier[24] à compte d'auteur, va malheureusement passer inaperçue. La psychologue clinicienne Mireille Lasbats[25] sera le premier auteur français à rédiger et publier un article sur le sujet : *« Étude du syndrome d'aliénation parentale à partir d'une expertise civile ».* Il paraît dans la revue *« Actualité juridique famille »* du Dalloz, et rencontre une audience bien plus large. La même année, Didier Erwoine[26] soutient un mémoire en Psychologie de l'Université de Liège sur l'aliénation parentale.

Le phénomène d'Aliénation parentale ou du Syndrome d'aliénation parentale commence à interpeller les professionnels du droit et de la santé après la publication de la revue *Lien Social* qui consacre un dossier spécial au sujet « Quand l'enfant se retrouve piégé : l'aliénation parentale »[27]. L'article reprend largement la conférence d'Hubert van Gijseghem, organisée en octobre 2004 à Paris par le Journal d'action juridique et sociale. Les familles concernées et les professionnels ont dorénavant des mots pour décrire les situations, douloureuses, complexes et parfois incompréhensibles qu'ils traversent ou doivent gérer.

L'association *SOS Enlèvements internationaux d'enfants* se dédouble : *ACALPA, Association contre l'aliénation parentale pour le maintien du lien familial,* voit officiellement le jour en mars 2005. Le lancement de son site Internet *www.acalpa.org* s'appuie sur une interview exclusive du Dr Paul Bensussan ainsi que sur l'article « Les victimes de la guerre parentale » publié dans le dossier « Se séparer sans tout gâcher » de *Psychologie Magazine.*

---

24. Luc Chaplier, « Le Syndrome d'Aliénation Parentale », *Émergence,* 2003, p. 27-37.

25. Mireille Lasbats, « Étude du syndrome d'aliénation parentale à partir d'une expertise civile », *Actualité Juridique Famille Dalloz,* vol. 11, 2004, p. 397-399.

26. Didier Erwoine, *Le Syndrome d'aliénation parentale – Mémoire pour licence en psychologie,* Université de Liège, 2004.

27. Jacques Trémintin, « Quand l'enfant se retrouve piégé – L'aliénation parentale », *Lien Social,* vol. 739, 2005, p. 4-14.

Cette même année, Martine Baurain publie en Belgique la collection *Divorce et Séparation* en cinq volumes. Le volume n° 3, intitulé *L'aliénation parentale* réunit des articles de professionnels belge, français, suisse et canadien : J.-M. Dubray, M. Baurain, J.-F. Füeg[28], P. Bensussan[29] ; W. von Boch-Galhau et U. Kodjoe[30] ; D. Erwoine[31] ; Gagne et Drapeau[32] ; G. Van Gijseghem[33] ; H. Odyniec[34] ; F. Rault[35], J.-M. Rathmes[36]. M. Baurain introduit l'ouvrage en ouvrant le débat sur la reconnaissance du concept : *« peu connu des professionnels du secteur psychomédicosocial et juridique, le syndrome d'aliénation parentale n'en cause pas moins de nombreux dégâts chez les personnes, adultes et enfants, qui en sont victimes. Le présent dossier vise à dessiner le plus précisément possible les contours de ce processus pour mieux le repérer et mettre en place précocement des interventions adaptées avant le point de non-retour »*.

L'article *Syndrome d'aliénation parentale : Diagnostic et prise en charge médicojuridique*, du psychiatre Jean-Marc Delfieu[37], publié dans la revue *Experts*, reprend les travaux de von Boch-Galhau[38].

La protection du lien parent-enfant lors des séparations parentales conflictuelles, et plus particulièrement le SAP, devient rapidement un objet médiatique. Les émissions radios et télévisées se multiplient. De nombreux témoignages sont publiés dans la presse régionale et nationale. Pour la première fois, des mères parlent de leurs enfants qui les rejettent ou les maltraitent dans un contexte de violences conjugales ou lors d'une séparation parentale très conflictuelle. La dénonciation du rapt psychologique et de l'instrumentalisation de l'enfant à la séparation n'est plus le monopole des pères. Avec la multiplication des divorces et l'effondrement du mariage, la

---

28. Jean-Marc Dubray, M. Baurain, J.-F. Füeg, « L'Aliénation parentale », *Aliénation parentale*, n° 3, 2005.

29. Paul Bensussan, « Interview », *Aliénation parentale*, n° 3, 2005.

30. Wilfrid von Boch-Galhau, Ursula Kodjoe, « Syndrome d'aliénation parentale – Une forme de maltraitance psychologique des enfants en cas de séparation ou de divorce conflictuel des parents », *Aliénation parentale*, n° 3, vol. 3, 2005, p. 91-115.

31. Didier Erwoine, « Les traitements du syndrome d'aliénation parentale », *Aliénation parentale*, n° 3, 2005.

32. Marie-Hélène Gagné, Sylvie Drapeau, « L'Aliénation parentale est-elle une forme de maltraitance psychologique ? », *Aliénation parentale*, n° 3, 2005.

33. Hubert van Gijseghem, « L'Aliénation parentale », *op. cit*.

34. Hannah Odyniec, « De l'enfant-otage à l'enfant-soldat – chroniques de guerres familiales », *Aliénation parentale*, n° 3, 2005, p. 128-137.

35. Florence Rault, « Séparation et allégations d'abus sexuels », *Aliénation parentale*, n° 3, 2005, p. 43-55.

36. Jean-Martin Rathmes, « L'Heure de l'enfant. Leurre du juge », *Aliénation parentale*, n° 3, 2005, p. 57-75.

37. Jean-Martin Delfieu, « Le Syndrome d'aliénation parentale. Diagnostic et prise en charge médico-juridique », *Experts*, vol. 67, 2005, p. 24-30.

38. Wilfrid von Boch-Galhau, « Le SAP : impacts de la séparation et du divorce sur les enfants et sur leur vie », *Synapse*, vol. 188, 2002, p. 23-24.

question centrale qui se pose aux professionnels face aux couples en séparation n'est plus vraiment celle du genre mais celle de la place de l'enfant, de l'enjeu qu'il représente, de ses droits, de l'écoute de sa parole en justice et de son éducation dans les nouvelles familles dites recomposées. À ces problématiques se rajoutent celles de la délinquance et de la précarité pour un nombre sans cesse plus grand de familles monoparentales.

Le maintien du lien familial et l'exercice de l'autorité parentale deviennent un réel problème de société, dont les citoyens s'emparent et interpellent le pouvoir en place. Une dizaine de questions sont posées au gouvernement à l'Assemblée nationale sous la 12e législature concernant les droits de visite (Question n° 27208 publiée au JO le 27 10 2003, page 8125), la médiation familiale (Question n° 42671 publiée au JO le 29 06 2004, page 4877), l'audition des enfants (Question n° 82452 publiée au JO le 27 12 2005, page 11961), les points rencontres (Questions n° 82345, 82346 et 82347 publiées au JO le 27 12 2005, page 11960) et les réponses pénales apportées aux non représentations d'enfants (Question n° 28353 publiée au JO le 10 11 2003, page 8593 ; Question n° 33297 publiée au JO le 10 02 2004, page 968).

S'appuyant sur les réponses données à ces questions, la députée Nadine Morano soutient en février 2006 la proposition de Loi n° 2736, *« Visant à protéger les enfants dans les cas de divorces conflictuels »*. Le texte, qui s'inspire des pratiques canadiennes, demande à inscrire un dispositif de prévention de l'aliénation parentale dans le Code civil, sous forme de stage de guidance parentale, avec les modifications suivantes des textes du Code civil :

– Pour l'article 252 : *« Le juge peut accompagner la tentative de conciliation de l'obligation d'accomplir pour les deux parents un stage de guidance parentale, selon des modalités fixées par décret. Ce stage peut être imposé tout au long de la procédure de divorce. » ;*

– Pour l'article 373-2-6 : *« Dans le cas d'une séparation conflictuelle, il peut aussi enjoindre les deux parents de suivre un stage de guidance parentale prévu à l'article 252 du Code civil. »*

La protection de l'enfant au cours des séparations parentales conflictuelles, avec le risque d'aliénation parentale, est abordée par la mission parlementaire *« La famille et les droits de l'enfant »* avec l'audition de la présidente de l'ACALPA par la députée Valérie Pécresse.

L'association est invitée à participer aux ateliers qui se déroulent dans le cadre de la préparation de la loi du 3 mars 2007, visant à réformer la Protection de l'enfance. Les chiffres montrent que les juges sont amenés à placer de plus en plus d'enfants pour les soustraire à un conflit parental pathogène, quand ils les estiment être en danger. De nombreux enfants sont réduits à voir le parent qu'ils rejettent dans des points rencontres. Force est de conclure que ces dispositifs ne sont pas adaptés pour rétablir des liens parentaux dans des situations de SAP. L'analyse des objectifs, des méthodes et des moyens dont disposent ces institutions font ressortir une immense disparité de ces services sur le territoire national. Les professionnels admettent que les séparations qui se passent mal sont extrêmement toxiques pour les enfants qui vont en subir des conséquences négatives parfois toute leur vie durant. La notion d'enfant en danger devient alors applicable aux mineurs fortement exposés au SAP.

Le colloque *« La protection des enfants au cours des séparations parentales conflictuelles »*, organisé les 8 et 9 mars 2007 par la Fondation pour l'Enfance, en partenariat avec l'association ACALPA, sera sans aucun doute l'événement fondateur pour la reconnaissance du concept de SAP en France. Ce colloque, qui fait intervenir des professionnels du droit et de la santé de Belgique, d'Allemagne et de France, commence par un discours de Mme Anne-Aymone Giscard d'Estaing, suivi d'une présentation de la députée Valérie Pécresse et une intervention de Mme Quiriau, conseiller à la Famille du ministre Philippe Bas. La clôture du colloque va revenir à Mme Simone Veil, qui acceptera de devenir la marraine d'ACALPA. Deux mois après, ACALPA est reconnue par le ministère de l'Intérieur comme une association de victimes, d'aide et de soutien aux victimes de rapts parentaux d'enfants.

La défenseure des enfants, Dominique Versini reprend le thème du colloque de 2007 pour son rapport thématique 2008 : *« Enfants au cœur des séparations parentales conflictuelles »*. Elle écrit :

« Parmi les réclamations que je reçois en tant que Défenseure des enfants presque 50 % concernent des enfants vivant des conflits parentaux et montrent combien les effets peuvent être dévastateurs selon la façon dont s'est déroulée la séparation et surtout lorsqu'il y a eu de la violence conjugale. Certains cas montrent également des enfants instrumentalisés par l'un ou l'autre des parents au point que certains professionnels évoquent « un syndrome d'aliénation parentale » ; ces parents se livrent une guerre permanente au travers d'allégations parfois mensongères, d'une judiciarisation à outrance et les enfants se trouvent pris dans l'engrenage de conflits sans fin qui atteignent dans des cas extrêmes un paroxysme. Parfois le conflit est si violent que les juges finissent par faire sortir l'enfant du cercle familial pour le protéger et le placer dans une famille d'accueil… Et là nous ne manquons pas d'être interpellés par ces parents qui sont incapables de sortir du processus de vengeance et de haine dans lequel ils se sont engouffrés et par le fracassement de ces vies d'enfants qui, après avoir subi la violence du conflit familial antérieur à la séparation, se retrouvent écartelés entre leurs parents et pour finir, séparés d'eux et perdus

entre culpabilité et sentiment d'injustice. » Le rapport réaffirme l'importance de la coparentalité dans l'intérêt de l'enfant tout en soulignant les difficultés pratiques bien souvent issues de la méconnaissance des modalités de l'exercice de l'autorité parentale conjointe et des droits de l'enfant. Afin de mieux préserver l'intérêt de l'enfant dans les séparations parentales conflictuelles, la Défenseure des enfants présente 30 recommandations.

La thèse de médecine générale *Le Syndrome d'aliénation parentale,* soutenue par Bénédicte Goudard[39] à la faculté de Médecine Lyon Nord de l'Université Claude Bernard de Lyon, va contribuer à faire reconnaître le concept avec une large diffusion dans le monde médical.

Les colloques et les conférences multidisciplinaires vont s'enchaîner : Barreau de Paris, octobre 2007 ; Hyères, novembre 2007 ; Poitiers, novembre 2007 ; Paris, 2009 ; Paris, janvier 2011 ; Clermont-Ferrand, mai 2011 ; Grasse, juin 2011 ; Grenoble, juin 2011 ; Namur, novembre 2011.

Le Centre national de formation de police judiciaire de la gendarmerie nationale de Fontainebleau introduit en 2009 une présentation de l'aliénation parentale dans sa formation « audition des mineurs ».

La problématique du SAP est également prise en compte par la mission parlementaire « Intérêt de l'enfant, autorité parentale et droits des tiers » confiée au député Jean Léonetti, qui va auditionner les représentants d'ACALPA.

Le 26 mars 2009, Planète justice diffuse le documentaire *C'est aussi mon enfant,* de Nathalie Kaas, consacré à l'aliénation parentale. Ce film s'appuie sur plusieurs témoignages d'enfants devenus adultes et de parents qui ont eu à souffrir de cette séparation radicale ainsi que sur les explications du psychiatre Paul Bensussan.

Les États généraux de l'enfance (février 2010) publient le document de synthèse sur le SAP présenté par l'association ACALPA dans ses annexes.

En mai 2010, l'État français est condamné pour faute lourde et déni de justice par la cour d'appel d'Aix-en-Provence, pour ne pas avoir fait le nécessaire afin que les multiples décisions de justice rendues dans l'affaire Michèle Plasse-Bauer soient appliquées. Depuis l'enlèvement de ses enfants par leur père, à la sortie de l'école, voilà 17 ans, Michèle Plasse-Bauer n'a plus jamais vu ses trois filles ni son fils. Le SAP est mentionné comme une circonstance aggravante dans cette jurisprudence. Ce jugement fait suite à la condamnation de l'État français par la Cour européenne des droits de l'homme en 2006. La CEDH donnait raison à la requérante, estimant

39. Bénédicte Goudard, *Le Syndrome d'aliénation parentale,* Thèse de Médecine présentée à l'Université Claude Bernard Lyon 1 le 22 octobre 2008.

que la justice française avait commis une faute lourde constituée par son incapacité à protéger son droit à une vie familiale. *« La Cour estime que, dans la mesure où la cour d'appel a expressément désigné une association pour accueillir la requérante et sa fille pour l'exercice du droit de visite, les autorités avaient l'obligation de vérifier préalablement la possibilité pour cette association d'assurer les modalités du droit de visite prévues par l'arrêt, afin d'en permettre l'exécution. Or tel n'a pas été le cas. Dans ces conditions, la Cour conclut, à l'unanimité, à la violation de l'article 6 § 1. »*

Le 7 décembre 2010, la chaîne télévisée France 5 diffuse un documentaire de 52 minutes *Couple déchiré, enfant otage* tourné par Olivier Pighetti : *« Ils se mettent à hurler quand leur père leur rend visite, déversent des flots d'injures sur la mère qu'ils ne veulent plus voir, frappent parfois l'un ou l'autre sans raison. Ces enfants déchirés par le divorce sont victimes d'un syndrome peu connu : l'aliénation parentale. Il s'agit de la manipulation d'un enfant par son père ou sa mère, afin de transformer l'autre parent en un être néfaste et détesté ; une forme de soumission inconsciente, similaire à ce que l'on retrouve dans les sectes ; l'enfant devient alors un outil de guerre pour détruire l'ex-conjoint… »*. Le documentaire, qui s'appuie sur les explications du phénomène d'aliénation par le psychiatre Paul Bensussan, sera rediffusé le 14 mai 2013 par la même chaîne dans l'émission *Le monde en face*.

Les 23 et 24 juin 2011, l'aliénation parentale fait l'objet d'une table ronde dans le cadre des assises nationales de l'INAVEM (Institut national d'aide aux victimes et de médiation), consacrées à *« L'enfant : enjeu, otage du conflit familial »*.

La synthèse reprend le concept décrit par Gardner : *« La séparation fait émerger ou exacerbe un mode de fonctionnement qui existe de façon latente. L'enfant devient un enjeu et/ou un arbitre de la séparation. Il est également l'objet de compétition entre les parents qui lui imposent leur décision. S'il a été témoin de violence, elles peuvent entraîner des conséquences traumatiques qui se traduiront par une plus faible estime de lui-même, de l'anxiété, de la détresse, voire le passage à l'acte. Le syndrome d'aliénation parentale n'est pas une maladie psychiatrique mais un trouble de l'enfance qui survient exclusivement dans un contexte de disputes autour de la garde de l'enfant. L'enfant dénigre son autre parent sans aucune justification. Le parent aliénant manipule son enfant, lequel le perçoit comme étant une victime ce qui entraîne une rupture du contact avec l'autre parent. Pour pouvoir distinguer ce syndrome d'une simple manifestation de rejet qui n'est pas obligatoirement une manifestation d'emprise, il convient d'identifier un certain nombre de facteurs : (1) le dénigrement de l'autre parent ; (2) une rationalisation absurde pour le justifier ; (3) une absence d'ambivalence ; (4) le sentiment d'être un penseur indépendant ;*

(5) le support à l'autre parent de façon inconditionnelle ; (6) l'absence totale de culpabilité ; (7) la présence de scénarios imaginés et (8) une extension de l'animosité à l'entourage. En effet d'autres intervenants peuvent participer au conflit et au travail d'élimination. Le parent aliénant réussit à convaincre l'enfant de la véracité de sa version notamment dans les allégations d'abus sexuels ou autres. Le travail de reconstruction peut prendre de très nombreuses années. »

La littérature française sur le SAP s'enrichit peu à peu avec des articles publiés aussi bien par des professionnels de la santé mentale que du droit : Boch-Galhau et Kodje ; Delage ; Juston ; Odinetz ; Pannier.

Le psychiatre Paul Bensussan propose d'utiliser des termes différents en fonction de la sévérité des manifestations psychopathologiques : « *si dans les stades légers ou modérés du syndrome, c'est bien d'une désaffection qu'il s'agit, il est incontestable que, dans les stades sévères, les distorsions cognitives et les croyances erronées concernant le passé ou le parent rejeté, allant jusqu'à l'effacement progressif des bons souvenirs, sont bien proches du délire : conviction inébranlable d'une réalité fantasmée et d'un passé remanié. La métaphore informatique s'impose d'elle-même : c'est d'un "reformatage" du disque dur de la mémoire et de l'affectivité dont il s'agit* »[40]. Pour se distancier de toutes les polémiques qui ont entouré le concept, l'auteur préfère garder la définition la plus simple du SAP, à savoir comme le rejet injustifié et inexplicable d'un parent par un enfant.

La prise de conscience du phénomène et de son ampleur commence à gagner les esprits.

Marc Juston, juge aux affaires familiales, écrit dans la *Gazette du Palais*[41] « *La problématique de l'aliénation parentale envahit de plus en plus les audiences des juges aux affaires familiales et concernerait 13 % des enfants de parents séparés, dont 6 % d'une manière grave. De même, ces situations augmentent depuis de nombreuses années sur la scène des juges des enfants, voire constituent la grande majorité de leurs dossiers* ». L'auteur remet en cause le propre système judiciaire : « *Le fonctionnement judiciaire actuel favorise le SAP, la pathologie étant préexistante. Il est donc urgent de réfléchir à un changement de nos mentalités et de notre culture judiciaire. Le juge se trouve souvent face à des litiges qui sont créés et entretenus artificiellement. Le système judiciaire contribue à l'aliénation parentale, la procédure s'éternise et les enfants "trinquent". Le système judiciaire favorise le développement du SAP avant de tenter de le régler.* »

40. Paul Bensussan, « L'Aliénation parentale : vers la fin du déni ? », *Annales médicopsychologiques*, n° 167, 2009, p. 409-415.

41. Marc Juston, « Le Syndrome d'aliénation parentale – Éléments de réflexion d'un juge aux Affaires familiales », *Gazette du Palais*, n° 226-230, 14-18 août 2011, p. 7-11.

La *Revue d'action juridique et sociale* publie un autre article de M. Juston, sa position est claire : « *Un très grand nombre de divorces s'accompagnent de l'aliénation de l'enfant à l'un de ses parents et de l'exclusion de l'autre. Ces situations sont pathologiques et pathogènes. Le conflit de loyauté qui peut déchirer l'enfant lors du contentieux parental est une souffrance extrêmement profonde. Tout acteur judiciaire doit avoir à l'esprit un tel constat.* »[42]

De nombreuses rencontres ont lieu cette même année 2011 à la demande des professionnels qui souhaitent trouver des solutions pour les cas de SAP qui se présentent dans leur service : l'École des éducateurs et des parents de Paris, le CECCOF (Centre d'études cliniques des communications familiales), des AEMO (Action éducative en milieu ouvert), des centres médiatisés. Les conférences et les formations sur le SAP se multiplient.

La juge aux enfants, Emmanuelle Teyssandier-Igna, intervient dans le colloque « *Souffrance psychique de l'enfant confronté aux violences conjugales* » organisé à Paris le 21 janvier 2011 par Perspectives Psy et Okarina Formation : « *Le juge des enfants n'intervient que lorsque la séparation conflictuelle met en danger l'enfant. J'ai répertorié quatre types de danger dans ma pratique (...) le dernier cas qui est le plus grave, l'enfant est victime du syndrome d'aliénation parentale, qui est différent pour moi du conflit de loyauté, puisqu'il s'agit d'une manipulation mentale très forte, qu'elle soit consciente ou non, mais qui est différente du conflit de loyauté. Je pense sincèrement que dans toutes ces situations conflictuelles l'enfant est véritablement en danger, en danger psychique et en danger dans la construction de sa personnalité et donc l'intervention du juge aux enfants est toujours justifiée.* »

Les 20-21 mai 2011, Clermont-Ferrand est le siège du colloque « *Usurpation d'enfants entre parents. L'aliénation parentale – un mariage contre nature* ». Le Barreau de Lille organise le 4 octobre 2012 une conférence sur « *L'enlèvement parental d'enfant* » lors de laquelle le SAP sera largement abordé. L'association de psychologues RE-Agir organise une conférence sur « *l'Aliénation Parentale* » le 28 novembre 2012 à Compiègne. Le procureur intervient aux côtés de la présidente d'ACALPA.

Le Journal des psychologues consacre son dossier au syndrome d'aliénation parentale en février 2012. Goetgheluck présente le sujet : « *Quand l'enfant se trouve pris dans une volonté réelle de la part d'un des parents d'entraver le lien qui l'unissait à l'autre parent, alors les conséquences sont dramatiques pour l'enfant. Il est pris dans une manipulation de ses propres perceptions pour se soumettre aux représentations imposées. Il est*

42. Marc Juston, « Le juge aux affaires familiales face au syndrome d'aliénation parentale : comment le repérer et le gérer », *Le Journal du droit des jeunes – Revue d'action juridique et sociale*, n° 307, 2011, p. 19-28.

conduit à prendre à son compte et à mettre en acte et en mots le conflit, au risque d'un clivage laissant de côté la souffrance de la perte de relation avec un être cher au profit d'un comportement adapté aux attentes. Il doit souhaiter être avec l'un et appréhender, voire refuser d'être avec l'autre. Les mécanismes à l'œuvre derrière cette mainmise du parent sur l'enfant rejoignent ceux qui sous-tendent le syndrome de Stockholm, et l'enfant, de même, se trouve instrumentalisé dans le désir d'un des parents. C'est pour décrire ces cas, dans lesquels l'enfant est aliéné au point d'agir le rejet d'un des deux parents pris sous la férule d'un parent aliénant, que R.-A. Gardner a décrit ce qu'il a appelé Parental alienation syndrome (PAS), ou Syndrome d'aliénation parentale (SAP) dans sa traduction française. »[43] Plusieurs professionnels donnent leur position sur le sujet : Bénédicte Goudart[44] ; Yannick Boutet[45] ; Sylvie Amourette[46] et Jean-Yves Hayez[47].

Cette même année, le syndrome d'aliénation parentale est l'objet d'un chapitre entier dans un manuel scolaire des lycéens des classes de 1re section Sciences sanitaires et sociales, comme un exemple de facteur d'exclusion sociale, ce thème étant au programme de l'Éducation nationale.

Le phénomène de SAP et sa reconnaissance sont analysés sous l'angle de l'émergence d'un problème sociétal dont la collectivité s'est emparée pour soulever la nécessité d'un changement de lois ou, à défaut, la modification des pratiques des professionnels aux fins d'une meilleure prévention et d'une prise en charge adaptée(s) à ces situations d'exclusion familiale.

La question de la reconnaissance ou non du concept de SAP par la communauté française des professionnels de santé mentale devrait être définitivement close avec la parution en 2012 du livre de Marie-France Hirigoyen, *Abus de faiblesse et autres manipulations*[48]. La psychiatre y consacre 43 pages à l'aliénation parentale, qu'elle considère comme un abus de faiblesse sur mineur. Elle note dans l'introduction : *« Il est important de repérer tôt le glissement du normal lors d'une séparation conflictuelle (difficulté à trouver sa place de parent) vers le* ***pathologique*** *(instrumentalisation de l'enfant le conduisant à rejeter l'autre parent), car cette rupture de lien représente un abus émotionnel grave pour l'enfant. L'aliénation parentale*

43. Delphine. Goetgheluck, « Un syndrome d'aliénation parentale ? », *Journal des Psychologues*, n° 294, 2012, p. 18.

44. Bénédicte Goudart, « Le Syndrome d'aliénation parentale. Une forme moderne de l'inceste », *Journal des Psychologues*, 2012.

45. Yannick Boutet, « L'Îlot délirant chronique », *Journal des Psychologues*, 2012.

46. Sylvie Amourette, « Un syndrome à définir », *Journal des Psychologues*, n° 294, 2012, p. 28-32.

47. Jean-Yves Hayez « L'Aliénation parentale : info ou intox ? », *Journal des Psychologues*, 2012.

48. Marie-France Hirigoyen, *Abus de faiblesse et autres manipulations*, J.-C. Lattès, 2012.

constitue un abus de faiblesse parce qu'un enfant, par essence vulnérable, n'a pas la maturité suffisante pour s'affranchir d'un tel conflit. »

Le colloque « Les conflits de loyauté » organisé à Paris le 7 décembre 2012 par *Enfance & Psy* à Paris fait intervenir le pédopsychiatre Jean-Louis Le Run sur les « séparations parentales conflictuelles, du conflit parental au conflit de loyauté ». Les situations d'aliénations parentales sont exposées mais le concept lui-même ne sera pas discuté par l'auteur.

En revanche, il sera abordé sans détours lors du colloque « Enlèvements parentaux : Quelles réponses juridiques à la rupture des liens ? », organisé par le Centre français de protection de l'enfance (CFPE) et le dispositif Enfants disparus le 20 février 2013 à Paris. Malheureusement, la question concernant la reprise du lien parental quand l'enfant, retrouvé après un enlèvement international, refuse de reprendre contact avec le parent dont il a été privé, reste sans réponse. Reste également sans réponse, la question des moyens et des soins destinés à préserver et réparer la personnalité de l'enfant dans une telle souffrance.

Le SAP est évoqué lors des Rencontres France – Québec *« L'enfant au cœur de la séparation de ses parents : Vers de nouvelles pratiques professionnelles »,* à Aix-en-Provence, les 10-11 octobre 2013. Il sera au centre du débat lors de la journée d'études de l'ADPPJ (Association départementale pour la protection de la jeunesse) de Limoges le 21 novembre 2013, intitulé « Parents et enfants – l'épreuve de la séparation : du conflit de loyauté à l'aliénation parentale ».

Le débat sur les séparations conflictuelles, soulevé par les situations extrêmes d'aliénation parentale, s'inscrit dorénavant dans une réflexion institutionnelle plus large sur la famille, les nouvelles formes de parentalité et la place de l'enfant, dans la mesure où il pose la question du sens et du droit au lien familial, de la coparentalité et de l'exercice de l'autorité parentale, des droits de l'enfant et de l'exécution des décisions judiciaires. Le principe de coparentalité, affirmé dans la loi du 4 mars 2002, instaure la nécessité de la permanence du couple parental même après la dissolution du couple conjugal. En pratique, force est de constater que l'exercice conjoint de l'autorité parentale, pourtant affirmé dans la loi, rencontre de nombreux obstacles dans la vie quotidienne : dans des situations de conflits, la loi n'est pas respectée et la réponse judiciaire n'est pas adaptée. Par ailleurs, les outils statistiques ne permettent pas de mesurer l'ampleur d'un phénomène de société dont plus personne ne peut ignorer l'importance. Parler du SAP a fait tomber un arbre derrière lequel se dresse une forêt de difficultés structurelles, fonctionnelles et politiques, qui vont bien au-delà des traditionnels manques de moyens de la justice.

En 2013, le vote de la loi ouvrant le mariage aux personnes de même sexe va relancer le débat sur la famille et radicaliser encore davantage la position des associations de parents divorcés.

Sous la pression des associations de pères, qui font plusieurs démonstrations médiatiques de force en juin 2013, la Direction des affaires civiles et du sceau et la Direction générale de la cohésion sociale, mettent en place début juillet un groupe de travail afin de réfléchir au moyen d'assurer le respect de la coparentalité entre les parents séparés. Il s'agit notamment de clarifier les règles sur l'autorité parentale (actes usuels, relations parents/école, éloignement géographique) et de réfléchir à la question de l'exécution des décisions du juge aux affaires familiales, qu'il s'agisse de l'aspect pénal (non-présentation d'enfants, recouvrement des pensions alimentaires), ou de l'aspect civil (effectivité des décisions rendues, rôle et bénéfice de la médiation familiale, rôle du parquet en matière civile).

Le rapport sur la coparentalité est rendu public le 8 janvier 2014. L'ensemble des associations de pères et de mères s'accordent pour demander une meilleure définition de l'exercice conjoint de l'autorité parentale dans le code civil et de l'acte important ainsi qu'une position plus claire du ministère public. Si des mesures de consensus sont proposées pour des situations de litiges ordinaires, l'accord sur des sanctions pénales ou civiles concernant les non-présentations d'enfant est loin de faire l'unanimité, dans une arène politique où la séparation parentale est souvent perçue de manière réductrice comme une opposition entre des mères-victimes et des pères-agresseurs, accusés d'utiliser le concept d'aliénation parentale de manière fallacieuse pour occulter de réelles maltraitances pratiquées sur les enfants.

La proposition de loi n° 309, *« visant à préserver l'***autorité partagée** *et à privilégier la* **résidence alternée** *pour l'enfant en cas de séparation des parents », déposée conjointement par Rémi Delatte et Jean-Pierre Decool,* est enregistrée à l'Assemblée nationale le 24 octobre 2012. Elle est présentée par des associations de pères qui s'appuient sur le SAP pour dénoncer la rupture des liens parentaux *(« ce phénomène a été identifié, il y a une vingtaine d'années, sous le terme de syndrome d'aliénation parentale. Cette instrumentalisation de l'enfant pour détruire les liens familiaux, au travers d'actions prenant la forme d'une dévalorisation constante du second parent, provoque une cassure de la relation avec ce dernier. Elle a été analysée et confirmée depuis par de nombreux spécialistes. De telles situations sont fréquentes et, dans un nombre non négligeable de cas, un parent utilise son enfant et l'incite à développer un sentiment de rancune et de malveillance à l'égard de l'autre parent jusqu'à la rupture totale du lien avec ce dernier »)* et demander l'inscription de la résidence alternée par défaut dans la loi, et ce, même si l'un des deux s'oppose à la résidence en alternance, en citant l'exemple de l'Italie, de la Belgique, des États-Unis et des pays scandinaves. Cette proposition est renvoyée à la commission des lois constitutionnelles, de la législation et de l'administration générale de la République. L'utilisation malencontreuse des situations l'aliénation parentale comme argumentaire pour demander une résidence alternée par défaut – amendement qui sera voté au Sénat mais refusé à l'Assemblée nationale – va de nouveau brouiller la pertinence du concept, les associations militantes s'accusant mutuellement d'instrumentaliser les enfants à leur faveur.

L'AJ Famille publie plusieurs articles sur l'aliénation parentale dans son numéro de mai 2013 « Enfant et conflit familial ». Le magistrat E. Durand, dans son article[49], met en garde contre l'usage abusif du concept de SAP dans un contexte de violences conjugales, car il peut conduire à négliger des maltraitances réellement subies par l'enfant et conforter l'auteur qui s'appuie sur le détournement de ce concept dans sa revendication pour une résidence alternée systématique. Il reconnaît cependant que *« l'usage de ce concept peut trouver toute sa légitimité, quand les violences conjugales génèrent une alliance entre l'enfant et le père violent, jusqu'à la reproduction des violences par l'enfant contre sa mère. Le lien maternel est alors parasité par la vigilance constante et le traumatisme causé à la mère et son autorité est délégitimée sur le plan éducatif par les violences qu'elle subit et dont elle doit se protéger ».*

La juge Danièle Ganancia, vice-président au Tribunal de grande instance de Paris, dans son article[50], distingue trois stades : *« au 1er stade, la guérilla, qui représente 60 % des situations conflictuelles ; au 2e stade, la guerre, que l'on rencontre dans environ 30 % des situations et au dernier stade, la guerre atomique quand l'exclusion d'un parent est consommée ».* Dans ce dernier cas, *« c'est l'autre parent qui saisit le juge parce que c'est l'enfant lui-même qui demande à ne plus voir son père, ou sa mère. Pour moins souffrir, l'enfant a fini par choisir son camp : généralement celui du parent qui l'héberge, qu'il sent le plus faible, et qu'il veut protéger. C'est le syndrome d'aliénation parentale, qui, même s'il ne figure pas dans les classifications internationales des troubles psychiatriques, est bel et bien à l'œuvre et repérable, dans 13 % des cas de séparations conflictuelles ».*

Le phénomène d'aliénation parentale pose le problème de l'audition de la parole de l'enfant. Le psychiatre Paul Bensussan[51] fût le premier à donner l'alerte : *« La détermination de ces enfants est saisissante : demandant souvent à être entendus par le juge, voire par un expert, la force du rejet qu'ils*

49. Édouard Durand, « Violences conjugales, conflit conjugal et aliénation parentale », *Activités juridiques famille*, Dalloz, 2013.

50. Danièle Ganancia, « Le Juge écartelé dans les séparations conflictuelles », *Activités juridiques famille*, Dalloz, 2013.

51. Paul Bensussan, « Interview », *op. cit.*

exprimment emporte généralement la conviction du professionnel ou génère chez lui un sentiment d'impuissance (...) Le danger est l'interprétation à la lettre de la parole de ces enfants : le décryptage de leur volonté apparente n'est pas toujours effectué, y compris lorsque cette attitude tranche singulièrement avec la qualité antérieure de la relation. Il est pourtant indispensable de savoir si c'est bien leur propre volonté que ces enfants expriment et s'ils ont pleinement conservé leur libre arbitre. Cette analyse est nécessaire pour guider la décision de justice et répondre à la question la plus délicate : faut-il ou non respecter leur volonté apparente ? Un juge peut-il ou doit-il contraindre un enfant à maintenir le lien avec ses deux parents, à rendre visite au parent rejeté, lorsqu'il exprime avec une détermination parfois glaçante son désir de ne plus avoir de contact avec lui ? »

Pour le magistrat Marc Juston[52], *« ce droit à la parole de l'enfant n'est pas sans poser question. Les praticiens sont toujours en recherche de réponses, tant l'équilibre est difficile à atteindre entre le respect du droit à la parole de l'enfant et la nécessaire protection dont il doit faire l'objet »*. Pour l'auteur, la systématisation actuelle de l'audition de l'enfant dans les divorces et les séparations ne paraît pas être, dans nombre de situations, la meilleure des réponses pour lui, ainsi que pour les parents : *« Lorsqu'au moment de la séparation de ses parents, le juge suit l'avis de l'enfant, il lui donne un pouvoir que, dans la plupart des cas, il ne peut pas assumer, parce qu'il n'est malgré tout qu'un enfant, même s'il est une personne. (...) l'enfant est obligé de prendre parti. Il n'est plus seulement l'enjeu, l'otage, le décideur, mais aussi l'arbitre. »*

Le Rapport 2013 du Défenseur des Droits, consacré aux droits de l'enfant, intitulé « L'enfant et sa parole en justice » demande la reconnaissance de la présomption de discernement à tout enfant qui demande à être entendu par le juge dans une procédure qui le concerne et la reformulation de l'article 388-1 du Code civil en ce sens. Afin que le magistrat entendant l'enfant qui le demande puisse apprécier son discernement et sa maturité, Marie Derain, la défenseure des enfants, préconise, entre autres : (1) de mettre en place sur tout le territoire des unités d'assistance à l'audition afin d'offrir aux enfants victimes la garantie d'être auditionnés et accompagnés par des professionnels : policier, gendarme, médecin, dans les meilleures conditions psychologiques et juridiques ; (2) d'inciter les juges aux affaires familiales à harmoniser leurs pratiques afin d'éviter des inégalités de traitement entre les enfants, d'assurer le respect du principe du contradictoire, de protéger l'enfant contre l'instrumentalisation de ses propos ; et (3) d'intégrer dans l'appareil statistique du ministère de la Justice les statistiques nationales

52. Marc Juston, « La Co-audition de l'enfant dans les séparations familiales ; réponse adaptée à la protection de l'enfant », *Droit de la famille*, n° 6, 2011.

concernant les décisions judiciaires prises à l'occasion des séparations parentales – divorces ou séparations – (nombre de divorces contentieux ou non dans lesquels un enfant est impliqué, nombre d'auditions de mineurs par un juge aux affaires familiales.).

Depuis une dizaine d'années, certains magistrats, juges aux affaires familiales et juges des enfants, mentionnent l'aliénation parentale pour motiver leurs décisions. Le 26 juin 2013, la Cour de cassation (Ch. Civ.1, arrêt n° 12-14.392) reconnaît le syndrome d'aliénation parentale dans son arrêt de rejet, approuvant la cour d'appel de Rennes en considérant qu'elle a procédé à une appréciation souveraine des éléments qui lui étaient soumis pour décider que le syndrome d'aliénation parentale qui s'est installé dans la vie de l'enfant conduisait à transférer sa résidence chez son père. Le SAP, diagnostiqué chez une petite fille de 3 ans, est considéré pour la première fois par la Cour comme un élément susceptible de justifier une décision relative aux modalités de l'exercice de l'autorité parentale.

La publication de l'ouvrage *« La Convention Internationale des Droits de l'Enfant – Une convention particulière »*[53], marquera sans nul doute un tournant décisif dans la reconnaissance du SAP, avec le chapitre écrit par Sophie Paricard « Syndrome d'aliénation parentale, catalyseur d'un conflit des droits de l'enfant ». L'auteur montre que *« le SAP, qui conduit l'enfant à rejeter l'un de ses parents, est ainsi le catalyseur d'un conflit des droits de l'enfant. Le SAP naît en effet de la vulnérabilité psychique de l'enfant, mais se développe paradoxalement en revendiquant l'autonomie de cet enfant et se renforce à l'aune du crédit qui est accordé à sa parole. Son existence doit en conséquence conduire à faire prévaloir le droit protecteur de la vulnérabilité de l'enfant au détriment de celui la désavouant, c'est-à-dire à faire prévaloir son droit spécifique de maintenir le lien avec ses deux parents au détriment de son droit-autonomie d'être entendu en justice.*

C'est la position retenue par la Cour européenne des droits de l'homme et dans une moindre mesure par la Cour de justice de l'Union européenne. Les juges européens ont en effet bien compris le processus destructeur du syndrome d'aliénation parentale et affirmé en conséquence le caractère fondamental du droit de l'enfant à voir ses deux parents. Le maintien des liens de l'enfant avec ses parents constitue dès lors "un principe essentiel de la jurisprudence de la Cour européenne des droits de l'homme"[54]*. Or, la France, qui n'a pas encore pris la mesure de ce phénomène, inverse cette logique (...) La Cour de cassation est restée en conséquence sourde à la*

53. Claire Neirinck, Maryline Bruggeman, *La Convention Internationale des Droits de l'Enfant – Une convention particulière*, Dalloz-Sirey, 2014.

54. Adeline Gouttenoire, « Le droit de la famille dans la jurisprudence de la Cour européenne des droits de l'homme », *Droit de la famille*, n° 5, mai 2008.

jurisprudence de la Cour européenne des droits de l'homme. La France protège avec vigueur le droit de l'enfant d'être auditionné et néglige son droit de voir ses deux parents, faisant fi de sa vulnérabilité, pourtant exploitée dans un tel contexte. Elle encourt une condamnation par les juridictions européennes et participe à accentuer le phénomène d'exploitation de l'enfant. »

En septembre 2015, un père est jugé à la 6e chambre du tribunal correctionnel de Lyon pour des violences d'un genre très particulier : une manipulation de ses enfants dans un conflit conjugal. Dans ce procès inédit, un expert psychiatre décrit « un syndrome d'aliénation parentale », autrement dit une emprise totale du père sur les enfants, remontés contre leur mère dans un conflit conjugal.

À l'origine, une séparation que n'a pas supportée le mari, décrit comme « psychorigide, envahissant, intrusif ». La femme a dénoncé un « harcèlement », une jalousie maladive. Un juge des enfants et un juge des affaires familiales étaient déjà intervenus pour tenter de pacifier le conflit conjugal. Au bout d'un an, elle a dû se résoudre à déposer une plainte pénale en voyant comment les enfants étaient utilisés.

L'homme est reconnu coupable de violences psychologiques à l'encontre de ses enfants et condamné à cinq mois de prison avec sursis et une mise à l'épreuve de trois ans, assortie d'une obligation de soins.

Chapitre 2

Pourquoi tant de haine, après tant d'amour ?

Par Roland Broca

« They dream in courtship, but in wedlock wake. »
Alexander Pope[55]

Toutes les séparations sont douloureuses pour le couple. Toutes font souffrir les enfants et les marquent à jamais. Les séparations se passent plus ou moins bien – ou plutôt plus ou moins mal. Le plus souvent, les parents cherchent à s'accorder sur un compromis, pour le bien des enfants.

Dans les situations que nous caractérisons comme manifestation d'aliénation parentale, l'un des deux parents refuse tout compromis et affirme vouloir être le seul parent responsable de l'enfant. Et l'enfant – ou les enfants – prennent parti pour ce parent-là et rejettent l'autre parent.

Dans la triade œdipienne classique (papa, maman, enfant), on observe le rejet en bloc de l'un des partenaires : le couple de parents se transforme dans un couple parent-enfant, où l'exclu sera – non l'enfant comme tiers, mais l'un des conjoints.

Nous pouvons faire l'hypothèse que la résolution œdipienne pour cet enfant, sur le plan de l'identification, s'en trouve compromise. Car c'est la résolution œdipienne qui normalise la relation à l'Autre parental – père et mère – et augure du bon développement de l'enfant, personne autonome et non pas partenaire d'un des deux parents.

55. *« Les fiançailles sont comme un rêve. Lié par le mariage, on se réveille »*, Alexander Pope (1688-1744), poète anglais.

De l'amour, du mariage, et de quelques complications

Comment en arrive-t-on là ? Qu'est-ce qui fonctionne si mal dans le mariage occidental moderne[56] ?

Depuis quand le mariage existe-il ?

« L'invention du mariage remonte à l'époque romaine. Le mariage répond alors à une nécessité pour l'homme d'assurer sa descendance. » La femme est considérée au départ comme une propriété du père, ensuite comme une propriété de son mari. L'anthropologue Claude Lévi-Strauss a déjà souligné dans son ouvrage, *Les structures élémentaires de la parenté*[57], la valeur d'objet – marchande – des femmes dans les échanges. Chose qui a cessé d'être vraie dans notre société moderne où la libéralisation des mœurs va jusqu'à rendre possible désormais le mariage entre deux hommes et entre deux femmes. Mais cette vérité des échanges sociaux, observée par Lévi-Strauss, est toujours vraie pour des sociétés dites traditionnelles, comme la nôtre.

Mais, si jadis c'étaient les pères qui décidaient du sort des femmes, où en sommes-nous aujourd'hui, où la question de l'émancipation, notamment économique, de la femme semble résolue. Le sujet – homme ou femme – est-il véritablement libre, du point de vue de l'inconscient, de choisir le partenaire qu'il souhaite ? Nous pourrions avancer que si l'un ou l'autre, reste vis-à-vis de la loi, un homme, une femme libre, leur choix de partenaire est déterminé – donc restreint dans leur liberté – par l'inconscient. On peut par conséquent dire que le couple c'est la rencontre de deux inconscients, pour le meilleur, et pour le pire. Chacun se présente à l'autre avec les coordonnées de son histoire singulière, et les particularités des achoppements éventuels du modèle familial. On se trouve là dans une dimension où l'imaginaire prévaut très largement, le rationnel y trouvant une place de plus en plus congrue.

Pourquoi le mariage d'amour, revendiqué avec tant de force comme plus *civilisé* que le mariage de raison ou le mariage arrangé, échoue-t-il de plus en plus souvent ? Le mariage d'amour étendu à l'ensemble des couples est une invention de l'époque moderne. Sans doute promu par ces histoires romanesques qui défient toutes les conventions sociales. Mais attention, cette libéralisation de l'institution maritale s'applique essentiellement à l'Occident chrétien.

56. Michel Bozon, François Héran, *La Formation du couple – Textes essentiels pour la sociologie de la famille*, La découverte, 2006.

57. Claude Lévi-Strauss, *Les structures élémentaires de la parenté*, PUF, 1949.

Nous constatons par notre pratique de psychanalyste que le mariage d'amour repose sur une idée, qui ne serait qu'un leurre, selon laquelle l'amour serait éternel et pourrait, dans la durée, soutenir l'union de deux êtres. Le psychanalyste Jacques Lacan qualifiera l'amour par cette formule énigmatique : « Donner de l'amour, c'est donner quelque chose qu'on n'a pas à quelqu'un qui n'en veut pas »[58]. Ce dont l'amour a besoin, pour continuer de fonctionner comme vérité – une fiction, comme toute idée élevée au rang de vérité par le sujet – c'est cette dimension de l'équivoque. Il s'agit de toute évidence d'un leurre auquel les deux sujets vont contribuer de manière inconsciente à donner consistance, sous les augures du charme des premières rencontres.

Voici comment dans le livre *La Délicatesse,* David Foenkinos entend cet amour à deux qui serait une sorte d'évidence incontestable, ce constat *qu'on est fait l'un pour l'autre*, délicieux leurre commun au sein de la comédie amoureuse :

« Si elle avait accepté d'aller s'asseoir avec cet inconnu, c'est qu'elle était tombée sous le charme. Immédiatement, elle avait aimé ce mélange de maladresse et d'évidence (…) En dix minutes, la scène initiale de l'abordage dans la rue était oubliée. Ils avaient l'impression de s'être déjà rencontrés, de se voir parce qu'ils avaient rendez-vous. C'était d'une simplicité déconcertante. D'une simplicité qui déconcertait tous les autres rendez-vous d'avant, quand il fallait parler, essayer d'être drôle, faire des efforts pour paraître quelqu'un de bien. Leur évidence devenait presque risible. (…) Le soir, ils refaisaient leurs parcours sur la carte, pour voir à quel moment ils auraient pu se rencontrer, à quels moments ils avaient sûrement dû se frôler. Voilà où elle allait : dans un roman. »[59]

Cette illusion de rencontre avec une âme sœur – ou avec sa moitié perdue – évacue l'effectivité de plusieurs pulsions qui agitent chacun d'entre nous : l'agressivité, le désir confondu avec l'amour et son caractère éphémère, et surtout le décalage qui existe entre l'amour vécu par une femme et l'amour vécu par un homme – même dans la phase de la passion amoureuse. Comme le souligne avec humour le dicton populaire : « L'amour est aveugle, le mariage lui rend la vue », démontrant que ce leurre est commun et nécessaire, du moins, pour le mariage contemporain qui tient à cette fiction délicieuse.

58. Jacques Lacan, *Écrits,* Le Seuil, 1966.

59. David Foenkinos, *La Délicatesse,* Gallimard, 2009, p. 15.

Le mariage d'amour repose sur un malentendu

Le malentendu fondamental entre les hommes et les femmes trouve sa source dans le constat qu'il ne saurait y avoir d'harmonie naturelle, préétablie, entre les sexes. L'un des partenaires n'est pas la moitié de l'autre ni l'autre la moitié de l'un ; l'un et l'autre ne font pas rapport. Ce que Lacan a mis en évidence avec la formule : il n'y a pas de rapport sexuel ; mais il a bien sûr des rapports sexuels. Ce qui veut dire qu'il n'y a pas de complémentarité entre les sexes. Ce qui vient démentir le *mythe d'Aristophane,* dans *Le Banquet* de Platon[60].

La notion d'âme sœur vient de ce Dialogue. Aristophane raconte à Socrate qu'auparavant il existait des créatures à la fois mâle et femelle, ayant quatre pieds, quatre mains, deux têtes : les androgynes. Ces êtres étant devenus trop puissants. *« Ils étaient si forts qu'ils tentèrent d'escalader le ciel pour y combattre les dieux. Zeus dut se résoudre à leur infliger une leçon. Il décida de les couper en deux comme on coupe les légumes pour les mettre en conserve. Quand l'homme primitif eut été dédoublé par cette coupure, chacun, regrettant sa moitié, tentait de la rejoindre. S'embrassant, s'enlaçant, l'un à l'autre, désirant ne former qu'un seul être. »*

S'il y a un sujet qui échappe au malentendu de la langue et fait exister le rapport sexuel, ce qu'on pourrait appeler *l'amour réel,* c'est uniquement le sujet psychotique, qui croit faire *un* avec l'autre partenaire, dont il a besoin pour continuer à exister dans le monde.

Le malentendu s'actualise, dans la vie du couple hétérosexuel moderne, quand il est uniquement guidé, dans son choix amoureux, par la seule loi de la recherche narcissique et d'un gain permanent de satisfaction. Sur cette scène va se jouer, pour chacun des partenaires, le *discord* de structure, entre amour et sexualité, installé au cœur de la relation de couple. Une sexualité souvent ravalée, sous le masque d'une pseudolibéralisation des mœurs, au modèle marchand de la société libérale avancée.

Pour ce qui est des séparations conflictuelles, le problème c'est moins le supposé amour entre partenaires que l'arrivée de l'enfant, véritable enjeu de notre époque, où il y a une *idéalisation de l'enfant conçu comme l'aboutissement du couple.* Et plutôt que de respecter les droits de l'enfant, nous sommes passés au droit à l'enfant y compris dans la revendication récente des couples homosexuels.

Les hommes ont un rapport direct à la sexualité, sauf accident de parcours, car l'exigence pulsionnelle, liée à l'organe (le pénis), les y pousse, bien que ce rapport se trouve compliqué d'avoir à convaincre et à obtenir l'assenti-

60. Platon, *Le Banquet,* in *Œuvres complètes,* T. 1, La Pléiade, Gallimard, 1982.

ment de la partenaire. Il faut dire, en effet, que pour les hommes l'amour est plutôt un obstacle à la sexualité. Il est un obstacle car l'amour pour la partenaire renvoie à l'amour pour la mère et par conséquent à l'interdit. Cela n'implique pas une impossibilité *a priori,* puisque le désir, en fait, s'appuie sur l'interdit, mais une difficulté, dans la mesure où passer à l'acte nécessite une transgression de cet interdit, ce qui ne va pas toujours de soi.

Cette difficulté n'apparaît pas, nécessairement, immédiatement dans la vie du couple.

Le rapport amoureux va réactualiser, pour les deux partenaires, ce qui s'est joué, dans sa complexité œdipienne, dans la relation primitive d'amour pour la mère. Cette difficulté est généralement moins présente au stade des amants, mais elle se précise au stade conjugal et se confirme et se complique au stade parental. Il en résulte, par exemple, un phénomène bien décrit par Freud.

Dans son article[61], Freud montre la dissociation, chez l'homme, entre amour et sexualité. C'est-à-dire qu'il y a d'un côté la femme que l'on aime, la mère de ses enfants, qu'on a tendance à idéaliser, à mettre plus ou moins sur un piédestal, et d'un autre côté la femme pour laquelle on éprouve plus facilement du désir, qui ne doit pas être aimable, qui ne risque pas d'être idéalisée à l'instar de la mère, quelle qu'en soit la raison, prostituée, employée, domestique, etc. L'attrait traditionnel pour les amours ancillaires, outre les effets de la promiscuité familiale, s'appuie fortement sur les liens libidinaux précoces établis dans la prime enfance en relation avec le fait que ces femmes se trouvent souvent placées en position de substitut maternel.

En tout cas, cela montre que ce n'est pas forcément la même femme dans les deux cas qui est susceptible de déclencher le désir sexuel, et qu'à certains moments de la vie amoureuse il n'est pas évident, dans le couple conjugal, de faire coïncider les deux dimensions. Ce qui devient frappant dans l'approche clinique, au moment où la femme devient elle-même une mère, c'est le mari qui se trouve en difficulté. Il ressent l'enfant comme un rival, qui viendrait lui ravir sa femme, transformée en mère.

La demande d'amour

La grande question qui occupe les femmes, c'est l'amour. M'aimes-tu ? Question lancinante… Et sauf à s'identifier à un homme, ce n'est pas en premier lieu la sexualité qui l'intéresse. Pour la femme, Freud nous révèle un effort inconscient de trouver chez un seul partenaire la convergence

61. Sigmund Freud, « Le plus commun des ravalements de la vie amoureuse », *Revue française de psychanalyse,* Volume 9-1, 1936.

entre ces deux courants, sexuels et celui, tendre de l'amour. Mais qu'on ne s'y trompe pas : l'amour au féminin n'est pas altruiste ; il pourrait ne pas vouloir le bien de l'autre, se montrant possessif et insatiable.

Toute demande est une demande d'amour, demande de complétude, d'être rassuré sur le « manque à être » ; notre être de sujet n'a pas de vraie consistance qu'à se faire reconnaître par un autre, notamment dans l'amour. Ce qui permet de comprendre ce *désir éperdu,* bien qu'illusoire, *de faire un avec l'autre*. C'est la nostalgie inconsciente, qu'on soit homme ou femme, de faire un avec la Mère, de faire couple avec elle. D'ailleurs plus tard, le sujet fera en sorte de rencontrer des partenaires à son image, prolongeant son amour pour cette dernière par le truchement d'une nouvelle femme ou d'un nouvel homme.

La question de l'amour, historiquement, n'est que récemment apparue au premier plan dans la vie des couples, mais combien embarrassante depuis lors pour le couple moderne. Le modèle existait déjà au Moyen Âge avec l'apparition du rituel de l'amour courtois, au temps des troubadours et des gentes dames, à une époque où les valeureux chevaliers ne donnaient pourtant pas dans la dentelle dans l'exercice de leur sexualité. Ces jeux de langage, ces joutes poétiques, réservé au monde des seigneurs mettaient un peu de sentiment dans un monde de brutes…

Nous pouvons nous demander à quel moment et à partir de quelles coordonnées cette dimension de l'amour a été rendue nécessaire pour donner consistance au couple, faisant croire d'ailleurs que ça a toujours été le cas. Le mépris occidental vers d'autres formes d'alliance vient confirmer cette sorte de refoulement.

Pour les deux protagonistes du couple, l'autre, le partenaire amoureux, le véritable partenaire, inconscient, c'est la mère. Le partenaire amoureux représente la mère, dans la mesure où pour tout un chacun, quant à l'amour, c'est la référence absolue à ce qu'a été la relation d'amour primaire à cet autre maternel qui se révélera décisive. L'amour pour le partenaire amoureux, fait écho à la poignante nostalgie de cet amour premier, perdu à jamais[62].

Ce qui a pour conséquence à l'évidence la fragilité et la précarité, dans le monde contemporain, du lien de couple conjugal, précarité corrélative de l'autorisation légale, de plus en plus affirmée, à pouvoir, sans trop de difficulté apparente, rompre ce lien.

Pourtant depuis des siècles, et encore dans un passé récent, les codes culturels dans notre espace judéo-chrétien incitaient, au contraire, à la création et au maintien quasi obligé de ce lien, comme garantie de cohésion sociale et de

62. Sur la passion amoureuse de la mère avec l'enfant, cf. Jean-Claude Razavet, *Du roc de la castration au roc de la structure,* De Boeck, 2008.

transmission du patrimoine. *« La position de l'Église catholique a toujours été très claire : le mariage est indissoluble et ne pourrait donc être brisé. Ainsi un divorce (autre qu'une annulation de mariage) ne saurait être reconnu. De ce fait, les couples divorcés ne peuvent pas prétendre à participer aux sacrements.* » Position en débat actuellement dans l'Église catholique.

Il n'y a là cependant nulle naturalité ; il s'agit, par le biais de l'institution sacralisée du *conjugo*, de remplir, par le biais de ce dispositif, les objectifs de la société, en garantissant la perpétuation de l'espèce dans des conditions optimales. Pourtant la tendance observée, depuis les dernières décennies, à retarder le plus longtemps possible la formalisation par le mariage des engagements de couple, qui se font et se défont au gré des circonstances, se confirme. Le désir d'enfant, pour la femme, tarde lui-même à se concrétiser, jusqu'aux limites extrêmes autorisées par l'horloge biologique.

Se confirme dans le même mouvement à partir du constat de la fragilité du couple conjugal moderne, l'évidence pourtant connue depuis toujours, qu'un couple ne peut exister dans la durée, seulement sur la passion amoureuse de ses débuts.

L'observation freudienne que l'amour rend possible la rencontre entre deux êtres qui espèrent se projeter dans une descendance, nécessite cet appui pour se développer. Ce couple conjugal se fonde puis se construit au fil des années, sur un projet de vie, impliquant la décision d'avoir, ensemble, des enfants, et de constituer par conséquent une cellule familiale stable, pour les accueillir et offrir un cadre sécurisant à un développement, si possible harmonieux, bien que nécessairement aléatoire. Cela suppose par conséquent, au-delà de la nécessité d'une maturité suffisante et d'un sens des responsabilités, de formaliser les engagements pris, quel que soit le cadre légal choisi pour ce faire.

Nous faisons le constat d'un remaniement de la représentation sociale et imaginaire de la famille : auparavant l'idée de famille commençait par l'alliance entre deux partenaires par la voie du mariage, qui établissait l'union entre deux familles et l'alliance de leurs biens communs. Dans notre époque moderne, la famille commence, à proprement parler, avec l'arrivée de l'enfant. Ce qui constitue un véritable *remaniement affectif de la place du mariage et de la famille*. Il n'y a pas si longtemps, la jeune fille célibataire, la *vieille fille*, était condamnée sévèrement, voire méprisée, car inutile. Aujourd'hui, les mères célibataires – et les pères célibataires – constituent désormais des *familles monoparentales*.

Lorsque l'enfant paraît

On se rêvait éternellement amants avant de se marier. On se réveille mari et femme. L'arrivée de l'enfant nous transforme en père et mère. Cette troisième mutation est de loin la plus difficile. Elle soude le couple ou le fragilise. Ça passe ou ça casse… L'idée romantique de faire un enfant pour rester ensemble ou pour sauver le couple est également un mirage de la comédie de l'amour, comme celui de l'amour éternel. L'arrivée de l'enfant va déstabiliser – au moins au début – la vie harmonieuse jusqu'ici du couple conjugal, de deux êtres qui cesseront d'être célibataires.

L'arrivée de l'enfant, le premier notamment, met en scène une situation nouvelle. Il se produit un changement dans le statut des protagonistes, par le passage de l'état de mari et épouse à celui de père et mère, passage qui n'est pas sans conséquence.

Le nouveau ménage à trois ainsi constitué suppose des remaniements psychologiques notables et un repositionnement des deux partenaires qui peut bouleverser l'économie toujours fragile du désir. À cela s'ajoute que lorsque la femme devient mère, elle va réactualiser son propre rapport à sa mère – plus au moins problématique suivant les cas – et de même du côté du mari désormais placé en position de père, son propre rapport à son propre père et par conséquent à la fonction paternelle. Et ce drame se joue à six puisqu'intervient également le rapport de la nouvelle mère à son propre père et du nouveau père à sa mère. Si cette relation des parents à leurs géniteurs fut problématique et que le sujet n'en est pas averti, il sera davantage fragilisé pour assumer ce changement de statut.

Nous assistons ainsi à une *nouvelle distribution des rôles parentaux*.

On connaît par exemple la difficulté de la parturiente à reprendre immédiatement après l'accouchement une activité sexuelle, difficulté qui peut parfois s'installer dans la durée et mettre ainsi en péril l'équilibre émotionnel du couple. Le tissu social qui entoure les jeunes mères dans l'initiation à la maternité[63] se réduit de plus en plus, les privant ainsi d'un soutien fort utile ! L'exigence sociale qui nourrit la représentation imaginaire du corps social est la naturalisation de cette accession à la maternité, comme d'une fonction référentielle, qui se passerait sans incident. L'image de la mère, dans le cadre de notre civilisation chrétienne, étant rattachée à la Vierge Marie, comme étant une mère chaste et qui porterait un amour inconditionnel à l'enfant répond à une vision naturaliste de l'accession à la maternité.

63. Cf. Les rituels de la mise au monde d'un enfant et les soins prodigués à la jeune mère par les Doulas, dans les sociétés traditionnelles. La sagesse des sociétés traditionnelles met à disposition de la jeune mère tout un tas de dispositifs destinés à la soulager de cette charge dans la période connue comme quarantaine. Cela vient confirmer l'émergence et la nécessite – pour ces sociétés – de la figure de la polygamie. Celle qui est devenue mère est dispensée du commerce marital jusqu'à ce que l'enfant ait deux ans, afin de lui consacrer toute son énergie.

De la sexualité

L'activité sexuelle, au-delà de sa fonction dans le processus de génération, joue un rôle essentiel dans la pacification des tensions inévitables de l'existence. Si, dans sa relation à l'enfant, la mère trouve un plein épanouissement et une source inépuisable de satisfaction narcissique, par contre le mari, privé, frustré, des satisfactions d'ordre sexuel que lui apportait son épouse, se retrouve en état de déséquilibre émotionnel. Qu'il aille chercher ailleurs des satisfactions et c'est le couple conjugal qui se trouve mis en péril. En fait les deux partenaires, peuvent vivre, chacun à sa manière, ce type de difficulté. Par ailleurs le père de son côté, met sa femme sur un piédestal idéalisé qui le renvoie à la vision infantile de sa propre mère et ne peut plus alors la considérer comme *épouse-amante*. Lorsque la femme devenue mère se complaît de façon exclusive dans une relation passionnelle avec son enfant, l'homme a du mal à la retrouver en tant que femme.

Cette femme, si elle se vit comme *toute mère,* mettra son enfant dans une position difficile, celui-ci en venant à nier le père, devenu un intrus. Nous pouvons d'ailleurs penser que l'aliénation parentale met en évidence cette déviance : que chacun des partenaires pourrait être *tout père* ou *toute mère,* pouvant évincer ainsi avec aisance l'autre partenaire perçu comme rival. Ce cas de figure vient, comme nous l'avons déjà signalé, compromettre la résolution normale œdipienne, qui est par définition celle de la *dialectique du tiers exclu.*

Mais l'arrivée d'un enfant dans la vie d'une femme n'est pas toujours source de satisfaction ; dans certains cas, elle peut même apporter des bouleversements psychiques produisant un état critique se traduisant par une dépression sévère, ou pire encore par un état de *delirium,* quand survient une crise de psychose puerpérale déclenchée par les conséquences psychiques du procès de séparation corporelle mère – enfant. Cette séparation en effet peut être ressentie par la mère, comme une perte d'objet insupportable et par conséquent inassumable.

Cela joue pour les deux partenaires du couple parental. L'accession de l'homme à la paternité peut être une expérience déroutante pour le jeune père, qui ne sait pas comment se débrouiller avec ce nouveau remaniement pulsionnel. Il doit se repérer sur sa propre expérience de son rapport à son père, à son modèle paternel.

Du divorce

Qu'en est-il du droit de divorcer ?

La possibilité de divorcer s'inscrit, quant à elle, dans la législation française à partir de 1792. Réfutée en 1816 à cause de son impact, considérable à l'époque, (un mariage sur trois est dissous). Le droit de divorcer ne sera rétabli qu'en 1884 sous la IIIe République. Dès l'année suivante, environ 4000 couples divorcent ; en 1939 ce chiffre atteindra 27000. Fondé exclusivement sur la notion de faute de l'un ou l'autre époux essentiellement l'adultère, le divorce est alors prononcé en faveur de la victime de la rupture du contrat à laquelle il peut être versé des dommages-intérêts. Ce que les statistiques ne mentionnent pas toutefois, c'est le nombre de demandeurs versus le nombre de demanderesses et auquel des deux sexes profite le plus la dissolution du mariage… Plus récemment, les statistiques montrent que les divorces ont augmenté de 36 % depuis les années 1970, la durée moyenne de vie en couple étant de 12 ans[64]. En 2014, pour 240000 mariages, on enregistre 133000 divorces.

Séparation conflictuelle, aliénation parentale

L'éclatement de la cellule familiale implique une réorganisation de la vie matérielle et pratique. Les couples raisonnables la mettent en place pour le bien-être des enfants. Encore faut-il s'entendre sur ce que chacun considère comme bien pour eux.

Mais à cette situation, qui ne manque pas d'être perturbante pour l'enfant, va venir se surajouter une nouvelle complexité qui va compliquer encore son adaptation aux conséquences de la rupture du couple conjugal, donc du couple parental dissocié. Nous avons pris l'habitude de raisonner à partir d'une cellule familiale *a minima,* soit le trinitaire œdipien : père, mère, enfant, et d'évaluer, à partir de cette structure minimale théorique, les effets sur l'enfant de cette dissociation du couple parental. Mais, dans la plupart des cas, les choses se complexifient de plus en plus souvent, avec la mise en place d'une recomposition familiale concernant les deux parents. C'est ainsi que l'on pourra observer, comme je le fais fréquemment, à titre d'exemple, une situation dans laquelle le père, divorcé, vit maintenant avec une nouvelle compagne, elle-même divorcée récemment, dans le cadre d'une séparation également conflictuelle avec le propre père de ses deux enfants. Un nouvel enfant naît de ce nouveau couple recomposé. Du côté de la mère des enfants, on peut retrouver une situation équivalente. Pourquoi faire simple quand on peut faire compliqué…

On pensait, par la séparation, par la rupture du lien conjugal, s'être libéré d'un poids, d'une situation devenue insupportable, avoir retrouvé une nou-

64. cf. ref. Eurostats, 2014.

velle forme de liberté. C'est oublier que la liberté est dans les liens, des liens inhérents à la structure même du lien social. Les optimistes, idéologues professionnels, nous assurent que ces situations ne peuvent qu'être bénéfiques et enrichissantes pour les enfants, en mettant en scène une famille élargie multicentrique, une forme de polygamie moderne épanouie, libérée du carcan de la monogamie occidentale chrétienne traditionnelle ? Ces idéologues ne traitent pas professionnellement comme je le fais, les souffrances des parents et des enfants impliqués dans ces situations, particulièrement celles que nous qualifions de séparations conflictuelles.

Je me souviens à ce propos de cette fillette de dix ans, venue me consulter avec sa mère, pour une série de troubles psychologiques à retentissement somatique. Les parents sont séparés depuis quelques années déjà, l'enfant vit avec sa mère qui en a la garde principale, à Paris. L'enfant doit aller rejoindre son père, à l'autre bout de la France, un week-end sur deux et y passer la moitié des vacances. Lui s'est remarié avec une nouvelle compagne, également divorcée ayant deux enfants en bas âge. Ils ont eu ensemble un nouvel enfant. Cette petite fille m'explique : « Je ne comprends pas quelle est ma place dans la nouvelle famille de mon père. Il exige que je vienne ponctuellement pendant les périodes où il a légalement ma garde, mais il ne s'occupe pas de moi. En dehors de son travail qui l'occupe énormément, il n'a d'attention que pour sa nouvelle famille, moi je n'existe pas. J'ai l'impression que son mariage avec ma maman et les enfants qu'il a eus avec elle ça n'a été qu'un *brouillon* pour réussir sa nouvelle vie. »

Dans les cas que nous considérons comme relevant de l'aliénation parentale, ce qui fait difficulté, c'est justement l'arrivée de l'enfant. Celui-ci devient un enjeu : celui de la possession exclusive[65]. Car l'amour est désir de possession. Quand l'amoureux dit toi et moi ne sommes qu'un, ce qu'il veut dire en réalité c'est tu m'appartiens et par conséquent j'exige l'exclusivité. À partir de ce moment-là, le poison de la jalousie s'infiltre dans la relation. Ce sentiment de possession se renforce avec l'arrivée de l'enfant. On ne dit plus, la mère en particulier *notre enfant* mais *mon enfant*. Mais là aussi, le poison de la jalousie y compris, dans certains cas, délirante, est à l'œuvre.

Il y a jalousie et jalousie, comme le démontre Freud dans son article « Sur quelques mécanismes névrotiques dans la jalousie, la paranoïa et l'homosexualité »[66]. Être normalement jaloux relève de l'envie refoulée d'aller voir ailleurs si l'herbe… Et, en conséquence, par un mécanisme de projection, on est jaloux de l'autre – qui peut-être pourrait faire ce que l'on a soi-même

65. Il y aurait lieu à expliciter les différentes formes d'amour décrites par Freud : élection anaclitique, élection d'objet narcissisme. Cf. Sigmund Freud, *Psychologie des masses et analyse du moi*, Points, 2014.

66. Sigmund Freud, « Sur quelques mécanismes névrotiques dans la jalousie, la paranoïa et l'homosexualité » (1922), (traduit par Daniel Guérineau), in *Névrose, Psychose et Perversion*, PUF, 1973, p. 271-281.

envie de faire. La jalousie pathologique est différente. Elle prend des proportions délirantes car elle ne se nourrit d'aucun fait réel : « Mon conjoint me trompe avec tous les hommes (toutes les femmes) qui passent ». Cette jalousie-là peut s'accompagner de violences, voire aller jusqu'au meurtre. En effet, le jaloux (la jalouse) pathologique ne supporte pas de ne pas être *Un* avec son ou sa compagne. Alors, mieux vaut le ou la détruire. Ce phénomène, en effet, n'est pas spécifiquement masculin. On connaît ces faits-divers dramatiques qui sont parfois l'issue de ces situations : meurtre du conjoint, meurtre des enfants et suicide altruiste du meurtrier.

L'aliénation parentale a donc pour principal ressort le *sentiment de possession exclusive de l'enfant*. Et, de la part du parent dit aliénant, le refus de se soumettre à la Loi, qui sert justement à définir la limite, c'est-à-dire comment jouir de son bien, sans en abuser. « On en a l'usufruit, on peut en jouir à condition de ne pas trop en user. C'est bien là qu'est l'essence du droit : c'est de répartir, de distribuer, de rétribuer, ce qu'il en est de la jouissance. »[67]

Ce qu'il est important de souligner, à cette phase-là de la séparation, c'est que *celui qui a décidé de partir sera considéré d'emblée comme celui qui a tort*. Il a rompu le pacte implicite, l'unité imaginaire de l'amour : il est considéré par son partenaire comme celui qui a trahi. Il se produit ici une *véritable cassure narcissique imaginaire,* qui ne peut être réparée que par la reconnaissance de son droit exclusif sur l'enfant. Celui à qui est imposée la séparation, ne la souhaitait pas. Il y a été contraint. Il veut garder les enfants pour lui, et éliminer l'autre parent de tout contact avec leur enfant. Dans ces séparations conflictuelles, celui qui veut tout garder pour lui et exclure l'autre, sera le parent dit *aliénant*.

L'amour maternel tend à se partager entre les deux sexes dans la mesure où les pères se comportent – évolution de la civilisation oblige – de plus en plus souvent en mère, c'est-à-dire partagent avec la mère des fonctions qui lui étaient autrefois exclusivement réservées (nourrir, bercer, endormir, changer les couches, etc.). Et l'on sait que ce qui attache à jamais l'adulte au bébé, c'est le partage, dès la naissance, de *l'amour avec les soins*. La fonction maternelle, cela fait en effet référence à la personne qui donne l'amour avec les soins, pendant la période cruciale où le bébé est encore dans un état de dépendance vitale totale, où sa survie est l'enjeu primordial.

Ce père, quand il devient maternant à l'extrême[68], refuse de partager : il veut être l'éducateur exclusif des enfants, se renvoyant à lui-même l'image

67. Jacques Lacan, *Le Séminaire : Livre XX, Encore,* Le Seuil, Leçon 21 novembre 1972, 1975.

68. Nous avons constaté les ravages de cette figure du père poule, maternant à l'extrême qui entre en concurrence avec la mère et délaisse sa fonction de faire barrage à la tentation de se compléter imaginairement par l'enfant.

du père responsable. En quoi il se trompe car la fonction paternelle, ce n'est pas d'être un père éducateur. Ce qui le rend légitime c'est de partager le lit de la mère en tant qu'épouse. Lacan dira d'un père « qu'il n'a le droit à l'amour que lorsqu'il fait d'une femme l'objet cause de son désir »[69]. C'est d'être le mari de la mère qui lui donne sa légitimité. Les difficultés commencent quand il ne l'est plus.

De façon viscérale, quand les choses tournent mal, cet adulte-là ressent que l'enfant lui appartient. Et quand il met en acte cette solution boiteuse, il vise avant tout *l'élimination de* l'autre qui l'a trahi en le quittant. Avec une ambiguïté qui complique beaucoup la lecture objective de la situation, du fait qu'il se présente en victime. C'est l'autre qui a tort, l'a trompé, lui a rendu la vie impossible. Certains de ces sujets se prennent véritablement pour la victime de l'autre parfois dans une certitude délirante.[70]

Cette posture est lourde de conséquences, car elle influe sur l'attitude des enfants. Dans cette situation, l'adulte-victime endoctrine les enfants, se comporte en gourou, en manipulateur. Et les enfants y croient. Effectivement nous sommes là dans le domaine de la croyance. Leur père est leur dieu. Ce qu'il dit ne peut être que vrai. Et si c'est la mère qui se pose en victime, leur soutien est, de la même manière, inconditionnel.

On n'a donc, dans ces situations, *que des victimes :* celui qui se dit victime de son conjoint (qui le trompe, qui néglige sa famille) en convainc ses enfants ; l'autre parent, désormais privé de l'amour et de la rencontre régulière avec ses enfants. Et, bien sûr, les enfants eux-mêmes. Par conséquent, des situations perdant-perdant.

Le parent aliénant veut donc éliminer l'autre et garder l'exclusivité de ses enfants.

Quand les troubles de la personnalité s'en mêlent

Tout dépend de l'évolution de la situation. Dans la plupart des cas, le juge, le conseiller, un autre parent arrive à lui faire entendre raison, pour le bien des enfants et un *modus vivendi* peut se mettre en place. Dans ce cas, on n'est pas, à mon sens, à proprement parler dans un cas d'aliénation parentale ; ce qui ne veut pas dire que certaines de ces situations n'en sont pas moins préoccupantes et nécessitent une attention spéciale, voire spécialisée.

---

69. In Jacques Lacan, *Écrits, op. cit.*

70. Cf. le discours paranoïaque du père de David Helgoft dans *Shine* (film australien réalisé par Scott Hicks sorti en 1996), accusant l'adolescent de vouloir détruire sa famille avec son projet de partir de la maison.

Dans d'autres cas, qui représentent probablement 1 à 2 % des séparations plus ou moins conflictuelles, le parent aliénant est fermé à toute discussion et la situation devient ingérable. Mon expérience clinique de psychiatre et de psychanalyste me fait dire qu'on a alors affaire chez le parent aliénant à des troubles graves de la personnalité. On est bien là face à un delirium.

Et quand on approfondit ces situations, comme je le fais avec les personnes qui viennent me consulter, on se rend vite compte que des indices de troubles de la personnalité existaient depuis longtemps déjà, mais rampants en quelque sorte. L'anamnèse de ces situations met en évidence chez le père ou chez la mère suivant les cas des comportements éclairants tels que : psychorigidité, méfiance, jalousie, violence, avarice, caractère procédurier, etc. C'est la dissociation du couple qui en sera le révélateur et dévoilera dans toute leur ampleur ces éléments pathologiques déjà présents : délire de jalousie, surestimation de soi-même, méfiance pathologique, conviction délirante d'avoir raison qui ne résiste à aucun examen, changements de comportement brutaux, troubles de comportement, violence et manifestations d'agressivité plus ou moins insidieuses. La liste des symptômes est longue. Et si le conjoint en souffrait, il ne se rendait en général pas compte, pendant un temps, de leur gravité.

Chaque cas est cependant singulier.

Et c'est à partir des conséquences de ces pathologies que ce sujet va être soit le parent rejeté, soit au contraire le parent dit agresseur qui va faire en sorte d'avoir une emprise totale sur les enfants et faire des enfants des enfants soldats contre l'autre parent ennemi. Il faut bien le repérer parce qu'évidemment, la pathologie mentale, ça se soigne, mais en même temps, le sujet qui en est atteint, se trouve dans une complète méconnaissance et déni de sa pathologie.

La personnalité pathologique, ça peut être une personne parfaitement lucide par ailleurs, parfaitement performante sur un plan professionnel et social. Une personnalité à tonalité paranoïaque, par exemple, qui va développer un délire de jalousie. Cela se fait de façon insidieuse, ça n'apparaît pas dans la sphère publique, donc, comment le détecter ? Un paranoïaque qui va faire un délire de persécution et qui va retourner ce délire de persécution contre l'autre, c'est pareil, ça n'apparaît pas à l'œil nu, dans la vie sociale. Ça demande un examen professionnel attentif.

Nous sommes en présence d'un sujet qui paraît, à l'observateur non averti, tout à fait normal, qui n'est pas confus, qui est très bien adapté dans son travail, généralement socialement bien considéré par ses supérieurs et ses collègues, qui est professionnellement très performant, mais qui est par ailleurs délirant dans la sphère privée, dans la mesure où il présente une jalousie pathologique ou des phénomènes de paranoïa aiguë, qui peuvent être parfaitement compatibles avec une vie sociale apparemment normale. Nous sommes, dans ce cas-là, dans le cadre d'un délire dit en secteur. Le délire ne porte que sur un seul aspect de la vie, la vie privée. À l'opposé, il existe un délire en réseau, qui englobe vie privée et vie publique.

Il convient de bien distinguer ces éléments pathologiques de ce que le profane considère habituellement comme maladie mentale : la schizophrénie, dénommée également démence précoce, qui est une pathologie du passage de l'adolescence à l'âge adulte qui se traduit par un effondrement complet de la personnalité et une efflorescence délirante manifeste. Celle-là se voit à l'œil nu !

Pour éclairer le mécanisme d'aliénation parentale, il me paraît important de se référer à un concept de la psychiatrie du XIXe siècle, tombé depuis lors en désuétude : *la folie à deux*. Cette entité clinique met en présence deux, voire davantage de sujets. Il ne s'agit pas là de ce qu'on a pu appeler folie simultanée qui concerne deux sujets psychotiques mais d'un tableau comprenant un premier sujet délirant dans le contexte d'une pathologie à caractère paranoïaque ou paranoïde et d'un deuxième sujet, (voire plusieurs) qui lui (eux) ne présente (nt) pas de structure mentale à caractère psychotique. Celui-ci, compte tenu des liens particuliers qui l'unit au premier, sans qu'il y ait besoin d'une influence extérieure, va adopter la conviction délirante du premier. C'est ainsi qu'il fait sienne la certitude de l'autre, reprenant à son compte tous les éléments de la construction délirante du premier. Il se trouve ainsi complètement aspiré en quelque sorte dans cette conviction, au point d'y perdre ses propres repères symboliques. La principale mesure thérapeutique préconisée au XIXe siècle par les aliénistes de l'époque a consisté à séparer les deux sujets. On constate alors que celui qui s'était trouvé inclus dans la mécanique délirante renonce alors à adopter le délire de l'autre. Il retrouve de ce fait son assise symbolique antérieure pendant que le sujet inducteur maintient lui intacte sa conviction délirante. Dans la folie à deux ou encore folie communiquée, comme la nomme le docteur Régis[71], « un aliéné fait partager ses convictions délirantes à une ou plusieurs personnes de son entourage, sans que celles-ci puissent être réellement considérées comme atteinte de folie ». Quant à lui, Clérambault précise : « Entre ces deux sujets, existe toujours une ligne de démarcation infranchissable. L'un est fou au sens social et légal du terme. L'autre ne l'est pas. »

Cette entité clinique a passionné au XIXe siècle toute une génération d'aliénistes. Tout d'abord Legrand du Saulle, en 1871, dans son ouvrage intitulé

71. *Diagnostic and Statistical Manual of Mental Disorders,* fifth edition. « Delusional symptoms in partner of individual with delusional disorder » est la terminologie utilisée pour décrire un « trouble psychotique partagé » ou « la folie à deux ». La définition originale est : « In the context of a relationship, the desilusional material from the dominant partner provides content for delusional belief by the individual who may not otherwise entirely meet criteria for delusional disorder. »

Le délire des persécutions y parle des « idées de persécution communiquées ou délire à deux et à trois personnes ». Baillarger y consacre un premier article en 1873 et un second en 1890. En 1877, Lasègue et Falret publient ce qui est certainement le meilleur écrit consacré à cette entité, intitulé *La folie à deux*. Régis y consacre sa thèse en 1880. Enfin on oublie souvent que près d'un quart des *Œuvres psychiatriques* de Gaëtan de Clérambault est consacré à ce qu'il nomme les délires collectifs.

Le psychiatre psychanalyste Jacques Lacan, en 1931, publie un article intitulé *Folie* simultanée et en 1933, il publie dans la revue surréaliste *Le Minotaure* un texte intitulé Motifs du crime paranoïaque, consacré au cas des sœurs Papin[72] où il s'agit bien d'un authentique cas de folie à deux. Au cours de son séminaire à l'hôpital Sainte-Anne sur les structures freudiennes des psychoses, il faisait une présentation de malade à laquelle j'assistais, il y présenta le cas d'une mère et sa fille, caractéristique de la folie à deux.

Georges Daumézon signale en 1955 : *« qu'il est en tout cas essentiel de distinguer ces phénomènes du registre de la persuasion psychologique ou de la transmission d'idées erronées. En effet, dans la folie à deux, on assiste à la disparition subjective d'un des deux protagonistes qui en vient à abandonner tout lieu psychique qui lui était propre pour être littéralement aspiré par le délire du premier. »*

Ce qui se passe dans l'induction délirante du parent aliénant vis-à-vis de ses enfants, contre l'autre parent relève bien de ce mécanisme du délire à deux, l'enfant perdant toute possibilité d'esprit critique, tant qu'il subit les effets de ce mécanisme.

Ce concept mérite d'être examiné, nuancé, développé.

Dans certains cas, cette folie à deux peut se développer au niveau du couple conjugal : un conjoint adhère aux thèses délirantes de l'autre, pour un temps. Jusqu'à ce qu'il prenne conscience du caractère délirant de cette passion. Si le mécanisme est le même, chaque cas a sa thématique délirante particulière. L'essentiel de ces thématiques se range dans les catégories des paranoïas et paraphrénies.

Ces délires ont en commun un âge de survenue tardif, en général après 35 ou 40 ans. Ce qui explique qu'ils n'aient pas été ni perçus ni diagnostiqués auparavant. Ils se déclenchent souvent à l'occasion d'un bouleversement psychique tel que l'accès à la paternité ou la maternité (cf. le mécanisme du *baby blues* autrement appelé psychose puerpérale) ou plus souvent à

72. Christine et Léa Papin, plus connues sous le nom des sœurs Papin, sont deux employées de maison, auteures d'un double meurtre sur leurs patronnes en février 1933, au Mans. Leur procès défraya la chronique.

l'occasion du divorce quand celui-ci est vécu par le parent aliénant comme une trahison insupportable.

Ces états délirants se répartissent en trois groupes, chacun d'eux se caractérisant par :

– interprétation délirante pour les délires paranoïaques ;

– hallucinatoires pour la psychose hallucinatoire chronique ;

– hallucination délirante pour la paraphrénie.

Dans l'aliénation parentale, **on n'est plus dans le cadre de la médiation familiale, on est dans le soin,** en tout cas, dans la nécessité d'un soin. Et si on ne s'aperçoit pas qu'on est dans le besoin de soin, on passe à côté, évidemment, d'une possible solution. Ce qui ne va pas de soi, compte tenu du fait que la personnalité paranoïaque est dans le déni et la conviction inébranlables d'avoir raison. Seule la séparation du couple parent aliénant/enfant(s) peut permettre à ce dernier, l'enfant, de retrouver son esprit critique avec l'aide d'un psychothérapeute. Ces évolutions contrastant souvent avec un maintien prolongé de l'intégration sociale et une absence de dissociation mentale.

On distinguera donc dans la diversité des pathologies mentales en cause dans ces situations : les délires paranoïaques, les délires passionnels et le délire de relation des sensitifs de Kretschmer, suivant en cela la classification classique française élaborée à partir du XIXe siècle jusqu'au milieu du XXe.

Les délires paranoïaques

Le terme de paranoïa qualifie à la fois un trouble de la personnalité et une pathologie délirante. Il convient donc de toujours en préciser l'attribution en termes de délire ou de trouble de la personnalité.

Les délires paranoïaques sont des états délirants chroniques, de mécanisme interprétatif et systématisé. La systématisation du délire lui confère un caractère extrêmement cohérent qui, associé à la conviction absolue et inébranlable du patient, peut entraîner l'adhésion de tiers. Ils se développent plus volontiers chez des patients présentant un trouble de personnalité prémorbide de type paranoïaque dont les principaux traits sont représentés par l'hypertrophie du moi, la fausseté du jugement, la méfiance, la psychorigidité et l'orgueil.

Il est habituel d'identifier au sein des délires paranoïaques les délires passionnels, les délires d'interprétation et les délires de relation des sensitifs de Kretschmer.

Les délires passionnels

Les délires passionnels regroupent l'érotomanie, les délires de jalousie et les délires de revendication. Ils ont été regroupés et qualifiés de passionnels du fait de la nature des sentiments et des thèmes qui les inspirent. Ces états ont en commun d'être des états délirants chroniques débutant généralement brusquement par une interprétation ou par une intuition délirante. Ils peuvent secondairement s'enrichir de nombreuses interprétations délirantes et comportent en général une forte participation affective pouvant être à l'origine de passages à l'acte.

Les délires passionnels ont une construction dite « en secteur » car ils ne s'étendent pas à l'ensemble de la vie psychique, affective ou relationnelle du sujet et les idées délirantes restent centrées sur l'objet et la thématique quasi unique du délire.

L'érotomanie ou l'illusion délirante d'être aimé

La description clinique définitive de ce trouble a été réalisée en 1921 par Gaétan de Clérambault. Le délire érotomaniaque touche plus fréquemment des femmes et l'objet de l'érotomanie tient souvent une position sociale élevée et enviée (prêtres, médecins…). Ce trouble débute par un postulat fondamental, formé par une intuition délirante, au cours duquel l'objet de l'érotomanie déclarerait son amour. L'évolution de l'érotomanie se fait en *trois stades successifs :* espoir, dépit, rancune. Au cours de ces deux derniers stades, des actes auto et surtout hétéro-agressifs sont à craindre.

Le délire de jalousie

Le délire de jalousie touche essentiellement des hommes. Il s'installe le plus souvent de façon insidieuse et va se nourrir et se développer aux dépens d'événements anodins qui feront l'objet d'interprétations délirantes. Il s'associe régulièrement à un alcoolisme chronique.

Les délires de revendication

Ce type de délire passionnel regroupe :

- les *inventeurs méconnus* qui cherchent au travers d'innombrables démarches à obtenir la reconnaissance que la société leur refuse ;
- les *quérulents processifs* qui multiplient les procédures judiciaires ;
- les *idéalistes passionnés* qui cherchent à transmettre leurs convictions.

Le délire d'interprétation de Sérieux et Capgras

Les délires d'interprétation se développent le plus souvent chez des patients présentant une personnalité pathologique de type paranoïaque. Ils peuvent survenir brutalement, faisant suite à un facteur déclenchant, ou s'installer de façon insidieuse. Ce type de délire peut se structurer et évoluer durant des années. Les interprétations délirantes sont nombreuses et tous les événements rencontrés par le sujet seront rattachés au système délirant. Il n'y a plus de hasard dans la vie du sujet. La structure de ce type de délire est dite en réseau puisque tous les domaines (affectif, relationnel et psychique) de la vie du sujet sont envahis par les idées délirantes.

Les thématiques les plus régulièrement rencontrées sont celles de persécution et de préjudice.

Le délire de relation des sensitifs de Kretschmer

Ce délire, décrit par Kretschmer en 1919, se développe chez des sujets présentant une personnalité prémorbide de type sensitive. On ne retrouve pas dans les personnalités qualifiées de sensitives ou sensibles l'hyper estime de soi ou la quérulence qui caractérisent les autres types de personnalités paranoïaques. Elles présentent par contre orgueil, sens des valeurs et de la morale, vulnérabilité et tendance à intérioriser douloureusement les échecs relationnels et affectifs qu'elles rencontrent. Sur ce type de personnalité, le délire émerge en général progressivement dans les suites de déceptions. Il se construit sur des interprétations délirantes et les thématiques les plus fréquemment rencontrées sont celles de persécution, de préjudice, de mépris ou d'atteinte des valeurs morales. Ce délire se systématise peu et s'étend rarement au-delà du cercle relationnel proche du sujet (collègues, famille, voisins). Il peut se compliquer d'évolution dépressive.

Il est important de préciser que cette classification se réfère aux travaux nosographiques, réalisés essentiellement à partir du siècle dernier, et poursuivis dans la première moitié du XXe siècle par l'école de psychiatrie française. Elle ne correspond pas nécessairement point par point à la classification de l'association américaine de psychiatrie du DSM.

Si le mécanisme de folie à deux est général, chaque thématique délirante observée est particulière.

Et l'enfant dans tout ça ?

On voit bien, dans ces situations brossées à grands traits, les déchirements, angoisses et violences qu'entraîne la rupture de ce lien conjugal ambigu et complexe.

Et l'enfant, dans le scénario de rupture, occupe une place essentielle : la pire.

Pourquoi en arrive-t-on là ? Pourquoi constate-t-on que ce qui prévaut dans la vie du couple moderne, contrairement à ce qu'on pourrait croire, ce n'est pas nécessairement le bien-être de l'enfant ? Ça ne l'a d'ailleurs jamais été et ça ne l'est toujours pas. Dans une époque où l'individualisme forcené a été mis au premier plan, où nous sommes dans une culture du narcissisme, la préoccupation du bonheur de l'enfant, du bien-être de l'enfant, n'est pas la préoccupation principale du couple. Nous le constatons tous les jours dans notre pratique de pédopsychiatre. Et l'enfant est, dans un certain nombre de situations, et notamment dans celles d'aliénation parentale, complètement instrumentalisé. Il va être tour à tour enfant otage, enfant soldat, enfant médicament, et dans certains cas, il n'est même pas considéré comme une personne. Il est considéré comme un objet, un bien comme un autre.

Beaucoup va dépendre de l'âge de l'enfant lors du démarrage du conflit qui va dissocier le couple parental, et des circonstances dans lesquelles va se produire cette dissociation. Cela va dépendre également avec quel parent il va être amené à maintenir une relation privilégiée, que ce soit pour des raisons juridiques ou circonstancielles. L'enfant s'il est encore à un stade d'évolution prépubertaire, va être pris dans un *conflit de loyauté,* car il a besoin pour se construire, d'images parentales stables, du fait qu'il est encore à un âge où il n'est pas capable d'avoir un esprit critique suffisamment développé, pour avoir sa propre opinion assurée.

Si les enfants sont suffisamment grands pour ne plus être dans une relation fusionnelle d'attachement à la mère et pour être dans une relation positive avec le père, ils seront très sensibles aux arguments que pourra donner le père, qui par ailleurs se montrera très attaché à ses enfants. La période la plus sensible pour les enfants est entre 6 et 12 ans, avant la puberté, mais elle peut continuer au-delà.[73]

Dans les situations d'aliénation parentale, la notion de conflit de loyauté est résolue de manière radicale et dramatique : par **l'absence de tout compromis** dans le dilemme qui les oppose, s'agissant de la détermination de l'enfant à croire de préférence le parent-victime.

Freud avait déjà pointé l'ambivalence de l'enfant à l'égard de ces deux figures parentales, la présence de l'amour mais aussi de l'hostilité provoquée par le fait de se voir refuser l'exclusivité de la relation avec l'un d'eux.[74]

L'enfant, en dehors de tout conflit parental, sera plus attaché à l'un des deux parents, en fonction de son sexe d'abord, mais également en fonction de son âge. Il va être amené à choisir son camp car il a besoin pour se construire, comme tous les enfants, de s'identifier aux parents, notamment à l'un des deux parents en fonction de son propre sexe, à un moment donné.

Dans un processus normal, pendant la période d'attachement primaire, c'est-à-dire dans la première partie de sa vie, dans les deux premières années surtout, parfois un peu au-delà, il a besoin d'une relation quasi fusionnelle avec sa mère. L'enfant humain naît prématuré, par définition. Cette

73. Extrait de « L'invité du mois Roland Broca », *www.acalpa.org,* septembre 2005.

74. Sigmund Freud, *Psychologie de masses et analyse du Moi, op. cit.*

relation fusionnelle lui est nécessaire car il ne dispose pas encore ni de la maîtrise du langage, ni des activités motrices. Il a donc en premier lieu un processus d'attachement très fort avec la mère, ou avec la personne qui remplit cette fonction (cela peut être parfois le père, une gouvernante, une nourrice). Cette personne-là va être très importante, par l'empreinte durable, qu'elle va laisser sur l'enfant, car elle apporte l'amour avec les soins.

Ensuite, au moment où l'enfant va commencer à évoluer, à acquérir une certaine autonomie par rapport à la personne de la mère, il va avoir besoin de plus en plus de se référer à un tiers, qui est le père. L'enfant se dirige vers cette autre personne également dans un lien d'amour. Mais pour que ce lien soit fort, il faut que ce tiers puisse être également un objet non seulement d'amour mais aussi d'admiration pour l'enfant. Il est nécessaire qu'il y ait un *processus d'idéalisation* de cette personne tierce qui est le père pour que le lien soit opérant. Le père doit être en position de pouvoir se faire aimer et admirer par l'enfant, il doit pouvoir *é-pater* l'enfant. Le processus de désidéalisation se produit dans les cas où il y a dévalorisation du père par la mère ou du père par lui-même : alcoolisme, violences.

Mais ces liens structurants sont dans le même temps des liens de dépendance, des liens d'aliénation nécessaire. L'enfant est dans une relation de dépendance telle qu'il va être sous l'influence totale de l'un des parents en fonction de la phase de développement.

Si dans la première phase, en dehors de tout conflit, l'enfant reste trop longtemps dans un état fusionnel avec sa mère, il peut devenir véritablement dépendant. Cela peut être dû à des raisons multiples : le père est absent, ou rarement présent ou mort, ou le père est dans une position où l'enfant ne peut l'admirer : alcoolique, violent... Alors, la phase fusionnelle avec la mère peut durer au-delà de la période initiale et produire un état d'attachement excessif aliénant. Cela pourra avoir des conséquences pour son développement à venir, car cet *état fusionnel* empêche l'enfant de passer à la seconde phase de construction de son autonomie. C'est ainsi qu'il n'est pas rare, dans les cas extrêmes, de constater comme conséquence, au moment de l'adolescence, le déclenchement d'une pathologie mentale de type schizophrénique.

L'enfant a besoin de s'identifier à ses deux parents pour construire sa personnalité. Il va se construire à partir d'une personnalité d'emprunt qui est celle de ses deux parents. Il est donc dans la dépendance absolue vis-à-vis de ses deux parents, que cela se passe bien ou que cela se passe mal.

Si cela se passe mal, même sans séparation : père alcoolique, violent, mère malade mentale, il enregistre tous ces éléments, qui vont s'inscrire dans sa personnalité profonde comme dans un disque dur. Et il aura tendance à reproduire dans sa vie adolescente et sa vie d'adulte, ces mécanismes qui auront été enregistrés dans cette phase de développement précoce. On pourra ainsi constater, à l'âge adulte, les effets d'un processus d'identification paradoxale au parent maltraitant dont il a été pourtant la victime.

C'est ainsi que des troubles pourront se produire, notamment dans la situation où il y a un conflit ouvert entre les deux parents, avec une séparation parentale qui va l'entraîner dans un conflit de loyauté. À un moment donné, il va être davantage avec le père, ou avec la mère, et il va être ainsi amené à choisir son camp. Ce sera évidemment un choix forcé, étant donné les processus que nous avons décrits.

L'enfant est très sensible et très perméable, à tout ce que peut lui dire l'adulte, dont la parole ne peut être que vraie, qui relève, pour lui, de la certitude. On est là en présence d'une croyance à caractère religieux. L'enfant ne doute pas *a priori* de l'adulte. Si l'adulte lui dit dans un certain contexte quelque chose, il va le croire. Il n'a aucune raison de ne pas le croire, car il n'a pas encore l'esprit critique suffisamment développé. De plus, s'il critique l'autre, il n'est plus dans le processus d'identification, ce qui n'est pas rassurant du tout. Il a beaucoup plus intérêt à croire l'autre, ce qui le rassure car les choses dans ce cas-là sont claires pour lui à un instant donné, même s'il subsiste des doutes ou des interrogations sur la validité de ce choix.

Cela concerne ce phénomène dit de l'*emprise*. L'enfant va être *de facto* « sous emprise ». C'est un état d'aliénation parentale, qui est naturel au départ, et qui va vers une construction identitaire quand cela se passe bien, mais qui va évoluer brusquement vers la pathologie quand cela se passe mal. Et comme l'enfant a besoin de se chercher une identité, il sera obligé de la trouver en faisant un **choix forcé** pour avoir une relation d'attachement satisfaisante avec celui des deux parents avec lequel il va vivre parce que c'est la loi qui le lui aura imposé.

Pourquoi tant de haine après tant d'amour ?

Au-delà de toutes les images qui entourent le mariage et la maternité, images auxquelles nous avons tant envie de croire, la réalité de la violence en jeu nous est rappelée par la mythologie gréco-latine – celle de notre civilisation – qui la met en scène sans fausse pudeur.

Héra[75], déesse grecque de l'Olympe, Junon dans la mythologie romaine, avait une noble mission, celle de protéger le mariage, mais aussi la fécondité et la maternité. Sa tête était couverte de voiles symbolisant le mariage. Elle était un modèle de fidélité quoiqu'elle fût convoitée par d'autres hommes qui furent immédiatement punis par Zeus. Seule divinité de l'Olympe qui

75. Elle est la fille de Cronos et de Rhéa, donc la sœur de Zeus. Elle est la troisième épouse du dieu Zeus. Elle partageait avec lui la domination du ciel.

soit mariée, elle est connue pour sa jalousie et sa rancune à l'égard des nombreuses conquêtes de Zeus son mari. Elle était violente et hostile et les querelles avec son époux étaient nombreuses. Elle ne cessa jamais de persécuter les enfants que Zeus eut avec des mortelles.

Les psychiatres anglo-saxons rapprochent souvent l'aliénation parentale avec le *syndrome de Médée* en référence au mythe grec de l'amour trahi. Médée, amoureuse de Jason, lui a permis de s'emparer de la Toison d'or, jusque-là possession de sa propre famille. Mais bientôt Jason se lasse d'elle et la trompe. Après cette terrible déception amoureuse, Médée tue ses enfants et s'arrache le ventre, privant ainsi Jason, l'homme qui l'a trahi, de ses enfants de manière radicale.

Sans aller jusqu'au meurtre, ces Médée des temps modernes n'en sont pas moins redoutables. Elles nient les droits du père et s'appuient sur l'environnement familial, sur la justice, sur le corps médical pour obtenir gain de cause. Le professeur de pédopsychiatrie Andreoli rapporte tous les effets dévastateurs du drame et parle d'une forme *organisée* de maltraitance portant sur une dimension vitale de la vie affective. La mère aliénante en effet jouit du soutien de son entourage prêt à tout pour l'aider à éliminer le père : faux témoignages, accusations mensongères ne sont pas rares et fabriqués avec un sentiment d'impunité total. Le parent aliénant réussit à faire croire que le soutenir, c'est rendre justice, c'est protéger l'enfant et que c'est l'autre qui est dangereux. Et puisqu'il faut bien écouter la parole de l'enfant, celui qui dit « Je veux vivre avec maman » est le plus souvent entendu du juge.

Pour le Pr Andreoli, seule l'intimidation pénale peut faire plier ces personnalités paranoïaques et sadiques. Tant que la folie n'aura pas été sanctionnée, médiations et médications ne seront d'aucun secours.[76] Ce qui implique évidemment une prise de conscience de la société. On en est encore loin.

La version masculine est tout aussi redoutable et remarquablement décrite par Tolstoï dans son roman *Anna Karénine*. Amoureuse d'un jeune officier, elle trompe son mari et se voit alors privée, par celui-ci, de toute visite à son petit garçon, définitivement éliminée de sa vie. On connaît la fin tragique : désespérée, elle se jette sous un train.

Le syndrome d'aliénation parentale était peut-être déjà dans nos gènes culturels.

76. Antonio Andreoli. « Le Syndrome de Médée, parcours sadique de la perte d'amour », *Revue Médicale Suisse*, février 2010.

Chapitre 3

L'enfant rejetant : une perspective clinique et cognitive

Par Gérard Poussin

J'ai rencontré l'aliénation parentale il y a près de vingt-cinq ans en participant à la création d'un des premiers espaces rencontre de France : « La Passerelle » à Grenoble. Je me suis aperçu ensuite, dans le cadre de mon activité clinique, que ce phénomène existait déjà bien avant, puisque des patients adultes ont pu me faire part de leur expérience d'enfant, à la fois victime et acteur de l'aliénation parentale. Ajouté à cela j'ai été confronté à des situations extrêmement diverses, dans le cadre de l'expertise judiciaire notamment, dans lesquelles la question d'une aliénation parentale se posait de manière plus ou moins hypothétique. Ces multiples points de vue m'ont conduit à considérer ce phénomène comme quelque chose de complexe où s'entremêlent vérité et mensonge, position ambiguë de l'enfant et rôle plus ou moins clair du parent qui bénéficie de la position de parent « préféré »[77].

En tentant de ne pas faire l'impasse sur ma propre subjectivité, je pense pouvoir rendre compte de cette complexité en témoignant de cette expérience étendue dans le temps, et dans la diversité des positions professionnelles que j'ai pu occuper.

Le schéma classique de l'aliénation parentale consiste en ce qu'un parent effectue une sorte de « lavage de cerveau » à son enfant de manière à ce que ce dernier en vienne à haïr l'autre parent au point de refuser désormais tout contact avec lui.

Un exemple nous est donné par Freeman[78] :

> *Annabelle était une petite fille âgée de neuf ans qui était en train de pleurer devant la porte de la maison de sa mère. Un voisin l'aperçu et lui demanda ce qui n'allait pas. Annabelle lui répondit :*

77. Souhaitant me placer du point de vue de l'enfant tout au long de cet article j'utiliserai ce terme de parent « préféré » pour désigner le parent habituellement appelé « aliénant » dans la terminologie issue de Richard A. Gardner et celui de parent « rejeté » à la place du terme « aliéné ».

78. Bradley W. Freeman, « Children of divorce : The differential diagnosis of contact refusal », *Child & Adolescent Psychiatric Clinics of North America*, 2011, p. 467-477.

« Mon père ne m'aime pas. Il me déteste. » Le voisin qui avait connu la famille pendant plusieurs années avant le divorce des parents se souvenait avoir vu Annabelle jouer avec son père dehors. Annabelle continua : « Il ne vient jamais me voir quand je sors de l'école et ma maman m'a dit que nous allions devoir déménager parce qu'il ne nous donne plus d'argent. Elle m'a dit qu'il avait trouvé une nouvelle famille et qu'il ne m'aimait plus ». Le voisin entendit alors la voix de la mère d'Annabelle qui était au téléphone à l'intérieur de la maison. Elle criait après quelqu'un et le voisin put distinguer ces paroles : « Si tu ne rembourses pas le prêt tu peux être certain que tu ne reverras jamais ta fille. »

Le problème est que, dans la plupart des cas, nous ne voyons que le résultat et non le processus à l'œuvre, comme dans l'exemple précédent. Nous voyons un enfant qui hait l'un de ses parents et s'oppose avec force à toute tentative pour le mettre en relation avec celui-ci. La manière dont l'autre parent serait parvenu à produire ce résultat nous est en revanche totalement inaccessible. D'autant plus que l'enfant nie que ce soit le parent préféré qui lui ait monté la tête et prétend avoir ses propres raisons de refuser le contact. C'est ce qu'on appelle le *phénomène du « penseur indépendant »*. On le considère en général comme faisant partie du processus même de l'aliénation parentale. Le risque est alors de ne pas réellement prêter attention aux propos de l'enfant. Pourtant si un enfant accepte de rencontrer le parent rejeté en notre présence et d'engager un dialogue avec lui, il est important que ce dialogue passe au départ par le respect de la parole de cet enfant. À partir du moment où elle n'est pas prise en compte on constate que le refus de contact devient une sorte de refuge dans lequel l'enfant va s'engouffrer.

Quand on travaille dans le domaine de la séparation parentale on est souvent confronté à des parents qui tentent de dénigrer l'autre auprès de leur enfant. Dans la majorité des cas les enfants résistent à cette entreprise. Cette observation est corroborée par les travaux de Janet Johnston qui écrivait qu'un « nombre considérable de recherches cliniques montre que de nombreux parents dans des divorces très conflictuels cherchent à endoctriner l'enfant, mais *que peu y parviennent* »[79]. Il y a donc bien quelque chose d'autre que l'influence d'un parent qui fait qu'un enfant s'engage dans le processus d'aliénation parentale.

C'est pourquoi nous allons tenter d'**explorer les mécanismes** qui pourraient conduire l'enfant à refuser progressivement les contacts avec l'un de ses parents, allant même jusqu'à ne plus le voir du tout. C'est en connaissant ces mécanismes que le parent en voie de réjection et les professionnels

79. Janet R. Johnston, « Children of divorce who refuse visitation », in Charlene E. Depner, James H. Bray, *Nonresidential parenting – New vistas in family living*, Sage, 1993.

qui peuvent le soutenir seront à même de prévenir le phénomène de l'aliénation parentale.

Contextes psychologiques préalables

Les troubles de l'enfant non perçus

Je rencontre une fillette d'une douzaine d'années. Elle ne me dit pas qu'elle hait son père : elle ne sait pas si elle l'aime, parfois oui, parfois non, mais leurs relations sont difficiles et elles l'étaient même avant le divorce de ses parents. Ces relations n'ont fait que se détériorer depuis. Après les deux dernières rencontres, où son père et elle se sont disputés de façon très vive, elle a refusé de se rendre à nouveau chez lui tant qu'un changement ne se serait pas produit dans l'attitude paternelle. Elle est d'accord pour que je la rencontre à nouveau en présence de son père.

Dès le premier entretien avec eux deux, je remarque l'impossibilité du père d'entendre ce que sa fille peut avoir à lui dire. Il lui coupe fréquemment la parole. Quand elle lui pose une question il ne lui répond pas et parle de ses déboires en justice dont il la juge responsable avec sa mère. En revanche la fillette tente de répondre aux questions de son père qui n'écoute même pas sa réponse et la coupe à nouveau. Elle fond en larmes à plusieurs reprises, mais le père ne parvient pas à considérer cela comme une expression de détresse authentique et attribue ces pleurs à l'influence qu'exerce la mère sur l'enfant, si bien qu'elle finit par lui dire qu'elle ne pleure tout de même pas sur injonction maternelle !

L'examen psychologique permettra de découvrir que cette jeune fille souffre de troubles psychologiques, révélés notamment par le test de Rorschach, alors qu'un questionnaire auquel elle répond montre qu'elle se perçoit comme parfaitement équilibrée. De fait elle en donne l'apparence. En réalité l'anamnèse va révéler qu'une occurrence de légers troubles du développement est vraisemblable. De nombreux symptômes vont dans ce sens : une aversion pour le toucher, manifestée dès la plus tendre enfance et reproduite à l'école maternelle, des angoisses phobiques sévères, une terreur des ambiances bruyantes et agitées, etc. Ce type d'enfant développe une hypersensibilité qui le rend particulièrement vulnérable aux situations de séparation parentale. Le père n'en a pas eu conscience et, en mettant toutes les réactions de sa fille sur le compte de la manipulation maternelle, n'a pas réussi à se mettre à l'écoute des difficultés réelles de sa fille.

Nous venons de voir ici un trouble qui est relativement rare et difficile à repérer. On peut aussi rencontrer des situations plus simples où l'enfant est seulement victime de troubles de nature anxieuse. Freeman[80] nous en donne un exemple :

> *« Glenda était une petite fille anxieuse dont les parents venaient juste de se séparer. Il était prévu qu'elle rencontre son père deux fois par mois. Avant la séparation Glenda était très attachée à ses deux parents. Après la séparation elle demanda à sa mère si son père allait revenir à la maison, ce à quoi sa mère répondit : "Jamais". Glenda présenta par la suite des symptômes d'anxiété et commença à penser que son père était parti pour toujours. Le fait qu'il était prévu qu'elle lui rende visite prochainement ne la rassurait pas. Elle se sentit abandonnée par son père parce qu'il n'était pas disponible sur le moment. Elle commença à refuser de quitter sa mère, non seulement pour se rendre aux droits de visite, mais aussi pour aller à l'école ou se rendre à des fêtes. Elle développait en fait une peur que sa mère l'abandonne aussi. »*

Il est clair dans ce cas que le caractère anxieux de l'enfant n'a pas été pris en compte par sa mère qui a répondu à sa question comme s'il s'agissait d'une demande banale de date de retour du père à la maison. La petite fille, à travers la réponse maternelle, a compris que le père avait décidé de l'abandonner. Son refus d'aller aux droits de visite est moins un refus du père qu'une crainte que la mère ne l'abandonne à son tour. Ce serait un procès d'intention que d'estimer que la mère en répondant comme elle l'a fait induisait chez sa fille un refus du père. En même temps il n'est pas impossible que la question de sa fille ait rencontré en elle le dépit qu'elle concevait du départ de ce père. Confrontée à l'espoir de sa fille de le voir revenir, il est possible qu'elle ait été elle-même prise dans le « jamais plus » qu'elle a renvoyé à l'enfant sans tenir compte de sa fragilité. Dans une enquête que nous avions réalisée en 2008[81] nous demandions à des enfants qui étaient témoins de disputes fréquentes entre leurs parents s'ils pensaient être la cause de ces disputes. Ceux qui répondaient « oui » avaient des scores très significativement inférieurs aux autres à un test d'estime de soi. D'après Turner & Kopiec[82], la raison en serait que « l'enfant, de par son égocentricité, a tendance à se croire responsable du conflit parental et ressent de ce fait de la culpabilité et une faible estime de lui-même ». Lorsqu'un enfant est fragilisé par la séparation parentale il risque de développer des sentiments de honte et des craintes d'abandon qui le rendent sensible à des propos d'adultes dont il ne décode pas nécessairement le sens exact. Ce facteur risque de jouer un rôle important dans la perception que l'enfant peut avoir des événements.

---

80. Bradley W. Freeman, « Children of divorce : The differential diagnosis of contact refusal », *op. cit.*

81. Gérard Poussin, Taghi Barumandzadeh, Roya Barumandzadeh et al., « Children suffering from parental divorce », *op. cit.*

82. Heather A. Turner, Kathleen Kopiec, « Exposure to interparental conflict and psychological disorder among young adults », *op. cit.*

Que le trouble de l'enfant soit profond et ancien (comme dans le premier cas), ou qu'il soit léger et découle directement de la situation de séparation parentale, la compréhension que vont en avoir les parents sera essentielle dans la façon dont l'enfant réagira. Le refus de voir l'un des parents n'est pas nécessairement une aliénation parentale au sens où on l'entend habituellement, mais il peut y conduire si la réaction des adultes renforce les peurs ou les jugements négatifs de l'enfant sur l'un de ses parents. Notamment j'ai entendu très souvent ce reproche adressé au parent rejeté : « Il m'a abandonné ». Certes cela ne correspond pas à la réalité, d'où la colère presque toujours légitime du parent injustement accusé, mais ce *fantasme d'abandon* est en conformité avec une vision du monde d'un enfant fragile qui va trouver dans la séparation parentale la confirmation de certaines de ses craintes irraisonnées. En refusant d'en tenir compte le parent en voie de réjection ne fait qu'amplifier ces craintes et concourt à engager l'enfant dans le processus d'aliénation parentale, ce que nous verrons dans la seconde partie.

L'attachement exclusif et précoce

J'ai rencontré à plusieurs reprises un scénario dans lequel le couple rencontre au bout de quelque temps des difficultés diverses. Malgré ces difficultés, sur la pression de l'un ou de l'autre des membres du couple, un enfant va naître. Et dès les premières années de vie de l'enfant l'occurrence du rejet de l'un des deux parents se construit.

Prenons le cas de ce couple qui se crée sur des goûts communs autour de la montagne et du sport. Lui est issu d'une famille ouvrière avec un père maçon qui fait des heures supplémentaires pour nourrir sa famille. Il a deux sœurs aînées pour lesquelles il est l'enfant merveilleux (elles ne se marieront jamais et n'auront pas d'enfant). Celle qui deviendra sa compagne est issue d'une famille de petits commerçants sur plusieurs générations qui ont connu les périodes de disette avant d'arriver à une situation confortable. Dès le mariage les deux familles exercent des pressions sur le couple : Monsieur trouve que sa belle-mère est toujours fourrée chez eux et Madame estime que les sœurs de Monsieur ne lui pardonnent pas de leur avoir pris leur frère adoré. Dès la naissance du premier enfant Monsieur se sent écarté. D'autant plus qu'ils viennent d'acheter une maison dont les finitions l'occupent terriblement.

Avec la naissance d'un second enfant l'isolement du père s'accentue. Quand sa mère, qui allait se faire opérer, a voulu voir ses petits-enfants, elle est arrivée chez lui avec un cabas rempli de cadeaux. La mère s'est écriée en voyant cela : « C'est quoi ce merdier ? » Elle a pris les enfants et les a emmenés, tandis que la grand-mère pleurait en appelant ses petits-

enfants. Cet incident, après beaucoup d'autres du même type, a été le signal du divorce. Les enfants, qui ne supportaient pas l'autorité de leur père ont décidé, une fois les parents séparés, qu'ils n'avaient plus besoin de le voir.

Dans une autre situation c'est à l'inverse la mère que l'enfant avait rejetée. Les versions des deux parents divergeaient avant même la naissance de l'enfant. Pour la mère la relation était déjà très mauvaise et elle était tombée enceinte sans le vouloir lors d'un rapport non consenti. Pour le père ce n'est que six mois après la naissance de l'enfant que leur relation s'était détériorée, du fait que sa femme s'intéressait davantage à ce qui se passait à l'extérieur de la maison qu'à son foyer. La mère quant à elle dit qu'elle s'est aperçue qu'elle n'existait plus aux yeux de son compagnon dès la naissance de l'enfant. Il aurait mis immédiatement son fils sur un piédestal et ne voyait plus que lui. Après leur séparation les parents organisent une résidence alternée. Mais la mère doit partir dans une autre ville pour des raisons professionnelles et obtient la résidence principale de l'enfant. Peu de temps après le père s'aperçoit que l'enfant rechigne à rentrer chez lui à la fin des visites. Il questionne son fils qui lui révèle que sa mère le maltraite. Le père fera alors toutes les démarches nécessaires pour obtenir la résidence principale et un droit de visite limité pour la mère.

Tous les cas de ce type sont caractérisés par une faille profonde dans le couple parental et un investissement massif de l'enfant dès sa naissance par l'un des deux parents (du côté de la mère dans le premier cas et du côté du père dans l'autre), tandis que l'autre est mis à l'écart (ou s'y laisse mettre plus ou moins). L'origine des failles dans le couple se trouve souvent dans *l'histoire de la génération précédente*. Le parent mit à l'écart participe d'une certaine manière à ce processus pour des raisons multiples, comme dans les exemples que je viens de donner. Mais dans tous les cas l'enfant construit un attachement exclusif à l'un de ses parents, que l'on retrouvera ensuite dans la figure du parent préféré au moment de la séparation.

Mais il arrive au contraire que la relation entre le parent rejeté et l'enfant rejetant nous soit décrite comme très bonne pendant toute une grande partie de la petite enfance. C'est alors après la séparation, à un moment où l'enfant atteint l'adolescence ou la préadolescence, que le rejet de l'enfant se manifeste de manière paradoxale. Nous allons essayer de comprendre pourquoi.

La séparation parentale et la vie sexuelle (le complexe d'Œdipe/la construction sexuelle)

L'adolescent est pris dans la résurgence du fameux « complexe d'Œdipe ». Ce concept freudien n'est plus à décrire tant il a été vulgarisé. Mais cette vulgarisation a justement conduit à recouvrir notre ignorance d'un vernis brillant et fallacieux. Nous savons peu de choses en fait sur la relation qui existe entre la sexualité propre de l'adolescent et sa fantasmatique touchant à la sexualité parentale. Nous observons néanmoins, à travers l'embarras que produit toute allusion à la sexualité de ses parents, que l'adolescent tente de l'ignorer autant que faire se peut. En le confrontant à cette réalité, qu'il veut ne pas connaître, on est certain de provoquer au mieux la stupéfaction et au pire la colère.

Je me souviens de cette rencontre que j'ai eue avec deux garçons qui ne voyaient plus leur père depuis plus d'un an. Ils me rapportaient plusieurs exemples où ce dernier les avait déçus, où ils s'étaient sentis négligés ou mal compris par lui. Les exemples étaient suffisamment explicites pour que le père lui-même reconnaisse les faits tout en les justifiant ou en les minimisant. Quand les enfants lui demandaient un service il se sentait « exploité », et refusait en conséquence d'accéder à leur demande. De leur côté les enfants exerçaient une sorte de vengeance contre ces refus en n'allant plus le voir. Le père expliquait cette attitude par une simple allégeance à la mère. Les garçons disaient au contraire que c'est leur père qui haïssait leur mère et ne parvenait pas à remettre en cause son comportement vis-à-vis d'eux. En entretien individuel ils m'avaient tenu des propos qui laissaient penser qu'ils reconnaissaient que leur père avait été un « bon père » pendant leur enfance et que, jusqu'à la séparation, ils n'avaient pas grand-chose à lui reprocher. Mais ils n'étaient pas prêts à aborder la *vraie raison* de leur mise à distance et restaient de ce fait bloqués dans leur refus : c'était à leur père de faire le premier pas. J'ai fini par apprendre la cause réelle de leur rejet : au moment de la séparation ils avaient pensé que leur mère était la principale « fautive » car ils lui en voulaient d'avoir congédié leur père en mettant ses affaires devant la porte. Sommée par eux de s'expliquer sur cet acte, elle leur avait révélé qu'elle avait fait cela en découvrant que leur père la trompait. Cette « révélation » les avait totalement « retournés ». Or ils ne m'en ont rien dit pendant les entretiens que nous avons eus ensemble. C'est leur mère qui m'a finalement donné le fin mot de cette histoire. Parler de la sexualité du père était comme enfreindre un interdit sacré. Ils ne pouvaient s'entretenir avec lui de cette question, et les enfants, comme le père, préféraient donner une explication « convenable » au double sens du terme : une explication qui *convienne* à chacun et qui n'aborde pas la question dérangeante de la sexualité.

Parfois au contraire cette question ne peut être masquée et dans ce cas elle est d'emblée mise en avant.

Ainsi mon premier « cas » d'aliénation parentale était un préadolescent que j'avais rencontré dans le cadre d'un espace de rencontre. Il tenait des propos très agressifs contre sa mère qu'il refusait de rencontrer. Mis en sa présence il conservait un silence hostile. Quand sa mère essayait de lui parler il tournait la tête, et il s'éloignait d'elle dès qu'elle tentait de l'approcher. Quand je lui demandais les raisons de ce comportement, il me décrivait dans un langage très cru ce qu'il croyait être la sexualité de sa mère qu'il imaginait débordante et nymphomaniaque. En fait il ne pouvait pas ignorer cette sexualité maternelle puisque son père ne cessait de lui en parler. Il décrivait ce dernier comme un homme malheureux et trahi par une femme malhonnête et immorale. Ce garçon avait vécu toute son enfance auprès d'une mère attentionnée et pour laquelle il était le seul centre d'intérêt, car le père refusait que sa femme travaille et souhaitait qu'elle reste à la maison pour s'occuper de son fils. Le couple sortait très peu et avait peu d'amis. La mère s'était repliée sur cet enfant qui était sa seule raison de vivre. Une fois que l'enfant avait grandi, elle s'était intéressée à d'autres choses, ce qui lui avait permis de rencontrer quelqu'un. L'enfant avait ainsi découvert qu'il n'était pas « tout » pour sa mère, et même qu'elle pouvait avoir une vie intime dont il était totalement exclu. Il a assisté en même temps au profond dépit de son père qui s'était senti humilié et abandonné. La jonction de ces deux constats l'avait conduit à développer contre cette mère une haine tenace où se mélangeait sentiment de trahison, horreur de la vision de la sexualité maternelle imaginée et identification au père qui n'était plus à présent le rival attitré.

Il importe de voir que la dimension dite « œdipienne » se conjugue souvent avec d'autres facteurs qui vont la renforcer. Souvent elle se déploie sur le fond du conflit parental qui l'alimente et l'attise.

Ainsi une jeune fille de douze ans qui accusait son père de « faire souffrir » sa mère parce qu'il l'avait assignée en justice, avait progressivement refusé de se rendre chez lui quand elle avait appris qu'il avait désormais une nouvelle compagne. Elle le soupçonna alors d'avoir eu une relation avec cette dernière avant même le divorce de ses parents, ce qui n'était apparemment pas le cas. Le psychologue qui l'entendit en expertise nota qu'elle semblait « horrifiée » par la perspective d'une nouvelle sexualité de son père. Elle lui dira : « Aujourd'hui, j'ai préféré me lever tôt que de dormir chez lui, pour ne pas les voir dormir ensemble, je ne supporte pas… » Quand elle a appris qu'ils allaient avoir un enfant elle a qualifié le futur bébé de « bâtard » en espérant que ce soit « une fille noire et mongole ». Le psychologue note que la mère « ne semble pas condamner ces paroles » et sous-entend même qu'elle les approuve…

Cette dernière précision montre que le fait qu'il existe des mécanismes psychologiques chez l'enfant, sous-jacent au développement de l'aliénation parentale, n'implique pas que le parent préféré ne joue aucun rôle à ce niveau. Comme on a pu le voir dans ce dernier cas (mais aussi dans le précédent où le père donnait beaucoup d'informations à son fils sur la nouvelle vie de sa mère) il y a une forme de complicité, d'accompagnement des mouvements intérieurs de l'enfant, qui utilisent en quelque sorte ces mécanismes pour que l'aboutissement en soit le rejet de l'autre parent.

Ces cas diffèrent nettement de ceux où la construction du lien entre l'enfant et l'un de ses parents était perturbée dès la naissance. D'une certaine manière ils fonctionnent à l'envers : dans les premiers plus le lien était faible avec l'un des parents plus il était rejeté ensuite, dans les seconds c'était l'inverse. Ils se ressemblent néanmoins par la vigueur du conflit parental qui perdure au-delà du divorce. Ce conflit est consubstantiel de l'aliénation parentale. C'est ici qu'entrent en ligne de compte les mécanismes cognitifs qui vont permettre sa mise en œuvre.

Les mécanismes cognitifs

La dissonance cognitive

La ***dissonance cognitive*** a été découverte par Festinger[83] à partir de l'observation d'une secte millénariste (comment les adeptes réagissent-ils à l'absence de fin du monde prévue par leur secte ?). Festinger a montré à partir de là que l'individu, qui se trouve en présence de cognitions incompatibles entre elles, éprouve un état de tension désagréable : c'est l'état de dissonance cognitive. Dès lors, cet individu mettra en œuvre des stratégies inconscientes visant à restaurer un équilibre cognitif. De nombreux travaux expérimentaux ont été conduits depuis qui ont régulièrement confirmé la théorie de la dissonance cognitive[84] y compris chez des enfants[85].

Quand *l'enfant est confronté à un conflit parental très aigu,* il ne parvient pas à penser en même temps : « papa a raison » et « maman a raison » puisque ce qu'ils disent est diamétralement opposé. Penser que l'un des parents a raison contre l'autre réduit d'un coup la dissonance cognitive. Cette pensée est plus « économique » que le fait de maintenir une distance strictement égale entre les deux parents. Or c'est une constante de notre vie psychique que notre cerveau cherche à nous épargner des efforts inutiles.

83. Leon Festinger, Henry W. Riecken, Stanley Schachter, « When prophecy fails », *University of Minesota Press,* 1956.

84. Leon Festinger & James M. Carlsmith, « Cognitive consequences of forced compliance », *Journal of an Abnormal and Social Psychology,* n° 58, 1959, p. 203-210.

85. Elliot Aronson & James M.Carlsmith, « Effects of the severity of threat on the devaluation of forbidden behavior », *Journal of an Abnormal and Social Psychology,* vol. 66, n° 6, 1963, p. 548-588.

W. Bernet[86] a été un des premiers auteurs à évoquer la dissonance cognitive à propos de l'aliénation parentale.

On peut alors se demander à partir de quoi l'enfant va choisir tel parent plutôt que tel autre. Outre les caractéristiques de chacun de ces parents, il se peut que des particularités de l'attachement jouent un rôle. C'est une hypothèse de J. B. Kelly et J. R. Johnston[87]. Selon elles « Dans certains cas l'enfant remplace le conjoint au moment de la naissance en tant qu'objet d'amour pour le futur parent aliénant ». L'enfant sera alors pris dans ce lien particulier pour construire son propre lien d'attachement. Cette première hypothèse est tout à fait en accord avec les situations d'attachement précoce et exclusif que j'ai décrites il y a un instant.

Néanmoins la théorie de l'attachement ne doit pas être utilisée pour *justifier* l'aliénation parentale comme l'a souligné L. F. Lowenstein[88]. C'est en effet un argument parfois utilisé par le parent préféré qui prétend que l'enfant ne peut être séparé de lui trop longtemps pour des raisons liées à l'attachement privilégié de l'enfant à son encontre.

Outre la problématique de l'attachement et celles des troubles de l'enfant, ou du rebond du complexe d'Œdipe, j'ai observé des situations où le choix de l'enfant était déterminé par des causes que je qualifierais de « philanthropiques ». Tel ce garçon de onze ans qui avait d'excellents rapports avec sa mère jusqu'au divorce de ses parents. Lorsque ceux-ci se sont séparés sa grande sœur a décidé de partir avec la mère. Il a donc pris le parti opposé pour que son père ne reste pas seul. Par la suite il s'est opposé diamétralement à cette mère jusqu'à refuser de rester avec elle. C'est à peine s'il acceptait de la rencontrer de temps en temps.

Ce cas évoque pour moi la « parentification » qui a été développée par le systémicien Bozsormenyi-Nagy[89]. En résumé on peut dire que c'est le fait que l'enfant se sente en devoir de jouer un rôle parental. On le constate par exemple lorsqu'un enfant se trouve confronté à un parent en détresse. Plusieurs enfants m'ont expliqué à quel point il était douloureux pour eux de voir leur père ou leur mère pleurer à la suite du départ de l'autre. Ils deviennent alors un partenaire, un allié du parent malheureux, dont ils tentent d'alléger la peine. Un enfant m'a dit un jour : « Est-il normal que j'aille

86. William Bernet, « Child Custody Evaluation », *Child & Adolescent Psychiatric Clinics of North America,* 2002, p. 781-804.

87. Joan B. Kelly, Janet R. Johnston, « The alienated child – A reformulation of parental alienation syndrome », *op. cit.*

88. Ludwig F. Lowenstein, « Attachment theory and parental alienation », *Journal of Divorce & Remarriage,* vol. 51, n° 3, 2010.

89. Ivan Bozsormenyi-Nagy, Geraldine M. Spark, *Invisible loyalties – Reciprocity in intergenerational Family therapy,* Brunnel-Mazel, 1973.

m'amuser chez papa tandis que maman reste seule et malheureuse ? » Sa conclusion était simple : il ne pouvait pas aller chez son père dans de telles conditions. Il s'est donc engagé dans une action qui était conforme à ses yeux à son inclination première et à sa position d'enfant parentifié. C'est donc à l'ensemble du *processus d'engagement* que nous allons consacrer la suite de cet article.

Le processus d'engagement

L'amorçage

Dans son ouvrage *Système 1, système 2* Daniel Kahneman[90] décrit de nombreuses recherches qui démontrent expérimentalement comment nous sommes influencés par des éléments contenus dans notre environnement social. Le terme d'amorçage est utilisé pour les pompes : une première traction est nécessaire pour que les suivantes soient efficaces et que l'eau finisse par jaillir du robinet. Mais cette première traction ne produit apparemment rien. De la même façon quelque chose que nous entendons, auquel nous ne prêtons même pas attention, est capable d'influencer notre conduite et même notre comportement, sans que nous en ayons du tout conscience. Par exemple si nous prenons deux groupes de sujets : l'un auquel nous faisons entendre le mot « oiseau » et l'autre auquel nous faisons entendre le mot « manger », la réponse des membres de chacun de ces groupes à un test ultérieur sera déterminée par le mot « amorce » auquel ils auront été confrontés. On le voit en demandant aux sujets d'effectuer la tâche suivante : compléter les lettres PA-N pour qu'elles forment un mot en le complétant. Ceux qui ont entendu le mot « oiseau » compléteront le plus souvent par un « o », faisant le mot « Paon », et ceux qui avaient entendu auparavant le mot « manger » compléteront le plus souvent par un « i », faisant le mot « Pain ». Cette influence de l'amorce peut agir jusque sur la pensée. Dans une autre expérience on a demandé à des gens de tester la qualité de casques audio. Pour bien saisir la qualité du son il leur était conseillé de remuer la tête. Mais dans un groupe on leur disait de remuer la tête de haut en bas et dans l'autre de gauche à droite. Le son était un message radiophonique. On a ensuite demandé aux participants de donner leur avis sur ce message. Ceux qui devaient remuer la tête de haut en bas (geste d'approbation) avaient tendance à donner un avis positif, alors que ceux qui devaient remuer la tête de gauche à droite (geste de désaccord) avaient tendance à donner un avis négatif. Les sujets des expériences du type de celles

90. Daniel Kahneman, *Système 1, système 2 : les deux vitesses de la pensée*, Flammarion, 2012. Daniel Kahneman est le seul psychologue qui ait eu le prix Nobel pour l'apport de ses travaux applicables à la science économique.

que je viens de décrire disent aussi qu'ils n'ont pas été influencés par le mot qu'ils ont entendu ou le geste qu'on leur a fait faire. Les résultats montrent le contraire. La plupart du temps ils ne s'étaient même pas aperçus qu'on leur avait fait entendre un mot particulier ou fait faire un geste quelconque.

Un garçon qui avait l'habitude d'entendre sa mère dire que son père était un homme irréfléchi, sur lequel on ne pouvait compter, m'a donné l'occasion de voir comment fonctionnait le mécanisme d'amorçage dans les situations de conflit parental de l'après divorce. Un jour qu'il revenait d'une visite chez son père il s'aperçut en arrivant chez sa mère qu'il lui manquait un cahier d'exercices. Il parvint d'emblée à la conclusion que son père avait dû oublier de le lui rendre (car il avait fait ses devoirs avec lui) et le dit à sa mère. Celle-ci furibonde envoya un message vengeur au père qui tomba des nues et démentit la présence du cahier à son domicile. Ni la mère ni le fils n'en crurent rien. Deux jours plus tard, quand le garçon s'excusa auprès de son professeur de n'avoir pas fait son travail parce que son père avait gardé son cahier, il lui fut répondu qu'il l'avait oublié dans la classe, là où le professeur l'avait trouvé ! Entre-temps les deux parents s'étaient disputés longuement, chacun persuadé que l'autre était de mauvaise foi. Nous remarquons que la mère n'avait pas induit directement l'idée que le père avait gardé le cahier. Mais le fait de décrire constamment ce dernier comme inconséquent avait fonctionné en orientant la pensée de l'enfant vers l'idée que son père était forcément responsable de la disparition du cahier. Ce qui au départ n'aurait dû être qu'une hypothèse est devenu pour lui une certitude quasi instantanée.

Dans ce cas l'enfant n'a pas été jusqu'à une aliénation parentale, fort heureusement. Les droits de visite restent toujours des moments difficiles à gérer et les incidents se succèdent, mais ils n'aboutissent pas (pas encore !) à un refus de l'enfant de rencontrer son père. Celui-ci est en effet conscient des risques encourus et fait en sorte de ne pas perdre le contact avec son fils quand il est l'objet de provocations destinées à lui faire perdre son sang-froid.

L'engagement proprement dit

Comme nous venons de le voir : un « amorçage » ne suffit pas à engager l'enfant dans le processus de rejet. Il peut l'orienter dans cette direction, mais seule une action, ou une série d'actions, pourra le faire entrer dans l'engagement. C'est le psychologue Kurt Lewin qui a découvert le rôle de *l'action* en tant que telle dans l'engagement du sujet. Au milieu des années quarante, le gouvernement des États-Unis lui avait demandé de trouver une méthode pour que les ménagères américaines (du fait de l'économie de guerre) acceptent de cuisiner des bas morceaux. Dans un premier temps il fit de la propagande classique sans résultat : après avoir écouté les explications diététiques les ménagères répondaient au questionnaire qu'elles étaient convaincues que les bas morceaux avaient de nombreux avantages nutritifs, mais une fois rentrées à la maison, elles n'en cuisinaient pas. Kurt Lewin eut alors l'idée de demander aux ménagères qui avaient pris la décision de cuisiner des bas morceaux, à la fin d'une de ses conférences, de lever la main. De ce simple fait le pourcentage de réussite passa de 2 % à 32 %. Lewin découvrit ainsi que l'action était le ressort du comportement d'engagement. Par la suite d'autres dispositifs expérimentaux ont donné les mêmes résultats. Pour passer du stade de l'inclination à celui du refus l'enfant doit donc s'engager.

La question qui se pose à nous est donc de savoir ce qui va conduire un enfant à passer d'une préférence pour l'un de ses parents à une rupture totale des liens avec l'autre. La plupart du temps le parent préféré trouve un moyen de faire produire à l'enfant un acte qui aboutira à l'effet attendu. Sans doute ce parent n'a-t-il pas lu les travaux de Lewin sur l'engagement, mais tout se passe comme s'il avait l'intuition de l'efficacité de cette méthode.

Dans ce domaine on peut citer l'organisation de soi-disant « fugues », dont on s'aperçoit dans l'après-coup qu'elles avaient fait l'objet d'une sorte de mise en scène préalable. Ainsi l'enfant disparaît par exemple de chez le parent rejeté et est miraculeusement récupéré par le parent préféré qui, comme par hasard, passait dans une rue avoisinante avec sa voiture. Dans d'autres cas le parent préféré s'arrange pour rendre l'enfant complice d'une action qu'il n'aurait pas commis tout seul. J'ai connu par exemple un enfant qui avait admis avoir indiqué à son grand-père maternel où se trouvait la voiture de son père pour que ce grand-père puisse la rayer avec un tournevis.

Reste la possibilité d'une action dont l'enfant a seul l'initiative. Quoique plus rare ce cas peut aussi se rencontrer. C'est ainsi que l'enfant va montrer sa loyauté au parent préféré et le consolera en quelque sorte des « méchancetés » qu'il suppose de la part du parent rejeté. Il peut aussi le faire parce qu'il se trouve pris dans une sorte d'impasse. C'est le cas par exemple lorsque le parent rejeté offre un jouet ou un vêtement à l'enfant. Comment pourra-t-il jouer avec ce jouet ou porter ce vêtement en présence du parent préféré ? Pris dans ce dilemme l'enfant préfère jeter le cadeau et afficher son geste en signe d'allégeance au parent préféré. Ce faisant il a produit un premier acte qui risque de le conduire finalement à la rupture totale des liens.

Le maintien de l'engagement

Les causes du phénomène du « penseur indépendant »

Parmi les critères de l'aliénation parentale selon Gardner, il y a le phénomène du penseur dit « indépendant », avec dénégation spontanée de la part de l'enfant (l'enfant dit : « C'est moi qui pense cela, personne ne m'a influencé »). Autrement dit pour Gardner puisque l'enfant dit qu'il n'est pas influencé, c'est qu'il est influencé ! Mais il ne nous dit pas *pourquoi* l'enfant est à ce point persuadé qu'il n'a pas été influencé dans sa décision. Or les études de J. L. Beauvois et V. Joule[91] montrent que le sentiment de liberté de choix est indispensable à la décision d'engagement. Ainsi pour obtenir de quelqu'un qu'il s'engage, il faut auparavant obtenir de lui un premier acte « peu coûteux » et lui donner ensuite la possibilité de s'engager dans une action qu'il n'aurait jamais acceptée au départ. De nombreuses expériences ont démontré la validité de ce phénomène. Citons pour exemple celle où un expérimentateur se place au coin d'une rue et demande aux passants de lui prêter quelques sous pour prendre un transport en commun, car il vient de perdre son portefeuille.

Dans un autre dispositif l'expérimentateur commence par demander l'heure aux passants, puis ayant obtenu l'heure (« donner » l'heure est un acte peu coûteux) il fait la même requête que dans le premier dispositif (quelques sous pour prendre un transport en commun). Le comptage statistique montre de manière significative que les passants donnent plus facilement de l'argent dans la deuxième situation que dans la première. Les passants interrogés quelques mètres plus loin n'avaient pas l'impression d'avoir été plus influencés dans le premier cas que dans le second.

Le sujet va donc s'engager parce qu'il a fait en quelque sorte « un premier pas » dans ce sens et qu'il a l'impression d'un choix librement consenti. Dans le cas de l'enfant parentifié, ou suffisamment « amorcé », le choix de l'un des parents réduit la dissonance cognitive.

Après s'être déterminé pour l'un des deux parents il va faire un geste qui va l'engager plus loin dans cette détermination. Ensuite *plus* il sera engagé et *plus* il aura le **sentiment que son engagement est totalement libre.**

On retrouve ce phénomène dans les techniques de vente. Les vendeurs ne savent pas forcément qu'il faut d'abord « amorcer » le client, puis le faire s'engager en commençant par obtenir de lui un comportement peu coûteux avant de le conduire à acheter quelque chose dont il n'a pas besoin, mais ils le font cependant. Qui par exemple n'a jamais fait l'expérience d'entrer dans un magasin pour s'enquérir de la magnifique paire de chaussures en devanture du magasin à un prix défiant toute concurrence ? (amorçage). Mais une fois dans le magasin on vous apprend malheureusement qu'il ne reste plus de ce modèle à votre taille, mais qu'il y en a un autre tout à fait approchant (plus cher bien sûr). Cela ne vous engage à rien de l'essayer n'est-ce pas ? (geste peu coûteux). Et à la fin vous ressortez avec une paire de chaussures que vous n'auriez jamais achetée au départ. Mais vous vous

91. Robert-Vincent Joule, Jean-Léon Beauvois, *La Soumission librement consentie*, PUF, 1998.

dites que ces chaussures vous vont décidément très bien et que vous avez bien fait de rentrer dans le magasin (réduction de la dissonance cognitive)...

Le parent préféré qui va faire entrer l'enfant dans un refus de voir l'autre parent va se conduire tout aussi intuitivement que le vendeur dans sa démarche de provocation à l'engagement. Lui non plus ne se dira pas qu'il faut « amorcer » l'enfant ou lui faire produire un acte « peu coûteux », mais il le fera quand même. Quant à l'enfant il ne se sentira pas plus manipulé que le passant dans la rue, ou l'acheteur de la paire de chaussures, et croira sincèrement avoir choisi de rompre avec l'autre parent de sa propre initiative. Cette croyance assurera le maintien de son refus de contact. Avez-vous déjà vu un client prendre conscience du fait qu'il avait été manipulé et revenir chez le commerçant pour exiger la reprise de la paire de chaussures ? De ma propre expérience : jamais.

Ces mécanismes expliquent l'observation faite par Janet Johnston selon laquelle les enfants résistent le plus souvent aux dénigrements d'un parent sur l'autre. Une détestation trop ouvertement exprimée va à l'encontre de l'amorçage et des étapes subtiles de l'engagement. Ce sont davantage des remarques *a priori* anodines qui ont l'effet à long terme le plus décisif.

Rappelons-nous l'exemple de Glenda cité par Freeman en début de cet article. Il a suffi que la mère réponde « jamais » à la question de l'éventuel retour du père à la maison pour que l'enfant s'engage dans un processus d'angoisse d'abandon, où la mère devenait le seul point de réassurance.

Les fausses allégations

Elles vont servir à justifier l'injustifiable.

Comme chez ce garçon qui refusait d'aller chez sa mère et que je voyais en présence de cette dernière. Je lui demandais les raisons de ce refus et il me répondit que sa mère faisait « tout ce qu'il ne voulait pas ». Je le pressais alors de me donner un exemple. Après un petit temps de réflexion, il me répondit : « peindre les volets de la maison en rouge ». En quoi était-ce si grave ? « À cause de cela tout le monde se moquait d'eux », car les gens parlaient de « la maison aux volets rouges ». Comme je lui fis observer que cela me semblait bien léger pour expliquer son refus de la voir, il me dit finalement qu'il ne l'aimait pas et qu'il préférait son père. Je continuais en disant que cela était possible, mais n'expliquait toujours pas son refus de contact. Un long silence s'en suivit... et il finit par me dire que sa mère le tapait. Je lui demandais des détails. « Avec un manche à balai » précisa-t-il, « pendant les vacances ». Je demandais si sa mère l'avait tapé d'autres fois. Oui : les autres fois elle lui donnait des claques avec sa chaussure sur les fesses. Elle le faisait paraît-il « pour de toutes petites bêtises ». Je m'étonnais alors que son père, qu'il aimait tant, n'ait jamais pris sa défense. Il me rétorqua que son père ne voyait pas les agissements maternels parce qu'il était au travail. Cela aurait empiré après la séparation des parents, à l'époque où il vivait principalement chez sa mère. Quelques jours avant qu'il décide de ne plus retourner chez elle : il aurait reçu un bol sur la tête. Cette fois il n'y avait pas un seul manche à balai, mais deux (je m'étonnais) : « parce que le premier s'est cassé » justifia-t-il.

Sa mère le privait également de manger. Etc. La mère reconnut alors qu'elle avait effectivement bloqué son fils avec un manche à balai alors qu'elle venait de passer la serpillière dans la cuisine pour qu'il n'y rentre pas. Pour le reste elle renonçait à comprendre l'objectif de ces mensonges. Pour ma part je le comprends fort bien : pressé par mes questions l'enfant avait dû chercher des réponses qui puissent justifier son attitude. Il n'ignorait pas en effet que j'effectuais une expertise pour un magistrat.

J'ai vu plusieurs situations de fausses allégations. Elles survenaient toujours dans un contexte où l'enfant était acculé à justifier sa position pour obtenir ce qu'il souhaitait : en l'occurrence pouvoir couper les liens avec le parent rejeté. Lorsqu'un enfant accuse l'un de ses parents de maltraitance ou d'abus sexuel, ces accusations sont la plupart du temps fondées. J'ai eu à connaître des faits de cette nature dans des familles où les parents n'étaient pas séparés la plupart du temps (du moins au moment de la révélation). Mais quand ces accusations sont produites dans une situation où l'enfant est acculé à se justifier d'une position de rejet d'un parent après une séparation, elles correspondent rarement à la réalité. Récemment j'ai pu voir une petite fille qui avait accusé son père de violences et d'attouchements sexuels. Son récit étant truffé d'invraisemblances, elle avait fini par reconnaître qu'elle avait « raconté cette histoire pour ne plus aller chez son père ».

La question qui se pose alors est de savoir si ces enfants avaient inventé leurs histoires tout seuls, ou s'ils y avaient été incités, voire guidés par le parent préféré. J'aurais tendance à penser que ce n'est pas le cas la plupart du temps. Quand on demande à l'enfant pourquoi il fait cela, il répond le plus souvent qu'il sait à quel point le parent préféré est malheureux quand il est en visite chez l'autre parent. Sans aucunement pousser l'enfant à mentir, un parent qui est convaincu de la supériorité de sa position bénéficie d'une grande capacité de suggestion, qui n'est même pas consciente, et qui influence l'enfant jusqu'à un travestissement de la réalité. Il suffit en fait pour un parent de croire à la nocivité de son ex-conjoint pour que l'enfant y croie aussi, et parfois de façon totalement fanatique. Une expérience de Poole and Lindsay[92] portant sur des enfants de trois à huit ans a montré la puissance des inductions parentales. Les enfants assistaient à

92. Étude réalisée en 2011 par Poole et Lindsay portant sur l'exactitude des récits de témoins oculaires enfants.

une petite expérience où un personnage fabriquait un téléphone avec deux entonnoirs et un tube de colle. Les parents devaient ensuite raconter une histoire à leur enfant dans laquelle de faux éléments sur « l'expérience » étaient introduits subrepticement. Une interview était réalisée par les chercheurs avec l'enfant avant que ses parents lui racontent l'histoire et une autre interview était faite après l'intervention des parents. La comparaison des deux montrait que les enfants faisaient très peu d'erreurs de restitution dans la première interview, alors que les fausses informations augmentaient de façon spectaculaire au deuxième.

Le garçon dont j'ai évoqué les motivations « philanthropiques » dans la partie où j'expliquais la « dissonance cognitive » a aussi déclaré en présence de sa mère qu'elle lui avait toujours présenté son père comme quelqu'un de violent pendant toute son enfance. La mère avait semblé anéantie par ce propos et avait exprimé une stupeur non feinte. Elle ne s'attendait visiblement pas à cette « sortie » de son fils. Elle n'arrivait même pas à y croire et lui demandait de répéter ce qu'il venait de dire, comme si elle n'avait pas bien entendu.

L'enfant avait redit mot à mot, et calmement, la phrase où il accusait sa mère de l'avoir monté contre son père durant toute son enfance et avait ajouté que, depuis la séparation, il avait appris à connaître son père et à voir qu'il n'était pas comme sa mère l'avait soi-disant décrit. La mère réaffirmera de son côté qu'elle n'avait jamais dit une chose pareille. Plus tard la sœur du garçon confirmera que leur mère ne leur avait jamais tenu de propos négatifs sur leur père pendant leur enfance. Là encore je me suis posé la question de savoir jusqu'à quel point cet enfant obéissait à une recommandation de son père. Dans la mesure où il paraissait convaincu de la véracité de ses dires, et où il semblait peu vraisemblable que le père ait pu suggérer à son fils que sa mère avait dit du mal de lui pendant son enfance, j'en ai conclu qu'il avait inventé cela *tout seul,* et s'était ensuite autopersuadé de la réalité de son invention.

Ce dernier cas confirme ainsi l'hypothèse que l'enfant qui ment le fait de sa propre initiative, même si les convictions affichées du parent préféré l'aident à construire son scénario imaginaire. J'ai un peu tort d'ailleurs de dire qu'il « ment ». En fait il reconstruit le passé en fonction du présent qui s'offre à lui. C'est le même phénomène que celui observé dans l'expérience de Poole and Lindsay[93] : les enfants intègrent les nouveaux éléments fournis par des personnes de confiance (les parents dans le cas de l'expérience, ou le parent préféré dans les situations d'aliénation parentale). Ces nouveaux éléments deviennent *la* réalité à laquelle la mémoire elle-même finit par se soumettre. C'est ce qu'on appelle le phénomène de « mémoire

93. *Ibid.*

sélective ». On a ainsi pu montrer dans une expérience sur les perceptions extrasensorielles[94] que les sujets retiennent certains types d'information et pas d'autres en fonction de leurs croyances. Cela est d'ailleurs en accord avec le phénomène du « penseur indépendant » dont nous avons vu les ressorts au chapitre précédent.

Aussi lorsque le parent rejeté dit à l'enfant que c'est l'autre parent « qui lui monte la tête », il ne fait que renforcer la croyance de l'enfant dans la « méchanceté » de ce parent rejeté, dont il voit bien qu'il accuse le présumé « bon parent » de fautes qu'il n'a pas commises. Il arrive que des professionnels le fassent également, ce qui est à mon avis une profonde erreur. À moins d'en avoir la preuve formelle, il ne faut jamais dire à un enfant qui a porté une fausse accusation contre l'un de ses parents que c'est *l'autre parent* qui l'a conduit à le faire.

Conclusion

Nous voilà donc pris dans un dilemme épouvantable : contraindre un enfant à conserver des liens avec un parent qu'il rejette, ou accepter qu'un père, ou qu'une mère, qui n'ont commis aucune faute, soient en quelque sorte déchus de leur parenté comme pouvaient l'être autrefois ceux qu'on appelait les « mauvais parents ». Ces derniers recevaient cette condamnation des tribunaux : les parents d'aujourd'hui la reçoivent de leurs propres enfants. La puissance des mécanismes que je viens de décrire est telle qu'il est très difficile de renverser le cours des choses une fois qu'elles sont engagées. Une prise de conscience de ce phénomène doit conduire à une large politique de prévention en ce domaine. Cette politique est totalement à construire, en pleine connaissance des réalités que je viens de décrire.

Comme on ne construit jamais rien sans une expérience préalable, il faut se fonder sur les travaux déjà réalisés par des professionnels agissant dans le champ des familles de parents séparés. De nouvelles méthodes doivent être expérimentées et testées de manière rigoureuse afin d'en mesurer l'efficacité.

Dans un certain nombre de cas le parent rejeté semble croire que le problème se résume à l'influence exercée par l'autre parent. Plusieurs fois des parents rejetés m'ont expliqué que si je parvenais à obtenir que l'enfant leur parle, ne serait-ce que quelques minutes, ils sauraient le convaincre de la sincérité de leur amour et de la duplicité de l'autre parent. En reportant l'explication du phénomène sur la seule action du parent préféré, sans tenir compte des particularités de l'enfant et de son évolution cognitive, on

94. Dan Russell, Warren H. Jones, « When supersition fails : Reaction to disconfirmation of paranormal beliefs », *Personality and Social Psychology Bulletin (Society for Personality and Social Psychology)*, vol. 6, 1980, p. 83-88.

tombe dans cette illusion qu'il suffit de couper la source d'influence pour que tout redevienne normal.

Reste la question de savoir s'il n'existe pas des cas où le rejet de l'enfant est justifié.

Sans doute. Mais j'ai vu à plusieurs reprises des enfants maltraités, physiquement ou sexuellement, qui souhaitaient malgré tout continuer à rencontrer ce parent maltraitant, à condition que cela soit dans un cadre sécurisé. Dans tous ces cas j'ai remarqué que l'autre parent était soit défaillant, soit reconnaissait le parent maltraitant dans sa fonction parentale. Aussi la question de l'enfant rejetant me semble indissociable de celle de la reconnaissance de la fonction parentale de chaque parent par son ex-conjoint. Les nouvelles méthodes dont j'ai recommandé la préconisation doivent prendre en compte cette dimension de façon impérative.

En résumé pour en finir avec l'aliénation parentale il faudra prendre en compte au moins trois facteurs :

1. les capacités parentales de chaque parent ;
2. la reconnaissance par chacun d'eux de la fonction parentale de l'autre ;
3. la psychologie particulière de chaque enfant.

Ignorer l'un de ces facteurs, en se focalisant uniquement, comme c'est souvent le cas, sur la seule manipulation de l'un des deux parents est contre-productif. Les trois facteurs doivent être envisagés *simultanément* et la mise en œuvre des méthodes permettant de les maîtriser devra se faire dès que des signes avant-coureurs d'aliénation parentale se manifesteront sans attendre que la situation soit totalement nouée.

Chapitre 4

L'expertise de l'aliénation parentale

Interview[95] de Paul Bensussan

Votre expertise en matière d'aliénation parentale est reconnue depuis des années. Pourriez-vous en donner la définition ?

Dr Bensussan : Pendant des années, les termes « syndrome d'aliénation parentale (SAP) » ou « aliénation parentale », qui désignent l'ensemble des manifestations psychopathologiques observées chez les enfants soumis à des séparations parentales très conflictuelles, ont suscité inquiétude, polémiques et controverses. La réticence à utiliser ce terme tient en partie à son *double sens :* étymologiquement : « a-liéner » signifie « perdre le lien » ou « rompre le lien », c'est-à-dire rendre étranger ou hostile (un parent à un enfant). Mais l'appellation renvoie également à l'univers inquiétant de la folie et à la maladie mentale, sans que l'on sache bien si la folie en question concerne l'enfant ou les parents.

Plusieurs définitions de l'aliénation parentale existent. Le syndrome d'aliénation parentale (SAP) a été décrit pour la première fois en 1992 par Richard Gardner, professeur de pédopsychiatrie à l'université de Colombia, pour définir un certain nombre de situations pathologiques associées à des divorces hautement conflictuels. Il en donnait cette définition princeps :

« Le syndrome d'aliénation parentale est un trouble qui se manifeste principalement dans le cadre de litiges de garde d'enfant. Sa manifestation principale est la campagne de dénigrement menée par l'enfant contre le parent sans aucune justification. Ce trouble résulte de la combinaison de l'endoctrinement réalisé par le parent aliénant et les propres contributions de l'enfant à la diffamation du parent aliéné. » Il posait d'emblée les limites du concept : *« En revanche, lorsqu'un abus et/ou une négligence parentale existent vraiment, l'animosité de l'enfant se justifie et son comportement s'explique. »*

L'accent est donc mis sur la cause et l'auteur du désordre, implicitement inclus dans la définition : le parent auteur de la manipulation, dit « parent aliénant ». Là réside sans doute l'explication de la violence des polémiques suscitées par ce concept. En effet, le parent aliénant étant dans 80 % environ des situations le parent gardien, c'était surtout les mères qui étaient

95. Interview réalisée par Olga Odinetz.

concernées dans la plupart des premières études épidémiologiques consacrées à ce sujet. Certains courants féministes avaient donc affirmé que ce concept était « une invention des pères ».

D'autres définitions se veulent simplement descriptives et ne font aucune allusion à la cause du désordre, ce qui est sans aucun doute plus rigoureux scientifiquement. Ainsi pour Kelly, relève de l'aliénation parentale toute situation dans laquelle « un enfant exprime librement et de façon persistante des sentiments et des croyances déraisonnables (rage, haine rejet, angoisse) envers un parent. Ces sentiments et/ou croyances sont significativement disproportionnés par rapport à l'expérience réelle qu'a vécue l'enfant avec le parent rejeté ».

Mais la majorité des auteurs évoque la cause en attribuant la responsabilité, directe ou indirecte, à l'un des parents. Gardner, nous l'avons vu, retient les éléments suivants pour caractériser le syndrome d'aliénation parentale comme :

– une campagne de dénigrement d'un enfant contre un parent ;
– cette campagne est injustifiée et résulte d'un travail de manipulation plus ou moins subtil pouvant aller jusqu'au lavage de cerveau, avec le mélange, en des proportions variables, de contributions personnelles de l'enfant.

Les critères diagnostiques définis par Gardner pour décrire le comportement d'un enfant aliéné sont toujours utilisés par la plupart des auteurs et sont au nombre de huit :

1. désir affirmé de ne plus voir le parent rejeté (dit aliéné) avec une campagne de dénigrement proactive à son encontre ;
2. rationalisations absurdes et parfois futiles pour disqualifier le parent rejeté et justifier le dénigrement ;
3. phénomène du penseur dit « indépendant » avec dénégations spontanées de la part de l'enfant (« C'est moi qui pense cela, personne ne m'a influencé »)
4. soutien inconditionnel du parent aliénant dans le conflit parental, cette attitude paraissant le plus souvent spontanée ;
5. manque d'ambivalence avec une vision binaire et manichéenne : l'un des parents est entièrement bon et l'autre entièrement mauvais ; l'enfant ne retrouve aucun bon souvenir en compagnie du parent rejeté ;
6. absence de culpabilité par rapport à la haine et la cruauté manifestée à l'encontre du parent aliéné ;
7. adoption de scénario emprunté : l'enfant reprend à son compte, comme des souvenirs authentiques, des récits faits par le parent favori, dont il

ne peut selon toute vraisemblance se souvenir, qu'ils soient fictifs ou remontant à une période couverte par l'amnésie infantile ;

8. extension de l'animosité à l'ensemble de l'univers du parent aliéné, sa famille dans son ensemble et ses amis, incluant des figures autrefois aimées.

Ces critères présentent pour principal mérite de permettre de définir la gravité de la pathologie relationnelle, l'aliénation pouvant, en fonction du nombre de critères présents, être qualifiée de légère, moyenne ou sévère.

Pour avoir un consensus autour de la reconnaissance du phénomène, il est préférable, notamment face à ceux qui contestent l'existence même du phénomène, de se référer à la définition la plus simple et d'appeler « aliénation parentale » toute situation dans laquelle un enfant rejette un parent de façon injustifiée, ou tout du moins inexplicable par la qualité antérieure de la relation. Cette définition élémentaire présente l'avantage de s'affranchir de la cause ou de l'auteur du désordre – le parent dit aliénant ou manipulateur. De surcroît, chaque juge, chaque expert, chaque thérapeute, a été confronté à des situations de ce type – qu'on les nomme ou pas.

Il importe avant tout de dépassionner le débat en le rendant le plus « technique » possible : peu importe, au fond le diagnostic ; seule compte la description, aussi objective que possible, des désordres et des modifications comportementales et affectives observées. Personnellement, j'utilise volontiers le terme de « désaffection parentale », qui a le mérite de souligner le plus tragique de la situation : l'enfant « désapprend » littéralement qu'il a autrefois aimé le parent qu'il rejette aujourd'hui. Cet effacement de la mémoire affective est extrêmement anxiogène et douloureux pour le parent rejeté.

Lorsque les enfants n'ont subi aucune manipulation consciente ou inconsciente, volontaire ou involontaire de la part de l'un des parents (à supposer que ce cas de figure existe) la cause du rejet peut alors résider dans une sorte de solidarité du (des) enfant (s) avec le parent perçu comme victime : généralement celui qui est quitté, apparaissant en position de faiblesse, exprimant souffrance ou sentiment d'abandon. Les enfants sont ainsi « adultifiés », se mettant symboliquement en position de protéger (quand ce n'est pas de venger) l'un de leurs parents, dont ils se croient le pouvoir ou la mission de réparer la souffrance.

Nous retiendrons comme la plus actuelle la définition de Bernett : « L'aliénation parentale est la condition psychologique particulière d'un enfant (habituellement dont les parents sont engagés dans une séparation très conflictuelle) qui s'allie totalement à un de ses parents (le parent préféré) et rejette la relation avec l'autre parent (parent aliéné) sans raison légitime. »

Cette définition permet d'aborder la problématique de l'aliénation parentale d'une manière purement descriptive, sans nécessairement désigner un parent fautif, pathogène ou défaillant. La notion ***d'alliance*** est fondamentale : nous sommes loin du « lavage de cerveau » décrit par Gardner et l'accent est mis sur la spontanéité possible de cette alliance (l'enfant peut avoir choisi de faire allégeance à l'un de ses parents), mais aussi, implicitement, sur la façon dont le parent « préféré » s'en est emparé ou accommodé, jouissant à bon compte du monopole affectif que lui offrait son enfant.

Ce qui n'exclut évidemment pas la possibilité d'un parent aliénant, capable d'induire ou de favoriser le rejet, mais envisage pour celui-ci la possibilité d'un rôle plus passif, plus complaisant, comme s'il choisissait de « surfer sur la vague » de la souffrance et de la révolte de l'enfant pour rentrer dans une « solidarité de naufragé » (pour reprendre la belle expression de Benoît van Dieren). L'enfant n'est donc pas d'emblée consciemment et délibérément utilisé comme outil pour détruire l'autre parent, même si la logique ou l'aboutissement sont bien l'éradication définitive d'un ex-conjoint haï.

On voit que dans cette définition de William Bernett, le porteur du symptôme est clairement désigné comme étant l'enfant, qui peut être « aliéné » (au sens de la rupture du lien), sans qu'il y ait un parent aliénant. Cette nuance est extrêmement importante.

Depuis que l'on parle plus librement d'aliénation parentale, de plus en plus de parents cherchent à prouver et dénoncer la présence de ce phénomène chez leur enfant dès lors qu'ils ont un problème de relations avec ce dernier, au cours ou à la suite de leur séparation d'avec leur conjoint. Ces situations sont-elles devenues beaucoup plus fréquentes ? Qu'en est-il en réalité ?

Dr Bensussan : Il est clair que la tendance naturelle d'un parent rejeté sera de « surdiagnostiquer » le phénomène, comme pour mieux s'exonérer de ses maladresses ou erreurs et se dispenser d'un travail d'introspection et de remise en cause : cette tendance doit être désapprouvée et la définition rigoureuse reste toujours de mise.

L'évaluation rigoureuse du niveau de gravité du phénomène est une façon de rendre cette approche plus objective. Gardner avait défini trois stades de sévérité selon le retentissement, le nombre de critères observés et les principales manifestations. L'intérêt de cette classification, évidemment arbitraire, est de tenter de mieux cerner la conduite psychothérapeutique et psychojudiciaire à tenir en fonction de la sévérité du phénomène.

– ***Un stade léger,*** dans lequel les enfants ne présentent que quelques-uns des critères énumérés plus haut, assortis de troubles de comportement passagers au moment des transitions (ennui, froideur ou réticence affichée, tristesse de séparation d'avec l'autre parent). La glace fond en quelques instants après le passage d'un parent à l'autre et la qualité des moments passés n'est pas profondément ni durablement altérée : on peut même se quitter affectueusement. Pour constater, hélas, la répétition, la semaine suivante, un peu comme si le temps de l'immersion chez l'autre parent avait suffi à faire oublier le climat chaleureux. Ces signaux peuvent aller en diminuant si l'on sait éviter certaines fautes psychologiques (exprimer de l'angoisse ou de la colère devant les enfants, accuser l'autre parent, parler *ad nauseam* de la séparation…), si l'on a la sagesse de ne pas s'en emparer et de trouver des rituels adaptés (transitions dans un environnement neutre, comme le portail de l'école par exemple, pour éviter la froideur ou les tensions des transitions directes).

– ***Le stade modéré*** est le plus fréquemment rencontré. Ici, de nombreux critères diagnostiques sont présents, mais l'hostilité de l'enfant l'emporte sur la tristesse. Les transitions (passage d'un parent à l'autre) sont pénibles et la qualité des moments passés en compagnie du parent rejeté va en se détériorant. Le « temps de dégel » gâche tout ou partie du week-end et parfois une bonne partie des vacances, même si persistent quelques bons moments. Le pronostic réside dans le fait que le parent « favori » s'empare – ou non – de l'attitude de l'enfant et des réticences qu'il exprime pour saisir le juge, demande éventuellement argumentée par des attestations de médecins ou psychologues mal informés du phénomène et convaincus par la détermination de l'enfant à espacer les visites chez le parent aliéné.

– Enfin ***le stade sévère*** réunit la quasi-totalité des critères diagnostiques. La résolution spontanée est illusoire et la psychothérapie sans accompagnement juridique est inefficace ; d'ailleurs les enfants s'y refusent la plupart du temps. Les week-ends, s'ils sont imposés, deviennent un enfer, tant l'opposition manifestée est virulente. La dureté étonnante de ces enfants, qui se comportent envers un parent autrefois aimé comme de véritables étrangers, associe les manifestations de haine avec l'indifférence la plus totale. Le passé est revisité et remanié, les bons souvenirs sont effacés, parfois même remplacés par des souvenirs fabriqués (par exemple : maltraitance alléguée *in utero* ou dans les mois suivants la naissance). L'enfant, s'il est mis en demeure de rendre visite au parent aliéné, peut se mettre en danger, symboliquement ou réellement (échec scolaire, fugues, voire tentatives d'autolyse). Il est « entré en guerre » et l'autorité d'un juge ne suffit parfois pas à infléchir son attitude.

Comme on le voit, les manifestations et le pronostic sont très différents selon le stade de sévérité. Nous proposons, à l'instar de nos collègues français, de réserver le terme aliénation parentale aux stades sévères. Nous proposons l'utilisation de termes différents en fonction de la sévérité des manifestations psychopathologiques : si dans les stades légers ou modérés, c'est bien d'un banal conflit de loyauté, voire d'une « désaffection » qu'il s'agit, il est incontestable que, dans les stades sévères, les distorsions cognitives et les croyances erronées concernant le passé ou le parent rejeté, allant jusqu'à l'effacement progressif des bons souvenirs, sont bien proches du délire : conviction inébranlable d'une réalité fantasmée et d'un passé remanié. La métaphore informatique est parfaitement adaptée : c'est d'un « reformatage » du disque dur de la mémoire et de l'affectivité dont il s'agit.

Quels sont éléments qu'un expert doit examiner pour établir un diagnostic en réponse à la mission donnée par le magistrat qui l'interroge sur la présence éventuelle d'aliénation parentale, notamment quand un enfant refuse farouchement de rencontrer un parent ? Comment identifier un parent aliénant ? Comment écarter l'hypothèse d'un rejet justifié de la part de l'enfant ?

Dr Bensussan : Il faut avant tout évaluer la qualité antérieure de la relation : c'est la clé du diagnostic, sans laquelle aucune évaluation rigoureuse ne peut être faite. La première nécessité, en vue de dresser ce descriptif, est donc d'obtenir des renseignements fiables sur la qualité du lien que ce parent nourrissait avec ses enfants. Il faut *par définition* exclure la notion d'aliénation parentale si une maltraitance et/ou des carences affectives ont existé du temps de la vie commune. *A contrario,* si de nombreux éléments ou témoignages permettent de penser que le parent rejeté a été autrefois présent et investi, et que l'enfant nie cette antériorité, le caractère anormal et sans doute pathologique de ce qui se passe aujourd'hui serait avéré. Il importe alors de le décrire et de dire s'il est possible d'y remédier.

Toute la difficulté étant, pour le juge comme pour l'expert-psychiatre, d'évaluer la qualité antérieure de la relation – souvent niée, tant par le parent rejeté, dit parent aliéné, que par le parent « favori » et idéalisé, dit parent aliénant. Proposer des solutions adaptées n'est pas non plus une mince affaire, tant est étroite la marge de manœuvre dont disposent les intervenants devant des enfants ou adolescents aussi déterminés : l'aveu d'impuissance, de la part de l'expert comme du juge, est hélas fréquent, notamment à partir de l'adolescence, où l'adolescent se rit parfois ouvertement des décisions de justice.

Le phénomène d'aliénation parentale avait été avancé au début des années 1990 essentiellement par des pères américains qui étaient dans l'impossibilité de voir leurs enfants après leur divorce. Qu'en est-il aujourd'hui en France, où d'une part les femmes travaillent tout autant que les hommes et où les pères revendiquent de plus en plus de pouvoir consacrer plus de temps à leurs enfants ? Peut-on distinguer des stratégies différentes d'aliénation selon le genre du parent aliénant ?

Dr Bensussan : Le fait qu'une proportion croissante de séparations parentales soit suivie de tensions majeures au sujet de la garde des enfants ou de l'exercice du droit de visite et d'hébergement doit être interprété. Non que la violence des conflits suivant la séparation ait augmenté : mais il semble que la nature même de ces conflits ait changé, du fait de l'importance attachée aujourd'hui au bien-être de l'enfant et à la prise en compte, parfois au-delà du raisonnable, de ses désirs ou de ses exigences. Du fait aussi sans doute du bouleversement des stéréotypes sociaux, modifiant en profondeur les répartitions des rôles dévolus aux deux sexes et du désir des pères, investis de plus en plus et de plus en plus tôt dans la prise en charge des enfants, d'être « des mères comme les autres ».

Ces profondes modifications, accompagnées d'une évolution législative (en France, la résidence alternée a fait en 2002 son entrée dans le Code civil), expliquent l'âpreté des litiges relatifs à la garde des enfants, dans lesquels l'expert psychiatre, comme l'auteur l'avait déjà souligné dans une précédente publication, joue parfois un rôle bien proche de celui du magistrat.

Au-delà des pathétiques et ridicules polémiques sexistes qui n'ont plus aucune raison d'être, notre expérience montre qu'il n'est ni statut social, ni origine culturelle, ni genre qui protège de cette pathologie. Les mères rejetées sont peut-être un peu moins nombreuses que les pères, mais le vivent tout aussi tragiquement.

L'expression de l'aliénation parentale est-elle similaire chez tous les enfants ? Voit-on des différences en fonction de l'âge ? Qu'en est-il dans une fratrie ? On entend souvent que les adolescents ou les jeunes adultes « comprennent » les choses et ne sont pas manipulables ? Qu'en est-il en réalité ?

Dr Bensussan : L'expression de l'aliénation parentale varie de façon considérable en fonction des enfants, qu'il s'agisse de leur niveau intellectuel, de leur âge… Certains vont privilégier la froideur et l'ennui, opposant durant les visites une forme de résistance passive, de mutisme ou de semi-mutisme, qui vient bien souvent à bout de la patience du parent rejeté, l'enfant, indifférent et hostile, restant par exemple absorbé de façon ostentatoire dans des jeux vidéo ou les oreillettes de son téléphone enfoncées dans les oreilles, spectateur de la vie familiale, affichant son ennui et sa distance. Certains demandent ainsi à écourter les week-ends, sans véritable opposition frontale, mais en montrant qu'ils ne font que les subir et qu'il est vain d'espérer une amélioration de la situation : le but poursuivi est la dissuasion, la capitulation.

Les parents anxieux devant ces manifestations commettent bien souvent un certain nombre de maladresses, allant d'une attitude inutilement coercitive (on peut imposer le respect, mais on ne peut imposer une expression souriante) à des attitudes punitives ou répressives. De sorte qu'un **cercle vicieux** se constitue rapidement, le parent rejeté accumulant les maladresses (véritables « autogoals »), se comportant en quelque sorte comme son pire ennemi. Il est ainsi facile au « parent favori » de pointer par la suite les maladresses de l'autre, comme pour prouver que l'hostilité de l'enfant ne trouve ses sources que dans ses erreurs.

De même, toutes les configurations peuvent se voir dans une fratrie : certains enfants, pas nécessairement les plus matures, trouvent parfois la force de s'extraire du conflit de loyauté et de ne pas se positionner, manifestant obstinément leur attachement au parent rejeté par le reste de la fratrie, au prix il est vrai d'un certain clivage. D'autres, au contraire, finissent par emboîter le pas à leurs frères et sœurs, de sorte que l'on peut avoir l'impression, en expertise, que ces enfants, à quelques nuances près, parlent d'une seule voix. Impression glaçante, tant il est vrai que les discours et les souvenirs, y compris construits ou erronés, semblent superposables.

Les enfants adressent souvent des lettres extrêmement cruelles à leur parent rejeté. Ils envoient également « spontanément » des courriers aux magistrats pour demander à ne plus jamais rencontrer ce parent désormais détesté. Ces courriers sont versés à la procédure sans plus de commentaire. Comment les interpréter ? Comment un enfant peut-il s'exprimer ainsi avec un parent qu'il a aimé peu de temps auparavant ?

Dr Bensussan : Ces lettres demandent nécessairement, pour ne pas détruire le parent auquel elles sont adressées, à être décodées, je dirais même décryptées, avec l'aide d'un professionnel au fait de ces situations. Leur violence inouïe peut parfois comporter, entre les lignes, de véritables bouteilles à la mer, qu'il importe alors de savoir reconnaître. J'ai par exemple le souvenir d'une lettre pathétique d'une petite fille de 10 ans, qui multipliait les dénégations spontanées tout au long de sa lettre de 4 ou 5 pages, écrivant à d'innombrables reprises : « ce n'est pas maman qui m'a influencée… » ou encore « ne t'imagine pas que maman m'a dit ce que j'allais écrire… »

On peut penser que ces dénégations trop nombreuses avaient très exactement la signification inverse et pouvaient revêtir la valeur d'un « SOS » adressé au père auquel l'enfant exprimait son hostilité.

Quels commentaires pourriez-vous faire des lettres d'enfants ci-dessous ?

Lettre d'Aurélie (14 ans) à son père

« Suite à notre conversation téléphonique de ce jour où tu me demandes de te voir le 24 01 2… et puisque tu me menaces de t'en prendre à ma maman si je ne veux pas : je serai donc au commissariat de X. le 24 janvier 2… de 14 h 00 à 14 h 15. Je t'informe que suite à notre entrevue d'un quart d'heure, je ne partirai pas avec toi.

Je ne subis aucune pression ni manipulation de la part de maman contrairement à ce que tu dis à qui veut bien l'entendre. Maman ne s'oppose pas à ce que je te vois, la preuve je suis bien venue te voir de mon plein gré à Y. place de la République le 06 01 2... à 16h00 (cf. SMS du 06 01 2...). Ça s'est d'ailleurs très mal passé et je n'ai pas apprécié que tu me cries dessus en public, jusqu'à me faire pleurer et m'humilier.

Arrête de me harceler, de me faire du mal. Je ne veux plus te voir car :

1. tu es un menteur et un manipulateur, je n'ai jamais voulu que tu mettes des photos de moi sur Facebook (140 photos certaines en maillot de bain).

2. tu as pété les plombs ou tu es en pleine crise de la quarantaine (comme tu préfères).

6. tu es parti et m'as abandonnée en sachant que tu gâcherais mon avenir, ma vie.

7. tu as repris ma clef de ton appartement pour la donner à je ne sais qui à 11 h du soir.

8. tu as refait ta vie « bien vite » avec ta Monique et ses deux filles, qui sont maintenant les tiennes et que je ne veux jamais rencontrer.

9. tu m'as poussée à quitter l'appartement à cause de ta radinerie maladive.

10. tu veux peut-être aussi me pousser au suicide.

11. tu as brisé tous mes projets et mon confort.

12. à cause de toi j'en suis déjà à mon 3e collège.

22. lorsque tu as déménagé l'armoire, j'ai compris pourquoi tu étais désagréable toutes ces soirées en voyant les bouteilles d'alcool à moitié vides.

25. tu veux me fissurer la tête petit à petit, tu me détestes et dis le contraire.

26. en juillet, tu as pris un avocat qui m'a gâché les vacances, puisqu'il criait au téléphone sur maman jusqu'à la rendre triste.

29. j'ai peur de toi. Je ne sais pas de quoi tu es capable, car tu as tellement changé en si peu de temps.

Je n'ai plus aucun respect pour toi et je n'ai plus confiance en toi. Alors aujourd'hui, après avoir changé d'avis par rapport au financement de mes études, tu es sans doute content d'avoir tout gâché. Je pense, maintenant, après ces quelques pages que tu ne pourras plus faire semblant. Je me demande même depuis quand tu fais semblant : 14 ans peut-être ?

Aurélie

PS J'espère que tu as enlevé TOUTES les photos de moi de ton Facebook

Copie : Maître C. ; Maître L. ; Le juge aux affaires familiales »

Dr Bensussan : Brièvement commentée, cette lettre frappe tout d'abord par sa forme, pratiquement adultomorphe : l'adolescente donne une tonalité procédurière, mentionnant de façon factuelle les dates et les lieux, tout comme les destinataires en copie. Il est hautement probable que cette adolescente, en dépit de son jeune âge, a été de longue date immergée dans le dossier de procédure opposant ses parents.

L'autre élément frappant est "l'adultification" d'Aurélie, qui porte sur son père un regard quasi clinique, mêlant à la fois le jugement psychiatrique et le jugement moral, y compris avec l'accusation implicite de perversion (« tu veux peut-être aussi me pousser au suicide… » ou encore « tu veux me fissurer la tête petit à petit »).

La perte de confiance et de respect est totale, il n'est nul besoin d'expert pour dire qu'à cet âge et avec une telle haine, la réversibilité spontanée est hautement improbable. L'intervention psychojuridique elle-même semble dépassée, et devrait, pour aboutir à un changement, passer par des mesures drastiques, telles que l'observation, en dehors de toute influence familiale, par un collège pluridisciplinaire. Mais qui proposerait d'hospitaliser une adolescente qui, par hypothèse et comme cela est fréquemment le cas, pourrait par ailleurs donner toutes les apparences du bien-être et de l'équilibre, notamment en affichant un excellent rendement scolaire, ce qui est pour ainsi dire la parade à toute mesure coercitive ?

Courrier de Carole (17 ans) à sa mère Julie

« Aujourd'hui j'ai reçu ta lettre, une horreur pleine de mensonges (comme toujours) que je n'ai pas tardé à déchirer. Tu prétends que je t'ai confié "mon malheur" de ces 7 dernières années, c'est une honte de dire de telles choses, tu salis ma vie, mon bonheur, mon sourire, ma liberté, mes pensées et mes souvenirs. Car je n'aurais pas de bons souvenirs de toi, aucun. De la méchanceté tu fais ton pouvoir, et tu peux voir que de t'insulter ne me sert plus à rien. J'ai peut-être gagné, ou gagné en passivité face à tes actes. Il n'y a que ça qui pourra atténuer ma boule au ventre quand je pense à toi, cette saloperie qui m'a fait avoir un ulcère à l'estomac quand j'étais petite.

Tu ne comprends pas ce que tu fais, ce que tu dis, où veux-tu en venir, à l'accomplissement de ton poison mortel ? Non, il ne l'est pas : je suis toujours vivante, et toi tu meurs de ton chagrin maléfique, de tes mains salies par le faux, et tes habits tous de noir qui te font prendre l'aspect d'une femme en deuil. Mon deuil peut être, car tu n'as plus de fille à proprement parler, je ne le suis plus depuis déjà plus de 7 ans et toi seule l'as voulu.

En ce qui concerne ma vie aujourd'hui, je ne te souhaite pas d'avoir la même, car tu tomberas dans quelque chose de bien trop positif, joyeux et heureux que ta rage de vilaine ne pourrait supporter. Je te demande seulement de me laisser à mes occupations, à ma petite vie, à ma petite famille (que tu laisseras par la même occasion TRANQUILLE une fois pour toutes) et de ne pas me déranger en cours en prenant mon lycée pour la poste municipale. Au revoir. »

Dr Bensussan : La rage de Carole, même s'il s'agit d'une rage froide, est au premier plan de ces lignes. Les propos sont d'une incroyable dureté, visant à l'annihilation plus qu'à la destruction du lien mère-fille, le passé semblant enseveli, voire anéanti. Carole confronte sa mère à un deuil qu'elle sait impossible : non seulement le deuil d'un enfant, mais le deuil d'un enfant en vie, plus difficile encore. L'au revoir de Carole, qui sonne comme un adieu, constitue la touche finale de cruauté.

Lettre d'Armelle (13 ans) à son père

« Je t'écris pour te dire d'arrêter d'essayer de me voir car tu est en train de me détruire ma vie. Si tu réessaye de me voir tu aura tuer ta fille pour toujours (car je vais me suicider). Depuis septembre je n'ai pas mis mon corcet comme ça je vais me faire opérer et je ne te verrais pas pendant que je suis à l'hopital. Je n'arrive plus à me concentrer sur mon collège, si tu m'aime vraiment il faut que tu accepte le fait que je ne veux plus te voir, que c'est mon choix et pas celui des éducateurs, des psy, des juges et encore moins celui de ma mère. Je suis bien dans ma vie sans toi. J'en arrive à souhaiter ta mort tout les jours, et si c'est pas toi qui meurs, c'est moi ! Pour moi tu existe plus, tu es déjà morts. Je ne t'ai jamais aimé et je t'aimerais jamais. Peut-être tu ne prends pas cette lettre au sérieux mais quand je serai morte, tu auras tuer ta fille pour toujours ».

Dr Bensussan : La tonalité de rejet est ici plus enfantine et permet donc de conserver un reste d'espoir, certaines affirmations hostiles pouvant être interprétées comme des dénégations spontanées : comment ne pas comprendre la phrase « Je ne t'ai jamais aimé et je t'aimerai jamais » comme la lutte inconsciente contre un sentiment d'amour ? De même, la menace implicite de passage à l'acte suicidaire donne à cette lettre une tonalité plus pathétique et plus enfantine que celle des lettres précédentes. On peut encore voir dans cette lettre, aussi impressionnante soit-elle, le cri d'une enfant en détresse.

Lettre de Florence, 15 ans, adressée au juge des affaires familiales

« Madame,

Sachez que je vais tuer mon père, sa compagne et ses deux filles adoptives si vous m'obligez à passer un week-end avec eux. Je vous ai envoyé le 16 01 2010 une copie d'une lettre adressée à Monsieur B où je lui explique clairement que je ne veux plus le revoir et pourquoi. C'est d'ailleurs le résumé de la discussion que j'ai eu avec le juge (des enfants) L. »

Lettre de la mère de Florence, adressée au juge des affaires familiales

« Suite à l'arrêt du 11 janvier 2... la cour d'appel de T. 1re chambre, section 2, où vous attribuez à Monsieur B. un droit d'accueil de Florence à son domicile, je vous précise que ma fille tient des propos alarmistes, elle menace de s'en prendre physiquement à son père et/ou à la famille de sa compagne, puis à elle-même. Elle a déclaré ce matin aux policiers lors d'une main courante "si je suis obligée de suivre mon père, je vais tuer tout le monde, sa compagne et les filles de celle-ci". Avec mon avocat nous avons essayé d'intervenir à plusieurs reprises sur différents points auprès des juridictions (JAF) sans aucune réponse favorable. Nous nous trouvons maintenant dans une impasse. Je voulais donc vous en informer car je crains les conséquences qui peuvent en découler si elle devait partir avec lui.

C'est pourquoi je dois respecter son choix final qui est de ne pas vouloir se rendre au rendez-vous avec lui. Je voulais vous en parler au téléphone vendredi dernier à 14 heures mais Mme la greffière m'a conseillé de téléphoner au procureur. J'ai téléphoné au Procureur qui est courant pour la main courante. Veuillez agréer, Madame, l'expression de mes salutations les meilleures. Mme M. »

Dr Bensussan : La lettre de Florence et celle de sa mère, adressées simultanément au JAF au mois de janvier 2011, montrent une véritable concertation, une synergie recherchée entre les efforts et les forces de destruction. L'adolescente oppose au magistrat un défi en forme de bras de fer, sous-tendu par une menace explicite de meurtre. Il est vrai qu'elle se sait sérieusement épaulée par sa mère, qui s'adresse elle-même au JAF pour dire qu'elle n'a pas d'autre choix que de respecter celui de sa fille : la mère de Florence n'entend pas se soumettre à une décision de justice et c'est forte de cette certitude que Florence puise sa détermination et impose plus qu'elle ne soumet sa décision.

Quel commentaire pourriez-vous faire de cet extrait d'expertise ?

Expertise médicopsychologique, tribunal de grande instance de Nanterre

(...) Aucun des trois enfants (16, 15 et 13 ans) n'est apparu naturel et spontané dans son expression, ce qui doit être considéré comme anormal, compte tenu de leur âge, et de leur niveau d'intelligence plutôt bon. Les reproches adressés par les enfants à leur mère, apparaissent strictement calqués sur ceux que leur père énonce lui-même. Les enfants reprennent les mêmes anecdotes, avec les mêmes expressions langagières. Souvent, ils ne se réfèrent pas à leur propre expérience. Ils emploient le « nous » au lieu du « je », comme si s'était construit au fil du temps et des répétitions un discours commun, bien rodé, qui évoque davantage le fonctionnement de désubjectivation d'une secte, que des interactions relationnelles qui délimitent et respectent des individualités.

Les représentations parentales dont les trois enfants font part, apparaissent profondément clivées entre une figure paternelle totalement bonne et une figure maternelle totalement mauvaise. Ce seul élément en soi est anormal. (...)

Un avis d'ordre psychologique sur les mesures à prendre ici est particulièrement difficile à définir. Le refus des enfants est affirmé avec force. Même si ce refus témoigne d'une relation pathologique père-enfants, les enfants ont le sentiment de dire ce qu'ils pensent et ce qu'ils souhaitent. Une autre difficulté réside dans le fait qu'au moins les deux aînés sont des adolescents et qu'il n'apparaît guère possible de les contraindre à un droit de visite et d'hébergement, comme il serait possible de le faire avec des enfants plus jeunes, pour qui les adultes peuvent prendre des mesures de protection. En outre il est évident que Monsieur ne favorisera en rien et s'opposera à toutes mesures ou dispositifs susceptibles de restaurer une relation entre les enfants et leur mère. Enfin, même s'il serait hautement souhaitable que les enfants soient suivis sur le plan psychologique, cette prise en charge serait très difficile à organiser en raison de l'opposition des enfants et du père.

Sur le plan général, de telles situations, avec cette ampleur, sont rares. Elles sont cataloguées sous l'appellation anglo-saxonne de ***syndrome d'aliénation parentale.*** *Il existe des cas, où l'inversion de la résidence des enfants, accompagnée de mesures contraignantes pour le parent jusque-là gardien, entraîne assez rapidement un changement radical et spectaculaire chez les enfants. Il semble que cette issue favorable concerne surtout les enfants jeunes et des situations où il est possible d'exercer une contrainte sur le parent jusque-là gardien.*

Dans d'autres cas, le changement de résidence est mis en échec par les enfants eux-mêmes, jusqu'à des situations où ils sont susceptibles de se mettre en danger. Même avec l'expérience de tels cas, il est impossible de prévoir l'issue d'une décision d'inversion de résidence, qui nécessiterait la mise en place parallèle d'un cadre suffisamment contenant. Idéalement, il faudrait organiser des séjours protégés conjoints mère-enfants en institution, ce dispositif n'existe pas en France.

Il apparaît donc difficile, d'envisager le changement de résidence des enfants même si les données concernant les parents, notamment la pathologie du père, justifieraient tout à fait cette orientation. Une reprise de contacts entre Madame et ses enfants n'apparaît possible que si elle s'effectue dans un centre de médiation, avec la possibilité pour ce centre d'en adapter les modalités (contacts prévus sur une journée entière, possibilité de sortir du centre, organisation d'activités par exemple). Il serait également judicieux d'envisager des contacts mère-enfants de manières séparées, sans doute seule solution pour qu'un accès véritable à la subjectivité de chacun soit possible. Cette mesure ne pourra vraisemblablement fonctionner que si Monsieur y est astreint, par exemple sur le plan financier.

Dr Bensussan : Cet extrait d'expertise médicopsychologique est particulièrement démonstratif : il montre la rigueur diagnostique de l'expert, qui décrit la situation dans son implacable logique, incluant la systématisation manichéenne de l'univers affectif des enfants. L'honnêteté de l'expert est frappante, puisqu'il n'hésite pas à faire aveu d'impuissance et à souligner les risques et la difficulté du transfert de résidence habituelle des enfants. C'est pourquoi la solution qu'il propose, passant par la reprise du contact entre la mère et les enfants au sein d'un point rencontre, m'apparaît inadéquate : gageons qu'elle renforcera plutôt qu'elle ne vaincra les résistances des enfants. Il me semble en effet que les rencontres médiatisées, à l'instar d'un médicament, ont des indications, contre-indications et… effets indésirables, parmi lesquels une capacité à ancrer dans l'esprit des enfants l'idée de la toxicité d'un parent, corroborée par la nécessité de ne le voir qu'en présence de tiers professionnels.

Chaque histoire familiale est unique, mais l'aliénation parentale est un phénomène cliniquement bien défini. Quelles sont les différentes recommandations que vous pourriez donner à un magistrat dans une telle situation ? Quelles solutions le système psychojudicaire peut-il proposer à ces situations si douloureuses pour le parent rejeté ?

Dr Bensussan : Cette question est si générale qu'il est bien difficile d'y donner une réponse univoque, les situations étant fondamentalement différentes en fonction de l'âge des enfants, des critères géographiques, de l'ancienneté de la séparation…

Je pense cependant qu'il est extrêmement difficile à un magistrat, surtout face à des adolescents déterminés, de tenter l'épreuve de force. Je préconise en revanche, en cas d'expertise familiale, une description rigoureuse et précise des rôles et des personnalités des protagonistes, qui peut, lorsque la situation est réversible, notamment en cas de très jeune âge des enfants, constituer une véritable mise en demeure au parent « favori », qui s'accommode à bon compte du monopole affectif dont il jouit et qui, d'une certaine façon, vient panser ses plaies. Ce parent devra prouver sa compétence en infléchissant son attitude, en incitant ses enfants à restaurer un lien qu'il sait être vital pour eux (je note d'ailleurs que les parents « favoris » multiplient les dénégations spontanées, du type : « je sais qu'il a besoin de son papa » ou « je sais qu'il a besoin de sa maman »).

Le magistrat peut donc demander, dans sa décision postérieure à l'expertise, à ce que la situation soit réévaluée dans un délai d'une année et j'ai connu certains magistrats qui n'hésitaient pas à dire, dans le cas de jeunes enfants, que le transfert de résidence habituelle des enfants, s'il était sollicité, serait accordé en l'absence de changement notable. Dans bien des cas, la fermeté de l'attitude du magistrat permet, notamment dans le cas de jeunes enfants, des améliorations spectaculaires et rapides.

Dans le cas d'adolescents déterminés et proches de leur majorité, l'expert comme le juge doivent faire aveu d'impuissance. Ce qui n'ôte pas à l'expertise bien conduite sa valeur « historique » : dans la vie de cet enfant, quelqu'un n'aura pas été dupe et il aura possibilité d'accéder, plus tard, à un autre regard, à une autre lecture, pouvant contribuer à ce que ses yeux se dessillent. Fût-ce tardivement.

Quels conseils pourriez-vous donner aux parents victimes d'aliénation parentale ? À votre avis doivent-ils rechercher de façon active à maintenir un lien qui n'existe plus que dans un sens ?

Dr Bensussan : Les conseils que l'on peut donner aux parents victimes d'aliénation parentale dépendent essentiellement de l'âge des enfants et de la sévérité du rejet. Il est évident que dans des formes légères à modérées, le parent rejeté peut contribuer à éviter l'aggravation de la situation en évitant les maladresses les plus fréquentes, au sujet desquelles il doit être mis en garde. C'est ainsi que la tentation de dessiller les yeux de l'enfant en soulignant le rôle de l'autre parent doit être écartée autant que faire se peut (cela demande parfois des efforts surhumains). Ce conseil, lorsqu'il n'est pas suivi, transforme le parent rejeté à son tour en parent aliénant, l'enfant, soumis à ce qu'il considère comme autant de pressions et de contre-pressions de la part de ses deux parents, finissant métaphoriquement par se boucher les oreilles en renonçant à distinguer le vrai du faux.

De même, l'angoisse peut se traduire par des attitudes coercitives ou punitives, qui sont contre-productives et ne feront qu'aggraver la désaffection, les week-ends se terminant généralement plus mal encore qu'ils n'ont commencé, augmentant chez l'enfant l'anxiété anticipatoire du week-end suivant et générant chez lui une véritable aversion.

Dans des formes plus graves, le fait d'éviter les maladresses n'est plus suffisant, ce d'autant que parfois le contact est coupé. Personnellement, je ne rejoins pas de façon dogmatique le point de vue majoritaire, qui consiste à sommer les parents de ne jamais désarmer, de multiplier les courriers, les cadeaux, les tentatives de visite… j'estime bien souvent cette attitude aussi vaine (presque masochiste, devant des enfants parfois sadiques) que contre-productive, les enfants allant parfois jusqu'à retourner les lettres ou les cadeaux et vivant la multiplication des tentatives du parent rejeté comme un véritable harcèlement. Certaines scènes d'enfants hurlant au sein d'un point rencontre m'apparaissent comme de véritables scènes de torture et, en dépit de ma compassion pour les parents rejetés, je peux être amené à conseiller de ne pas les répéter.

Lorsqu'on sait à quel point l'adolescent a tendance à s'arc-bouter sur l'opposition du parent, le recul et l'expérience permettent parfois de considérer qu'une capitulation provisoire, argumentée et exposée avec pédagogie, est préférable à un acharnement obstiné. Le parent « favori » ne doit pas pouvoir s'emparer de cet infléchissement pour pointer la défaillance de l'autre : cette suspension des visites doit donc être exposée avec amour et pédagogie, avec l'assurance donnée à l'enfant qu'au moindre signe de sa part, le parent qu'il rejette aujourd'hui sera immédiatement présent et disponible et que l'amour n'est nullement remis en cause. L'enfant doit comprendre que ce retrait est *un acte d'amour et non un abandon ou une reddition*. Il doit pour cela en avoir la maturité affective, comme le parent qui consent à ce sacrifice doit avoir tout l'amour nécessaire pour le faire : cette attitude serait jugée tout autrement de la part d'un parent autrefois absent.

On a parfois dans ces situations de très heureuses surprises : les résistances des adolescents ne trouvant plus de force contre laquelle s'exprimer peuvent baisser, soudainement ou progressivement, et le retrait provisoire du parent haï peut permettre une prise de conscience salutaire.

J'ai naturellement conscience de la difficulté à appliquer de telles préconisations et de leur extraordinaire cruauté : il va de soi qu'elles ne sont applicables que dans les situations les plus extrêmes. Celles dans lesquelles tout a été tenté, dans lesquelles le système judiciaire a fait l'aveu de son impuissance, la haine et l'hostilité exprimées sans limite comportant même un risque de passage à l'acte physique, au-delà d'un véritable parricide symbolique.

Chapitre 5

L'aliénation parentale comme abus de faiblesse

Par Marie-France Hirigoyen

Après leur séparation, un certain nombre de parents entrent en guerre contre leur ex-conjoint en utilisant les enfants comme arme pour blesser l'autre. Généralement cela commence avant la séparation par un chantage à l'enfant : « Si tu me quittes, tu ne verras plus les enfants ! ». Puis, le conflit s'exacerbe autour de la question de leur résidence. Il arrive alors que celui qui se sent trahi par son ex-partenaire tente, consciemment ou non, de disqualifier l'autre parent aux yeux de l'enfant au point parfois de l'amener à rejeter ce parent ou même à refuser de le voir.

Aliénation parentale et abus de faiblesse

Les accusations, vraies ou fausses, d'aliénation parentale pleuvent désormais devant les juges des affaires familiales et aucun professionnel ne peut ignorer cette problématique. Face à ces plaintes, il n'est pas facile de se repérer et de comprendre qui manipule qui. Ce qui est certain, c'est qu'un enfant aliéné, même s'il paraît rejeter un de ses parents « de lui-même », est avant tout une victime.

Un concept très contesté

Le concept d'aliénation parentale a été contesté avec véhémence, voire même violence, par des lobbies constitués d'hommes dénonçant les plaintes abusives de mères cherchant à éliminer le père, des associations de femmes féministes craignant que l'excuse de l'aliénation amène à occulter des cas réels d'inceste, de parents désireux de régler des comptes avec leur ex-conjoint ou même d'un certain nombre de professionnels. Il est vrai que lors des divorces ce terme est de plus en plus rapidement évoqué, souvent de façon abusive, par des parents ou leurs avocats, ce qui constitue une manipulation tout aussi grave dont l'enfant peut être indirectement victime.

Si ce terme est contesté c'est qu'il est souvent présenté de façon beaucoup trop dichotomique. En effet parmi les trois stades que décrivait Gardner, seul le stade 3, peu fréquent, constitue une réelle pathologie. Dans les autres cas cette étiquette vient stigmatiser un parent qui est plus ou moins de bonne foi et qui pourrait bouger de sa position s'il était aidé et recadré. Mais, dès qu'une mère est trop possessive, ou qu'un père réclame avec insistance la résidence de l'enfant, un raccourci peut amener la partie adverse à les considérer comme aliénants, et cela risque d'entraîner des dérives procédurières qui viennent fixer le processus.

Il est difficile de tracer la limite entre le comportement banal d'un enfant qui s'oppose « normalement » à un parent et un comportement excessif et pathologique. Il n'est pas non plus facile de percevoir la limite entre l'influence normale d'un parent et une influence abusive. En effet une communication n'est jamais complètement neutre et une relation d'emprise existe *a minima* naturellement entre un parent et l'enfant qu'il doit éduquer et protéger. Néanmoins dans les cas grave d'aliénation parentale, on retrouve toujours un **trouble de la personnalité** ou même **une pathologie psychiatrique** chez le parent aliénant. L'aliénation est parfois le prolongement d'une situation de violence conjugale occultée, par exemple lorsqu'une mère (plus rarement un père) a été humiliée, dégradée quotidiennement par un conjoint violent, et que l'enfant avait été entraîné à s'associer à cette maltraitance.

Il est normal que lors d'un divorce le conflit soit présenté sous des jours très différents par les deux ex-conjoints. Chacun réécrit, en toute bonne foi, sa version des faits. Les mères sont inquiètes quand elles confient un enfant très jeune à un père qui s'en est peu occupé. De leur côté les pères s'inquiètent quand la mère de leur enfant est fusionnelle, angoissée, pas fiable. Alors que la vie de couple oblige à s'adapter à l'autre, après une séparation chacun tend à retrouver ses propres références, et les différences éducatives concernant la santé, la religion, l'éducation, peuvent être montées en épingle.

Il n'est pas évident pour un observateur extérieur de savoir à quel moment il faut s'inquiéter des plaintes d'un parent concernant le comportement de son ex-conjoint ou de son enfant. Il peut y avoir des accusations croisées, par exemple l'un se disant victime d'une plainte abusive, l'autre se plaignant de harcèlement moral. Chacun se sent victime de l'autre, et les intervenants sont en droit de se demander : « Qui manipule qui ? Qui est victime de qui ? Est-ce que celui qui se plaint n'est pas celui qui aurait un avantage à se poser en victime ? »

Bien sûr un certain nombre de raisons peuvent expliquer une opposition de l'enfant lors des droits de visite. Il peut chercher à s'éloigner d'un parent indifférent qui ne demande sa résidence que par conformisme ou dans l'espoir d'échapper ainsi à son obligation alimentaire. Il peut souffrir d'une forte angoisse de séparation aggravée par le litige entre ses parents. Il peut surtout chercher à se protéger d'une maltraitance ou d'un abus. D'ailleurs Gardner prenait soin de préciser dans sa définition du SAP que « lorsqu'un abus ou une négligence parentale existent vraiment, l'animosité de l'enfant se justifie et ainsi l'explication de ce comportement par le SAP ne s'applique pas ». Cependant toutes ces objections doivent être levées rapidement par une enquête, et les experts doivent s'attacher à observer le comportement de l'enfant. Contrairement à un enfant aliéné, un enfant victime de sévices ou de maltraitance psychologique sera le plus souvent dans l'ambivalence, cherchant à se faire accepter par le parent violent.

L'aliénation comme abus de faiblesse

L'aliénation parentale constitue un *abus de faiblesse* parce qu'un enfant est par définition vulnérable. Le terme *abus* vient du latin *abusus,* mauvais usage. Il renvoie à l'usage excessif ou injuste de quelque chose. Ce terme s'est étendu et désormais *abuser* c'est aussi tromper en profitant de la confiance de l'autre, en l'occurrence de l'enfant. On glisse d'une situation normale (difficulté à trouver sa place en tant que parent séparé), vers un comportement pathologique (instrumentalisation d'un enfant l'amenant à rejeter l'autre parent). Un parent aliénant se sert de la faiblesse de l'enfant pour régler un compte d'adultes et il entraîne l'enfant dans son dysfonctionnement.

En France l'article L.223-15 du code pénal établit que doivent être protégés les mineurs et les majeurs rendus vulnérables par l'âge ou la maladie ainsi que les individus en état de sujétion psychologique.

La loi sanctionne l'abus de faiblesse à condition que soient caractérisés *trois points :* la vulnérabilité de la victime, la connaissance de la vulnérabilité par la personne poursuivie et le fait que cet acte soit gravement préjudiciable à la victime. Un mineur est par définition vulnérable, le parent ne peut pas l'ignorer et cette manipulation est gravement préjudiciable à l'enfant.

Quand un parent exerce une influence néfaste, l'enfant n'a pas les moyens d'en prendre conscience et encore moins d'y résister. L'enfance est un temps de construction de la personnalité et aussi de dépendance affective, intellectuelle et psychologique, ce qui rend les mineurs extrêmement vulnérables à la suggestion, en particulier venant d'un adulte respecté. Certains intervenants considèrent qu'à partir de l'âge de raison un enfant est capable de discernement et qu'il faut respecter son choix, or dans une situation de conflit parental, un enfant n'a pas de liberté intérieure car son jugement est faussé par un conflit de loyauté. Quand un enfant « décide » de rejeter un parent il n'a pas tous les éléments nécessaires à son choix, il y a *vice de consentement.*

Il ne faut pas oublier non plus que la loi sur l'abus de faiblesse telle qu'elle a été modifiée en 2000 résulte d'un projet de loi destiné à sanctionner les faits de manipulation mentale. **Considérer l'aliénation parentale comme**

un abus de faiblesse c'est reconnaître que les cas graves résultent d'une manipulation au même titre que celles exercées par les sectes.

Article 223-15-2

De l'abus frauduleux de l'état d'ignorance ou de faiblesse

Modifié par *Loi n° 2009-526 du 12 mai 2009 – art. 133*

Est puni de trois ans d'emprisonnement et de 375 000 euros d'amende l'abus frauduleux de l'état d'ignorance ou de la situation de faiblesse soit d'un mineur, soit d'une personne dont la particulière vulnérabilité, due à son âge, à une maladie, à une infirmité, à une déficience physique ou psychique ou à un état de grossesse, est apparente ou connue de son auteur, soit d'une personne en état de sujétion psychologique ou physique résultant de l'exercice de pressions graves ou réitérées ou de techniques propres à altérer son jugement, pour conduire ce mineur ou cette personne à un acte ou à une abstention qui lui sont gravement préjudiciables.

Lorsque l'infraction est commise par le dirigeant de fait ou de droit d'un groupement qui poursuit des activités ayant pour but ou pour effet de créer, de maintenir ou d'exploiter la sujétion psychologique ou physique des personnes qui participent à ces activités, les peines sont portées à cinq ans d'emprisonnement et à 750 000 euros d'amende.

La manipulation

Les aliénations graves résultent d'une manipulation inconsciente d'un enfant par un parent en grande difficulté psychique. Que ce soit dans le domaine sectaire ou dans le domaine familial, une manipulation répond toujours à un même mécanisme et se met en place en plusieurs étapes :

1. Une étape de séduction

Un parent aliénant peut instaurer une complicité malsaine avec l'enfant, le traiter comme un egal, le mettre à la place de l'ex-conjoint, lui demander son avis sur tout, le tenir au courant des procédures. L'enfant est alors flatté, séduit et il lui est impossible de résister aux suggestions qui vont suivre. Ce parent peut aussi acquiescer à toutes les exigences de l'enfant, ne mettre aucun interdit, le couvrir de cadeaux et réduire à néant le cadre éducatif que l'autre parent essaie de mettre en place.

2. Une étape de conditionnement

L'enfant est ensuite conditionné par des procédés qui s'apparentent aux techniques de conditionnement d'otages. Cela se fait à la fois dans le registre comportemental, le registre cognitif et le registre émotionnel.

Dans le registre comportemental, l'emprise se met en place par des procédés d'isolement, de contrôle et de harcèlement verbal : le parent aliénant va chercher à éloigner l'enfant de son autre parent et de la famille de celui-ci. Pour cela il peut contrôler les échanges par une grande rigidité concernant les horaires de visites, refuser de trouver un arrangement en cas de problème pratique, ou modifier en permanence les dates des vacances pour mettre l'autre parent en difficulté. Il peut ne pas lui transmettre les informations concernant la santé de l'enfant, l'école, ou ne lui donner aucune information concernant ses loisirs. Il peut contrôler les communications de l'enfant, filtrer ses messages. Le but apparent est de contrôler « son droit à l'enfant » mais c'est une façon de contrôler l'ex-conjoint pour en éloigner l'enfant ; le parent aliénant peut aussi se rendre omniprésent dans les pensées de l'enfant en lui téléphonant sans arrêt quand il est chez l'autre parent, il peut le harceler verbalement pour qu'il réclame à changer de lieu de résidence, ou l'encourager à mettre la pression sur l'autre parent, pour lui faire dépenser plus d'argent.

Dans le registre cognitif, les manipulations consistent, par une distorsion de la communication et des messages paradoxaux, à engluer l'enfant dans des sentiments contradictoires, le faire douter de ses pensées, de ses affects et infiltrer chez lui une réalité faussée. Le parent aliénant peut donner une interprétation négative de tout ce que fait l'autre parent, se moquer de lui. Par des petits signes de mépris, ou en amplifiant les petits événements, il peut suggérer que l'autre parent ment, qu'il fait des choses malhonnêtes, qu'il n'est pas fiable, qu'il constitue un danger. Il peut donner une version mensongère de l'histoire du couple, de façon à faire croire à l'enfant que l'autre parent a tous les torts. Ce processus de désinformation peut aller jusqu'à manipuler les souvenirs anciens de l'enfant et réécrire l'histoire familiale.

Un parent aliénant est convaincu que l'autre parent est néfaste pour l'enfant et cela le rend méfiant. Aussi, à partir de faits minimes ou de paroles ambiguës de l'enfant, il pourra interpréter une situation comme étant une agression de l'autre parent sur l'enfant. Il ne s'agit pas de sa part d'un mensonge à proprement parler, mais d'un processus inconscient venant focaliser ses peurs. Cela peut mener à des dénonciations abusives de violence physique ou sexuelle aboutissant à une suspension du droit de visite du parent suspect, ou bien, si l'enfant peut continuer à voir le parent suspect, le parent méfiant aura la tentation de « protéger » l'enfant en ne le présentant pas, et c'est lui qui risquera des sanctions juridiques.

Mais la manipulation la plus efficace vis-à-vis d'un enfant se fait dans le registre émotionnel. Le parent manipulateur se montre extrêmement malheureux, se pose en victime de l'autre parent, fait croire que celui-ci a tous les torts. Il culpabilise l'enfant, nie le besoin qu'il a de voir son autre parent, et se présente comme l'unique protecteur. Il peut faire du chantage affectif, menacer d'abandonner l'enfant ou de se suicider. Les enfants étant spontanément réparateurs, vont soutenir le parent qui paraît souffrir le plus de la séparation, et critiquer celui qui paraît être responsable de cette souffrance. Les enfants ont besoin de sécurité et il est normal qu'ils aillent vers le parent dont ils craignent le plus un rejet.

3. Une étape d'engagement

Lorsque l'enfant est suffisamment conditionné, le parent manipulateur va utiliser des stratégies comportementales pour obtenir de lui des actes qui l'engagent. L'engagement conduit à une **escalade** en radicalisant un comportement problématique. Lorsque l'enfant se sera montré désagréable ou même odieux avec l'autre parent, qu'il l'aura espionné, il percevra l'approbation du parent aliénant, ce qui l'encouragera à continuer. Il trouvera ensuite des justifications personnelles au comportement qu'il a eu et il aura l'illusion d'avoir agi de lui-même pour des raisons logiques.

Par ces manipulations un parent aliénant apprend à son enfant à penser autrement, à **penser contre l'autre parent.** L'enfant est ainsi « annexé ». Ses souvenirs se reconstruisent sur la base de la version du parent aliénant, et plus le temps passe, plus la version de ce parent devient « vraie » aux yeux de l'enfant. Il pense, en toute bonne foi, comme lui. Ce parent a, en quelque sorte, pénétré son territoire psychique. Il pense *en* lui. L'enfant est « aliéné ».

Les acteurs de l'aliénation parentale

Changement de la société

Si de tout temps il y a eu des parents qui se sont disputé la garde de leur enfant, il est incontestable qu'on assiste actuellement à une multiplication des cas d'aliénation parentale dans les sociétés occidentales. Pour comprendre l'augmentation de cette problématique, il faut d'une part la replacer dans les transformations de la famille avec les mutations des rôles masculin et féminin dans la société, et d'autre part tenir compte des modifications des structures psychiques liées aux transformations de notre société.

L'accès massif des femmes au travail salarié, à la maîtrise de la procréation, à l'égalité juridique n'a supprimé ni les inégalités entre les sexes ni toutes les formes de subordination des femmes, mais a généré une crise des rôles masculin et féminin qui vient exploser lors des séparations. Autrefois la résidence des enfants était systématiquement confiée aux mères, ce qui leur donnait une plus grande facilité pour établir une emprise sur l'enfant, et beaucoup de pères s'éloignaient de leurs enfants. C'est plus rarement le cas aujourd'hui. Désormais beaucoup de pères demandent à s'occuper à égalité de leurs enfants. Pourtant ils ne se voient pas accorder la garde principale ou partagée aussi souvent qu'ils le demandent. Par ailleurs un certain nombre d'hommes continuent à dépendre de leur conjointe comme soutien dans leur rôle de père et, lors des séparations, ce lien tend à se fragiliser. Certaines mères considèrent qu'étant donné qu'avant la séparation elles s'occupaient presque exclusivement des enfants, il serait normal que cela se perpétue après la séparation. Devant ces situations déstabilisantes certains parents peuvent avoir la tentation inconsciente de se servir de l'enfant pour appuyer leur position.

Par ailleurs la psychologie des individus modernes a incontestablement changé. Nos structures psychiques sont influencées par les contextes dans lesquels nous construisons notre évolution psychosexuelle et il est clair que notre société narcissique produit avant tout des individus narcissiques. Le narcissisme, dimension majeure de la personnalité, peut être décrit sous la forme d'un continuum allant du normal au pathologique, et on retrouve ce continuum dans les processus d'aliénation parentale. Après une séparation il est normal de passer par plusieurs étapes : tristesse, colère, acceptation, et on voit remonter des souffrances psychiques antérieures jusque-là plus ou moins bien compensées par la sécurité de la vie familiale. En attaquant l'ex-conjoint certains cherchent à restaurer un narcissisme qu'ils pensent avoir perdu dans la séparation. Il ne s'agit pas chez eux d'une pathologie mais d'une phase normale d'un processus de deuil qui nécessite un accompagnement pour ne pas dégénérer.

Par contre les personnalités narcissiques qui présentent une **grande fragilité de l'estime de soi** avec une grande intolérance aux frustrations vont réagir de façon excessive. Un enfant constitue pour eux un prolongement narcissique, un signe de réussite sociale, d'où l'importance pour eux de « gagner » leur divorce en obtenant la résidence de l'enfant quelle qu'en soit la conséquence pour celui-ci. Si un intervenant extérieur ne vient pas apporter son aide ce processus risque de déraper.

Le parent aliénant

Face à une situation qui semble être de l'aliénation parentale, on peut distinguer deux types de parents. Toute la difficulté vient de ce qu'il n'existe pas de continuum entre ces deux types de cas. L'erreur serait de les assimiler.

• Dans les premiers cas, les plus courants, on est face à des individus déstabilisés par une séparation qu'ils n'ont pas désirée, et qui ont besoin d'être accompagnés, « éduqués » et cadrés. La séparation peut venir réactiver un traumatisme antérieur comme un abus physique ou émotionnel, ou bien amener la personne à rejouer à travers son enfant une situation de sa propre enfance. La souffrance de ces parents est telle qu'elle peut amener chez eux ce qui ressemble à une bulle délirante centrée sur l'autre parent. Même si ces situations paraissent lourdes, elles sont accessibles à la psychothérapie, et si la famille et les avocats ne viennent pas aggraver le processus, rien n'est définitif.

• D'autres fois on est face à des individus qui, à l'occasion de la séparation, décompensent une pathologie latente ou un trouble grave de la personnalité comme un état limite, une pathologie perverse ou paranoïaque. Dans ce cas le harcèlement moral de l'autre parent par le biais de l'enfant, est sans fin, et celui-ci n'a pas d'autre choix que d'y adhérer. On pourrait dire qu'il s'agit alors de *harcèlement moral par procuration*.

Il est difficile de repérer d'emblée ces personnalités pathologiques car elles savent se montrer des parents exemplaires et elles tendent à se poser en victimes, pourtant elles ont un certain nombre de traits de personnalité en commun : ces individus se protègent de toute souffrance psychique grâce à des mécanismes de défense typiquement psychotiques, le *déni* et la *projection*. La projection consiste à attribuer aux autres des défauts qu'on ne veut pas reconnaître en soi. Un parent aliénant attribue à l'autre parent ses propres sentiments agressifs. C'est cette attribution à l'autre parent de sentiments agressifs, qui justifie l'éloignement de l'enfant. Avec mauvaise foi il cherche à démasquer ce qu'il imagine être les mauvaises intentions de l'autre. Tout ce qui vient de lui sera interprété de façon à correspondre aux projections. Le moindre faux pas de sa part sera monté en épingle :

– la mégalomanie de ces individus les amène à penser qu'eux seuls sont les bons parents et que l'autre parent est néfaste pour l'enfant. Ils cherchent à incorporer l'enfant, niant son individualité et ils font tout pour éliminer l'autre parent, pour gommer son existence ou même son souvenir dans la tête de l'enfant,

– l'idéal pour eux serait de pouvoir faire comme si le couple n'avait jamais existé. Quand l'enfant résiste à l'aliénation, il risque fort d'être rejeté, et on voit parfois des pères aliénants lâcher brutalement l'enfant et mettre en doute leur paternité.

Parmi les personnalités pathologiques, les *états limites* sont des personnes qui alternent entre des moments où elles sont hyperadaptées, bien insérées dans le réel et des moments projectifs où cette même réalité est déformée et interprétée de façon excessive et effrénée.

Leurs réactions émotionnelles sont intenses et instables, avec des sautes d'humeur imprévisibles et une grande impulsivité pouvant entraîner des comportements agressifs. Elles résistent mal aux frustrations qui déclenchent chez elles des rages ou des colères intenses et inappropriées avec une envie de détruire l'autre et les liens qui les lient. Ceci explique la rage destructrice et le désir de vengeance qui s'empare d'elles lors des séparations. La volonté de détruire l'autre vient soulager leur détresse personnelle.

• *Les pervers narcissiques* sont des individus qui, pour éviter la psychose, doivent externaliser leur conflit interne dénié. Ils font donc porter à l'autre la souffrance qu'ils ne peuvent pas gérer. Ce sont ces individus qui au moment de la séparation annoncent : « Si tu me quittes, je te pourrirai éternellement la vie ! ». Et ils le font. Toute la difficulté pour les repérer vient de ce qu'ils se présentent sous des apparences de la plus banale normalité.

La plupart du temps ils ont un très grand charisme et savent captiver leurs interlocuteurs avec un discours qui fait effet de brouillage. Ils en font ainsi des alliés pour mieux les instrumentaliser. Ils n'attaquent jamais frontalement mais qu'ils distillent des allusions, des sous-entendus. Ils peuvent ainsi faire du chantage à l'argent, aux enfants ou menacer de dévoiler des choses intimes. Lors des séparations, les pervers narcissiques se posent en victimes abandonnées, ce qui leur donne le beau rôle. Leur force de destruction tient beaucoup au battage qu'ils font pour démontrer à l'entourage à quel point l'autre parent est « mauvais », qu'il est donc normal de s'en prendre à lui. La perversion narcissique constitue une contre-indication absolue à une médiation conjugale ou familiale, car le médiateur risque fort d'être utilisé comme outil pour détruire encore mieux l'ex-partenaire.

• *La paranoïa* est d'abord et avant tout un caractère qui peut rester dans les limites de la tolérance sociale ou dériver jusqu'à la pathologie. Un parent avec une personnalité paranoïaque impose son point de vue plus par la contrainte que par la séduction. Il paralyse son interlocuteur en tenant un discours de « vérité ». Il explique pourquoi l'autre parent est nocif pour l'enfant, et pour le démontrer il élimine avec mauvaise foi toutes les données qui ne cadrent pas avec son point de vue. Il est sûr de ce qu'il dit et convaincant dans ses explications auprès des professionnels. Il s'agit chez lui d'une conviction délirante qui le submerge et il peut entraîner l'enfant dans un délire à deux.

Ce qui est frappant dans les allégations de ces personnalités pathologiques, c'est la fermeté de leur position. Cependant chez un paranoïaque il s'agit d'une conviction quasi délirante qui submerge le sujet, tandis que chez un pervers narcissique il s'agit d'une allégation mensongère délibérée destinée à éliminer l'autre parent. Mais la paranoïa se combine parfois avec la perversion. Dans ce cas, le trait dominant est une destructivité impitoyable d'autant plus redoutable que les intervenants se laisser fasciner par le jeu du manipulateur pervers et son habileté à culpabiliser les autres, et que l'emprise est alors décuplée par la quérulence paranoïaque.

Un parent aliénant vient souvent d'une famille dysfonctionnant avec parfois lui-même des antécédents d'aliénation, d'abandon ou de maltraitance. Il avait dû alors se cliver pour se protéger, et plus tard quand il s'acharne à éliminer l'autre parent c'est parce qu'il aura projeté sur celui-ci tout le « mauvais » qu'il ne veut pas voir en lui et qu'il aimerait voir disparaître.

Le parent rejeté

Le parent rejeté ressent une détresse profonde et un grand sentiment d'impuissance et d'injustice. Le comportement incompréhensible de l'enfant constitue un traumatisme qui va le sidérer. Quoi qu'il fasse, quoi qu'il dise, rien ne peut le réhabiliter aux yeux de l'enfant.

Face à l'hostilité de l'enfant, le parent rejeté va d'abord chercher une explication plausible, puis il va tenter de se justifier, et d'apaiser l'enfant. Mais à ce rejet vient s'ajouter la suspicion de l'entourage et souvent même des intervenants.

Face à tout cela certains parents rejetés s'écroulent rapidement, ne s'affirment pas suffisamment, ce qui peut donner l'impression qu'ils cautionnent la situation. C'est souvent le cas quand un parent a été blessé par un long passé de violence conjugale et que la simple présence de l'ancien conjoint entraîne des réactions de blocage.

D'autres s'affolent et envahissent l'enfant d'explications. Bien sûr on peut comprendre qu'un parent qui se sent injustement diffamé par l'autre parent tente de se justifier aux yeux de l'enfant, mais c'est ce qu'il ne faut absolument pas faire. Si un parent dit que l'autre parent ment, l'enfant peut se demander à juste titre qui des deux dit la vérité. Il sera écartelé entre la version de papa et celle de maman, et cela va rajouter à son angoisse. Il vaut mieux être patient, modérer ses réactions et surtout ne pas critiquer en retour le parent qui diffame, sous peine de blesser l'enfant qui est au milieu. Qu'est-ce qui importe le plus, avoir raison ou que l'enfant aille bien ?

D'autres enfin réagissent de façon excessive à la situation, ou même ripostent par des accusations intimes difficiles à vérifier, des mensonges ou des manipulations. Cela vient aggraver le processus qui risque d'apparaître alors comme un banal conflit entre deux parents. Effectivement il arrive que la rivalité entre les parents soit telle que l'enfant ne soit qu'un objet de chantage dans le règlement du divorce.

Lorsque les liens sont définitivement coupés, il y a un deuil impossible à faire puisque les enfants sont vivants. Ils sont alors partagés entre un vague espoir et aussi une crainte de les revoir un jour, ce qui conduit certains parents à un état dépressif chronique.

L'enfant aliéné

Dans un processus d'aliénation les enfants sont les premières victimes puisque cela affecte considérablement leur devenir psychique, mais ils sont aussi complices car ils participent activement à l'élimination du parent qu'ils rejettent.

Pour se développer un enfant a besoin de liens d'attachement avec ses deux parents. Aussi quand un des parents essaie de le manipuler, il ne comprend pas et cherche avant tout à éviter le conflit. Il n'est pas libre puisqu'il est dépendant de ses parents, et encore plus de celui qui se présente comme tout-puissant. Il sent bien que s'il n'adhère pas à sa volonté, il sera rejeté.

Quand un parent dénigre l'autre parent, l'enfant est pris dans un *conflit de loyauté*. Il est dans l'impossibilité de choisir entre deux solutions qui engagent son amour pour chacun de ses parents et cela entraîne chez lui une *tension extrême* et une *forte angoisse*. À un certain moment, pour moins souffrir, il n'a pas d'autre solution que de se rallier au camp du parent aliénant, c'est-à-dire celui qui lui met le plus de pression, qui lui fait peur ou qui paraît le plus malheureux. Il va alors apprendre à dire la vérité qui convient. Les plus âgés vont d'abord biaiser, devenir diplomates, contrôler leurs paroles, filtrer les messages, puis ils vont apprendre à moduler leur discours en fonction des attentes supposées du parent aliénant.

Face à ces situations les mécanismes de survie psychique de l'enfant sont le *clivage* et l'*amnésie*.

Le clivage est un mécanisme de défense qui permet de maîtriser l'angoisse et de mettre de côté une émotion ou un souvenir trop perturbant. Cela se fait en scindant le Moi en deux parties. L'une tente d'isoler la situation traumatique, tandis que l'autre reste connectée à la réalité. Par la suite, la présence ou la seule évocation de l'autre parent entraînera une forte angoisse chez l'enfant qui disjonctera au sens propre du terme pour ne pas laisser remonter le souvenir traumatique. Effectivement la vue du parent rejeté amènera chez l'enfant une intense douleur, alors que ne pas le voir lui permettra de ne pas penser à la situation et de ne pas avoir mal.

L'amnésie arrive ensuite. Après un temps, l'enfant perd son ambivalence, les souvenirs qui pourraient venir nuancer sa vision manichéenne de la situation sont oubliés et c'est la version du parent aliénant qui est retenue, avec une amnésie de tout ce qui est autre. Il va alors prendre parti pour le parent aliénant et se mettre à dénigrer le parent rejeté, parfois proférer contre lui des accusations mensongères ou relater des faits qu'il n'a pas vécus. Plus le temps va passer et plus la version du parent aliénant deviendra « vraie » aux yeux de l'enfant car ses souvenirs vont se reconstruire sur la base de la version qui lui est donnée.

Les répercussions sur l'enfant sont variables suivant son âge, son degré de maturité et l'intensité des procédés de disqualification. Plus les enfants sont jeunes, plus ils sont manipulables parce que leur mémoire des événements est éphémère, et plus ils réagiront par des troubles du comportement ou des troubles psychosomatiques. Quand il y a plusieurs enfants, l'aîné, surtout s'il est de sexe opposé au parent aliénant, tend à se placer en porte-parole de celui-ci.

À court terme un enfant aliéné donne en général l'impression d'aller bien, mais cela ne garantit pas pour autant un bon pronostic à plus long terme. Comme le parent aliénant veut apparaître comme un parent parfait, la scolarité, les loisirs, les activités culturelles, tout cela peut paraître irréprochable, mais l'enfant risque de développer un « faux self » c'est-à-dire une personnalité de surface masquant sa véritable identité, avec une apparence lisse et une fausse maturité. Le clivage peut l'amener à se faire une représentation manichéenne du monde avec d'un côté les bons, de l'autre les mauvais, ce qui peut conduire à un trouble de persécution, l'amenant à se méfier de tout ce qui est autre.

Ces enfants présentent également un risque accru de troubles de la personnalité le plus souvent de type narcissique avec une intolérance à la frustration, une difficulté à gérer leur agressivité et une tendance à se placer dans une position de toute-puissance. Il semble qu'ils présentent plus que d'autres des troubles des conduites alimentaires et des conduites à risque, toxicomanie et conduites antisociales.

Quelle que soit l'évolution de la problématique, l'enfant mobilise toute son énergie psychique pour se préserver mais il ne pourra éviter l'émergence de symptômes d'angoisse et de somatisations, migraines, asthme, eczéma, ou des crises d'angoisse. C'est ainsi que l'on voit parfois des enfants qui ont apparemment résisté à l'aliénation mais qui restent très affectés par ces déchirements familiaux.

Lorsque des enfants véritablement aliénés deviennent adultes, il est rare qu'ils se rapprochent du parent rejeté. Certains réussiront à se dégager du parent aliénant, mais ce sera souvent pour partir au bout du monde, une façon de rompre avec les deux parents, afin d'être sûrs de ne pas avoir à choisir une fois de plus entre eux deux. S'ils prennent conscience qu'ils ont été manipulés, rendus complice d'une grande injustice, ils auront à *gérer une énorme culpabilité*.

Réagir

Devant des premiers signes d'aliénation parentale il est essentiel de réagir vite, car plus le temps passe, plus l'enfant est en symbiose avec le parent aliénant et plus son lien avec le parent rejeté se délite. À un certain moment l'enfant se comporte de façon beaucoup plus radicale que le parent aliénant, et il devient alors très difficile d'imposer la reprise de relations normales avec le parent rejeté.

Dans une perspective de prévention, il serait même souhaitable d'agir dès le premier passage devant un juge des parents qui se séparent. À cette occasion on pourrait leur rappeler leur obligation d'aider leur enfant à maintenir un lien avec l'autre parent, leur dire que si l'enfant se montre réticent à voir l'autre parent, c'est à eux qu'incombe la responsabilité de le convaincre. En effet laisser un enfant refuser de voir un de ses parents c'est le placer dans une position de toute-puissance, ce qui est préjudiciable pour son devenir psychique.

En cas de séparations conflictuelles, les professionnels doivent **apprendre à repérer tôt le glissement du normal** (difficulté à trouver sa place en tant que parent séparé), **vers le pathologique** (instrumentalisation d'un enfant l'amenant à rejeter l'autre parent). Face à des situations d'aliénation parentale, tout le monde peut se laisser manipuler. Un intervenant insuffisamment formé, face à la détermination apparente d'un enfant, imaginera qu'il lui faut le protéger d'un parent abusif, alors que, dans la réalité, celui qui abuse n'est pas celui dont l'enfant se plaint. Il ne faut pas oublier non plus que les intervenants et même les experts ne sont pas neutres et qu'ils peuvent projeter leur propre ressenti lié à leur histoire personnelle. Quand un parent se présente comme le « bon parent » sans aucune ambivalence et qu'il tend à critiquer un peu trop l'ex-conjoint, il faudrait être méfiant. Parents aliénants et enfants aliénés sont tellement convaincus qu'ils sont convaincants. Pourtant leur véhémence, leur absence de doute, leur manque de rationalité dans les reproches devraient alerter. Le problème est que les individus narcissiques, en particulier les pervers narcissiques, savent être très séducteurs et qu'ils ont une grande capacité à se poser en victimes. Comme ils sont en général bien intégrés socialement, ils savent persuader les amis, les relations pour qu'ils témoignent qu'ils sont de bons pères/mères.

Dans les cas d'aliénation les plus simples ou débutantes, quand les liens entre l'enfant et le parent rejeté ne sont pas rompus, il faut se garder de parler d'aliénation parentale et de pointer un coupable. Par exemple quand l'enfant est d'abord réticent à voir un de ses parents, qu'il se montre difficile, voire odieux au début de la rencontre, mais qu'après un temps la relation se normalise, il faut soutenir le parent rejeté et contenir les avocats des deux parties. C'est au juge de préciser le cadre, d'établir des règles précises concernant les échanges, y compris les coups de téléphone.

Il faudrait alors imposer une médiation rapidement, c'est-à-dire en quelques semaines et non en quelques mois. Le but d'une médiation familiale est d'aider les parents à dépasser leurs différends et de permettre une reprise du dialogue. Un intervenant devra veiller à ne pas minimiser l'emprise parentale sur l'enfant tout en ne dramatisant pas la situation, ce qui pourrait mener à plus d'angoisse et de blocage. Il doit veiller à ne pas stigmatiser le parent problématique afin de lui laisser une chance de bouger sa position. Mais attention, une médiation est impossible quand le parent aliénant présente un trouble grave de la personnalité car ces personnes ne cherchent pas l'apaisement mais au contraire se nourrissent du conflit. Une expertise peut se montrer utile pour évaluer le degré de gravité de l'aliénation, mais à condition qu'elle soit menée par un expert formé à cette problématique, qu'elle intervienne tôt et qu'elle concerne l'ensemble de la famille.

Le parent rejeté a besoin de soutien car, tout à sa douleur, il peut paraître inadapté ou insécurisant. On doit l'aider à réagir de façon adaptée, lui apprendre à cadrer l'enfant sans dénigrer l'autre parent, à tenir sa position, à dire avec bienveillance et sans énervement qu'il n'est pas d'accord avec la situation. Malgré le rejet et l'hostilité de son enfant, il doit garder sa position de parent et maintenir son projet éducationnel. Si l'enfant refuse de venir lors du droit de visite, que le contact se perd, il faut encore plus soutenir le parent rejeté, lui conseiller de persister à envoyer des messages, même sans réponse, donner des nouvelles, ne jamais renoncer.

Quel que soit le degré d'aliénation parentale, un suivi psychothérapeutique de l'enfant doit être imposé et pas seulement proposé. En effet il est habituel que le parent aliénant s'y oppose ou bien feigne d'y adhérer pour mieux mettre en échec toute prise en charge, par exemple en disqualifiant le psychiatre ou psychologue aux yeux de l'enfant ou bien en mettant en avant des prétextes organisationnels. Une psychothérapie permet de comprendre où se situe l'appréhension de l'enfant à l'idée d'aller chez le parent qu'il rejette. Cela constitue un espace neutre qui permet à l'enfant de **prendre de la distance** par rapport au conflit parental, et à plus long terme cela lui permet de **développer son esprit critique.**

Dans les cas d'aliénation les plus graves, lorsque le parent aliénant présente une personnalité pathologique, la mission du juge s'avère primordiale. Son rôle est de protéger un mineur face à l'emprise excessive d'un parent, tout comme il faut protéger un mineur face à l'emprise sectaire. Cela correspond à la définition d'un mineur en danger telle qu'édictée par l'article 375 du Code civil. Le juge doit alors se montrer très directif. Proposer à ces parents inducteurs une prise en charge psychologique s'avère inutile car il est rare qu'ils acceptent de se remettre en question puisque pour eux tout le problème vient de l'autre. En cas d'injonction de soin, ils peuvent feindre de consulter, mais leurs convictions quasi délirantes ne bougeront pas. Par contre la menace de sanction joue un rôle structurant chez eux car ces individus craignent l'autorité. Le juge peut alors imposer une mise à l'épreuve avec la menace d'une modification du droit de visite et d'hébergement, de transfert du droit de garde à l'autre parent, voire même une menace de prison. Cela aurait au moins le mérite de **déculpabiliser l'enfant** qui pourrait voir chacun de ses parents avec le prétexte d'éviter au père/à la mère aliénant(e) d'aller en prison.

Face à une suspicion d'aliénation parentale, il faut réagir vite. Il est possible de stopper le processus à condition que les professionnels impliqués (juges, travailleurs sociaux, psychothérapeutes) collaborent et interviennent avant que l'enfant ait rompu définitivement les liens avec un de ses parents.

Deuxième partie

Les acteurs et les dispositifs psychojudiciaires

Chapitre 6

Le juge aux affaires familiales : du conflit de loyauté à l'aliénation parentale

Par Marc Juston

Force est de constater que la problématique de l'aliénation parentale envahit de plus en plus les audiences des juges aux affaires familiales, quelques éléments de réflexion sur ce fléau, trop souvent amplifié par le judiciaire, peuvent être versés au débat.

Grégoire Bouiller dans son livre *Rapport sur moi* raconte son enfance et évoque l'histoire de la séparation de ses parents :

> *« C'est l'hiver et il fait nuit, lorsque mon frère et moi rentrons un soir de l'école après l'étude. L'appartement est bizarrement plongé dans l'obscurité. Ma mère pleure dans le salon. En nous entendant, elle allume la petite lampe de la cheminée. Elle est assise dans le grand fauteuil Henri II. Ses yeux sont rouges et gonflés. Nous la regardons sans un mot. Elle finit par dire d'une traite :*
>
> *"Les enfants, votre père est parti. Il veut divorcer. Avec qui voulez-vous aller ?"*
>
> *Je reste stupide. Je vois mon frère se précipiter vers ma mère, il la serre dans ses bras, l'embrasse partout, c'est comme s'il avait toujours attendu ce moment et son empressement m'écœure. Ma mère fond en larmes. Elle aussi se blottit contre lui, ils restent enlacés comme fondus…*
>
> *Je ne bouge pas, je suis planté au milieu du salon.*
>
> *Je la déteste de nous poser cette question. Elle n'a pas le droit. Je refuse. C'est la seule pensée qui me traverse. Mais je baisse la tête et m'entends murmurer tout bas :*
>
> *"Avec toi, maman."*
>
> *Ma mère essuie ses larmes. Elle dit : "Merci les enfants. Vous êtes gentils."*
>
> *Je me hais. »*

Cet exemple littéraire illustre la naissance potentielle d'une situation d'aliénation parentale.

Mais on ne peut pas réfléchir à l'aliénation parentale, si l'on n'a pas en mémoire quelques éléments statistiques, qui, il est vrai, amènent à un constat sévère. Les résultats actuels de la justice familiale sont assez problématiques et très préoccupants :

– un million d'enfants en France ne voient plus ou presque plus l'autre parent dont ils ne partagent pas le quotidien (la plupart du temps, il s'agit du père), alors que plus de deux millions d'enfants sont concernés par les situations familiales de séparation. Ainsi dans 50 % des cas un enfant sur deux ne voit plus ou presque plus le parent avec lequel il ne vit pas, et donc ce parent ne peut pas remplir son rôle éducatif ;
– 43 % des contributions à l'entretien et l'éducation des enfants ne sont plus payées ou très mal payée ;
– dans bien des cas, le partage des communautés d'après divorce n'est pas réglé ;
– 3 prononcés de divorce sur 5 reviennent devant le Juge aux affaires familiales pour une demande de modification. Ces procédures sont généralement sollicitées dans les 2 à 3 années qui suivent le divorce. Même s'il est vrai que ces procédures visent souvent moins à régler une situation ponctuelle que de permettre aux époux de se revoir pour continuer à se faire la guerre, la redondance des saisines du juge aux affaires familiales atteste malheureusement de sa relative inefficacité.

Il est important d'avoir pleinement conscience, quand on exerce les fonctions de juge aux affaires familiales, de juge des enfants, d'avocat, de médiateur familial, de travailleur social, de l'existence de nombreuses situations d'enfants en danger, victimes des relations conflictuelles de leurs parents. Ce sont les situations de « jacqueries » qui, à l'évidence augmentent depuis de nombreuses années sur la scène des juges des enfants, voire constituent la grande majorité de leurs dossiers. Les enfants signalés en danger, victimes des conflits conjugaux sont de plus en plus nombreux.

C'est ainsi que l'Observatoire national de l'action sociale décentralisée (ODAS) a rendu[96] un rapport sur la question de la maltraitance et de l'enfance en danger. Il en ressort que les enfants en risque, c'est-à-dire ceux qui risquent de compromettre leur santé, leur sérénité, leur moralité, leur éducation ou leur entretien, mais qui ne sont pas pour autant maltraités, sont de plus en plus nombreux, avec deux motifs dominants, les difficultés de nature éducative et les difficultés liées à la santé psychologique de ces enfants.

96. Le 19 décembre 2006.

Il est dit notamment : « Les conflits de couples et les séparations constituent une problématique importante, puisqu'ils se situent au second rang des problématiques repérées. Le nombre de ces enfants victimes des conflits de couple et de séparation soulève une autre piste de travail à développer dans les départements, celle de la nécessaire articulation avec les juges aux affaires familiales, avec en corollaire la question du développement de la médiation familiale. »

Priver l'enfant d'un de ses parents ou de ses deux parents est une maltraitance moins insidieuse, mais comparable à l'abandon, dans ses effets nocifs sur l'enfant.

Comme le souligne Caroline Eliacheff, psychanalyste, dans son livre *La famille dans tous ses états : « Est-ce que j'irai jusqu'à dire qu'écarter un peu, beaucoup, passionnément un des parents est une forme de maltraitance ? Oui, si c'est nécessaire pour me faire entendre.* »

Loin de la vision théorique des choses, un très grand nombre de divorces s'accompagnent de l'aliénation de l'enfant à l'un de ses parents et de l'exclusion de l'autre. Ces situations sont pathologiques et pathogènes. Le conflit de loyauté qui peut déchirer l'enfant, lors du contentieux parental est une souffrance extrêmement profonde. Tout acteur judiciaire doit avoir à l'esprit un tel constat. Malheureusement, les audiences des affaires familiales révèlent trop souvent l'existence d'une absence de prise de conscience.

Que de dégâts faits aux enfants au nom de la défense des adultes en souffrance !

Que de dégâts faits aux enfants pour la défense des intérêts des parents et notamment des intérêts économiques des adultes !

Les avocats ne sont pas les seuls responsables par leur comportement et certains excès. Les magistrats ont aussi leur part de responsabilité, en utilisant souvent « le pilotage automatique », en se contentant de prendre des décisions stéréotypées, et en ne faisant pas tout pour pacifier, pour tenter d'apaiser une séparation. Dans chaque situation, il convient de ne pas faire du « prêt à porter », mais il est essentiel **de faire du « sur-mesure ».** Il est primordial de **faire preuve d'imagination** dans la décision, pour tenir compte de chaque situation familiale.

Les causes de l'aliénation parentale au niveau judiciaire

Le juge aux affaires familiales, et tous les acteurs qui réfléchissent à l'aliénation parentale, doit se poser un certain nombre de questions sur le fonctionnement de la justice familiale.

Le fonctionnement actuel du judiciaire, la procédure, le système judiciaire sont une des causes de l'aliénation parentale et de son développement. Le judiciaire peut, à l'évidence, être créateur d'aliénation parentale. C'est tout le système judiciaire qui crée de l'aliénation parentale, ou plus précisément le judiciaire facilite et favorise l'aliénation parentale, la pathologie étant préexistante. À cet effet, il serait important de changer notre système de fonctionnement, les mentalités et la culture judiciaire.

En premier lieu, force est de constater que la justice familiale souffre d'une absence de spécialisation de nombre de juges aux affaires familiales et d'avocats.

Un conflit entretenu par la violence de la procédure judiciaire

Le juge aux affaires familiales a souvent l'impression d'être encore dans une société primitive où règnent la loi du talion, le règlement de compte, le conflit destructeur entre adultes, la grande victime étant l'enfant la plupart du temps. Or, qu'est-ce que l'aliénation parentale, si ce n'est la prise d'otage d'un enfant par l'un des parents pour des raisons égoïstes, si ce n'est la dictature affective qui pèse sur l'enfant. Dans les cabinets des juges aux affaires familiales, la violence est une réalité dans nombre d'affaires, qui n'apaise pas, mais au contraire est créatrice de conflit supplémentaire.

Comment essayer d'apaiser une procédure familiale quand sont entendus les mots, les propos et les formules suivantes : « la partie adverse » – « de l'autre côté de la barre » – « les pièces adverses » – « mon adversaire » – « les conclusions de mon adversaire » – « les griefs formulés contre mon adversaire » etc., et que trop souvent les mots sont prononcés avec une certaine violence et une négation de l'autre. De plus, il existe un certain nombre d'éléments intrinsèques au litige qui viendront aggraver le conflit parental, telles que les pièces échangées et les attestations qui peuvent attiser la rancœur ou la colère.

Des litiges parfois entretenus par les acteurs du judiciaire

De plus, en matière familiale, le juge se trouve souvent face à des litiges qui sont créés et entretenus artificiellement. Par exemple, dans certains dossiers, le juge a le sentiment que les conseils des parties font durer la procédure. Ils pensent à l'intérêt de leurs clients, mais pensent-ils aux conséquences du système de défense de leurs clients sur les enfants, et à terme aux conséquences sur les adultes eux-mêmes ?

Le système judiciaire contribue à l'aliénation parentale, car la procédure s'éternise, et les enfants « trinquent ». Notre système judiciaire peut être qualifié par moments de schizophrène, il est « en plein délire », en tenant un discours contradictoire. Le système favorise en effet le développement de l'aliénation parentale et ensuite la justice passe une partie de son temps à essayer de le régler. Pour le pénal, c'est d'ailleurs la même chose, d'un côté le langage sécuritaire « il faut condamner », et de l'autre côté il est demandé au service d'application des peines de libérer au maximum, et surtout de ne pas incarcérer tout condamné à une peine inférieure ou égale à deux ans.

Absence de culture de prévention

Si l'on veut que les solutions soient efficaces, il est nécessaire de **travailler le plus en amont possible,** c'est-à-dire qu'il faut viser, non pas à la réparation, mais à la prévention.

Or, notre pays ne connaît pas « grand-chose » dans le domaine de la prévention. La France est le champion de la répression et de la réparation, mais la prévention n'est pas dans sa culture. Même si une timide évolution est notable. Il va falloir **apprendre à prévenir,** c'est-à-dire à prendre les choses à la racine, dès que la situation arrive devant un magistrat. Il est nécessaire que le magistrat ait des outils de compréhension suffisamment efficaces susceptibles de lui permettre de prendre une décision éclairée, une décision efficace et une décision qui mette les choses en perspective pour l'avenir, de manière à ne pas arriver à des situations qui deviennent inextricables.

Effet pervers de l'application stricte de la coparentalité

Depuis les années 1980, l'on constate une escalade des conflits. La coparentalité, qui est visionnaire, le législateur étant en avance sur les mentalités, est à l'évidence créatrice de conflit. La loi du 4 mars 2002 sur l'autorité parentale met sur un plan d'égalité chacun des parents, c'est la coparentalité. Sur le terrain, l'application de la coparentalité peut, dans certaines situations, avoir un effet pervers. L'application de la loi peut dans certaines situations favoriser l'aliénation parentale. En effet, l'idée que l'intérêt de l'enfant prime et que le meilleur parent, ce sont les deux parents, peut avoir un effet pervers.

Si les parents ne s'entendent pas, le conflit dont l'enjeu est la résidence des enfants, est porté devant le juge aux affaires familiales, il dégénère en une guerre dans laquelle chacun cherche à discréditer l'autre, à démontrer que l'autre est un mauvais parent. Si un enfant a un problème, c'est la faute de l'autre parent.

Par exemple dans le cadre de la résidence alternée, souvent si les parents ou si l'un des parents s'approprient ce mode de résidence, ce n'est pas sur le fondement idéologique de la résidence alternée. Ils la demandent consciemment ou inconsciemment en l'utilisant comme un outil de procédure. C'est un moyen de continuer le combat conjugal, de poursuivre le règlement de compte. L'intérêt de l'enfant est loin. La demande peut être aussi un moyen de ne pas avoir à payer une contribution à l'entretien et l'éducation de l'enfant.

De même, la loi sur le divorce du 26 mai 2004 qui a pour objectif de faire diminuer les divorces pour « faute » a transféré le débat sur la résidence des enfants. Avant ladite loi, étaient évoqués les torts et les griefs, les fautes, et les avocats concluaient ensuite sur la résidence des enfants. À présent, l'on « met un couvercle » sur les torts et griefs, et l'on ne parle que des enfants et des conséquences financières. Et la résultante directe est qu'au lieu de parler d'un mauvais mari, d'une mauvaise épouse, les conseils des parties vont parler d'un mauvais père, d'une mauvaise mère. Il y a un **transfert de la conjugalité sur la parentalité,** alors même que l'esprit de la loi est à l'inverse.

La problématique parentale complexe

Les couples qui arrivent au tribunal sont souvent des parents en grande souffrance, avec une problématique qui semble revenir plus souvent que d'autres : d'un côté une mère toute-puissante, qui se rapproche de ses enfants, qui dit que tout ce qu'elle fait ou pense est pour les enfants ; et de l'autre côté, un père, apparemment plus détaché, qui veut que ses droits soient respectés. Mais, il existe aussi, de plus en plus, des pères tout-puissants. Cette toute-puissance dénote, le plus souvent, une grande fragilité latente, une peur de perdre l'enfant et de se retrouver seul.

Nombre de couples sont coincés dans cette dynamique, face à une situation bloquée. Et, le rôle du juge aux affaires familiales et de l'avocat consiste à aider les couples à **sortir de ce blocage,** afin que les enfants puissent grandir plus harmonieusement.

L'aléa en matière familiale

En matière familiale, plus que dans d'autres contentieux, en raison même de la source du conflit qui procède de dissensions dans la sphère familiale et affective, et concerne plus que tout autre contentieux : l'humain ; l'aléa est une donnée très importante.

Un exemple parlant est celui de la résidence alternée : dans la société, le principe même de la résidence alternée est très controversé, bien que désormais prévu par le législateur. Des avis divergents de spécialistes de l'enfance, psychologues, pédiatres, pédopsychiatres alimentent le contentieux.

Confrontés aux arguments divers et souvent opposés dont s'emparent les parents dans le cadre des conflits relatifs à la résidence des enfants, les juges aux affaires familiales adoptent plusieurs jurisprudences qui reflètent les divergences du corps social : certains sont favorables à la résidence alternée, d'autres y sont très opposés, d'autres enfin tentent d'adapter la résidence alternée au cas par cas, de faire du « sur-mesure ». L'impact de l'aléa judiciaire est ici d'autant plus préoccupant qu'il concerne la vie et le quotidien des enfants.

De même, l'intérêt de l'enfant est une notion trop souvent « mélangée à toutes les sauces ». C'est une notion tellement abstraite dans laquelle la plupart du temps, chaque parent met sa souffrance. **L'intérêt de l'enfant n'est trop souvent que l'intérêt subjectif de chacun des parents.**

Les acteurs judiciaires doivent avoir conscience que l'aléa, source d'insécurité juridique, fait de l'enfant la première victime d'un dispositif censé le protéger. De plus, les enseignants et les pénalistes savent bien qu'un divorce, une séparation "ratés" "se paient" souvent plus tard pour les enfants, en échec scolaire ou en délinquance. De manière à s'engager dans la prévention, avocats et magistrats doivent d'abord s'occuper de la manière dont les enfants sont traités dans le cadre d'une séparation ou d'un divorce, alors que pour se structurer, ils ont besoin de leurs deux parents qui doivent être capables de se respecter, de dialoguer ensemble de leurs problèmes, en bonne intelligence.

À juste titre, les violences conjugales sont devenues un enjeu majeur, mais ne devrait-on pas médiatiser de la même manière les violences morales et psychologiques dont sont victimes les enfants, dans le cadre des procédures de divorce et de séparation ?

La justice règle des litiges, sans pour autant résoudre les conflits

Un exemple : un père demande la suppression de la contribution à l'entretien et l'éducation de l'enfant qu'il doit verser, il s'agit du litige soumis au juge. Cependant, la réalité sous-jacente du conflit est souvent différente de celle présentée au juge. Le père ne voit plus son enfant depuis de nombreux mois et ne souhaite donc plus payer de contribution alimentaire. Ce qu'il importe de régler, c'est avant tout la réelle problématique rencontrée par le justiciable, faute de quoi, celle-ci ressurgira de diverses manières.

Les moyens d'action du juge aux affaires familiales

Le juge aux affaires familiales est considéré comme le chef d'orchestre des séparations. Pour l'aider à prendre ses décisions, il dispose de divers outils.

L'enquête sociale, l'expertise psychologique, l'expertise psychiatrique

L'outil traditionnel principal du juge aux affaires familiales est l'enquête sociale, accompagnée parfois d'une expertise psychologique ou psychiatrique. Il est certain que dans la pratique, les avocats sollicitent très facilement une enquête sociale et les juges aux affaires familiales en ordonnent souvent. L'expérience démontre que souvent, l'enquête sociale, même si elle est bien faite, ne responsabilise pas les parents et ne rétablit pas la communication entre les parents. De plus, les conclusions de l'enquêteur social « font » trop souvent la décision du juge, alors qu'elles sont censées être des mesures d'aide à la décision. Combien de décisions de juges entérinent-elles les propositions des enquêteurs sociaux ? Est-ce une bonne chose de transférer indirectement la décision sur l'enquêteur social ?

Dans nombre de dossiers, l'enquêteur social et l'expert s'assoient dans le fauteuil du juge ; celui-ci a tendance à déléguer à l'expert ou/et à l'enquêteur social le poids de la décision, à se défausser de sa mission sur l'expert ou/sur l'enquêteur social.

De plus, souvent, les personnes qui font l'objet d'une enquête sociale ou d'une expertise ont vraiment l'impression que l'enquêteur social ou/et l'expert sont ceux par qui la décision va arriver, ce qui est un peu vrai, il faut bien le reconnaître.

Il est nécessaire de sortir de « la langue de bois ». Lorsque les juges disent qu'ils ne sont pas liés par l'avis de l'enquêteur social ou/et de l'expert, c'est exact, mais en même temps, c'est faux, parce que juge d'une part, et expert ou enquêteur social d'autre part, constituent un tandem. Donner un avis sur les modalités de l'autorité parentale, cela veut dire en clair, « aidez-moi à comprendre ce qui se passe dans cette famille et, partant à prendre la décision appropriée ».

Il ne devrait y avoir en théorie expertise et/ou enquête sociale que s'il y a une vraie situation difficile et conflictuelle, mais en fait, c'est lorsque « la relation est folle » qu'il y a expertise psychiatrique et/ou enquête sociale. Souvent, l'on est confronté à des relations pathologiques entre gens "normaux". Force est de constater que, de temps en temps, l'enquête sociale ou/et l'expertise psychiatrique peut créer du conflit supplémentaire, chacun des conseils utilisant et plaidant sur les points négatifs concernant la situation de l'autre partie.

Les pièces produites par les parties et leurs conseils

Sans utiliser l'enquête sociale et/ou l'expertise, le juge préfère souvent trancher le litige notamment sur la résidence de l'enfant, au vu des pièces communiquées, des dires des parties et des conclusions de leurs conseils. De tels documents sont susceptibles de favoriser le développement de l'aliénation parentale. L'expérience démontre que trop souvent l'intervention judiciaire, loin d'apaiser les conflits familiaux, ne fait que les envenimer et les aggraver. Le conflit initial est très souvent amplifié par la procédure, par les pièces et attestations produites au dossier, par les paroles prononcées à l'audience, parfois par les conclusions et les plaidoiries des avocats, voire par le comportement du juge aux affaires familiales lui-même et par le rituel de l'audience.

Très souvent le conflit se cristallise, se fige, et la décision du juge, même si elle permet de donner un cadre, qu'elle soit bien réfléchie ou non, bien pensée ou non, bien motivée ou non, fige la situation conflictuelle entre les parties et paralyse toute évolution. En d'autres termes, la décision du juge aux affaires familiales atteste de l'existence d'un problème, mais en réalité ne le résout pas. La décision judiciaire ne fait que des vaincus et beaucoup de victimes parmi les enfants qui demeurent dans le conflit parental amplifié par le judiciaire, quelles que soient les qualités des avocats et des juges aux affaires familiales.

Dans nombre de situations, la décision judiciaire n'est pas en mesure de résoudre pleinement un conflit familial, nourri par l'affectif, l'émotionnel et la souffrance. Trop souvent, la décision judiciaire facilite l'émergence d'une aliénation parentale ou facilite son évolution.

L'audition de l'enfant

Tout enfant est légalement reconnu comme **sujet de droit.**

L'article 388-1 du Code civil dispose que « dans toute procédure le concernant, le mineur capable de discernement peut, sans préjudice des dispositions prévoyant son intervention ou son consentement être entendu par le juge, ou lorsque son intérêt le commande par la personne désignée à cet effet. Cette audition est de droit quand le mineur en fait la demande ». Cela signifie que le juge ne peut plus refuser d'entendre l'enfant si c'est celui-ci qui en fait la demande.

Ce texte impose également au juge de s'assurer que l'enfant mineur a été informé de son droit d'être entendu et assisté par un avocat.

L'expérience démontre que même s'il est intéressant pour un juge d'entendre un mineur pour qu'il recueille son avis, l'audition de l'enfant présente certains risques et des limites, et le place souvent, qu'on le veuille ou non, en position de décideur, même si le juge aux affaires familiales ne recueille que son avis. Elle le fragilise très souvent.

Or, comme le dit Jocelyne Dahan, médiatrice familiale : *« Il ne faut jamais laisser un enfant en capacité de choisir ; si sa parole fait loi, est-il encore à sa place d'enfant ? »*

Article 388-1

Modifié par *Loi n° 2007-308 du 5 mars 2007 – art. 2 JORF 7 mars 2007 en vigueur le 1er janvier 2009*

Dans toute procédure le concernant, le mineur capable de discernement peut, sans préjudice des dispositions prévoyant son intervention ou son consentement, être entendu par le juge ou, lorsque son intérêt le commande, par la personne désignée par le juge à cet effet.

Cette audition est de droit lorsque le mineur en fait la demande. Lorsque le mineur refuse d'être entendu, le juge apprécie le bien-fondé de ce refus. Il peut être entendu seul, avec un avocat ou une personne de son choix. Si ce choix n'apparaît pas conforme à l'intérêt du mineur, le juge peut procéder à la désignation d'une autre personne.

L'audition du mineur ne lui confère pas la qualité de partie à la procédure.

Le juge s'assure que le mineur a été informé de son droit à être entendu et à être assisté par un avocat.

Dans certaines situations, la question peut se poser de savoir si l'audition de l'enfant rend service à l'enfant ou si elle ne rend pas plutôt service aux parents et aux acteurs judiciaires, l'enfant étant instrumentalisé.

Dans un arrêt du 7 avril 2009, la cour d'appel de Pau motive le refus d'une audition d'un enfant, de la manière suivante :

« La multiplicité d'auditions de l'enfant âgé de 10 ans (dont une plainte pour viol de l'enfant), dans le cadre des diverses plaintes et procédures judiciaires diligentées par sa mère et dans une moindre mesure son père, sur fond de conflit parental, place l'enfant dans une situation d'arbitre de ce conflit. Une nouvelle audition serait dans ce contexte contraire à son intérêt. En outre, la mère, qui demande à la cour de procéder à l'audition de l'enfant, a fait le choix de ne pas présenter l'enfant devant l'expert désigné par le premier juge, alors qu'elle avait exprimé son accord pour une telle mesure. »

Cet arrêt pose la problématique de l'audition de l'enfant, en lien avec l'aliénation parentale. Le droit à la parole de l'enfant n'est pas, en effet, sans poser question. Le processus de l'audition de l'enfant est en réalité très fragile. Le compte rendu des déclarations de l'enfant, porté à la contradiction des parents et de leurs conseils, est une tâche difficile et délicate. Comment de plus, le juge ou le tiers qui procède à l'audition de l'enfant peut-il affirmer que tel enfant n'est pas manipulé ou que ses paroles ne sont pas ou ne seraient pas la conséquence d'une aliénation ? Une parole manipulée est-elle repérable ou imprévisible ?

Les praticiens sont toujours en recherche de réponses, tant l'équilibre est difficile à atteindre entre le respect du droit à la parole de l'enfant et la nécessaire protection dont il doit faire l'objet. C'est "la balance" de l'intérêt de l'enfant. D'un côté la protection de l'enfant, et de l'autre côté le droit à la parole de l'enfant. Le rôle difficile du juge est de faire en sorte que les deux plateaux demeurent en équilibre.

La médiation familiale

Pour pacifier les séparations et maintenir une coparentalité, dans l'intérêt de l'enfant, le législateur a privilégié la médiation familiale. La médiation familiale est un mode d'intervention et de traitement du conflit familial, une réponse aux besoins de la famille en crise, et particulièrement aux besoins des enfants. C'est un concept ancien remis à l'ordre du jour dans une société et un droit en pleine mutation pour répondre à de nouveaux besoins, notamment dans la famille. C'est une méthode spécifique adaptée à la gestion du conflit familial.

La médiation peut se définir, comme l'indique Catherine Gasseau, directrice de l'association Résonances, *« comme une action accomplie par un tiers, entre des personnes ou des groupes qui y consentent librement, y participent, et auxquelles appartiendra la décision finale. La médiation est un processus le plus souvent formel par lequel le tiers tente, à travers l'organisation d'échanges entre les parties, de permettre à celles-ci de confronter leurs points de vue et de rechercher une solution. Le terme de médiés et/ou de médiants et/ou de participants est utilisé pour nommer les personnes engagées dans un processus de médiation. »*

La médiation familiale n'est pas, contrairement à une idée trop souvent répandue, de la négociation. La médiation est un **travail sur la relation.** Elle permet de traiter, non seulement le litige, mais aussi le conflit.

La médiation devrait être par nature, la voie première de résolution du conflit. La médiation devrait être pour la justice, ce qu'est la diplomatie pour le monde international. Se priver de la médiation dans un conflit, c'est comme se priver de la diplomatie dans un conflit international.

Or, un conflit qu'il soit civil, familial, social ou économique, ne doit être ni un combat, ni une vengeance. Dans tous les domaines de la justice civile, combien de procédures familiales, combien de partages, d'évaluations, de copropriétés, de successions, de conflits de voisinage, etc. sont certes tranchées en droit, mais laissent aux justiciables un profond sentiment de frustration et de malaise.

Si dans l'idéal, la mission du juge consiste à trancher et à mettre fin à un litige, le procès est généralement l'occasion d'un affrontement, dans lequel finissent par se détériorer irrémédiablement les relations entre les parties.

Or, l'utilisation de la médiation démontre que la médiation ajoute à la résolution du conflit, en ce qu'elle permet d'éviter cet écueil de frustration, de malaise et de préserver les parties, chaque acteur judiciaire conservant pleinement son rôle.

Comme le dit Fabienne Allard, vice-président au Tribunal de grande instance de Marseille : *« Ordonner une médiation, c'est dire aux parents qu'ils sont capables de décider. »*

Comme l'a souligné également une collègue, Anne Bérard, vice-président au Tribunal de grande instance de Paris (75) : *« Faire de bons jugements, bien motivés, ce n'est pas forcément, en matière familiale, rendre une bonne justice. Ce n'est pour finir que traiter la surface des choses, confondre le litige avec le conflit. Or, le conflit ne s'éteint pas avec le litige. La justice ne fait œuvre utile que lorsqu'elle devient inutile. Et, elle le devient quand ce n'est pas le juge, mais les parties elles-mêmes, qui parviennent à régler ensemble leur conflit. C'est tout l'apport essentiel de la médiation familiale. »*

La médiation vise à donner ou redonner le pouvoir de décision aux justiciables. En ordonnant une médiation familiale, le juge tente de redonner le pouvoir décisionnel aux parents. Ce sont eux qui vont vivre, appliquer les décisions à prendre, il faut en conséquence tout faire pour les aider à les trouver par eux-mêmes.

Dans le même sens, maître Louis Sayn-Urpar, bâtonnier de l'ordre des avocats du barreau de Tarascon (13) relève :

« Avec la médiation familiale, le justiciable va participer à la décision, et le travail de l'avocat sera allégé. L'avocat se consacrera à l'essentiel, c'est-à-dire au conseil et à la mise en forme juridique. »

À l'évidence, la médiation familiale qui est un autre mode de penser les êtres et leurs relations, apaise non seulement la tenue des audiences des juges aux affaires familiales, mais aussi et surtout les procédures judiciaires familiales, les enfants en étant les grands gagnants.

Mais encore faut-il travailler avec des professionnels de la médiation familiale.

Même la sensibilisation donnée dans le cadre d'une injonction à rencontrer un médiateur familial pour une séance d'information peut être utile, et ce même si elle n'est pas suivie d'un processus de médiation familiale. En effet, cette information peut faciliter une négociation entre les parties et permettre la prise de conscience de la nécessité d'un apaisement entre elles. Certaines juridictions, dans le cadre d'une volonté partenariale, ont réussi à rendre efficace la mesure d'injonction à un entretien d'information sur la médiation familiale. En ordonnant une mesure d'injonction, le juge aux affaires familiales n'ordonne pas un accord forcé, il signifie aux parties qu'il est nécessaire de tenter la reprise d'un dialogue, de comprendre que la justice ne peut pas se substituer à elles dans la nécessaire prise de conscience de leur responsabilité commune dans la séparation, et de l'exercice de leurs responsabilités de parents à qui incombe en premier lieu d'organiser la vie de leurs enfants dans le cadre de la séparation.

La médiation familiale permet aux couples de se séparer en bonne intelligence et aux parents, s'agissant des conflits notamment sur la résidence des enfants, de définir et prendre en compte l'intérêt supérieur de l'enfant, en parents responsables.

Il est important de rappeler qu'il existe dans notre pays, nombre d'avocats et de juges qui essaient d'intervenir dans le cadre des conflits parentaux dans l'intérêt supérieur des enfants et dans l'intérêt des parents. Ils font un travail remarquable, dans des conditions difficiles. Il est vrai que l'on ne parle toujours que des trains qui n'arrivent pas à l'heure. Il ne faut pas dresser qu'un tableau noir.

L'on parle rarement des initiatives qui existent dans de nombreuses juridictions pour rendre une justice familiale de qualité. De nombreux juges et avocats essaient de faire avancer les procédures dans l'esprit des réformes, tant de l'autorité parentale que du divorce.

Force est de constater que les avocats et les juges ont certes leur responsabilité dans la poursuite de ces procédures conflictuelles, mais que dire de celle des parents. Il ne faut pas tout attendre du juge et de la justice. La justice n'a pas de baguette magique.

Chapitre 7

Chez le juge des enfants

Par Olga Odinetz

Nombre de parents ne savent pas qu'il y a deux juges susceptibles de prendre des décisions concernant leurs enfants. Ils connaissent tous le juge des affaires familiales, qui s'occupe des divorces et des séparations et qui décidera de la résidence de l'enfant ainsi que des droits de visite et d'hébergement de l'autre parent. Mais beaucoup ignorent les compétences du juge des enfants.

Pourtant la plupart des témoignages et des appels à l'aide de parents qui se trouvent dans l'impossibilité de voir leurs enfants en dépit des décisions judiciaires, font mention « d'enfant en danger ». Ils voient leurs enfants en souffrance ou dépressifs, devenir hostiles puis agressifs. Ils nous font part de fugues, de mises en danger et de comportements inadaptés. Désespérés, ils cherchent des intervenants judiciaires qui pourraient sortir leurs enfants du conflit familial. Bien souvent, un juge aux affaires familiales avait déjà renvoyé les deux parents dos à dos en médiation avec cette terrible constatation « qu'il faut être au moins DEUX pour qu'un conflit existe ». Mais dans les situations d'aliénation parentale qui nous interpellent, il n'y a ni équité ni parité dans le conflit : un parent a décidé simplement de faire disparaître l'autre non seulement de sa vie mais également de celle de ses enfants. Comment les intervenants du psychojudicaires vont-ils prendre en charge ces familles, et surtout quelle protection leurs enfants pourront-ils recevoir de la part des institutions quand ils deviennent l'enjeu, les victimes puis les petits soldats de ces guerres familiales ? À partir d'histoires vécues, nous proposons de comprendre de quels outils dispose le juge des enfants et comment les différents intervenants missionnés peuvent-ils signaler au magistrat des situations d'aliénation parentale.

Dispositions légales

Le juge des enfants[97] a été créé par l'ordonnance du 2 février 1945 relative à l'enfance délinquante. Ses compétences ont été initialement prévues en

97. *www.village-justice.com/articles/enfants-gardien-droits-mineur, 15101.html*

matière pénale afin de traiter de la délinquance juvénile. Puis l'ordonnance du 23 décembre 1958 relative à la protection de l'enfance et de l'adolescence en danger a étendu ses prérogatives afin qu'il soit en mesure de protéger les mineurs en danger par des mesures civiles. Le juge des enfants est alors devenu un juge spécialisé de l'enfance, qui exerce au sein d'un Tribunal de grande instance. Il doit à la fois punir le mineur qui a enfreint la loi et protéger celui qui est en danger. Le mode de saisine de ce magistrat, ainsi que sa double casquette (pénale et civile) font de lui un juge original dans le système judiciaire français.

Le juge des enfants peut prendre des mesures qui sont énumérées aux articles 375-1 et 375-2 du Code civil, à savoir d'aide à la gestion du budget familial, d'assistance éducative (suivi du mineur par des éducateurs, un psychologue, une assistante sociale) ou de placement. Il peut placer provisoirement le mineur en danger dans un foyer de l'Aide sociale à l'enfance, dans une famille d'accueil, ou le maintenir dans le milieu familial avec éventuellement une aide éducative à domicile, ou encore chez un autre membre de la famille que les parents.

Cependant, l'article 375-2 du Code civil modifié par la loi du 5 mars 2007 précise qu'à chaque fois que cela est possible, le mineur doit rester, vivre et évoluer dans son milieu actuel. Dans ce cas, le juge désigne soit une personne qualifiée, soit un service spécialisé, soit un service d'observation ou de rééducation en milieu ouvert qui sera chargé d'apporter aide et conseil à la famille pour surmonter les difficultés matérielles et morales qu'elle rencontre. Cette personne choisie ou ce service désigné doivent périodiquement faire un rapport au juge, qui fixera alors régulièrement des audiences afin de faire le point avec le mineur, sa famille et les services sociaux.

Pour étayer sa décision, le juge des enfants peut recourir aux services d'une assistance sociale ou d'un éducateur pour ordonner des investigations approfondies sur la personnalité et l'environnement familial et social de l'enfant.

La mesure d'Investigation et d'orientation éducative (IOE)

= le mineur

Une mesure d'Investigation et d'orientation éducative[98] peut être décidée :

– au niveau pénal[99] : le juge des enfants ou le juge d'instruction « *effectuera toutes diligences et investigations utiles pour parvenir à la manifestation de la vérité et à la connaissance de la personnalité du mineur, ainsi que des moyens appropriés à sa rééducation.* »

98. Circulaire NOR JUS 91 50016 CPJJ K 4 91/02 annexe 1.

99. Ordonnance du 2 février 1945, article 8, alinéas 1, 2, 3,4 et 5 et article 9 alinéa 1.

– au niveau civil[100] : le juge des enfants peut, « *soit d'office, soit à la requête des parties ou du ministère public, ordonner toute mesure d'information et faire notamment procéder à une étude de la personnalité du mineur, en particulier par le moyen d'une enquête sociale, d'examens médicaux, psychiatriques ou psychologiques, d'une observation – du comportement – ou d'un examen d'orientation professionnelle.* »

Cette mesure provisoire est exécutoire de plein droit. Sa durée est de six mois. Elle est menée par une équipe pluridisciplinaire. Cette mission peut se décomposer de la manière suivante :

– vérification de la notion de danger et de la capacité des parents à porter attention aux difficultés de leurs enfants ;

– étude de la personnalité du mineur en liaison avec son environnement familial élargi ;

– élaboration des programmes d'actions possibles.

La mesure se termine avec le dépôt d'un rapport auprès du magistrat ordonnateur.

L'Action éducative en milieu ouvert (AEMO)

L'AEMO[101] est une mesure de protection de l'enfant vivant dans son milieu familial. Elle intervient dès lors que les conditions de vie de l'enfant sont susceptibles de le mettre en danger ou quand ses parents rencontrent des difficultés particulières dans leurs responsabilités éducatives. Cette mesure est mise en œuvre par des services éducatifs (le plus souvent gérés par des associations mais qui peuvent aussi être de statut public) à la demande :

– soit de l'autorité administrative (le président du Conseil départemental par l'intermédiaire de son service de l'Aide sociale à l'enfance) ;

– soit de l'autorité judiciaire (le juge des enfants).

La mesure administrative est une des mesures d'aide à domicile (AED) dont dispose le président du Conseil départemental depuis la loi N° 86-17 du 6 janvier 1986 qui applique au secteur sanitaire et social la loi de décentralisation du 2 mars 1982. Elle se substitue à l'AEMO dite administrative créée en 1959 pour « exercer une action sociale préventive auprès des familles dont les conditions d'existence risquent de mettre en danger la santé, la sécurité, la moralité ou l'éducation de leurs enfants ». Elle consiste

100. Article 1183, alinéa 2 du nouveau Code de procédure civile.

101. *www.cnaemo.com/aemo.html*

en une intervention d'un service d'action éducative, qui est proposée à la famille pour l'aider à surmonter ses difficultés en matière éducative.

Aussi bien l'AED que l'AEMO ont pour objectif[102] : (1) de veiller au bon développement de l'enfant dans toutes les composantes de sa vie et (2) d'apporter aide et conseil aux parents pour les aider à faire face aux difficultés qu'ils rencontrent dans l'éducation de leurs enfants Depuis l'adoption de la loi du 5 mars 2007 réformant la protection de l'enfance, l'Aide éducative à domicile (AED) est, en principe, la mesure qui intervient prioritairement quand des problèmes éducatifs doivent pouvoir être résolus dans un cadre familial. Cette mesure est subordonnée à l'accord express des parents. Ces derniers peuvent donc y mettre un terme quand ils le souhaitent.

L'AEMO est en revanche une mesure judiciaire pour laquelle le juge des enfants va certes rechercher l'adhésion de la famille (cf. article 375-1 du code civil), mais dont il garde entièrement la maîtrise de la durée de la mesure et de son éventuel renouvellement.

L'expertise

En cas de difficulté de mise en place d'une mesure éducative ou d'exécution d'une décision judiciaire le juge des enfants peut demander une expertise médicopsychologique ou psychiatrique, en justifiant le bien-fondé de la mesure, et en spécifiant les questions auxquelles l'expert missionné devra répondre.

Exemple : Ordonnance aux fins d'expertise médicopsychologique
Tribunal pour Enfants de V. – 2012

(…) Nous, Juge des Enfants du TGI de V., agissant en application des dispositions de l'ordonnance du 23 Décembre 1958, relative à la protection de l'enfance et de l'adolescence en danger :

(…) Attendu qu'il résulte des éléments du dossier, et notamment des notes et rapports du service d'aide éducative en milieu ouvert transmis au juge des enfants depuis février 2012 ainsi que de l'audience éducative en date de mai 2012, que Mme Y. oppose systématiquement la mise en cause des acteurs institutionnels au déroulement de la mesure, manifeste une toute-puissance vis-à-vis de la décision judiciaire et fait obstruction à tout contact direct avec ses enfants en dehors de sa présence ; que ce comportement,

102. Articles 375 et suivants du Code civil et articles 222 et suivants du Code de l'action sociale et des familles.

empreint d'une certaine agressivité et d'un sentiment de persécution, compromet le travail éducatif et justifie que soit ordonnée une mesure d'expertise psychiatrique…

Commettons le Dr., psychiatre expert (…) à l'effet de procéder à l'examen psychiatrique et médicopsychiatrique de Mme Y. et de répondre notamment aux questions suivantes :

- *PROCÉDER à l'examen du développement somatique comprenant, outre les pronostics d'évolution, la mention des contre-indications intéressant notamment l'éducation de ses enfants.*
- *DIRE si au vu des examens auxquels il sera procédé il existe des facteurs biopsychiques, neuropsychiques et d'environnement de nature à favoriser ou expliquer l'inadaptation de Mme Y. et si les anomalies constatées semblent de nature à faire considérer Mme Y. comme étant en état de démence.*
Si au regard de l'examen pratiqué, au besoin en procédant également à l'examen des mineurs A. B. et C., la situation est évocatrice d'un syndrome d'aliénation parentale ; en décrire le mécanisme et les répercussions de tous ordres sur les enfants.
- *PRÉCONISER le traitement médical ou médicopsychologique de nature à favoriser la réadaptation de ces mineurs. (…)*
- *ORDONNONS la communication de la présente ordonnance au procureur de la République.*

Le placement

Comment en arrive-t-on à placer des enfants de familles ordinaires, juste parce que leurs parents n'arrivent pas à s'entendre, alors que ces enfants « ont tout pour être heureux chez eux » ? De même que les violences conjugales ne sont pas l'apanage d'un milieu socioculturel particulier, les séparations parentales conflictuelles et l'aliénation parentale se retrouvent se retrouvent dans toutes les sphères de la société. Dans des situations de conflit parental persistant et sévère, dans lesquelles les décisions judiciaires concernant l'exercice de l'autorité parentale ne sont pas respectées et les mesures éducatives mises en échec de façon récurrentes, le juge des enfants peut ordonner le placement du mineur soit dans un foyer, dans une famille d'accueil, voire chez un parent. C'est toujours une décision difficile à prendre, qui ne sera envisagée qu'après épuisement et mise en échec de toutes les autres mesures judiciaires à la disposition du magistrat :

Exemple : Ordonnance de placement
Cour d'Appel, Tribunal pour enfants de C. 2011
Chloé, 16 ans, ne veut plus voir son père

(...) L'absence d'implication de Madame n'a pas permis de vérifier pleinement les conditions d'éducation offertes à la mineure. L'environnement apparaît très préoccupant avec des mécanismes d'évitement de la mère et de la fille, un discours très inadapté lors de la visite à domicile de l'éducateur, un conflit familial profond et une jeune fille mis à mal dans la confusion des places, Madame donne à voir une attitude de toute-puissance vis-à-vis de sa fille, du père et des décisions judiciaires (...) L'indifférenciation des places mère/fille soulignée tout au long de la procédure suscite une réelle relation de dépendance qui constitue une situation de danger psychique pour cette mineure et compromet gravement son évolution et son équilibre (...)Chloé a fait parvenir un courrier au juge des affaires familiale menaçant de tuer son père et sa famille puis de se suicider après si elle était obligée de se rendre en week-end chez son père (...) Le rapport psychologique fait état d'un conflit parental particulièrement mortifère pour Chloé où sa place d'enfant et d'adolescente est niée. Il y a une annulation de la place du père en le ramenant à un simple rôle de créancier et une aliénation par Madame de sa fille à sa cause de femme abandonnée. Une relation d'emprise de la mère sur la fille a été relevée par la psychologue et l'accès à Chloé est inenvisageable tant que sa mère sera à ses côtés. Madame peut être dans des verbalisations avec des associations à teneur délirante. Toute personne s'approchant trop de ce lien mère-fille est un risque majeur pour Madame. La toxicité du lien mère-fille est liée à la souffrance de Madame (...) Face à l'inopérance des mesures éducatives et des mesures d'investigations, le placement de Chloé parait aujourd'hui la seule solution afin de rompre cette relation d'emprise, de permettre de réintroduire un tiers dans le couple mère/fille qui est dysfonctionnant et qui peut s'avérer toxique à long terme sur le psychisme de l'adolescente et de réinstaurer par là même la Loi symbolique qui fait défaut. Un étayage important devra être mis en place autour de la mineure, tant sur le plan éducatif que psychologique afin de la soutenir dans le réinvestissement de sa place de sujet (...).

Regards croisés sur des situations d'aliénation parentale

Point de vue d'un juge des enfants sur les séparations conflictuelles

Emmanuelle Teyssandier-Igna, juge des enfants du TGI de Bobigny, est intervenue publiquement lors du colloque « Souffrance psychique de l'enfant confronté aux violences conjugales »[103] pour donner son point de vue sur le rôle du juge des enfants dans ces situations : *« Les situations de violence conjugale et de séparation parentale conflictuelle sont à mon avis, bien plus qu'on le croit, source de danger pour les enfants au sens de l'article 375 du code civil pour les enfants. Dans les situations de violences conjugales, l'objet de l'intervention du juge des enfants, dans l'idéal est de les faire cesser, à défaut, d'en protéger les enfants. Dans le cas des séparations parentales conflictuelles, une fois l'investigation faite, le juge des enfants a deux modes d'intervention qui sont les mesures d'éducation en milieu ouvert (AEMO) et le placement.*

L'intervention dans le cadre d'action éducative en milieu ouvert dans le cadre de violences conjugales a pour objectif, à mon sens, de faire cesser ces violences en sensibilisant les parents à la situation de danger auquel ils exposent les enfants en les orientant vers des thérapies individuelles ou familiales pour tenter de résoudre ces difficultés en les amenant soit vers une séparation conjugale soit vers une résolution du conflit.

Si tant est qu'on réussisse à faire ce travail-là – ce qui n'est pas toujours le cas – l'AEMO aura aussi pour objectif de faire tout un travail sur le fonctionnement familial en général parce que les violences familiales déstructurent toute la famille et représentent un danger psychique pour les enfants, mais également de restaurer la place de chacun car bien souvent dans les violences conjugales l'autorité parentale est atteinte et il faut que la famille puisse se reconstruire et que chacun puisse retrouver sa place.

Si le travail éducatif en milieu ouvert n'est pas efficient, c'est-à-dire si l'on n'arrive pas, et c'est souvent le cas, à faire disparaître la situation de violences conjugales, et que les conditions d'évolution de l'enfant demeurent compromises et qu'il reste en danger, se pose la question du placement. Alors ce n'est pas si simple. J'entendais tout à l'heure qu'il faut intervenir très tôt et que quand c'est quand les enfants sont tout petits que les gros dégâts se produisent et que pendant qu'on essaye de faire ce travail avec les parents cela prend du temps, et que les enfants sont en grande difficulté pendant tout ce temps-là.

103. Colloque organisé par Perspectives Psy et Okarina Formation, le 21 janvier 2011 à Paris.

Moi, de ma place de juge des enfants, il m'est compliqué d'aller très rapidement au placement mais il faut être bien conscient du fait qu'on ne peut pas rester comme cela des années en AEMO dans ces situations-là. S'il se pose la question de la nécessité d'un placement, ou de sortir l'enfant de cette situation conflictuelle trop douloureuse pour lui, tout le travail du juge pour enfant va consister à peser le pour et le contre, et notamment évaluer le danger que représente pour l'enfant cette situation-là et ce que représente le placement pour un enfant et de mettre tout cela en balance en prenant en compte bien évidemment toute son histoire, toutes les ressources qu'il a ou pas en lui, son âge, car souvent même quand il y a eu des violences conjugales pendant très longtemps, le juge pour enfant n'est généralement pas saisi tout de suite, loin de là, et c'est en prenant en compte tous ces éléments que le Juge statuera.

Dans ma pratique, j'ai souvent recours à des expertises psychologiques ou médicopsychologiques des relations parents-enfants, car il est important de voir les impacts sur l'évolution psychique des enfants de ces relations souvent complètement dégradées, d'autant qu'il est très fréquent de voir des enfants sans symptômes extérieurs, c'est-à-dire des enfants qui sont très bons élèves, qui sont très adaptés, qui sont très polis, qui ne font pas de bêtises, qui sont parfaits ! Nous en tant que professionnels on sait bien que ce n'est pas normal, qu'un enfant parfait ça n'existe pas, mais pour travailler cela avec les parents et leur faire comprendre que c'est une difficulté – c'est très compliqué.

Donc à défaut de pouvoir travailler cela en milieu ouvert, et si le juge l'estime nécessaire, un placement peut être organisé, et qui aura pour but de préserver ou sécuriser l'enfant et de travailler avec lui le mode de relation à l'autre sur un mode différent de la violence qu'il a trop connu, détachée de toute problématique parentale et tout en continuant, et cela me semble important, d'essayer de travailler avec les parents sur leur problématique à eux, tout en continuant à expliquer aux enfants qui sont placés et qui continuent à souffrir je le pense, que nous aussi on essaye de notre côté de travailler à ce que la problématique familiale évolue.

L'intervention du juge des enfants dans les situations de séparations conflictuelles n'est pas plus simple, elle est même plus compliquée. Il faut dire que toutes les séparations parentales conflictuelles ne sont pas source de danger pour les enfants si les parents arrivent à régler leurs conflits entre eux, et à ne pas faire de leurs enfants les enjeux et les instruments de leurs conflits. Cela existe. Le juge des enfants n'intervient que lorsque la séparation conflictuelle met en danger l'enfant.

J'ai répertorié quatre types de dangers dans ma pratique :

1. *les parents sont envahis par leurs conflits : ils ne vivent qu'à travers leur conflit, que dans les reproches incessants, au point qu'ils en oublient leurs enfants, les besoins de leurs enfants et qu'ils ne les voient plus, qu'ils ne les perçoivent plus ;*

2. *l'enfant n'existe plus en tant que tel mais il n'existe que comme étant le moyen de dénigrer l'autre parent, d'atteindre l'autre parent. Il n'existe plus en tant que personne. On nie l'intériorité de l'enfant. Il n'existe plus que comme un instrument pour atteindre et faire du mal à l'autre ;*
3. *l'enfant qui est pris dans un conflit de loyauté dont ses parents ou dont l'un d'eux ne parvient pas à le protéger, que ce conflit de loyauté qui est volontairement instauré par l'un des parents ou complètement involontairement instauré et dont l'enfant est complètement pris et qui est source d'une importante souffrance pour les enfants, parfois indicible ;*
4. *le dernier cas qui est le plus grave, l'enfant est victime du syndrome d'aliénation parentale, qui est différent pour moi du conflit de loyauté, puisqu'il s'agit d'une manipulation mentale très forte, qu'elle soit consciente ou non, mais qui est différente du conflit de loyauté.*

Je pense sincèrement que dans toutes ces situations conflictuelles, l'enfant est véritablement en danger, en danger psychique et en danger dans la construction de sa personnalité et donc dans toutes ces situations, l'intervention du juge des enfants est complètement justifiée. Avant d'être juge aux affaires familiales, je pensais que le problème du juge des enfants n'est pas le conflit mais le danger. Mais après avoir exercé ces deux fonctions, je pense sincèrement que dans toutes ces situations conflictuelles, l'enfant est véritablement en danger, en danger psychique et en danger dans la construction de sa personnalité et donc l'intervention du juge des enfants est toujours justifiée. »

Chez le juge des enfants : le récit de Gabriel

Après 6 ans de mariage, étouffé par une belle-mère omniprésente, Gabriel s'est résolu à quitter sa femme, Caroline. Refusant l'idée de devoir partager ses deux petites filles, Rose, 5 ans, et Violette, 3 ans avec leur père, elle fait part de soupçons d'attouchements aux services de police. L'audition de Gabriel se solde rapidement par un non-lieu, mais le mal est fait ; les fillettes, fusionnelles avec leur mère, reprennent ses propos et rejettent leur père. Un an plus tard, Gabriel est réduit à les voir dans un espace de rencontre. Il a également demandé l'aide d'un juge des enfants pour que les enfants bénéficient du soutien psychologique pour les aider à renouer avec lui.

Il raconte son parcours judiciaire dans son journal de bord qu'il tient régulièrement :

« *La première mesure d'AEMO avait été prononcée par la Juge pour Enfants en décembre 2008, comme il se doit dans l'intérêt de nos deux filles Rose et Violette. La psychologue en charge de cette mission nous avait donné notre premier rendez-vous en mars 2009. Elle a rendu son rapport (de grande qualité) à la mi-juin, puis elle a quitté son poste.*

Je suis inquiet car aucun éducateur n'a été désigné pour établir une continuité dans l'excellent travail effectué. Je souhaite tellement que soit nommée au plus vite une personne d'expérience, qui connaisse le phénomène d'aliénation parentale. J'étais loin de pouvoir imaginer le parcours qui nous attendait. Il me faudra attendre plus de 5 mois entre l'arrêt de la cour d'appel de mai 2010 et l'ouverture du deuxième dossier d'AEMO au nom de mes filles en octobre. Quant à moi, je ne serai reçu par la nouvelle éducatrice qu'à la mi-mars 2011, soit plus de 10 mois après l'arrêt de la cour d'appel et deux mois à peine avant le dépôt du rapport de fin de mesure, en mai 2011.

La psychologue qui me reçoit m'informe qu'elle voit mes filles toutes les 2 semaines depuis mi-décembre, malgré les réticences de leur mère. Je ne sais rien de ces visites, si ce n'est que les enfants sont là pour s'exprimer "personnellement et singulièrement". "L'AEMO n'est pas là pour vous permettre de voir vos filles : il y a l'espace de rencontre pour ça !", me dit-elle. Je lui rappelle que j'ai vu Rose et Violette à peine 20 heures en trois ans : 11 mois de rupture après la plainte classée sans suite de leur mère, puis 10 heures de visites étalées sur un an à l'espace de rencontre, puis de nouveau 10 mois de rupture avant de reprendre pour un an un paquet de 10 heures de tristes visites.

J'ai tout raconté à la psy : les procédures, les audiences, les mesures passées et en cours, notre séparation, nos histoires familiales, l'école et la santé des filles, leurs jeux et notre vie ensemble avant, le refus de médiation de la part de leur mère. La psychologue a tout écouté mais n'a presque pas pris de notes. J'ai compris qu'il ne faudra pas attendre grand-chose de concret de ce côté-là non plus. Mais je vais tout de même demander le renouvellement de la mesure d'assistance éducative dans trois mois.

J'ai de la chance : la juge prolonge l'AEMO en juin malgré les réticences de la mère. Mais j'ai reçu un courrier m'informant que l'éducatrice spécialisée qui avait suivi notre famille avait quitté ses fonctions et qu'il faudra attendre octobre pour qu'une nouvelle éducatrice soit nommée. Cette troisième mesure éducative ne donnera aucun résultat et pour cause... C'est cette mesure qui est l'objet de notre audience chez la juge pour enfants en mai 2012.

J'arrive au TGI un peu angoissé, je croise mon avocate avec laquelle je peux échanger un peu et même rigoler : ça détend. Il est 9h50, Rose et Violette sont déjà là mais ne se mettent pas dans la salle d'attente de la juge comme mon avocate et moi-même. Pendant près d'une demi-heure je discute avec mon avocate puis avec l'éducatrice qui vient d'arriver. Je croise mes filles en allant aux toilettes : Rose fait la moue et Violette se cache derrière sa mère. Je leur dis bonjour. Pas de réponse. À mon retour, elles ne sont plus là. La porte du bureau de la juge s'entrouvre : l'audience précédente se termine et nous sommes invités à rentrer.

Je m'installe sur la gauche avec mon avocat à côté, les filles à l'arrière avec l'éducatrice et mon ex-épouse à droite, son avocate n'est pas présente. Elle indique qu'elle n'est pas représentée !

La juge rappelle sa décision de mise en place d'une AEMO il y a exactement un an. Elle fait un résumé de la situation depuis, en insistant sur l'attitude de mon ex-épouse qui m'exclut jusqu'à refuser que les filles fassent des photos de classe, dit que c'est nuisible pour elles, rapporte que Rose et Violette sont renfermées et tristes selon les dires de l'école, et que si rien avance, c'est à cause de leur mère.

La juge donne ensuite la parole à l'éducatrice qui indique qu'elle a reçu les parents mais que l'AEMO n'a pu être exercée, du fait du refus de mon ex-épouse à laisser les enfants seules avec l'éducatrice. Même si elles sont d'excellentes élèves, elles sont tout de même en souffrance, et il faut être inquiet sur leur évolution psychique. Elle demande le renouvellement de la mesure d'AEMO à condition de pouvoir recevoir les filles avec un éducateur pour chacune d'elles pour prendre en compte leurs différences.

La juge passe la parole à la mère qui s'insurge contre l'éducatrice, en précisant "qu'entre elles ça ne passe pas du tout comme ça". Elle dit que Rose va bien, qu'elle est enjouée, qu'elle n'a pas de soucis avec la représentation masculine comme avec son compagnon ! Évidemment, elle insiste sur mes comportements anciens peu louables, comme mes "pétages de câble", quand provoqué et en état dépressif je n'arrivais plus à me contenir. Elle exagère et en rajoute en indiquant que je l'ai violentée, alors que nous étions dans un lamentable crêpage de chignons de deux adultes immatures, entre un homme déprimé, fatigué et une femme provocatrice et abaissante. Selon elle, je ne me remets pas en cause, et surtout elle ne veut pas replonger dans le passé dont elle se souvient à chaque fois qu'elle me revoit. En résumé je ne dois plus exister.

L'éducatrice et mon ex échangent violemment : la première fait état du rapport des enseignants qui constatent que les filles sont très bonnes élèves, quoique timides, mais que Rose est souvent triste et renfermée. L'éducatrice lui précise qu'elle n'écrit pas cela pour lui nuire mais faire état d'un fait et que c'est pour le bien des petites.

La juge renchérit en précisant que refuser à ses filles de faire des photos de classe pour s'assurer que le père n'en aura pas est fort de conséquence et que même si mon ex se défend, dans son droit en disant qu'elle n'exclut pas le père, et qu'elle l'informe de ce qu'elle pense être nécessaire, toute son attitude montre le contraire. Elle ajoute : "On peut avoir été un mauvais mari, même un mauvais père, mais on pouvait avoir changé". La juge se montre compréhensive avec Caroline, mais en indiquant, que sûrement elle a souffert mais qu'elle ne devait pas mélanger ce qui s'était passé dans le couple et le rôle de parent. Elle souligne que son attitude d'isolement aurait des conséquences notoires sur les filles, qu'elle s'inquiète des futures ado-

lescentes, futures jeunes femmes qu'elles seront si elles sont élevées dans la phobie du père. Caroline ne dit rien, reste fermée.

La juge nous demande de sortir, elle veut rester seule avec Rose, Violette et l'éducatrice. Mon ex sort du bureau en premier. Moi en dernier derrière mon avocate. Caroline me lance avec un regard appuyé très méchant. Je la sens remontée ; je n'en rajoute pas, l'ambiance est assez lourde comme ça. Je discute 5 minutes avec mon avocate. La porte s'ouvre après quelques minutes : Rose pleure, Violette est triste, et ça me touche. Caroline embrasse sa fille en larmes et me regarde fixement, me rendant bien sur responsable de la situation.

La juge essaie de faire prendre conscience à mon ex qu'elle doit changer d'attitude. Mais Caroline répond qu'elle ne veut pas de la mesure éducative. La juge rétorque que si plusieurs juges pour enfants ainsi qu'une cour d'appel ont pris ces mesures, ce n'est pas pour faire plaisir à monsieur, ni même s'en prendre à une mère, mais que c'est dans l'intérêt des fillettes. Elle ajoute que dans l'état actuel des choses, aucun JAF n'empêchera les visites dans le lieu médiatisé et que cela peut durer des années et être très difficile mais que si elle changeait d'attitude les choses seraient plus simples.

La juge me demande mon avis. Je raconte que les visites à l'espace de rencontre ont démarré fin janvier, au rythme d'une heure tous les 15 jours "quand les visites peuvent avoir lieu". Mon ex me coupe en me disant qu'elle m'avait prévenu que Rose avait de l'asthme qu'elle ne pouvait pas venir ; qu'elle m'avait juste demandé de ne pas porter plainte au commissariat comme je l'avais fait. Je reprends la parole en indiquant que les visites sont difficiles. La juge me demande comment cela se passe, je raconte que nous sommes tous les trois assis à une table, parfois avec la psy, pas de regard pas de dialogue, je parle, je fais ce que je peux.

J'ajoute que je suis d'accord avec l'AEMO qui selon moi serait un complément aux visites qui ont une symbolique négative – deux fillettes qui vont voir leur père derrière la porte blindée, avec les psys. Les enfants étant différentes dans leur ressenti de par leur vécu et leur âge, cela me parait une bonne idée de proposer deux éducateurs.

La juge demande à mon ex son avis. Elle explique qu'elle est contre la mesure, "que trop c'est trop", et qu'elle n'a pas envie d'avoir de relation avec moi, qu'elle sait et fait ce qu'elle a à faire. Qu'elle m'informe comme l'année dernière quand mes filles ont changé d'école. Je prends la parole en disant qu'en effet, 3 jours avant l'audience j'ai appris que mes filles avaient été déscolarisées du 91 pour aller dans le 77. Que par conséquent, étant aux parents d'élèves dans l'ancienne école, j'arrivais dans un nouvel établissement sans connaître personne ce qui n'était pas le cas de leur maman, et rencontrer le directeur, les enseignants, alors qu'ils ont déjà connaissance de la situation de rejet de mes filles n'est pas aisé ! Elle m'interrompt en disant qu'elle avait juste donné la décision de justice ou était mentionnée que j'allais voir mes filles dans un centre médiatisé. J'acquiesce en disant qu'en effet, ils savaient que j'allais voir mes filles dans un centre médiatisé et que ce n'est pas évident. Elle me recoupe en se justifiant, donnant ses arguments pour le changement d'école. Je la laisse finir et je dis qu'en effet, j'ai été informé et que tous ses arguments étaient louables, et que j'étais totalement d'accord. J'ajoute que j'avais répondu à la psychologue que j'étais d'accord pour les frais dentaires de Rose, mais que je trouve juste dommage de se souvenir de mon existence que pour des raisons matérielles.

La juge se tourne vers mon ex, lui dit qu'elle renouvelle la mesure éducative, en indiquant, que cela pourrait être plus rapide, moins douloureux si elle faisait des efforts. Caroline répond que tant pis si cela dure 1 an, 2 ans, 10 ans mais cela sera pareil, qu'elle s'opposerait à toute mesure éducative et qu'elle ne laissera jamais ses filles.

La juge lui demande d'éviter de rentrer dans un bras de fer avec elle et donne la parole à mon avocate qui reprend les points importants signalés par la juge en disant que nous sommes d'accord. Elle se permet aussi de donner le conseil à mon ex-épouse de réfléchir aux conséquences de son action. Caroline ne le prend pas bien et le fait savoir.

L'éducatrice demande comment la mesure pourra avoir lieu en l'absence des enfants que leur mère refuse d'amener. La juge lui répond de ne pas s'inquiéter, que la décision donnera accès aux enfants, et que madame doit s'y soumettre.

Caroline répond : "C'est ce qu'on verra !" Elle me fait flipper : elle est inconsciente ! Mais la juge ne se laisse pas démonter, et lui dit que si l'opposition est trop forte, elle pourra être amenée à demander une mesure de placement. Caroline réagit très mal en me regardant et claironnant que tout ça c'est de ma faute. Je préfère ne pas répondre. La juge précise qu'on ne devrait pas en arriver là.

Tout le monde se lève. Nous sommes invités à partir. La juge dit au revoir à tous puis à moi en avant-dernier et me regarde droit dans les yeux en me disant : "Au fait, l'aliénation parentale, je maîtrise !". Je lui souris les larmes aux yeux : elle fait référence à un courrier informatif que je lui avais envoyé anonymement dans lequel il y avait des articles d'un juge renommé et d'un expert psychiatre reconnu sur ce phénomène. Elle a dû reconnaître mon écriture sur l'enveloppe sans doute.

Je ne ressors même pas content de sa décision, qui pourtant est en ma faveur, trop inquiet de l'attitude extrême de mon ex-épouse, et triste de voir mes filles subir toutes ces souffrances, mais que puis-je faire d'autre si j'ai juste envie d'être papa ? »

Rapport d'un intervenant d'un service d'Investigation d'orientation éducative

François a quitté Isabelle qui est bien décidée à le couper de ses trois enfants, Pierre, Jacques et Solène. Depuis deux ans, les droits de visite du père ne sont pas respectés. Isabelle a refusé de se soumettre à l'expertise mandatée par le juge aux affaires familiales. Les enfants ont rompu les liens avec leurs camarades de classe ainsi qu'avec toute leur famille paternelle et leur ancien entourage. Le collège indique que Solène est dépressive et ne s'alimente pas correctement. L'aîné des deux garçons devient agressif. François a saisi le juge des enfants, qui convoque toute la famille. Interrogée par le magistrat, Isabelle maintient violemment son refus de favoriser des rencontres entre les enfants et leur père. Le juge des enfants ordonne une investigation d'orientation éducative pour bien comprendre la situation des enfants avant de prendre sa décision les concernant.

L'enquêtrice relate son travail en détail dans son rapport :

« Après avoir relevé les éléments figurant au dossier du Tribunal pour enfants, nous avons organisé comme suivent les différents entretiens :

– du fait du conflit exacerbé entre les parents, nous leur avons proposé, à chacun, de débuter l'investigation par un entretien individuel leur permettant d'exprimer leurs inquiétudes pour leurs enfants, en dehors de la présence de ces derniers. Nous avons reçu Monsieur seul début septembre. Madame ne s'est pas présentée lors de notre rendez-vous et ne nous a pas contactée.

– Après avoir joint Madame, nous l'avons reçue avec les trois enfants, fin septembre.

– Nous avons ensuite proposé un deuxième entretien à Madame et les 3 enfants, en souhaitant les recevoir chacun individuellement. Madame nous a laissé un message le jour même nous informant qu'elle ne dispose pas de véhicule pour venir à notre rendez-vous début novembre. Malgré notre insistance pour qu'elle s'organise autrement, personne ne vient.

– Après avoir tenté, sans succès de la joindre téléphoniquement, nous avons adressé à Madame un courrier fixant un nouveau rendez-vous pour elle et ses enfants, à l'occasion duquel nous souhaitons les recevoir individuellement (début décembre). La veille de l'entretien, nous avons reçu un fax de Madame nous signifiant qu'elle ne participera plus à l'IOE tant qu'elle n'aura pas été conseillée par son avocat, dont elle attend la désignation au titre de l'aide juridictionnelle. Malgré un échange téléphonique avec elle, Madame maintiendra sa position et refusera toute autre rencontre avec nous.

– Nous avons conclu notre mesure en recevant Monsieur et sa compagne dans un dernier entretien début décembre. »

Extrait des conclusions

«… Nous privilégions l'hypothèse qu'en loyauté avec leur mère, dont ils épousent la cause tant elle souffre de la situation, Pierre, Jacques et Solène ont plutôt adopté une position qui la soutient, en ne voulant plus voir leur père. En sacrifiant la relation avec lui, les enfants confirment ***le "monopole affectif" de leur mère*** *et tentent, inconsciemment de réparer sa souffrance.*

Nous avons tenté de convaincre Madame F. qu'elle avait besoin d'être entendue dans ce qui est éprouvant pour elle, même si elle s'en défend.

Nous avons essayé de lui proposer un espace de parole qu'elle a fui, tant il nous semble qu'il lui soit actuellement impossible d'avoir même conscience de sa propre souffrance. Le problème est que Madame F. entraîne les trois enfants dans un fonctionnement où elle lutte contre sa souffrance en "diabolisant" leur père (…) En refusant que nous rencontrions ses enfants seuls, Madame F. n'est pas sans savoir qu'elle augmente l'inquiétude des intervenants, tout comme ses délits répétés de non-représentation d'enfants (y compris dans le cabinet du JE), le tout dans un contexte où le comportement de ses proches nous alerte également. Elle ne voit pas ***les actes de transgression*** *qu'elle pose ans cesse et qu'il nous paraît indispensable de stopper, pour elle et surtout pour les enfants. Actuellement, ceux-ci sont non seulement* ***coupés de la relation avec leur père mais également de celle avec toute la famille paternelle.*** *Il nous paraît donc indispensable que soit maintenu et renforcé le cadre judiciaire qui doit parvenir à être protecteur pour les enfants en mettant fin à la toute-puissance maternelle et* ***aux graves dangers psychologiques*** *auxquels Pierre, Jacques et Solène sont quotidiennement exposés.*

Si dans ce contexte, une mesure d'AEMO aurait pu être opportune pour rencontrer les enfants, s'affilier à Madame F., l'amener progressivement à se faire aider pour dégager les enfants de son "combat" et remettre en place la relation père/enfants, il nous semble qu'elle se heurtera, comme le mesure d'IOE, à l'attitude de "barrage" de la mère qui ne peut ni entendre, ni accepter actuellement les interventions quelles qu'elles soient (médiation familiale, suivi psychologique de sa fille…). »

C'est pourquoi ***nous proposons une mesure de placement provisoire,*** *sous la forme d'un accueil observation permettant de garantir aux enfants un espace protégé dans lequel ils pourront s'exprimer, tandis que chacun des parents travaillera à reprendre une place adaptée, respectueuse de l'autre, dans la perspective d'ouvrir, dès que possible, une nouvelle solution familiale.*

Chapitre 8

Les espaces de rencontre face à l'aliénation parentale

Par Alexis Chalom

Je me baserai sur ma propre expérience professionnelle pour présenter le rôle des espaces de rencontre (ER) et la prise en charge des familles affectées par l'aliénation parentale, avant d'aborder la question de leur indication pour cette problématique familiale.

Ayant rencontré plus d'une vingtaine de familles en situation d'aliénation parentale sévère au cours de l'exercice dans deux services d'ER, au fonctionnement très différent, je souhaite indiquer en préambule que le syndrome d'aliénation parentale montre une capacité à apparaître dans des familles aux profils divers et en très forte indépendance avec des questions d'origine ethnique ou culturelle. De même, je n'ai pas observé de différences notables entre les mères et les pères aliénants.

Rôle des espaces de rencontre et dispositions légales

Le ministère de la Justice définit ainsi ces structures sur son site Internet (12 juin 2009) :

« Les espaces de rencontre : des lieux pour préserver les relations entre parents-enfants. À l'occasion de crises et/ou ruptures familiales graves, les espaces de rencontre sont là pour aider au maintien ou au rétablissement des liens entre enfants et parents. Animés et encadrés par des psychologues cliniciens, thérapeutes familiaux et travailleurs sociaux, les rendez-vous qui s'y déroulent sont ordonnés par les juges aux affaires familiales ou des juges des enfants. Lieu d'étape parfois nécessaire, les espaces de rencontre protègent l'enfant et accompagnent les familles vers une relation autonome et équilibrée. »

Cette définition met l'accent sur la « crise » familiale, en évoquant un rôle de maintien ou de rétablissement des liens – l'aspect d'étape, visant un fonctionnement autonome.

D'éventuelles difficultés personnelles chez le parent dit visitant (celui des parents qui doit se rendre à l'espace de rencontre pour voir ses enfants) pour être « normalement » en relation avec ses enfants ne sont pas évoquées ici : la description porte plutôt sur le fonctionnement familial dans son ensemble. Pourtant l'existence de ces deux dimensions, avec d'une part la question de la « crise familiale », et donc en soubassement la question du conflit parental, et d'autre part de la possibilité de difficultés réelles chez le parent visitant, représente l'aspect fondamental et central dans les ER.

Les ER sont donc les structures auxquelles les juges aux affaires familiales font fréquemment appel dans toutes sortes de séparations parentales complexes et/ou conflictuelles.

Ils ne sont pas des lieux de « médiation » entre les parents, puisque ce type de service existe par ailleurs, même si parfois une bonne partie du travail dans ER se fera, de fait, à ce niveau, puisque les intervenants ont pour mission de contribuer à faire évoluer favorablement les situations familiales accueillies. De plus dans de nombreuses situations très conflictuelles, la médiation est refusée ou mise en échec par l'un des parents, voire les deux, tandis que l'ER est un lieu où il faut se rendre obligatoirement et à une fréquence relativement importante. Dans ce cas ce n'est qu'à l'ER que ce travail sur le conflit parental pourra éventuellement s'effectuer. Il convient néanmoins de noter – et c'est bien sûr un problème très important – que beaucoup d'ER ne font pas ou très peu ce travail, arguant éventuellement du fait que ce n'est pas leur rôle, ce qui est donc à la fois vrai et faux. Vrai car dans l'absolu les services de médiation entre parents existent par ailleurs, faux car dans la pratique, à l'heure actuelle en France, s'ils ne font pas ce travail personne d'autre ne le fera.

Quoi qu'il en soit leur tâche première est donc d'organiser des rencontres familiales, entre le parent dit « visitant » et son/ses enfant(s).

Dans la quasi-totalité des cas c'est le parent dit « gardien », puisqu'ayant la garde ou résidence principale des enfants, qui les amène à l'ER. Dans de rares cas, des enfants viennent rencontrer leurs grands-parents, ou des grands-parents amènent leurs petits-enfants dont ils ont la garde rencontrer leurs parents.

L'ER est supposé, dans presque tous les cas, intervenir de façon transitoire et permettre un « retour à la normale » dans un délai qui peut être de quelques mois à une ou deux années. Dans certains cas, assez rares, les visites en ER se prolongent pendant plusieurs années, pour des parents très fragiles psychologiquement, voire potentiellement « nocifs » pour leurs enfants.

Mais il faut admettre qu'on assiste souvent à un certain « pourrissement » des situations familiales, où c'est bien le conflit entre les parents qui est au premier plan, soutenu paradoxalement par des jugements ordonnant des droits de visite en ER sur des durées très excessives. Il s'agit typiquement des cas d'aliénation parentale, où les enfants sont amenés à devoir prendre eux-mêmes une part active dans le conflit parental, en déclarant qu'ils ne veulent plus du tout voir l'un de leurs deux parents (celui des deux qui est alors dit « aliéné »).

Ces situations ne sont pas rares en ER ; si je devais me risquer à donner un vague ordre de grandeur je dirais qu'elles peuvent représenter 10 à 20 % des situations familiales accueillies, dans les différentes gradations de sévérité que peut comporter l'aliénation parentale ; le premier niveau étant celui de « conflits de loyauté » déjà très sévères mais dans lesquels les intervenants peuvent encore – certes difficilement – se faire entendre et espérer des évolutions à la faveur du travail effectué lors des visites effectuées et entretiens réalisés avec les parents.

Dans les gradations les plus sévères, par contre, les intervenants des ER sont réduits à l'impuissance la plus totale, en même temps que l'est le parent visitant, aliéné.

Dans les situations d'aliénation parentale accueillies en ER le parent visitant n'a le plus souvent aucun trouble psychopathologique nettement identifiable ; quand le cas se présente il s'agit généralement de simples aspects dépressifs, qui sont donc assez ordinaires et ne peuvent en aucun cas venir en justification de la situation franchement pathologique dans laquelle se retrouve la famille.

Disparité des espaces de rencontre

Il est à noter que le fonctionnement des ER en France connaît une forte variabilité, aussi bien dans la disposition des locaux que dans leur fonctionnement.

Un aspect qui peut sembler relativement anecdotique mais qui a parfois sa petite importance : l'organisation spatiale. Elle dépend bien sûr des locaux dont dispose l'ER, mais aussi de la façon dont son équipe souhaite les utiliser. Cela peut influer de différentes façons sur l'accueil des familles. Les locaux sont parfois assez exigus, parfois tout à fait spacieux. Dans certains ER l'accueil des familles peut être assuré dans une grande pièce unique (où quatre ou cinq familles, voire un peu plus, pourront se trouver simultanément) quand d'autres disposeront au contraire de plusieurs salles plus petites. Un certain manque de moyens (qui touche les ER au même titre que l'ensemble des services du médicosocial en France) peut amener les associations qui les gèrent, à faire appel à des prêts de locaux gratuits ou peu onéreux et prendre alors ce qui se présente, même si ces locaux ne semblent pas spécialement adaptés de prime abord à un tel accueil de familles ; il existe par exemple des ER utilisant un simple appartement aménagé. Pour finir sur ce point (même s'il s'agit en l'espèce d'une question largement plus profonde et même cruciale que la simple question des locaux en eux-mêmes) certains ER s'organisent de telle façon que les deux parents (« gardien »/« visitant ») ne se croisent pas à l'intérieur des locaux, tandis que d'autres ER vont au contraire les inciter à s'y croiser et à se parler, puisqu'ils devront notamment organiser eux-mêmes le temps de « passage » des enfants d'un parent à l'autre. Il pourra alors s'agir à la fois : pour l'équipe d'observer certains enjeux des conflits interparentaux qui peuvent se jouer ; d'autre part de signifier aux parents que l'ER est un lieu transitoire et qu'ils doivent « apprendre » ou réapprendre à assurer ces moments par eux-mêmes, en autonomie. Dans les cas d'aliénation parentale il s'agit bien sûr d'un moment particulièrement critique.

Les conséquences de ces deux approches, nettement divergentes, sont nombreuses, leurs présupposés de départ sont également très différents. Dans le cas où les parents se rencontrent au sein de l'ER, l'équipe peut organiser régulièrement des entretiens qui convoquent les deux parents, pour faire des bilans et les inviter à la réflexion commune sur les évolutions possibles.

Il faut également mentionner la question des qualifications professionnelles des membres des équipes, qui sont très variables, puisqu'on peut trouver des travailleurs sociaux, éducateurs spécialisés, médiateurs familiaux, psychologues, dans de plus rares cas psychanalystes, thérapeutes familiaux… Parfois les équipes sont tout à fait pluridisciplinaires, parfois une seule ou deux de ces catégories sont représentées.

Un autre aspect très important concerne les liens entretenus avec l'instance judiciaire ; certains ER sont en contact assez étroit avec la justice en faisant parvenir régulièrement des rapports aux juges aux affaires familiales (et quelques fois aux juges des enfants pour les familles concernées). Cela permet de rendre compte des observations et de l'évolution d'une famille donnée au gré des rencontres qui ont eu lieu. D'autres ER s'en tiennent à signaler aux juges le non-respect par l'un ou l'autre des parents des rencontres prévues, sans rentrer plus dans le détail, et arguent généralement qu'ils souhaitent se placer ainsi sous le sceau d'une absolue « neutralité », qui interdit de tels rapports. Je peux indiquer ici que je suis pour ma part en forte contradiction avec ce point de vue, qui me semble en grande partie défensif de la part des équipes ; il est certes plus aisé de faire ce choix d'un point de vue de charge de travail et d'investissement psychique. Mais certaines familles auront réellement besoin qu'on tienne la justice informée, de façon détaillée, de certaines évolutions (ou non-évolutions…).

Enfin, les ER peuvent prévoir une modulation des horaires des rencontres et une évolution (augmentation) de leur durée. Cette latitude est même laissée aux ER sans avoir à en référer systématiquement aux juges. Il est notamment possible de proposer (en accord avec les préconisations du jugement) des sorties hors des murs de la structure pour le parent visitant et son/ ses enfant(s), sachant que dans presque tous les jugements de telles sorties sont autorisées. Certains ER peuvent avoir en la matière un comportement très proactif, de façon à faire évoluer les choses, quand d'autres seront au contraire beaucoup plus passifs.

Diversité des situations familiales

Les praticiens dans ce type de structure sont confrontés à *deux grands axes de problématiques* – et donc de travail – dans lesquels il est nécessaire de se repérer au mieux pour favoriser une évolution positive des liens familiaux au fil du temps :

- il y a d'une part la place du conflit pouvant exister entre les parents (qui est fréquemment important, voire très important, pour une grande partie des familles accueillies) ;
- et d'autre part les difficultés réelles personnelles d'ordre psychopathologique que peut avoir dans certains cas le parent visitant, rendant difficile (voire impossible) d'imaginer un droit de visite et d'hébergement classique, sans la présence d'une institution faisant tiers ; dans certains de ces cas une « transition » très progressive avec un ER pendant une ou plusieurs années semble utile.

Il est à noter que le diagnostic en la matière sera très variable d'un praticien à l'autre, aussi bien pour une famille donnée que plus généralement pour les familles accueillies par ce type de structures. Certains praticiens auront tendance (pour des raisons de formations théoriques reçues et/ou pour des raisons plus intimes) à apporter plus d'importance à l'un ou l'autre de ces deux aspects.

Toute la difficulté de la pratique clinique réside dans le fait que pour un certain nombre de familles il peut exister une intrication très complexe de ces deux aspects : il est tout à fait possible qu'il existe un conflit majeur entre deux parents doublés de difficultés psychopathologiques réelles du parent visitant. On voit comme le problème peut alors devenir épineux…

Et le problème continue de se complexifier si l'on prend en compte les difficultés psychologiques que peut également avoir, de son côté, le parent gardien, et un certain nombre de situations où c'est le parent visitant qui est dans la meilleure santé psychique et serait dans l'absolu le plus apte à prendre en charge les enfants (ce qui est bien sûr le cas dans les situations d'aliénation parentale).

Dans un certain nombre de cas, l'erreur dans laquelle les équipes d'ER peuvent s'enfoncer est de considérer que le parent gardien est forcément le plus « apte » du fait même de la configuration dans laquelle la famille arrive.

On est ainsi amené, en tant que praticien, à devoir démêler une (très) complexe pelote de nœuds pour jauger le rôle de chacun de ces deux aspects, et agir sur ces deux terrains au mieux pour favoriser l'évolution positive des relations et du fonctionnement familial dans son ensemble.

L'impression générale qui peut être donnée, y compris aux intervenants des ER eux-mêmes, c'est que le parent visitant a « nécessairement » des difficultés psychopathologiques personnelles « pour en être arrivé là » avec ses enfants, avec une décision de visites en ER. Mais pour ma part il m'est apparu que dans un très grand nombre de cas c'est avant tout le conflit existant entre les parents qui amène les familles dans ce type de lieux. On se retrouve donc parfois à prononcer un jugement très sévère à l'encontre de certains parents, comme s'ils avaient de très grandes difficultés avec leurs enfants, alors que ces difficultés sont très principalement la conséquence du conflit parental.

En prenant un peu de recul, on pourrait pourtant émettre l'hypothèse que des parents au comportement nettement plus problématique, voire même réellement problématique, n'auront jamais affaire à ce type de lieu, pour peu qu'il n'y ait pas eu de séparation parentale et/ou pas de conflits majeurs entre les parents.

Parent visitant en dysfonctionnement parental

Dans certains cas néanmoins, les difficultés du parent dit « visitant » sont bien réelles et ne permettraient pas ou difficilement un droit de visite et d'hébergement classique : on peut citer les problèmes d'alcoolisme et plus généralement de conduites addictives aiguës, de passifs de violences physiques (voire sexuelles – cas très rare en ER mais qui peut exister), ou encore de problématiques psychopathologiques exacerbées comme la présence d'une pathologie psychotique et plus généralement les formes de désorganisation psychique importantes.

Notons cependant que dans le cas de maltraitances avérées et importantes, les rencontres n'ont généralement pas lieu en ER mais dans un cadre autre appelé « visites médiatisées ». Ce cadre est très différent puisqu'une seule famille est reçue à la fois, en présence de deux professionnels.

Dans mon exercice en ER j'ai été amené à rencontrer de très nombreuses familles, présentant des profils extrêmement variés ; au sein de ces familles je pense en avoir rencontré au moins une vingtaine en situation d'aliénation parentale typique et de gradation moyenne ou sévère.

Or je n'ai rencontré qu'une seule fois, dans tout cet exercice professionnel, un rejet (presque) aussi massif que dans l'aliénation parentale, qui n'était pourtant pas dû à de l'aliénation parentale ni même à des conflits de loyautés même minimes.

Il conviendra de préciser que pour cette famille :

la maladie mentale présentée par la mère (parent visitant) était absolument flagrante et grave (nombreux gestes/paroles hypersexualisés à l'encontre de sa fille, gestes de violence physique à l'encontre du père à l'intérieur même des locaux, désorganisation psychique massive). Son histoire infantile visiblement marquée par de très graves traumatismes ;

que malgré ces données, avec un passif de maltraitances physiques et psychologiques importantes, le rejet exprimé par cette jeune fille âgée d'une douzaine d'années à l'encontre de sa mère était nettement moindre que dans les cas d'aliénation parentale, et notamment, ne s'exprimait pas de façon aussi absolue et clivée que dans le syndrome d'aliénation parentale ;

il semblait très clair que le père (parent gardien) n'entretenait pas sa fille dans des conflits de loyauté, ou tout du moins en aucun cas de façon excessive ou pathologique.

Cette jeune fille tout en disant qu'elle « ne se faisait guère d'illusions » semblait authentiquement prête à laisser une chance à ces rencontres, et l'a effectivement fait.

À la deuxième rencontre néanmoins le comportement de sa mère à son égard était tel que la visite a dû être interrompue et la décision prise de les arrêter à ce stade.

Dans ces deux rencontres j'ai pu observer un comportement très hautement « pathogène » et problématique, à un degré tel que je n'en ai que très rarement vu dans d'autres rencontres familiales ; pourtant cette jeune fille était prête à « tenter le coup » de ces rencontres.

Le père quant à lui s'était également montré clairement et authentiquement en faveur de ces rencontres, en indiquant simplement qu'elles seraient compliquées.

Au-delà de cet exemple, mon expérience en ER et en service de visites médiatisées m'a montré très précisément qu'un enfant maltraité ne se présente pas du tout comme un enfant aliéné : il est bien moins dans le rejet, et bien plus « ambivalent ». Les exemples d'enfants réellement et profondément maltraités par l'un de leurs deux parents et qui pourtant « s'accrochent » désespérément à ce lien sont très nombreux ; il suffit pour en faire l'observation, de travailler quelque temps dans le domaine de l'aide sociale à l'enfance.

Si l'on imagine le cas d'un enfant montrant un rejet ultramassif et qui aurait réellement subi des maltraitances, j'aurais tendance à affirmer que ce n'est pas les maltraitances mais bien le conflit de loyauté (loyauté clivée) qui expliquera cette forme singulière de rejet (et même si alors, dans ce cas précis, le rejet s'en trouverait certes légitimé).

Les conflits de loyauté

Les problématiques des enfants assignés à voir leur parent dans des ER sont liées la plupart des fois à une donnée clinique extrêmement centrale et récurrente que l'on nomme les « conflits de loyauté », qui se présentent avec des gradations et des formes très variées, qui peuvent aller d'un conflit modéré, dans lequel les interventions des professionnels vont permettre des avancées réelles et notables, même si cela peut prendre beaucoup de temps, jusqu'à des formes extrêmement sévères.

Le psychiatre américain d'origine hongroise Iván Böszörményi-Nagy[104] a développé ce concept qui se trouve être très utile, voire indispensable, pour tout travail clinique auprès des familles (et non seulement dans le cas de séparations parentales).

Au sein de ses propositions sur la « loyauté » on trouve le concept de « loyauté clivée », qui est ce qui découlerait assez simplement de la situation où être loyal à l'un signifie automatiquement être déloyal à l'autre (l'un et l'autre étant ici, bien sûr, l'un et l'autre des deux parents). Dans le cas de l'aliénation parentale, la loyauté absolue au parent aliénant est requise et oblige à être tout à fait « déloyal » à l'autre parent.

La moindre expression de loyauté à l'égard du parent aliéné serait en effet interprétée comme une grave déloyauté par le parent aliénant, à son égard.

Cela conduit à une situation de clivage, que l'on pourrait d'ailleurs également penser au sens de la psychanalyste Mélanie Klein[105] avec son concept de « clivage de l'objet » : l'un des deux parents devient figuré comme totalement bon, idéalisé – l'autre parent est figuré comme totalement mauvais et donc à rejeter vigoureusement, voire à attaquer, au moins en mots si ce n'est en gestes.

---

104. Iván Böszörményi-Nagy (1920-2007), Géraldine Spark, *Invisible loyalties, op. cit.*

105. Mélanie Klein (1882-1960) décrit le clivage de l'objet comme le mécanisme de défense le plus primitif contre l'angoisse : l'objet, visé par les pulsions érotiques et destructives est scindé en un « bon » et un « mauvais » objet qui auront alors des destins relativement indépendants dans le jeu des introjections et des projections. Le clivage de l'objet est particulièrement à l'œuvre dans la position paranoïde-schizoïde où il porte alors sur l'objet total. Le clivage des objets s'accompagne d'un clivage corrélatif du moi en « bon » moi et « mauvais » moi, le moi étant pour l'école kleinienne essentiellement constitué par l'introjection des objets.

Il s'agit d'une construction qui est à la fois très puissante et en même temps relativement « fragile » car dans le fond parfaitement artificielle.

Le concept de loyauté clivée est donc extrêmement important et peut être mis au fondement de l'aliénation parentale, syndrome qu'a par la suite décrit finement Richard Gardner.

Ce concept de conflits de loyauté se rattache largement à l'approche dite « systémique » mais plus généralement de très nombreux praticiens, par exemple d'obédience psychanalytique, le prennent largement en compte et en reconnaissent la validité. Une sensibilisation correcte à cette question des « conflits de loyauté » est donc extrêmement importante et même parfaitement indispensable pour espérer travailler correctement auprès des familles accueillies en ER. Ainsi une partie du problème est là : si les ER sont le lieu par excellence de l'expression des conflits de loyauté dans la famille ils constituent en même temps – pratiquement – le lieu unique de leur expression, du moins avec une telle intensité et récurrence.

Les situations d'aliénation parentale

La situation d'aliénation parentale – si l'on retient ce terme pour la forme sévère décrite par R. Gardner – peut être considérée comme se trouvant « au sommet de la pyramide » des problématiques de conflits de loyauté. Il n'existe rien qui soit « au-dessus » de l'aliénation parentale. C'est la forme absolue, la quintessence du conflit de loyauté, qui consiste en une loyauté de type clivée.

Les situations d'aliénation parentale sont globalement les situations les plus difficiles auxquelles sont confrontés les ER et leurs équipes. Dans cette situation les enfants doivent choisir leur camp, d'une façon absolument radicale et binaire. Il n'y a plus de place pour les deux parents, c'est nécessairement tout l'un, ou tout l'autre.

La spécificité des situations d'aliénation parentale est qu'elle peut rapidement devenir très clivante pour les équipes des ER. Typiquement, si un intervenant se montre sensible à l'argumentaire du parent aliénant il sera immédiatement identifié par ce dernier comme un « allié » et traité comme tel ; *a contrario* un intervenant de l'équipe semblant trouver la situation anormale, et tenter de « raisonner » le parent aliénant sera immédiatement perçu par ce dernier comme un « ennemi » et également traité comme tel.

La violence de ces situations est multiple : le parent aliéné subit un rejet violent, fréquemment avec des insultes ou propos rabaissant, qui invoquent une absence d'amour, absence de besoin de le voir, de la haine, etc. Les enfants peuvent même en venir (rarement) à de gestes de violence physique.

D'autre part la violence faite au parent aliéné – mais aussi aux intervenants de l'ER – est liée à la rigidité et fixité de la situation, l'inefficacité absolue des outils habituels : discussion, réflexion, élaboration, médiation…

Il est une donnée claire qu'on vérifie très bien en ER : une fois que la « folie » de l'aliénation parentale s'installe chez un parent, dit « aliénant », elle ne va quasiment jamais pouvoir « régresser » d'elle-même ni même suite à des tentatives de dialogue ou de raisonnement. Les discours et les démonstrations sur l'importance pour un enfant d'avoir normalement accès à ses deux parents restent sans écho. Très souvent les parents aliénants vont en la matière « se trahir » en disant qu'il n'est pas toujours souhaitable de maintenir des liens avec ses deux parents, si l'un d'eux ne se montre pas « à la hauteur ». Cela contraste, comme on l'a vu, avec des situations où il y a eu – pourtant – des maltraitances réelles…

Bien sûr, des précautions à prendre sont très importantes quand un enfant indique qu'il a été maltraité, battu, voire a subi des attouchements sexuels (raisons parfois invoquées dans les cas d'aliénation parentale). Néanmoins, l'éventuel rejet affiché dans le cas de maltraitances réelles a une forme très différente que celui qui peut exister dans l'aliénation parentale (il est avant tout bien moins massif et absolu). L'expression du rejet, dans les cas d'aliénation parentale, a de son côté des formes tout à fait particulières.

Dans toute cette pratique clinique auprès de familles j'ai donc pu voir qu'il existe ce très puissant paradoxe, pour lequel je n'ai eu aucun contre-exemple : dans les familles où il y a eu des violences réelles, le parent maltraitant n'est pas totalement rejeté et dénigré ni par les enfants ni même le plus souvent par le parent gardien. Alors que dans des situations d'aliénation parentale, où les violences et maltraitances réelles ont été nulles dans la quasi-totalité des cas, le rejet du parent visitant, qui semblent le plus souvent parfaitement irréprochables et pour lesquels on ne peut par suite que fantasmer et imaginer d'éventuelles insuffisances, est massif et clivé, voire binaire et absolu.

Cette donnée, qui pourrait, et devrait à mon sens, sonner comme une évidence clinique une fois qu'on y a été suffisamment confronté, est pourtant souvent très mal connue par les professionnels eux-mêmes et donne lieu à de nombreuses mauvaises interprétations, et par la suite à mauvaises pratiques et prise en charge, des situations d'aliénation parentale.

Cet élément me semble important pour étayer le point de vue suivant, en relation avec l'expérience clinique que l'on peut vivre en milieu d'ER : un rejet total, massif, clivé, avec un parent idéalisé, l'autre étant présenté dans le discours comme totalement mauvais, est le signe pathognomonique de l'aliénation parentale. Il prouve que l'on est « à coup sûr » en présence d'aliénation parentale.

Formation des intervenants

Le travail clinique en ER est extrêmement exigeant, et souvent difficile et complexe, du fait des conflits, larvés ou franchement « explosifs » qui peuvent y être mis en scène. Cet exercice nécessite dans l'idéal d'avoir des compétences très solides dans au moins deux vastes domaines : la clinique en psychopathologie de l'enfant et de l'adolescent, mais également la clinique familiale.

L'aliénation parentale est encore bien trop méconnue, y compris dans de nombreuses équipes d'ER ; cela peut sembler étonnant et hautement problématique, mais il s'agit d'une vérité de terrain. Au-delà de la question spécifique du syndrome d'aliénation parentale, il y a je crois la question plus générale de ce qui touche à la connaissance théorique et clinique des « conflits de loyauté ». Certes, on pourrait ainsi dire qu'un des moyens de se former au travail en ER est d'y exercer suffisamment longtemps et régulièrement, pour se familiariser pleinement avec ces aspects cliniques très complexes.

Cependant j'ajouterai un point que je pense crucial en la matière : une très bonne formation clinique et théorique est nécessaire, mais bien souvent elle n'est pas suffisante ; dans une certaine mesure un travail d'analyse personnel, tenant compte de son histoire familiale, est également requis ou très souhaitable.

Si on veut aller au fond des choses, je pense qu'on pourrait aller jusqu'à dire que le fonctionnement d'un ER donné va toujours être fortement conditionné par les bases fantasmatiques sur lesquelles le groupe (des professionnels de l'ER) se construit, sur la base des histoires familiales de chacun des membres de l'équipe, et de comment ces vécus familiaux ont pu être travaillés individuellement par eux.

C'est-à-dire que, par exemple, on pourra trouver des équipes pour lesquels le but est de viser « à tout prix » le fait que les enfants puissent être en contact avec leurs deux parents de façon « maximale » ou « optimale ». Mais pour d'autres équipes le fait qu'un enfant ne puisse plus voir l'un de ses deux parents ne sera pas vu comme fondamentalement anormal ou problématique…

Un problème crucial de l'aliénation parentale me semble bien se trouver là, et peut concerner autant le groupe que l'individu intervenant : chacun, selon son histoire familiale personnelle, aura une perception de la question tout à fait différente ; cela en bonne partie sur la base des problématiques de loyauté dans lesquelles il a pu être entretenu dans sa propre enfance ; la confrontation à l'aliénation parentale venant en effet réveiller en écho quelque chose de son propre positionnement fantasmatique, vis-à-vis de l’un et l’autre de ses deux parents, et plus généralement la question de l’importance (ou non) d’être en relation avec ses deux parents.

Au-delà de ce qui peut sembler être un positionnement idéologique, ou un principe de bon sens, « tout enfant a besoin de ses deux parents », on trouve en fait surtout les *constructions fantasmatiques* des uns et des autres, héritées du vécu familial propre.

Accueil des familles en situation d’aliénation parentale

Les enfants

Dans les cas d’aliénation parentale de gradation sévère, les enfants affichent un rejet absolu et qui n’évolue pas dans le temps ; on pourra alors avoir des enfants mutiques ou, au contraire, dans une logorrhée agressive à l’égard du parent visitant, ou encore qui restent durant tout le temps de rencontre le dos tourné (et quand les locaux le permettent, qui essaieront de se placer autant que possible à distance du parent rejeté).

Dans une situation familiale j’ai pu entendre une adolescente reprocher à son père un manque d’amour, un abandon, des maladresses diverses dans sa façon de lui parler, trop de sévérité et. et au milieu de tous ces reproches, lui reprocher un épisode lors duquel il l’aurait « touchée ».

Ce qui était frappant est que tous les autres arguments invoqués nous semblaient dérisoires, mais ce possible événement (qui était bien sûr pour nous professionnels autrement plus grave et significatif) était mis par elle, dans son discours, exactement sur le même plan de gravité que ses règles de disciplines concernant les horaires de télévision. Précisions que ce père avait bénéficié d’un non-lieu et que le tableau global rendait par ailleurs très peu vraisemblable la réalité des faits reprochés.

On retrouve aussi très fréquemment dans les critiques des enfants une chose et son contraire : j’ai pu entendre dans bien des cas des enfants attaquer le parent aliéné en disant qu’ils ne l’aimaient plus, ne voulaient plus le voir, lui reprochant de ne pas vouloir entendre cela et l’accepter… Tout en lui reprochant de les abandonner.

Autrement dit, simultanément, un « Disparais ! » et un reproche sur le fait que ce parent ait disparu ou puisse disparaître. Suite à une demande d’explications, l’attitude a été facilement rationalisée sur le mode « Il nous a abandonnés par le passé, donc maintenant on lui en veut, et on veut vraiment qu’il parte et disparaisse maintenant ». Ce **reproche d’abandon** est, d’une façon générale, très fréquent.

Pour les pères il est très souvent reproché une trop **grande sévérité.** Pour les mères il est souvent reproché un caractère triste ou dépressif. D'une manière générale les enfants vont souvent invoquer une absence d'amour authentique de la part de ce parent – alors même que celui-ci est dans une situation où il doit déployer une énergie extraordinaire pour essayer de sauvegarder son lien à ses enfants.

Mais ce qui domine, quand les enfants parlent, c'est une profusion d'arguments, qui pris isolément semblent d'une grande faiblesse, mais qui vont avoir leur poids justificatif plutôt par leur nombre.

Aucune discussion « normale » n'est possible dans la plupart des cas, pas même sur des temps très courts. Toute discussion se centre immédiatement sur le conflit et ces reproches très divers qui sont comme « mitraillés ».

Très souvent les intervenants des ER tentent alors d'inviter parent et enfant(s) à parler un peu de sujets légers, ordinaires, plutôt que de ressasser constamment un « passé compliqué » – qui est en fait une fiction ou un souvenir reconstruit, dans l'aliénation parentale. Mais cela ne fonctionne pas, et les « propos conflictuels » sont constamment ramenés sur le devant de la scène.

Assez invariablement, du moins dans tous les cas que j'ai pu suivre en ER, les enfants se montrent beaucoup moins agressifs avec les membres de l'équipe, et cela même si ceux-ci ne semblent pas sensibles aux argumentations venant justifier de ce rejet.

Ils se montrent globalement courtois avec tous, sauf avec le parent aliéné, qui est lui très violemment attaqué et vilipendé. Ils montrent par contre une vigueur exceptionnelle pour montrer et démontrer qu'ils rejettent, haïssent ce parent, et qu'ils ne veulent plus voir, pour de multiples raisons.

Le parent aliénant

Il n'en est pas du tout de même pour le parent aliénant, qui pourra se montrer très agressif avec les professionnels de l'ER dès lors qu'ils ne semblent pas sensibles à ses arguments et à la façon dont il souhaite orienter les choses, à savoir faire reconnaître que rencontrer le parent aliéné n'apporte rien de positif pour les enfants ; que ces temps de rencontre n'apportent rien de bon.

Il est frappant de voir que même avec des droits de visite minuscules (par exemple deux heures une ou deux fois par mois) il semble que dans presque tous les cas pour le parent aliénant « c'est toujours trop ». Le moindre temps de rencontre est présenté comme néfaste, comme s'il s'agissait d'une forme de torture pour les enfants. Le but visé par le parent aliénant n'est pas de restreindre très fortement les temps de rencontre, réduits pourtant à des droits de visite uniquement en ER, mais bien de les supprimer totalement, ce à quoi ils arrivent dans un nombre non négligeable de cas.

Quand la suspension n'est pas définitive par abandon pur et simple du parent aliéné par épuisement psychique, demander un nouveau jugement et une nouvelle ordonnance d'ER pourra permettre de créer de nombreuses périodes de ruptures totales.

Même si l'emprise du parent aliénant sur ses enfants est très puissante, dans une dynamique de « rouleau-compresseur », ce dernier ne peut baisser sa garde un seul instant et doit exercer cette pression psychologique en continu, du fait du caractère « artificiel » de la situation créée – les enfants ayant un besoin fondamental d'être en contact avec leurs deux parents.

Dans de nombreux cas le parent aliénant s'étonne de devoir quitter les lieux pendant la rencontre ; bien souvent il restera d'ailleurs à proximité des locaux pendant tout ce temps.

Dans certains cas on peut observer des visites où la première heure est très difficile (enfant(s) très véhément(s) et agressif(s)) et où la deuxième heure – et parfois juste le dernier quart d'heure – se passera nettement mieux, comme si l'emprise mentale commençait à se relâcher (cela vaudra surtout pour les enfants les plus jeunes). Cela est valable en ER, plus généralement, pour tout ce qui a trait aux conflits de loyauté, même plus mineurs. Les parents aliénants – d'ailleurs – ne s'y trompent pas en souhaitant que les temps de visites soient extrêmement courts, sachant bien que « la montre joue contre eux ».

Le harcèlement des enfants tient au profil psychologique des parents aliénants, qui semblent entrer nettement dans un fonctionnement de type paranoïaque : très angoissés à l'idée que quelque chose puisse leur échapper, ils ont un besoin très important de **tout contrôler,** afin que de ne pas courir le risque que les enfants puissent leur « échapper » en se laissant aller au désir de retrouver un contact normal avec le parent aliéné.

Cependant on observe qu'au bout d'un certain temps les processus se cristallisent au point que les enfants prennent pleinement le relais du parent aliénant, alimentant de façon autonome le conflit, dans la diffamation et l'opposition au parent aliéné.

Le ressenti parent aliéné

Les récits des parents visiteurs témoignent tous de la grande souffrance qu'ils éprouvent à faire ces visites dont ils attendent la reprise de lien promise dans la décision judiciaire. En voici quelques-uns.

Frédéric – *J'ai effectué une quatrième visite médiatisée hier, ce 14 juin. Les enfants restent butés, disent que je ne suis pas leur père. Marie m'a même dit qu'elle voulait changer de nom. Victor me dit qu'il met le nom de son beau-père sur ses copies. Lors de la visite précédente, Marie me disait même ta gueule ! Le dernier jugement indique qu'après les 8 visites, je dois accueillir les enfants la semaine du 25 décembre. Victor m'a déjà dit qu'il était inutile d'envoyer des billets de train… qu'ils avaient autre chose de prévue. La situation ne bouge pas et je ne sais pas comment m'en sortir. Les deux personnes du centre de visite médiatisées font certainement de leur mieux mais restent assez passives. D'ailleurs les enfants ne leur parlent plus vraiment. Le seul retour qu'elles peuvent faire au juge concerne une non-présentation des enfants ou un problème grave, mais rien sur leur attitude. Elles essaient de me rassurer en me disant que les enfants me provoquent et que même si le conscient dit des choses difficiles à entendre – l'inconscient sait toujours que je suis leur père. Elles ont pu parler plusieurs fois avec leur mère et m'ont dit qu'il était inutile d'essayer de reprendre contact avec elle car elle refuse la discussion.*

Jacques – *À l'invitation de la responsable, je rejoins mes filles attablées. Il est 16 heures 05. Elles restent assises en me voyant. Je leur dis : « Bonjour Clara, bonjour Murielle ». Clara (15 ans) répond « Bonjour ». Murielle ne dit mot. Je leur demande : « De quoi aimeriez-vous que nous parlions ? ». Murielle regarde ostensiblement ailleurs, notamment un enfant qui joue à quelques mètres. J'insiste : « Je vous propose de décider vous-même de quoi parler, j'accepterai, quoi que vous proposiez. »*

Clara me répond : « Il faut tout de même que tu comprennes que c'est fini, que nous n'avons rien à te dire et que nous ne voulons rien te dire. Nous sommes ici parce que nous sommes obligées. Pour une heure. Mais nous ne dirons rien. Alors, tu peux t'en aller tout de suite, ou parler tout seul, nous ne te répondrons pas. Il nous faut patienter une heure, puis nous partirons. »

Je me suis refusé à partir. J'ai tenté de leur dire des mots d'amour que je pensais sincèrement. Que ce jour était et resterait le plus beau depuis le 6 juillet (date de notre dernière rencontre)… Et bien d'autres choses… Je leur ai parlé d'elles, posé des questions, sur leurs projets d'avenir… Aucune réponse… Je leur ai dit que je ne pouvais pas renoncer, que quoi qu'elles disent et fassent, je ne leur en voulais pas… que j'étais et entendais bien rester leur père…

Clara répond : « Dans trois ans, je serai majeure, et je ferai ce que je voudrai : je n'aurai plus aucun contact avec toi… » Chaque fois que je pose une question à Murielle, que je lui demande si elle pense comme sa sœur, elle ne répond pas, marque désintérêt et lassitude en regardant ailleurs. Je continue longuement à leur dire que je suis prêt à tout entendre, à répondre à leurs éventuels reproches, qu'encore faudrait-il que je les connaisse pour tenter de me défendre… Mutisme… Je leur dis que j'ai bien l'intention de rester présent dans leur vie, et de jouer un jour mon rôle de grand-père pour les enfants qu'elles auront. L'une d'elles, puis l'autre confirment : « De toute façon, tu as 67 ans, nous prévoyons que d'ici deux à trois ans, nous serons débarrassées de toi... »

Tentant de cacher mon émotion d'entendre de pareilles choses (J'ai l'absolue conviction qu'elles ne font là que répéter ce que dit leur mère), je leur dis qu'elles ne sauraient compter sur une telle hypothèse, que j'ai bien l'intention de vivre encore 30 ans, que je suis en très bonne santé, que je désire par-dessus tout pouvoir m'occuper d'elles et de leurs futurs enfants...

Je ne dresserai pas la liste longue de toutes les tentatives que j'ai faites, pendant près d'une heure, pour les faire réagir, instaurer un commencement de dialogue, sur des questions les concernant. À un moment, une brève allusion de ma part à leur maman m'a fait m'entendre dire par Clara : « Sommes-nous ici pour parler de maman ? Je le refuse et je t'interdis de parler d'elle » !...

Je suis parti à 16h55. Brisé de chagrin. Je n'ai pas pu prendre le volant immédiatement. J'ai pleuré longuement.

Les intervenants

S'agissant de l'extraordinaire capacité des familles en situation d'aliénation parentale à « piéger » les témoins de cette situation étrange, les intervenants en ER ne font donc pas toujours exception, tant un rejet formulé avec une telle vigueur peut évoquer au sens commun quelque chose qui ne peut être raisonnablement expliqué que par des maltraitances réelles.

Dans des situations d'aliénation parentale arrivées à leur paroxysme, l'écueil dans lequel peuvent tomber les intervenants est de s'identifier de façon excessive à un rejet des enfants existant à l'encontre du parent visitant, et ce pour différentes raisons complexes, qui tiennent notamment aux mouvements de « transferts » qui peuvent alors avoir cours ; on pourrait encore évoquer le rôle du mécanisme d'« identification à l'agresseur » : il est souvent plus aisé de se ranger du côté de celui qui triomphe, qui est en position de force.

Les équipes d'ER peuvent alors se montrer tout à fait maltraitantes avec le parent aliéné en ne reconnaissant pas ce qu'il se passe ; à l'extrême ce dernier pourra se retrouver en position exclusive d'« accusé » : tout ce qui est entendu de sa part est effectivement interprété comme preuve de ses difficultés relationnelles intrinsèques avec ses enfants.

C'est également une **maltraitance indirecte** à l'égard des enfants aliénés, par le manque de reconnaissance de la véritable situation dans laquelle ils se trouvent, même s'ils donnent toutes les apparences pour convaincre de la « haine » à l'encontre du parent aliéné.

Observations cliniques

L'exercice en ER permet un certain nombre d'enseignements cliniques sur la problématique d'aliénation parentale.

Tout d'abord je dirais que la description clinique donnée par R. Gardner est d'excellente qualité, et il est frappant de voir que dans tous les cas d'aliénation parentale de forte sévérité l'ensemble des signes cliniques du syndrome tel qu'il l'a décrit (à commencer bien sûr par l'absence d'ambivalence affichée, qui est au fondement même du mécanisme psychique permettant à l'aliénation parentale de se mettre en place) sont présents. Les travaux de Gardner valent donc déjà par cela : le dégagement rigoureux et très précis des signes cliniques de ce syndrome et de cette « pathologie familiale ».

Les entretiens avec le parent aliénant permettent de dégager quelques éléments récurrents :

- l'évocation de sa propre histoire familiale infantile fait penser à un passif d'aliénation parentale vécue par lui ou par l'un de ses propres parents ;
- un autre cas de figure également retrouvé très souvent : ses propres parents (ou l'un d'eux) semblent avec une relation très fusionnelle avec lui. Ceux-ci semblent vouloir s'approprier les enfants comme s'ils étaient les siens. De là une forme de relation incestuelle, où le parent aliénant « fait couple » avec ses propres parents ou l'un d'eux. Ils semblent alors devenir, fantasmatiquement, les parents des enfants aliénés et non plus simplement leurs grands-parents. Dans la pratique on a de nombreux cas où les grands-parents résident dans le même immeuble, ou à quelques minutes à pied, voire où le parent aliénant réside carrément à leur domicile ;
- le nouveau conjoint, quand il y en a un, semble prendre toute sa part dans l'aliénation parentale, voire dans quelques cas en être franchement à l'origine. Celui-ci semble alors véritablement vouloir effacer le parent (aliéné) réel afin de prendre sa place. Mais dans d'autres cas, également assez nombreux, le parent aliénant, suite à la séparation, reste célibataire (et déclare alors souvent très spontanément qu'il est très bien comme cela) pouvant alors donner l'impression que sa relation très fusionnelle (voire incestuelle) à ses enfants le « comble » entièrement ; ce dernier cas de figure est très compatible avec le cas de grands-parents jouant un rôle important dans la mécanique d'aliénation.

Souvent, dans des fratries, on peut observer les enfants les plus âgés, adolescents, dans le rejet le plus total, signant l'aliénation parentale, alors que le(s) plus jeune(s) demeure (nt) dans une relation normale ou quasi normale avec le parent aliéné. L'aliénation parentale dans ces cas serait donc une *psychopathologie du lien* qui concernerait essentiellement les préadolescents et adolescents, tandis que ce mécanisme de manipulation mentale n'aurait pas prise (ou très rarement) sur les enfants jeunes (grossièrement de moins de dix ans). Cela questionne donc sur le rôle des remaniements psychiques à l'adolescence sur la dynamique de l'aliénation parentale.

Un autre élément plus fin et discret tient au rôle d'agencements complexes avec la conflictualité œdipienne ; souvent, dans le cas de fratries, c'est l'enfant du sexe opposé au parent aliénant qui semblera adhérer encore plus à la mécanique de l'aliénation parentale. Cela renforce la notion de formes fusionnelles voire « incestuelles » de la construction qui advient.

Je finirai avec un petit élément, relativement anecdotique, mais qui est très frappant par son extrême récurrence : l'excellence scolaire des enfants aliénés. Plusieurs éléments peuvent en cela entrer en ligne de compte, mais il me semble surtout que les résultats scolaires revêtent une telle importance dans notre société que cela peut constituer un des moyens-clés pour donner l'impression que « tout va bien » et que les enfants sont parfaitement éduqués.

Indication d'un espace de rencontre (ER) dans les cas d'aliénation parentale

Même si l'on se place dans des conditions optimales de prise en charge des familles, avec des intervenants bien formés, le problème de fond reste tout simplement que les ER n'obtiennent jamais de résultats probants pour les situations d'aliénation parentale de niveau sévère, car cette problématique ne peut se résoudre même en déployant de très grands efforts d'explication et de médiation. L'accueil des familles en ER est donc le plus souvent décevant… quand elle n'est pas franchement calamiteuse. De plus cet accueil en ER fait perdre un temps précieux, en ne permettant pas de s'attaquer aux causes réelles de la situation en proposant des solutions adaptées.

Il semble donc au final assez clair que les ER ne peuvent constituer une indication adaptée pour les situations d'aliénation parentale, ou plutôt, qu'elles ne peuvent constituer une indication appropriée que dans les cas où l'inversion de garde a déjà été prononcée par la justice. C'est-à-dire les cas où c'est le parent qui, ayant été « aliénant », et s'étant vu par suite retiré la garde de son/ses enfant(s), va venir le(s) rencontrer en ER. Dans l'immense majorité des cas c'est bien le parent victime de l'aliénation qui est « parent visitant » et s'y retrouve donc un peu plus acculé, condamné à n'avoir que ces droits de rencontre minuscules et largement insuffisants, aussi bien pour ses propres besoins que pour ceux de ses enfants. Dans le cas de l'aliénation parentale, et même s'agissant d'un ER qui effectuerait sa tâche de façon « idéale » le problème est donc que le cadre et le mode opératoire ne sont absolument pas adaptés : le but des ER, comme on l'a vu, est d'atténuer petit à petit les situations conflictuelles et/ou de s'attacher à organiser au mieux des rencontres familiales avec des parents fragiles psychiquement.

Or tous les efforts de médiation dirigés vers le parent aliénant restent sans effet et concernant les parents « aliénés », le problème ne se situe par du côté d'éventuelles fragilités psychologiques qui leur seraient propres. La totale rigidité du parent aliénant oblige les enfants aliénés, qui se retrouvent alignés sur sa position, à la même rigidité et fixité.

Un élément typique de l'aliénation parentale est de plus la déconstruction systématique, par le parent aliénant, de toute avancée. On pourrait dire « qu'il/elle repasse derrière », à chaque fois, après chaque visite effectuée à l'ER ayant apporté quelques bénéfices.

Un autre rôle des ER dans les cas d'aliénation parentale pourrait donc être, *a minima,* le **recueil d'éléments diagnostics** en ce sens. Certains ER remplissent en partie cette tâche et peuvent aller jusqu'à signaler aux juges aux affaires familiales qu'ils ont de fortes suspicions de conflits de loyauté très exacerbés, voire d'aliénation parentale. Cependant la très grande majorité des ER ne fournissent pas de tels rapports aux magistrats. De plus le rôle d'expertise ne leur est de toutes les façons pas dévolu. On ne peut donc « jeter la pierre » aux ER qui ayant de tels doutes ne les communiqueront pas au juge, tant que la situation reste en l'état et que cette mission ne leur incombe pas de façon officielle.

Prospectives

L'un des éléments qui permettrait d'améliorer la prise en charge des familles serait un réel engagement des ER auprès de l'instance judiciaire, avec l'envoi systématique de rapports qui, tout en tendant vers la « neutralité », doivent parfois conduire à pointer des problématiques de conflits de loyauté entretenus par l'un des deux parents. D'autant que dans certains cas les conflits de loyauté semblent être entretenus de façon presque « égale » et symétrique par les deux parents, ce qui ne donnera généralement pas, alors, des tableaux typiques d'aliénation parentale.

Les ER pourraient également offrir un lieu d'expertise complémentaire, car le paradoxe est que les expertises faites au-dehors ne permettent pas de voir autant de choses qu'on en voit à l'ER ; en effet la famille dans son ensemble y est convoquée, régulièrement, pour plusieurs heures, et va ainsi déployer pleinement le drame, le « théâtre » de sa problématique. Il s'agirait alors non pas que les professionnels y exerçant mélangent les rôles et soient également experts, mais plutôt que des experts puissent s'y rendre en tant que tiers, pour y faire leurs observations, tout en s'enquérant des observations et remarques de l'équipe.

Si le recrutement de professionnels bien formés est indispensable, cela veut dire, notamment pour la problématique de l'aliénation parentale, que ces professionnels doivent avoir une bonne formation dans le champ singulier des conflits de loyauté. La méconnaissance de ce dont il s'agit et de ce qu'ils peuvent recouvrir comme manifestations cliniques est à l'origine de très nombreuses incompréhensions et mauvaises pratiques, que ce soit au sein des ER mais aussi de l'instance judiciaire, et même pour de nombreuses expertises psychiatriques. Dans l'idéal on pourrait imaginer que toute équipe d'ER comporte en son sein au moins un thérapeute familial – il existe en France de nombreux thérapeutes familiaux très bien formés – mais les rémunérations actuelles en ER permettent difficilement de s'adjoindre les services de professionnels hautement qualifiés.

Il me semble que les situations d'aliénation parentale accueillies dans les espaces de rencontre pourraient parfois bénéficier d'un cadre du type « visites médiatisées ». Ce cadre consiste en l'accueil d'une seule famille à la fois, généralement avec deux professionnels présents. Il faut savoir que ce cadre spécifique coûte par suite beaucoup plus cher que l'accueil en ER, ce qui complexifie la question, qui devient alors aussi socio-économique. Dans la pratique, les visites médiatisées sont généralement ordonnées par les juges des enfants, pour des situations familiales où aucun des deux parents n'a plus la garde, suite à des problématiques psychopathologiques aiguës.

Enfin, le problème fondamental ne se situe pas au niveau des ER mais bien au niveau de l'institution judiciaire ; celle-ci ne reconnaît encore que très insuffisamment le problème de l'aliénation parentale et plus généralement les conséquences de conflits de loyauté très aigus. D'autre part un problème flagrant touche à la question des délais, qui sont très hautement problématiques actuellement, et ce pour toutes les familles accueillies en ER.

Pour conclure, les situations d'aliénation parentale, correctement reconnues et dépistées, ne devraient donc jamais conduire à une ordonnance d'ER. Elles devraient éventuellement conduire à un cadre du type « visites médiatisées », dont le but pourrait être de tenter une forme de « thérapie familiale » sous injonction judiciaire – un tel cadre étant actuellement inexistant.

Note rédigée par les intervenants d'un espace de rencontre à l'attention de Madame M., juge aux affaires familiales au tribunal de grande instance de Pontoise – Paris, le 1er décembre 2011

(…) *Monsieur C. n'a jamais caché sa grande hostilité contre ces rencontres entre mère et enfants ; il a toujours gardé avec nous une attitude de défi, et dès le départ il s'est servi de tous les prétextes pour nous impressionner et empêcher les visites par des annulations. Le fait d'avoir à se plier de nouveau à une décision judiciaire lui est insupportable car il veut maintenir le contrôle total des situations et bien sûr de ses enfants.*

En effet, les deux enfants, Charles plus que Laurence, ne peuvent qu'absorber les sentiments négatifs du père, avec lequel ils vivent au quotidien, sentiments qui les éloignent de la figure maternelle en les mettant en opposition forte à son égard, ce qui nous paraît un cas grave d'aliénation parentale. Les conséquences de cette aliénation sont dévastatrices pour l'évolution des deux enfants, car il s'agit d'une maltraitance qui agit en profondeur et fragilise gravement le psychisme des enfants pour la vie.

Dans ces cas d'aliénation grave, il est envisagé même de soustraire l'enfant à l'emprise du parent aliénant et de le remettre à son parent aliéné. Mais très souvent aussi, ces enfants sont placés à l'Aide sociale pour l'enfance, ce qui leur permettrait de renouer le lien affectif avec chacun des parents de manière adaptée, et de renouer aussi avec leurs besoins profonds.

Chapitre 9

Dans la robe d'un avocat

Par Christine Ravaz

« En tant qu'avocat, nous bénéficions de l'immunité judiciaire. Dans le prétoire tout nous est permis. Au nom des droits de la défense, nous pouvons désarçonner le plus vulnérable, le bombarder d'insanités inventées, l'injurier, le diffamer, truquer le dossier et brader sa vie, sans aucun remords. Nous ne faisons que notre métier. Le mensonge est utilisé comme une arme. Tous les moyens sont bons pour se débarrasser de l'autre. Au final il n'y a jamais de justice, car il n'y a jamais de vérité. »[106]

Chapitre 9

La triste réalité judiciaire

Si l'avocat a acquis par son expérience la certitude qu'au bout de six mois de séparation totale entre un enfant et l'un de ses parents, un syndrome d'aliénation parentale s'est installé, doit-il conseiller à son client de « laisser tomber », pour l'épargner ou continuer les procédures ? La situation est compliquée car la souffrance est immense. Dans la triste réalité judiciaire, les procédures face à un enfant victime du syndrome d'aliénation parentale sont souvent des naufrages annoncés.

L'avocat livre un combat oppressant, extrêmement difficile, contre un ennemi invisible mais si présent. Il le nomme devant la justice, décrit ses symptômes, ses effets, ses conséquences irréversibles. Mais il n'est pas entendu car cet ennemi n'est pas inventorié par les bibles du droit : les codes Dalloz. Ainsi, il tire systématiquement son épingle du jeu. Et si l'avocat insiste, on lui reproche une psychose, une anomalie, un trouble, une imagination délirante.

Pour obtenir une preuve du délit de non-représentation d'enfant, il faut déposer plainte. Mais les commissariats et gendarmeries sont saturés et préfèrent les mains courantes, ce qui permet au parent délinquant d'obtenir l'impunité. L'énergie qu'un parent doit déployer pour un dépôt de plainte

106. Christine Ravaz, *Avocat à vif*, Éditions du Lau, 2012.

est parfois considérable et décourage souvent à la longue les meilleures volontés.

La plupart des plaintes sont classées sans suite car ces affaires ne sont pas considérées à l'heure actuelle comme étant prioritaires.

Les policiers qui se déplacent à plusieurs pour constater un simple cambriolage, refusent d'effectuer tout transport sur les lieux en matière de non-représentation d'enfant. Ce qui assure la tranquillité au parent qui commet pourtant un flagrant délit dont les conséquences sont graves puisque celui qui est victime est le mineur.

Après avoir effectué l'intégralité du parcours du combattant : plainte, citation directe, audience tribunal correctionnel, jugement, appel, pourvoi, saisine du juge des enfants, le parent délaissé constate qu'il est impossible de faire appliquer la décision. Le prétexte utilisé par la police-justice pour refuser d'exécuter les décisions consiste à se cacher derrière le « refus de l'enfant ». Tout en continuant à nier l'existence du syndrome d'aliénation parentale en culpabilisant le parent délaissé.

Les lettres circonstanciées d'enfant dictées par l'un des parents se retrouvent fréquemment dans les dossiers. Elles sont l'indice d'une véritable aliénation.

Les points de rencontre ont pour conséquence de renforcer l'hostilité de l'enfant envers le parent délaissé. Il faudrait procéder autrement en mettant à la disposition du parent délaissé le domicile d'un proche, d'un ami, d'un parent raisonnable, d'une personne de confiance, d'autoriser les sorties en famille, tout ce qui ne serait pas en décalage avec le mode de vie de l'enfant et de l'adolescent. Mais à tout prix il faut éviter le tête-à-tête forcé qui plombe tout retour vers une relation affective.

Les détectives, les recherches sur Internet peuvent être un recours ultime face à l'inertie judiciaire. La problématique est d'ordre économique, cependant, un marché se développe dans ce domaine où les parents ne sont donc pas sur un pied d'égalité.

C'est au procureur de la République à qui il revient d'ordonner des investigations. Mais désormais, confronté aux classements sans suite à répétition des plaintes pour non-représentation d'enfant, le parent délaissé s'adresse à des opérateurs privés pour tenter de retrouver sa progéniture, avant qu'il ne soit trop tard.

Le recours devant la CEDH n'est plus adapté, c'est regrettable, mais tous les jours, de nouvelles affaires de non-représentation d'enfant, de déni de justice, d'enlèvement d'enfant s'amoncellent sur son bureau et la CEDH se démène dans des milliers d'autres dossiers. Ses jugements interviennent des années après les faits et n'ont plus d'intérêt pratique.

La stratégie du parent aliénant consiste la plupart du temps à accuser l'autre parent de tout et de rien, de déclencher chez l'enfant l'anxiété, l'angoisse, de truquer les faits, de provoquer l'éloignement géographique. La méthode utilisée est celle du *brainwashing* (lavage de cerveau), tout se passe dans la tête. En matière de syndrome d'aliénation parentale, la persuasion est d'autant plus forte qu'elle provient du parent aimé, la confiance est absolue. Le syndrome d'aliénation parentale est la forme d'asservissement de l'enfant la plus brutale, la plus infâme et la plus ignorée.

L'enfant est séparé de l'un de ses parents qui est « tué » psychologiquement et il devient dans le même temps indissociable de l'autre jusqu'à la perte de sa propre autonomie. Il est absorbé par l'autre parent. Il lui appartient, corps et âme, il est dans l'impossibilité de comprendre ce qui se passe, de penser autrement que par l'autre parent. L'enfant aliéné n'est plus qu'un avatar du parent aliénant. Le jour où bien plus tard il s'en apercevra, sa réaction pourra être catégoriquement tragique.

Le parent persuadeur-persécuteur ressent un **sentiment de toute-puissance** face à la souffrance qu'il inflige à l'autre parent, il déverse sa haine et sa violence perverse à travers l'enfant transformé en fil conducteur.

Le placement de l'enfant est inutile, ceci renforcera son amour pour le parent aliénant et il fuguera immédiatement en mettant sa vie en danger si besoin est.

L'Éducation nationale n'a pas intégré l'existence du syndrome d'aliénation parentale. Le mode de fonctionnement « surtout pas de vague » peut s'avérer être en opposition avec la loi sur l'autorité parentale, voire pire, mettre les décisions judiciaires en échec.

En définitive, l'unique contact entre l'enfant et le parent délaissé reste la pension alimentaire qu'il doit verser chaque mois, pour son entretien, pour son éducation. Et il est promptement poursuivi et condamné pour « abandon de famille », s'il ne peut plus payer.

Ainsi, par une sournoiserie de vocabulaire qui pourrait apparaître comme une blague si la situation n'était pas si tragique, le parent délaissé et rejeté, doit subir la qualification pénale « d'abandon de famille ». Ce qui constitue, une extrême injustice.

Seules des associations spécialisées dans le SAP soutiennent le parent délaissé et sont susceptibles d'apporter des réponses appropriées.

Une vie en procédures ou : « Plutôt te tuer »

Je conçois que vous puissiez penser que, ayant été l'avocat du père, mon point de vue à propos de cette affaire réelle soit un peu subjectif, un peu orienté. Mais mon but n'est pas de vous influencer d'une manière partisane mais de vous exposer la réalité du terrain, telle qu'elle se présente chaque jour ou presque. Après avoir présenté les acteurs de ce drame, je vais décrire la procédure complexe en puisant les éléments du récit directement dans les écrits judiciaires et médicaux sans attaque personnelle contre l'un ou l'autre des parents.

Le début de l'histoire

Anatole, fils de monsieur Michel et madame Bro, fit son entrée dans notre fabuleux monde en 1999.

Son père l'avait, alors, serré très fort dans ses bras. Mais il ne savait pas vraiment comment se terminerait son parcours avec la mère de son enfant. L'avenir de leur couple semblait incertain, et madame Bro ne communiquait pas trop sur ce point. Monsieur Michel ne pouvait pas se douter que les années qui allaient s'écouler avec elle, ne seraient qu'un long défilé de procédures judiciaires pour rien, qu'il ne verrait pas son fils grandir, le dépasser – et pour lui pourtant, c'était le plus important.

L'avenir du couple n'était incertain qu'en apparence, car si madame Bro ne répondait pas aux questions de monsieur Michel, elle avait en fait élaboré des projets intégrant la disparition du père de son enfant, c'était le centre même de ses préoccupations.

Elle l'avait vu venir de loin ce père, elle l'envisageait comme une chance d'avoir un enfant, mais devait ensuite en finir vite avec lui. Il fallait simplement qu'il se montre coopératif durant quelques mois et c'était tout.

Lui ne se doutait de rien, il était simplement le père heureux d'un enfant, ceci, il en était sûr et il faisait confiance.

Mais depuis quelques mois, il voyait qu'elle absorbait tout son temps pour cet enfant, repoussant chacune de ses tentatives. Elle voulait garder le pouvoir sur tout, lui reprochant de ne rien réussir, de mettre en cause la sécurité du bébé dès qu'il approchait pour le bercer. Et ce n'était que le commencement. Profitant de la montée des tensions dans le couple, elle l'a évacué précipitamment de leur vie alors qu'Anatole n'avait qu'un an.

Le conflit judiciaire n'était cependant pas l'objectif de monsieur Michel, il n'a donc pas voulu au départ saisir la justice, ainsi, il s'est contenté de ce qu'elle lui octroyait du haut de son pouvoir de mère, elle lui accordait le droit de voir Anatole de temps en temps, quelques heures par-ci par-là, sous sa surveillance, elle devenait de plus en plus exigeante, sur ses gardes, féroce.

Sa stratégie consistait à mettre en place en place un dispositif empêchant tout rapprochement entre le père et le fils. Elle s'investissait à nourrir en permanence un conflit futile qui lui permettait d'arguer de prétextes suspensifs des maigres droits de visite à l'amiable qu'elle accordait. Rapidement, les conversations furent remplacées par des invectives, des menaces de rupture totale.

Pour voir son fils, monsieur Michel était prêt à tout entendre, à tout accepter, cherchant à calmer sa fureur qui se déclenchait pour un rien, évitant de prendre le moindre risque de lui déplaire.

Il s'est ainsi montré conciliant, patient, clément durant les premières années, lui rappelant à chaque fois son très fort attachement à son fils et son envie permanente de le prendre dans ses bras. Mais malgré toutes ses manifestations de bonne volonté, rien n'a pu la décider à relancer le processus affectif et à créer le lien stable qu'il espérait.

Ensuite, plus aucun contact, Mme Bro migrant dans un autre lieu à chaque fois qu'il arrivait. L'enfant n'était toujours nulle part lorsqu'il voulait le rencontrer. Son fils et lui étaient devenus comme deux fantômes qui se cherchent dans la nuit et il ne lui était plus possible de continuer ainsi. C'est ainsi que commencèrent les procédures judiciaires concernant la garde de l'enfant et que monsieur Michel s'endetta.

Mme Bro avait misé toute sa stratégie sur le sentiment de l'oubli. Mais elle n'avait pas envisagé que monsieur Michel ne se lasserait jamais de rechercher son fils et elle en fut dépitée. Mme Bro qui avait tout prévu depuis le début, décida alors d'utiliser la machine médicale pour bloquer le fonctionnement de l'appareil judiciaire, au risque de détruire son fils coincé entre les deux.

Les procédures

Je conçois que vous puissiez penser que, ayant été l'avocat du père, mon point de vue à propos de cette affaire réelle soit un peu subjectif, un peu orienté. Mais mon but n'est pas de vous influencer d'une manière partisane mais de vous exposer la réalité du terrain, telle qu'elle se présente chaque jour ou presque. Je vais donc maintenant puiser les éléments du récit directement dans les écrits judiciaires et médicaux sans attaque personnelle contre l'un ou l'autre des parents.

En septembre 2007, Mme Bro dépose plainte et invente de toutes pièces une histoire rocambolesque de violences exercées sur Anatole par la concubine de son père. Elle avoue le 24 septembre 2007 que rien n'était arrivé et que tout n'était que mensonges.

Le 25 septembre 2007, le docteur Coq, psychiatre et pédopsychiatre, médecin habituel d'Anatole adresse à sa consœur un courrier lui signalant « *les difficultés d'Anatole qui vit une relation complexe et conflictuelle avec son père* ».

Il ajoute *« la maman craint que le papa vienne à l'école et compte tenu des faits récents, je pense que des mesures de protection soient nécessaires ».*

Le 12 octobre 2009, le juge des affaires familiales fixe la résidence d'Anatole au domicile de sa mère et accorde au père un droit de visite et d'hébergement un week-end sur deux et durant la moitié des vacances scolaires. Il ne sera jamais possible de l'appliquer.

Le 16 octobre 2009, Mme Bro se présente avec Anatole, à 18 h 03, au commissariat pour faire dresser une main courante en indiquant qu'elle refuserait d'exécuter cette décision car le père n'avait vu son fils que huit fois en 9 ans et quelques heures. Elle fait dresser à 18 h 22 une main courante dans laquelle Anatole déclare : *« Je refuse d'aller seul chez mon père car j'ai peur de lui. En début d'année, lors d'un entretien avec l'assistante sociale, j'ai entendu que mon papa, quand il était militaire avait volé une arme à l'armée, je n'en sais pas plus. Il a également un poignard, et j'ai peur que mon père soit violent avec moi. Je ne veux pas voir mon père. »* La main courante est signée par Mme Bro et dessous sa signature, figure celle de l'enfant, âgé de 10 ans.

Quelques jours plus tard, Anatole est « surpris » avec un couteau dans son sac en allant à l'école au cas où son père viendrait le chercher. Une hospitalisation immédiate a eu lieu en pédiatrie le 18 octobre 2009 à l'hôpital Font Pré dans le service du docteur Chafouillis. Il dit vouloir tuer son père avec une arme que celui-ci « aurait volé à l'armée ». Le docteur diagnostique un *« conflit conjugal majeur avec souffrance psychologique de l'enfant ».* Sur la fiche d'hospitalisation, il indique que *« Anatole est souriant, il ne semble pas contrarié par l'hospitalisation. La maman est présente, elle a apporté un gros dossier avec elle. Cette maman est infirmière libérale ».* Le médecin de famille a été appelé et prévenu. La maman demande le dossier pour le montrer à son avocat. La maman dit qu'elle a reçu un SMS du père disant : *« Bravo ».*

Compte tenu de l'état dans lequel M. Michel voit son fils (larmes, cris, menaces, etc.) il accepte devant les médecins de surseoir à son droit de visite pour les vacances à venir.

Début avril 2010, Anatole est hospitalisé de nouveau en pédiatrie, il a présenté une crise de colère hétéro-agressive contre sa mère et sa tante. Le seul moyen de le calmer fut d'appeler les pompiers qui l'ont amené à l'hôpital Font Pré. Cet accès de colère est mis sur le compte du jugement du 12 octobre 2009 qui accorde des droits de visite au père.

Le 18 avril 2010, Anatole fait une tentative de défenestration, il est trouvé debout sur une fenêtre. Il est hospitalisé à l'hôpital Font Pré dans le service d'évaluation et d'observation de l'adolescence.

Sur le plan clinique, lors de son admission, le médecin relate les constatations suivantes :

« On retrouve des idées suicidaires, qui a priori durent depuis quelque temps. Tout est mis sur le compte du père par Anatole.

Anatole a un discours très radical : la seule solution serait soit de "tuer" le père, soit de "mourir".

On retrouve une anesthésie affective majeure avec une froideur en lien avec une certitude inébranlable de passer à l'acte.

Anatole semble avoir du mal à se situer dans le temps. Le discours est très flou, avec l'impression dans le discours d'une certaine dissociation du cours de la pensée.

Cette psychorigidité, associée au trouble du contact, pose la question d'un potentiel trouble psychotique associé. »

22 avril 2010 : il fait une tentative de strangulation avec un lacet, il explique que c'est parce qu'on ne le croit pas. Le médecin indique dans le suivi médical :

« Tentative de strangulation avec un lacet, niée puis reconnue dans un second temps. Détermination suicidaire au moment de l'acte. Explique que c'est parce qu'on ne le croit pas. Mise en place d'un protocole d'apaisement avec isolement et traitement anxiolytique : TERCIAN 3 X 40 gouttes. »

27 avril 2010 : entretien avec la mère. Point sur la prise en charge et l'état d'Anatole. On évoque la possibilité d'une prise en charge hospitalière au long cours au regard du trouble et de la fragilité psychique constatés. La maman nous apprend qu'un voyage en Amérique du Sud est prévu en juin et demande si Anatole serait sorti à cette date.

28 avril 2010 : levée du protocole en chambre d'isolement.

« Nombreuses plaintes somatiques, besoin de maternage, semble fonctionner de manière prévalente sur ce registre. Anatole a été touché par les messages de sympathie de la part de ses camarades de classe, transmis par la mère. Difficultés à parler de son ressenti et à exprimer les affects. Toutefois, moins robotisé dans son discours concernant le père. »

4 mai 2010 : Anatole parle avec froideur de sa tentative de suicide par pendaison ainsi que de trois tentatives lors desquelles il dit avoir essayé de se tuer en sautant par la fenêtre ou de se faire écraser par une voiture. Dit ne

pas se sentir entendu par le juge. On l'incite à écrire au juge afin d'exprimer ses inquiétudes et ses requêtes.

Information sur le début de traitement par RISPERDAL.

Toujours peu expressif sur le plan des émotions. S'exprime d'un ton monocorde.

Le docteur CRAC indique qu'il lui semble important de prendre en compte pour l'instant, le refus d'Anatole quant aux contacts avec son père. La mère se dit très insécurisée vis-à-vis de décisions judiciaires L'hospitalisation d'Anatole pour une longue durée est préconisée.

10 mai 2010 : *« Dit ne pas souhaiter voir son père lors d'un RV dans le service. »*

Synthèse du 17 mai 2010 : *« En demande de maternage toujours ; dans la dépendance à autrui. Difficultés de subjectivation. Tendance à coller au désir des autres. »*

19 mai 2010 : Anatole réitère qu'il ne comprend pas qu'on ne le croie pas concernant les allégations sur son père, non démenties par Mme Bro qui dit être convaincue de la dangerosité potentielle du père avec un sentiment d'inquiétude permanent, inquiétude également qu'Anatole en arrive à tuer son père. Le médecin note :

« Anatole exprime à nouveau clairement son refus de voir son père "même en point rencontre", apparaît très angoissé à cette idée. Pour l'instant, la question des rencontres avec le père reste en effet source d'une grande insécurité psychique pour Anatole. Un accompagnement psychologique et médical est nécessaire afin de le soutenir et l'aider à évoluer quant à ses convictions anxieuses et obsédantes. Anatole est manifestement piégé dans un syndrome d'aliénation parentale, bien au-delà d'un conflit de loyauté. »

Diagnostic

Trouble de l'adaptation avec perturbation des émotions et des conduits : F43.25
Difficultés en lien avec la séparation parentale : Z63.5

À la sortie : traitement RISPERDAL.

Bilan psychologique : TAT en faveur d'un fonctionnement psychotique.

Mais Mme Bro a prévu un voyage en Amérique du Sud et Anatole quitte l'hôpital le 1er juin 2010 avec elle sans aucun suivi particulier.

Le 3 juin 2010, le Centre hospitalier, centre départemental d'évaluation et d'observation de l'adolescence établit un rapport d'évolution concernant le jeune Anatole âgé de 11 ans, hospitalisé dans le service du 19 avril 2010 au 1er juin 2010. Le médecin responsable, le docteur Renard écrit au juge pour l'informer que :

« L'évaluation médicopsychologique d'Anatole met en évidence un trouble de l'organisation de la personnalité avec une potentialité évolutive vers un trouble psychotique. Le contexte environnemental anxiogène contribue à fragiliser l'équilibre psychique d'Anatole. Une mise à distance de ce contexte en milieu médical nous est apparue nécessaire en raison des enjeux pronostiques sur le plan de l'évolution psychiatrique à moyen et long terme. Anatole est manifestement piégé dans un syndrome d'aliénation parentale, bien au-delà d'un conflit de loyauté classique.

Il nous semble important de prendre en compte pour l'instant le refus d'Anatole quant aux contacts avec son père. La question des rencontres avec le père reste en effet source d'une grande insécurité psychique pour l'enfant. Un accompagnement psychologique et médical est nécessaire afin de le soutenir et l'aider à évoluer quant à ses convictions anxieuses obsédantes quasi délirantes concernant le père.

La mère se dit très insécurisée vis-à-vis de décisions judiciaires qui selon elle, n'ont pas pris en compte le désir et l'état d'Anatole.

Nous préconisons une orientation en hospitalisation au vu de la nécessité d'un soutien institutionnel à moyen terme et de la surveillance de la symptomatologie prépsychotique mise en évidence.

Dans l'attente de la confirmation de cette hospitalisation, la prise en charge ambulatoire s'effectuera auprès du docteur Coq. Nous n'avons pas émis de contre-indication médicale à un voyage en Amérique du Sud prévu avec la mère jusqu'au 7 juillet 2010. »

Au retour du grand voyage exotique, le docteur Coq s'occupe seul d'Anatole.

En novembre 2010, l'une des deux filles aînées de monsieur Michel meurt à l'âge de 19 ans dans un effroyable accident de voiture.

Mme Bro empêche son fils de se rendre à l'enterrement de sa demi-sœur et menace de prévenir le juge. Sur Facebook elle publie un sinistre message dans ces termes : *« Je ne sais pas si (le père) est triste ou bien s'il est bouffé par les remords lorsqu'il constate le "père exceptionnel" qu'il a été ! Si le départ de XXX pouvait accélérer le départ du père, quel soulagement ! »* Monsieur Michel est trop effondré dans son immense chagrin pour réagir.

En 2011, Mme Turban, psychologue clinicienne, dépose un « Compte rendu de la famille : enfant, mère, père ». Elle constate :

« Nous sommes dans un contexte de conflit très avancé. Anatole vit chez sa mère avec qui il semble avoir une relation peu conflictuelle. Actuellement, il ne voit plus son père. Les relations parentales semblent à un point de non-retour. »

Elle décrit ainsi Anatole :

« Il s'agit d'un enfant en souffrance et complètement perdu de part ce qui caractérise les repères parentaux. Sa mère joue le rôle des deux parents ce qui se justifie dans le fait qu'elle ait la garde pleine et entière alors que son père est le grand

absent ce qui s'explique par la difficulté de monsieur de pouvoir voir son fils. Le problème principal est qu'Anatole a vu et entendu trop de choses et qu'il a le sentiment d'être un objet avec lequel on joue sans pouvoir exprimer ce qu'il ressent. Il est dans un sentiment intense de frustration dont il se décharge par des crises de nerfs, mais a aussi le sentiment de ne pas exister et tente de se faire remarquer comme il peut. Ainsi d'un côté il est au courant de choses extrêmement violentes comme s'il avait la capacité et la maturité de l'entendre mais d'un autre côté il a l'impression de ne pas exister en tant qu'individu à part entière. Tous les ingrédients sont réunis pour créer un cocktail explosif d'un point de vue identitaire : comment permettre au "je" de se développer ? La mère a un double positionnement père-mère, le père est caractérisé par du vide et l'enfant se considère comme un objet que l'on bouge d'un endroit à l'autre. »

Conclusion générale

Pour le moment, les relations familiales sont tellement tendues qu'elles ne tiennent qu'à un fil. Anatole est un enfant perturbé au point que le suivi avec le pédopsychiatre est tout à fait nécessaire.

De plus il est important que les parents puissent trouver un compromis tout au moins temporaire afin qu'Anatole puisse être épargné. En effet, les tentatives de suicide peuvent être aussi un besoin de faire une pause dans le temps qui devient trop pressant, trop rapide.

Pour le moment, décontextualiser Anatole en le sortant de son milieu familial que représentent le domicile et la relation maternelle me semblerait être très perturbant pour l'enfant. En effet, cela représente de nouveaux changements dont il ne comprendrait pas le sens et cela nous ferait à nouveau entrer dans l'idée de « chosifier » Anatole.

Faire une pause afin qu'Anatole s'apaise, ainsi que lui permettre de ne plus entendre tous les détails de cette affaire de manière répétée pourrait l'aider à se construire. En effet, même s'il connaît déjà les détails de la procédure, ne pas les entendre régulièrement l'aiderait à exister par lui-même en dehors de ces conflits familiaux. Cette pause accompagnée d'un apaisement grâce à un accompagnement et un soutien pourraient permettre à Anatole d'appréhender la relation paternelle de manière plus sereine.

Cette pause ne peut être que temporaire car Anatole a besoin de son père même si pour le moment ils ne se comprennent pas.

Le 24 mai 2011, la cour d'appel d'Aix-en-Provence confirme le jugement rendu le 12 octobre 2009 accordant au père un droit de visite et d'hébergement un week-end sur deux et durant la moitié des vacances scolaires, qu'il est dans l'impossibilité de faire appliquer.

Cette décision rendue par la cour d'appel, à l'issue d'une procédure qui a duré près de quatre ans, ponctuée par des expertises, enquêtes, etc., est réduite à néant par une ordonnance de référé du juge aux affaires familiales.

En effet, le 26 mars 2012, en référé, le juge aux affaires familiales suspend pour un an le droit de visite et d'hébergement de M. Michel, au motif que :

« L'enfant âgé de 12 ans et demi a, sur sa demande, été entendu par le magistrat devant lequel il a exprimé son refus déterminé de voir son père expliquant que durant le point de rencontre en présence de son père, il jouait avec un mini-ordinateur ne souhaitant pas échanger quoi que ce soit avec son père ; ATTENDU que l'enfant a déjà fait de multiples et sérieuses tentatives de suicide, QUE le rapport de Mme Turban, psychologue clinicienne, préconise qu'une "pause" soit faite dans la relation d'Anatole avec son père et la mise en place d'une thérapie nécessaire au profit de l'enfant afin de lui apprendre à communiquer avec son père. Attendu que le docteur Coq, psychiatre habituel de l'enfant, a déclaré l'enfant indemne de tout trouble psychiatrique et indiqué qu'il n'avait pas relevé chez Anatole "un discours plaqué sur celui de la mère", qu'il a ajouté que les points de rencontre devaient cesser en raison de "l'hostilité très prononcée d'Anatole par rapport à son père", le psychiatre ayant indiqué que les points de rencontre étaient de nature à renforcer cette hostilité. »

Fin mars 2013, Mme Revenant, psychologue clinicienne, dépose son rapport « d'examen psychologique approfondi ». Elle a rencontré Anatole à son cabinet durant 2 heures. Son rapport comprend 15 pages. À la fin de son rapport, elle conclut :

« À la question de dire si Anatole présente des troubles ou des déficiences physiques ou psychiques susceptibles d'influencer leur comportement et, si les troubles ou déficiences constatées rendent nécessaires une mesure de protection, de sauvegarde ou de rééducation particulière ou s'ils entraînent des contre-indications professionnelles ou autres : Anatole se situe actuellement dans un registre psychique fortement marqué par l'ambivalence. Il se trouve en grande difficulté de séparation de l'image maternelle. Ceci le conduit à se situer dans une confusion au niveau de son identification et le maintien dans une position infantile de toute-puissance. Dans ce cadre, on peut noter à certains moments une certaine déstructuration de son discours. Toute instance tierce apparaît très difficile à appréhender et à accepter par Anatole. De ce fait, Anatole a beaucoup de mal à faire face à toute frustration ce qui le conduit à souvent situer l'autre comme persécuteur. Ce ressenti persécutif est donc relatif à un fort état anxiogène déterminant une grande et constante insécurité. La mise en place d'une instance séparatrice susceptible d'avoir une fonction tierce a eu lieu et s'est soldée par un certain effondrement, ceci a conduit Anatole en classe de CM2 à plusieurs tentatives de suicide lors de raptus d'angoisse.

Il paraît donc peu probable qu'une tentative de récréer un lien avec le père soit admissible pour Anatole actuellement.

Enfin, l'état psychique d'Anatole ainsi que son évolution demande une attention particulière du fait d'une certaine déstructuration qui apparaît parfois dans ses discours, de cette tendance à vouloir faire la loi et par là même à la réfuter ainsi que d'une possibilité d'effondrement liée à un fort état anxiogène et d'une insécurité constante. »

Le 31 mai 2013, le juge des enfants rend un jugement subordonnant le maintien d'Anatole au domicile de sa mère à son inscription effective en internat scolaire dès la rentrée de septembre 2013.

Le 19 juillet 2013, Mme Fauvette, psychologue clinicienne, dépose son rapport « d'analyse de personnalité » de l'ado Anatole âgé de 14 ans.

« Anatole est venu à la "consultation" accompagné de sa maman, pour faire un point sur son état psychologique actuel. »

Elle fait dessiner l'ado et constate que :

« les dessins évoquent une tendance à s'effacer, à vouloir passer inaperçu, ne pas se faire remarquer. En effet, il se contient, inhibe son comportement, voire sa pensée pour éviter d'avoir à affronter les conséquences de ses actes. Ceci conduit à des frustrations fortes car Anatole s'est construit avec un fort sentiment d'injustice et d'incompréhension face à ce qu'on lui impose depuis toutes ces années. De fait, il a développé une inhibition des émotions pour se protéger et ne pas trop souffrir de cette situation et surtout de l'impuissance qu'il ressent face à celle-ci. Ainsi, il essaie d'être lisse en apparence au niveau des émotions et des comportements pour éviter les répercussions que cela pourrait avoir. Mais certaines fois, sa personnalité, son âge lui échappent et il laisse transparaître ce qu'il ressent et dont il souffre ce qui fait de lui un être humain et non un robot ! Pour maintenir un comportement et des sentiments contenus, il tend vers la rationalisation. Ainsi, il évite l'expression de sentiments trop envahissants et trop perturbants car il se sent évincé de sa propre vie. Il aimerait que l'on cesse d'intruser sa vie pour pouvoir lui-même l'investir et pouvoir se projeter dans l'avenir. Son besoin d'émancipation est normal à son âge mais chez lui cela semble s'apparenter à de la survie. En effet, Anatole est un adolescent qui ne supporte plus cette situation conflictuelle qu'il vit comme un joug, voire même comme une négation de ce qu'il est puisqu'il dit qu'on ne l'entend pas.

Mon inquiétude est que si cette situation perdure et que son sentiment d'être nié en tant qu'individu s'ancre et se développe, Anatole risque non seulement de fuir dans des mondes alternatifs (jeux en ligne, cannabis…) mais de décharger ses frustrations à travers des comportements agressifs s'apparentant à des temps d'explosion nécessaires… »

Au moment du dépôt de ce rapport, Anatole adresse un courrier au juge dans un français et une orthographe parfaite lui demandant :

« Bonjour Monsieur le Juge, je suis Anatole. Pouvez-vous me donner un rendez-vous en urgence, s'il vous plaît. Vous devez voir mes parents le 30 juillet. Je voudrais vous parler de mon prochain collège ou je suis obligé d'être interne. Je vous demande l'autorisation d'être avec mon avocat. Merci Monsieur le juge. Anatole. »

Le 4 août 2013, Mme Bro se précipite au commissariat et fait dresser une main courante et explique :

« Mon fils présente des troubles d'anxiété majeurs à l'idée de voir son père. Aujourd'hui il s'est présenté à mon domicile afin de venir le chercher. Anatole était seul chez nous, je me trouvais au travail, il m'a immédiatement appelé ainsi que la police qui s'est déplacée. Je vais emmener Anatole voir un psychiatre afin de lui faire délivrer un certificat médical. Je me réserve le droit de déposer plainte contre M. M si les faits venaient à se renouveler. »

Ce même 4 août 2013, le docteur Crevette du service SOS médecins « certifie » avoir examiné l'ado qui :

« a été manifestement été l'objet d'une mise en présence, non convenue d'avance, avec son père. Le jeune, lors d'un entretien en tête à tête avec moi, présente des signes nets de terreur à l'évocation de cet épisode. Dès l'entretien terminé, il manifeste une conduite de fuite. Son état clinique, s'il était adulte, justifierait une ITT de sept jours. »

Le juge des enfants n'aurait pas dû faire confiance à la mère – on l'aurait parié – car le petit n'a « résisté » que huit jours au « calvaire » de la pension. L'insensé est que l'ado s'était déclaré ravi de cette semaine passée avec des copains, des vrais, choisis par lui. Mais Mme Bro a transformé très vite l'endroit en terrain d'émeute. De suite à la rentrée, elle s'est investie dans une croisade contre le collège, a inventé des incidents, formulé des griefs inédits contre les professeurs et les élèves, a noyé la réputation du collège sous un flot de rumeurs, créant un malaise, des embrouilles, des tensions, pour que le petit génie retourne tout de suite dans sa chambre adorée, chez elle, loin des autres enfants. Il y reste coincé quinze jours avant de pouvoir se rendre à nouveau au collège, celui d'à côté, avec retour au nid à midi et le soir, bien sûr.

Car au mois d'octobre 2013, le même juge des enfants prononce la mainlevée de l'internat et renonce à cette condition pour garder la résidence de l'enfant chez Mme Bro. Anatole revient vivre chez sa mère. Le père n'a plus jamais revu son enfant.

Le 26 juin 2013, la Cour de cassation approuve une cour d'appel d'avoir décidé que le syndrome d'aliénation parentale installé dans la vie d'un enfant devait conduire à transférer la résidence de la mère au père. Cet arrêt devrait inciter les juges à rechercher son existence au moyen d'expertises et à prendre en considération un tel diagnostic dans l'appréciation de leur décision.

Propositions de modification des textes

L'autorité parentale est l'objet de débats et de réflexions depuis plusieurs années et malgré les missions parlementaires successives, on a l'impression que les choses n'avancent guère, voire même qu'elles régressent. La plupart de nos propositions, présentées lors de notre audition en mai 2009 par le député Jean Léonetti, chargé de conduire la mission concernant l'avant-projet de loi « Autorité parentale et droits des tiers » sont toujours d'actualité. Plusieurs années se sont écoulées depuis…

Du respect dû aux parents

Article 371 du Code civil Créé par Loi n° 70-459 du 4 juin 1970 – art. 1 JORF 5 juin 1970 en vigueur le 1er janvier 1971

« L'enfant, à tout âge, doit honneur et respect à ses père et mère. »

Il pourrait être ajouté à l'expression : *« honneur et respect »*, les termes : *« obligation de maintenir les liens avec ses parents »*. *Il faudrait préciser « L'enfant, même après sa majorité »*. Il faudrait écrire *« parents biologiques ou ayant reconnu l'enfant, ou ayant participé à son entretien et à son éducation »*. Le non-respect de l'obligation intitulée *« honneur et respect »* devrait être sanctionnée par la suppression de l'obligation alimentaire pesant sur le parent. Par un arrêt rendu le 18 janvier 2007, la 1re Chambre civile de la Cour de cassation a statué sur « l'exception d'indignité » qui peut être invoquée par le parent débiteur d'une pension alimentaire mais privé de tout contact envers son enfant.

Coparentalité et règles de l'État civil

Article 371-1. Modifié par LOI n° 2013-404 du 17 mai 2013 – art. 13

« L'autorité parentale est un ensemble de droits et de devoirs ayant pour finalité l'intérêt de l'enfant.

Elle appartient aux parents jusqu'à la majorité ou l'émancipation de l'enfant pour le protéger dans sa sécurité, sa santé et sa moralité, pour assurer son éducation et permettre son développement, dans le respect dû à sa personne.

Les parents associent l'enfant aux décisions qui le concernent, selon son âge et son degré de maturité. »

L'État civil français est en opposition avec le principe de la coparentalité tel que défini dans la loi du 4 mars 2002, car l'enfant ne peut porter le nom de sa mère que si le père y consent. Si l'autorité parentale appartient conjointement et de manière égalitaire au père comme à la mère, l'enfant doit porter les deux noms automatiquement et non seulement le nom du père en cas de filiation légitime. En cas d'enfant naturel, l'enfant doit porter automatiquement le nom des deux parents s'il a été reconnu par tous les deux, quelle que soit la date de cette reconnaissance. Le nom est l'attribut essentiel de l'autorité parentale et de l'identité de l'enfant. La loi ne peut pas lui en retirer la moitié dès sa naissance.

Nous estimons qu'il incombe à l'État français de mettre ses systèmes juridiques en harmonie suivant le principe de coparentalité, et de modifier l'État civil afin que l'enfant puisse porter à la fois le nom de son père et le nom de sa mère. Cette mesure est particulièrement nécessaire pour des couples binationaux pour lesquels le nom représente non seulement un individu, mais une histoire, une culture et un pays.

Entretien des enfants et pension alimentaire

Article 371-2 du Code civil. Modifié par Loi n° 2002-305 du 4 mars 2002 – art. 3 JORF 5 mars 2002

« Chacun des parents contribue à l'entretien et à l'éducation des enfants à proportion de ses ressources, de celles de l'autre parent, ainsi que des besoins des enfants. Cette obligation ne cesse pas de plein droit lorsque l'enfant est majeur. »

Qui est le parent responsable de la contribution à l'entretien et à l'éducation de l'enfant ? Le parent biologique ou celui qui a reconnu l'enfant ? Les beaux-parents ? Les tribunaux prennent déjà en considération les ressources du beau-père ou de la belle-mère pour fixer le montant de la pension alimentaire. Le tiers chez qui réside l'enfant et qui a obtenu une délégation partielle de l'autorité parentale ? Dans quelles conditions peut-on faire appel aux grands-parents qui parfois disposent de ressources plus importantes que les parents ?

La cour d'appel de Besançon a jugé le 5 juin 2007 que la demande de pension alimentaire de l'enfant majeur à l'encontre de ses parents est recevable, bien que ceux-ci l'aient abandonné à la naissance, dès lors que l'abandon, non suivi d'un jugement d'adoption plénière, ne rompt pas le lien de filiation.

Dès que l'enfant est majeur, il faudrait assortir le paiement de la pension d'une obligation d'information régulière (tous les six mois par exemple) relative notamment à son lieu de vie, aux études suivies et aux résultats obtenus.

Cette disposition qui devrait revêtir un caractère impératif serait mise à la charge du parent qui réclame le versement de la pension pour l'enfant. Le versement de la pension devrait automatiquement cesser lorsque cette information fait défaut, après mise en demeure par lettre recommandée avec accusé de réception, sans saisine préalable et obligatoire du juge. Le créancier d'aliments étant dans l'obligation de saisir le juge pour obtenir le rétablissement de la pension.

Sur la maison familiale

L'article 371-3 du Code civil. Créé par Loi n° 70-459 du 4 juin 1970 – art. 1 JORF 5 juin 1970 en vigueur le 1er janvier 1971

« L'enfant ne peut, sans permission des père et mère, quitter la maison familiale et il ne peut en être retiré que dans les cas de nécessité que détermine la loi. »

Ce texte est fondé sur le principe que le fait d'être ensemble, pour un parent et son enfant, est un élément fondamental de la vie familiale. Les mesures internes qui y mettent obstacle constituent une ingérence dans le droit au respect de la vie familiale protégé par l'article 8 de la convention EDH. Jurisprudence constante de la CEDH depuis le 13 juillet 2000.

La loi doit préciser que le **juge a l'obligation** de mettre en œuvre, sans délai, tous les moyens qui sont à disposition pour que soit recherché le domicile du parent qui a quitté sans autorisation son domicile avec les enfants.

Pour la Cour européenne des droits de l'homme, l'adéquation d'une mesure se juge à la rapidité de sa mise en œuvre, le passage du temps pouvant avoir des conséquences irrémédiables.

Pour les enfants binationaux, il faut ajouter à la loi l'obligation pour le juge d'accorder au parent le droit d'accueillir l'enfant dans son pays d'origine. Dans l'affaire du « dossier d'Élise », le juge aux affaires familiales a fixé la résidence de l'enfant au domicile du père en France et a fait interdiction à la mère d'emmener son enfant en Russie, le juge a restreint les droits de visite en exigeant qu'ils soient exercés en France. Les conséquences de cette décision qui est contraire à la convention EDH ont été dramatiques.

Par ailleurs, il faut autoriser le parent à avoir accès à l'adresse de son enfant, même après sa majorité. En effet, dans le cas d'un enlèvement d'enfant suivi du syndrome d'aliénation parentale, l'enfant lorsqu'il a atteint sa majorité a le droit de refuser de communiquer son adresse au parent victime en invoquant le droit à sa vie privée. (Affaire Plasse Bauer, condamnation de la France par la CEDH 28 février 2006). Ainsi, le parent victime est privé définitivement de la possibilité de reprendre contact avec son enfant et du droit de connaître ses petits-enfants. Le droit à une vie privée de l'enfant majeur ne doit pas faire obstacle au droit à la vie privée et familiale du parent victime de l'enlèvement de ses enfants.

Les grands-parents

L'article 371-4 du Code civil. Modifié par LOI n° 2013-404 du 17 mai 2013 – art

« L'enfant a le droit d'entretenir des relations personnelles avec ses ascendants. Seul l'intérêt personnel de l'enfant peut faire obstacle à l'exercice de ce droit.

Si tel est l'intérêt de l'enfant, le juge aux affaires familiales fixe les modalités de relations entre l'enfant et un tiers, parent ou non. »

Selon la Cour européenne, le droit au respect à une vie familiale peut être invoqué par les grands-parents. Le juge aux affaires familiales a compétence exclusive en matière de droit de visite des grands-parents. Il faudrait accorder aux grands-parents la possibilité de saisir le JAF par simple requête déposée au greffe, sans l'assistance obligatoire d'un avocat. Actuellement, les grands-parents doivent se faire représenter obligatoirement par un avocat, ils ne peuvent procéder que par voie d'assignation, donc beaucoup de grands-parents laissent tomber quand ils apprennent qu'il faut faire délivrer une assignation par l'intermédiaire d'un huissier à l'encontre des deux parents.

Dans l'assignation il est indiqué : « un procès vous est intenté » terme qui est très mal vécu dans le domaine familial. La convocation des parents de l'enfant par la voie du greffe est donc souhaitable. Ce procédé permettrait de ne pas rajouter de l'huile sur le feu. En outre, une audience de conciliation (comme pour les requêtes en divorce) doit être un préalable à la phase judiciaire, la convocation doit mettre l'accent sur cet aspect.

Coparentalité et filiation

Article 372 du Code civil. Modifié par LOI n° 2011-1862 du 13 décembre 2011 – art. 21

« Les père et mère exercent en commun l'autorité parentale.

Toutefois, lorsque la filiation est établie à l'égard de l'un d'entre eux plus d'un an après la naissance d'un enfant dont la filiation est déjà établie à l'égard de l'autre, celui-ci reste seul investi de l'exercice de l'autorité parentale. Il en est de même lorsque la filiation est judiciairement déclarée à l'égard du second parent de l'enfant.

L'autorité parentale pourra néanmoins être exercée en commun en cas de déclaration conjointe des père et mère devant le greffier en chef du tribunal de grande instance ou sur décision du juge aux affaires familiales. »

Or, à l'épreuve des faits, il apparaît comme étant profondément injuste de ne confier l'exercice de l'autorité parentale qu'à un seul de ses parents au motif que l'autre parent ne l'a pas reconnu dans l'année suivant sa naissance. La non-reconnaissance peut ne pas être fautive, c'est le cas notamment lorsque la mère a dissimulé sa maternité au père. Il peut arriver que la mère disparaisse sans laisser d'adresse lorsqu'elle apprend qu'elle est enceinte. Dans ce cas, il faut que le père présumé puisse déclarer sa paternité, avant la naissance de l'enfant ou après, ce qui lui permettra de faire valoir ses droits devant le tribunal et de faire rechercher son enfant. Il faudrait donc modifier le texte pour que l'exercice de l'autorité parentale et l'adjonction du nom du second parent soit automatique, dès l'acte de reconnaissance.

Bonne foi pour un acte usuel

L'article 372-2 du Code civil. Créé par Loi n° 2002-305 du 4 mars 2002 – art. 5 JORF 5 mars 2002

« À l'égard des tiers de bonne foi, chacun des « parents » est réputé agir avec l'accord de l'autre, quand il fait seul un acte usuel de l'autorité parentale relativement à la personne de l'enfant. »

L'avant-projet de réforme, autorise un tiers à accomplir les actes usuels.

Pour les actes « importants » l'accord des deux parents est toujours requis. La définition des actes importants serait celle-ci : « sont réputés tels les actes qui engagent l'avenir de l'enfant ou qui touchent ses droits fondamentaux ». Cette définition fait appel au bon sens et à la raison.

La jurisprudence fait du cas par cas, elle a décidé par exemple que le passage à la télévision d'un enfant dans un documentaire consacré aux enfants divorcés ne constitue pas un acte usuel et exige l'accord des deux parents : cour d'appel de Versailles 11 septembre 2003.

Il est impossible de dresser une liste exhaustive des actes qui sont ou ne sont pas usuels, l'interprétation peut être en outre totalement différente suivant les personnes. La saisine du tribunal en cas de désaccord sur un acte relatif à l'exercice de l'autorité parentale est rare. En ce qui concerne l'orientation scolaire, c'est le conseil de classe ou l'enfant qui décident.

Le principal litige survient à l'occasion de la délivrance d'un passeport à la demande de l'un ou l'autre parent. Le litige sera désormais réglé sur le sol français par l'avant-projet de loi (article 372-3) qui précise que la délivrance d'un titre d'identité ou de voyage requiert l'autorisation des deux parents. Cette disposition n'a cependant aucune efficacité dans le cas d'enfants binationaux car chaque parent peut solliciter la délivrance d'un passeport dans son pays d'origine.

Exercice de l'autorité parentale

Article 373 du Code civil. Modifié par Loi n° 2002-305 du 4 mars 2002 – art. 5 JORF 5 mars 2002

« Est privé de l'exercice de l'autorité parentale le père ou la mère qui est hors d'état de manifester sa volonté, en raison de son incapacité, de son absence ou de toute autre cause. »

Il faudrait abroger purement et simplement l'article 373 car il exclut le parent de la vie de l'enfant. Les parents sont toujours DEUX, quoi qu'il puisse arriver et la loi ne doit JAMAIS oublier ni rayer d'un train de plume cette évidence biologique. Aucun parent ne doit être privé de l'exercice de l'autorité parentale. On ne peut pas lui demander d'oublier son enfant.

L'exercice de l'autorité parentale est un droit fondamental qui tient à la qualité de parent. L'attribution de « l'exercice de l'autorité parentale exclusive » par un juge aux affaires familiales à un seul parent est vécue par le parent spolié comme une déchéance de son autorité parentale, procédure qui relève de la cour d'assise. Seule la « déchéance de l'autorité » parentale doit pouvoir être prononcée par le tribunal de grande instance, lorsque le parent a commis un acte pénalement répréhensible mettant en danger l'enfant (par exemple, maltraitance, inceste). Il faut au préalable une condamnation pénale définitive et non de simples accusations.

En effet, la suppression totale de « l'autorité parentale » correspond à la mesure de « déchéance de l'autorité parentale ». Cette mesure, qui devrait être rarement décidée, est prise à l'égard d'un parent particulièrement dangereux et irresponsable pour l'enfant. Ce peut être, le plus souvent, une mère incurable internée en psychiatrie, un père grand délinquant sous les barreaux pour des années, un père incestueux lourdement condamné, une mère coupable de cruauté et d'actes de barbarie envers son enfant... Ce parent qui est déchu se voit donc retirer « l'autorité parentale ». Il n'est plus le parent de cet enfant du point de vue juridique, et n'a plus aucun droit d'interférer dans sa vie. Seule la filiation civile, l'hérédité, reste établie et reste inaliénable.

La notion « d'exercice de l'autorité parentale » est un artifice pervers qui permet, de retirer à un parent « l'exercice de l'autorité parentale », à savoir tout droit vis-à-vis de l'enfant tout en lui enjoignant de continuer à payer la pension puisque « l'autorité parentale » ne lui est pas retirée. Le devoir de payer une pension alimentaire pour l'enfant et le bénéfice de droits de visite et d'hébergement sont cependant indépendants de la possession de l'exercice de l'autorité parentale. Le parent qui en est privé peut obtenir des droits de visite et d'hébergement, et il est toujours condamné à payer une pension alimentaire pour ses enfants tel que précisé dans la décision du juge aux affaires familiales.

Cette situation est vécue comme une humiliation et une grande injustice. Elle incite le parent spolié à multiplier les procédures judiciaires, voire kidnapper l'enfant, ou le tuer dans un acte de « suicide altruiste ». Nous sommes opposés à l'attribution de l'exercice de l'autorité parentale à un seul parent, hormis des situations de dysfonctionnement parental qui appellerait à une déchéance d'autorité parentale.

Parents séparés et résidence de l'enfant

Article 373-2 du Code civil Modifié par Loi n° 2002-305 du 4 mars 2002 – art. 6 JORF 5 mars 2002

« La séparation des parents est sans incidence sur les règles de dévolution de l'exercice de l'autorité parentale. Chacun des père et mère doit maintenir des relations personnelles avec l'enfant et respecter les liens de celui-ci avec l'autre parent. Tout changement de résidence de l'un des parents, dès lors qu'il modifie les modalités d'exercice de l'autorité parentale, doit faire l'objet d'une information préalable et en temps utile de l'autre parent. En cas de désaccord le parent le plus diligent saisit le juge aux affaires familiales qui statue selon ce qu'exige l'intérêt de l'enfant. Le juge répartit les frais de déplacement et ajuste en conséquence le montant de la contribution à l'entretien et à l'éducation de l'enfant. »

Suivant la jurisprudence, la résidence de l'enfant est déterminée au regard de la stabilité de la situation des parents, de l'équilibre actuel de l'enfant et de la nécessité de ne pas modifier une nouvelle fois les conditions de vie de l'enfant : Civ 1re 6 février 2008.

Droit de visite et d'hébergement

Article 373-2-1 du Code civil. Modifié par LOI n° 2010-769 du 9 juillet 2010 – art. 7

« Si l'intérêt de l'enfant le commande, le juge peut confier l'exercice de l'autorité parentale à l'un des deux parents.

L'exercice du droit de visite et d'hébergement ne peut être refusé à l'autre parent que pour des motifs graves.

Lorsque, conformément à l'intérêt de l'enfant, la continuité et l'effectivité des liens de l'enfant avec le parent qui n'a pas l'exercice de l'autorité parentale l'exigent, le juge aux affaires familiales peut organiser le droit de visite dans un espace de rencontre désigné à cet effet.

Lorsque l'intérêt de l'enfant le commande ou lorsque la remise directe de l'enfant à l'autre parent présente un danger pour l'un d'eux, le juge en organise les modalités pour qu'elle présente toutes les garanties nécessaires. Il peut prévoir qu'elle s'effectue dans un espace de rencontre qu'il désigne, ou avec l'assistance d'un tiers de confiance ou du représentant d'une personne morale qualifiée.

Le parent qui n'a pas l'exercice de l'autorité parentale conserve le droit et le devoir de surveiller l'entretien et l'éducation de l'enfant. Il doit être informé des choix importants relatifs à la vie de ce dernier. Il doit respecter l'obligation qui lui incombe en vertu de l'article 371-2. »

C'est cet article qui pose de loin le plus de problèmes et qui est à l'origine de la majorité des saisines des tribunaux. Concernant le droit de visite, les juges ne peuvent déléguer leurs pouvoirs en subordonnant l'exécution de leurs décisions à la discrétion des enfants. Jurisprudence constante. Le juge fixant les modalités d'exercice du droit de visite, ne peut déléguer son pouvoir en précisant qu'il s'exercera selon un accord entre les parties.

Le juge dispose de la possibilité d'assortir le droit de visite d'une astreinte contre le parent gardien afin d'en assurer l'effectivité : cour d'appel de Rennes 18 mars 1982.

Continuité du lien

Article 373-2-6 du Code civil Modifié par LOI n° 2010-769 du 9 juillet 2010 – art. 3

« Le juge du tribunal de grande instance délégué aux affaires familiales règle les questions qui lui sont soumises dans le cadre du présent chapitre en veillant spécialement à la sauvegarde des intérêts des enfants mineurs.

Le juge peut prendre les mesures permettant de garantir la continuité et l'effectivité du maintien des liens de l'enfant avec chacun de ses parents.

Il peut notamment ordonner l'interdiction de sortie de l'enfant du territoire français sans l'autorisation des deux parents. Cette interdiction de sortie du territoire sans l'autorisation des deux parents est inscrite au fichier des personnes recherchées par le procureur de la République. »

Cet article du précise que le juge « peut » prendre des mesures permettant de garantir la continuité et l'effectivité du maintien des liens de l'enfant avec chacun de ses parents. Il peut notamment ordonner l'inscription sur le passeport des parents de l'interdiction de sortie du territoire français sans l'autorisation des deux parents.

Il faudrait que le terme « peut » soit remplacé par le terme : **« doit** prendre toutes les mesures qui sont à la disposition de la justice ».

Cependant, le juge n'a pas le pouvoir d'exiger la mention d'interdiction de sortie de territoire sur un passeport étranger : cour d'appel de Paris 3 avril 2003.

Par conséquent, la réforme prévue à l'article 373-2-6 permettant au juge d'ordonner l'interdiction de sortie de l'enfant du territoire français sans l'autorisation des parents est opportune. Le fait que la mesure puisse être inscrite au fichier des personnes recherchées à l'initiative du parent diligent est également indispensable. C'est un des seuls moyens permettant d'empêcher la sortie d'un enfant du territoire. *Il faudrait cependant ajouter le « territoire européen ».*

En cas d'urgence, il faudrait permettre au parent de demander aux services de police et de gendarmerie directement de transmettre sans délai auprès du procureur de la République, une demande d'interdiction de sortie de l'enfant du territoire français sans l'autorisation des deux parents.

Intervention d'un tiers et pouvoirs du juge des enfants

Article 373-3 du Code civil. Modifié par Loi n° 2002-305 du 4 mars 2002 – art. 8 JORF 5 mars 2002

« La séparation des parents ne fait pas obstacle à la dévolution prévue à l'article 373-1, lors même que celui des père et mère qui demeure en état d'exercer l'autorité parentale aurait été privé de l'exercice de certains des attributs de cette autorité par l'effet du jugement prononcé contre lui.

Le juge peut, à titre exceptionnel et si l'intérêt de l'enfant l'exige, notamment lorsqu'un des parents est privé de l'exercice de l'autorité parentale, décider de confier l'enfant à un tiers, choisi de préférence dans sa parenté. Il est saisi et statue conformément aux articles 373-2-8 et 373-2-11.

Dans des circonstances exceptionnelles, le juge aux affaires familiales qui statue sur les modalités de l'exercice de l'autorité parentale, après séparation des parents, peut décider du vivant même des parents, qu'en cas de décès de celui d'entre eux qui exerce cette autorité, l'enfant n'est pas confié au survivant. Il peut, dans ce cas, désigner la personne à laquelle l'enfant est provisoirement confié. »

Article 373-4 du Code civil. Modifié par Loi n° 2002-305 du 4 mars 2002 – art. 8 JORF 5 mars 2002

« Lorsque l'enfant a été confié à un tiers, l'autorité parentale continue d'être exercée par les père et mère, toutefois la personne à qui l'enfant a été confié accomplit tous les actes usuels relatifs à la surveillance et à son éducation. Le juge aux Affaires familiales, en confiant l'enfant à titre provisoire à un tiers, peut décider qu'il devra requérir l'ouverture d'une tutelle. »

Le Code civil dans sa rédaction actuelle accorde par conséquent au juge aux affaires familiales d'importants pouvoirs, mais en dualité avec les pouvoirs accordés au juge des enfants.

En effet, suivant l'article 375 du Code civil, si la santé, la sécurité ou la moralité d'un mineur sont en danger ou si les conditions de son éducation, ou son développement physique, affectif, intellectuel ou social sont gravement compromis, une mesure d'assistance éducative peut être ouverte à la demande des père et mère conjointement ou séparément ou de la personne ou du service à qui l'enfant a été confié, ou du tuteur, ou du mineur lui-même ou du Ministère public.

Dans ce cas, les mesures prises par le juge des enfants annulent les décisions rendues par le juge aux affaires familiales.

Le juge des enfants est souvent saisi dès que des difficultés se présentent relatives à l'exercice de l'autorité parentale ou à l'exercice du droit de visite et d'hébergement. Les pouvoirs du juge des enfants sont plus étendus, il procède toujours à l'audition du mineur, des parents et des différents intervenants judiciaires.

Le juge des enfants peut à tout moment retirer l'enfant de son milieu actuel, il peut confier l'enfant à d'autres membres de la famille ou à des tiers considérés comme étant dignes de confiance.

Les décisions qu'il prend peuvent être radicalement différentes de celles ordonnées par le juge du divorce.

Suivant l'article 375-7 du Code civil, les père et mère de l'enfant bénéficiant d'une mesure d'assistance éducative continuent à exercer tous les attributs de l'autorité parentale qui ne sont pas incompatibles avec cette mesure.

Le lieu d'accueil de l'enfant doit être recherché dans l'intérêt de celui-ci et afin de faciliter l'exercice du droit de visite et d'hébergement par le ou les parents et le maintien des liens avec ses frères et sœurs en application de l'article 371-5. Si l'intérêt de l'enfant le nécessite ou en cas de danger, le juge décide de l'anonymat du lieu d'accueil.

Lorsqu'une mesure d'assistance éducative est ouverte, le justiciable est face à deux magistrats qui disposent de compétences presque semblables : le juge aux affaires familiales et le juge des enfants mais qui ne prennent pas toujours les mêmes décisions car ils disposent chacun d'expertises ou d'enquêtes sociales différentes qu'ils ont ordonnées chacun de leur côté et dont les conclusions sont parfois contradictoires.

L'avocat ne peut solliciter directement la copie du dossier d'assistance éducative pour le transmettre au juge aux affaires familiales, ceci est interdit car le dossier ouvert au cabinet du juge des enfants est « secret ». Il faut que l'avocat dépose une demande auprès du juge aux affaires familiales pour qu'il sollicite la communication du dossier d'assistance éducative qui lui est transmis par le greffe après décision du juge des enfants. Ce qui prend en général six mois. Entre-temps, le conflit s'aggrave.

Prospective et recommandations

Pour un magistrat de l'enfant

Nous pensons qu'il serait judicieux de séparer totalement la procédure de divorce et la procédure concernant les enfants. Ainsi, il n'existerait plus aucune immixtion de l'enfant dans le conflit parental. Le jugement de divorce ne pourrait pas être communiqué à l'enfant.

Il y aurait **« le juge du divorce ou de la séparation »** (pacs ou concubinage) qui n'aurait compétence que pour statuer sur le conflit entre adultes. Le juge aux affaires familiales serait ainsi déchargé de tout le contentieux relatif à l'enfance, ce qui est souhaitable eu égard aux nouvelles et importantes compétences qui viennent de lui être confiées concernant les aspects pécuniaires du divorce ou de la séparation.

Et il y aurait **« Le juge de l'enfant »** qui cumulerait les compétences réparties entre le juge aux affaires familiales et le juge des enfants relatives à l'autorité parentale, la résidence de l'enfant, le droit de visite et d'hébergement, la pension alimentaire, etc.

Ce dossier suivrait l'enfant jusqu'à sa majorité, comme le dossier scolaire ou le carnet de santé. Ce dossier serait transféré d'un tribunal à l'autre *territorialement compétent en cas de changement de résidence de l'enfant.*

Ainsi, lors de chaque nouvelle saisine du juge de l'enfant, le magistrat aurait à sa disposition les pièces précédentes (auditions, rapports d'expertise, enquêtes sociales, etc.) ce qui accélérerait sa compréhension de la situation et la prise de décisions.

Le juge de l'enfant pourrait être saisi par les parents, par les grands-parents, par un tiers ou par l'enfant lui-même, par une simple lettre. Il convoquerait dans un premier temps dans son cabinet le mineur, ses parents ou un tiers afin d'évaluer la situation. Ce qui faciliterait la prise de décision avec plus de clairvoyance. Il est en effet nécessaire en matière familiale de disposer d'un contact direct avec la famille pour se faire une idée la plus proche possible de la réalité.

Les décisions du juge de l'enfant pourraient être frappées d'appel, la chambre spéciale des mineurs de la cour d'appel devant statuer dans **un délai d'1 mois (le délai actuel est de 6 à 8 mois).**

Ce magistrat qui disposerait déjà d'un dossier contenant toutes les informations relatives au mineur pourrait être chargé de mettre en œuvre la convention de La Haye **en cas d'enlèvement international d'enfant.** Sa saisine devrait être simple et rapide, elle pourrait s'effectuer par un simple appel téléphonique d'un officier de police judiciaire ou du Parquet, par l'envoi d'un fax ou d'un courriel. Le juge disposerait de la possibilité de faire inscrire immédiatement le mineur au fichier des personnes recherchées.

En cas d'enlèvement d'enfant sur le territoire national, sa saisine devrait s'effectuer dans des conditions identiques privilégiant la rapidité.

Le juge de l'enfant aurait l'obligation de contrôler et de coordonner toutes les mesures d'enquêtes et d'investigations nationales et internationales jusqu'à ce que l'enfant soit retrouvé. Il aurait l'obligation de se rendre immédiatement dans le lieu où l'enfant est recherché et, s'il a été retrouvé, de le ramener en sollicitant au besoin, l'assistance de la force publique.

Connaissant déjà la personnalité du mineur ainsi que celle des parents et leur situation, il pourrait appréhender plus rapidement la situation et décider plus efficacement des mesures à mettre en œuvre.

En attendant des réformes plus en profondeur, nous préconisons une pleine coopération entre les magistrats concernés par l'autorité parentale et la protection des enfants, la spécialisation de ces fonctions avec une formation spécifique lors des études de magistratures, ainsi qu'une réponse judiciaire plus rapide et plus adaptée dès lors que la procédure concerne un enfant.

Plaintes pour non-représentation d'enfant

Par ailleurs et sur un plan plus général, il faudrait que les plaintes pour non-représentation d'enfant soient obligatoirement instruites et suivies d'effet. La première mesure serait leur communication au juge de l'enfant pour qu'il statue dans les jours qui suivent en ordonnant : un rappel à la loi, une astreinte, un changement de résidence, etc. De nombreux problèmes pourraient se régler grâce à une intervention des services de police ou de gendarmerie dès le premier acte de non-représentation d'enfant. Ceci éviterait une destruction certaine de la famille en cas de récidive.

Des expertises plus rapides

Les expertises psychologiques ou psychiatriques étant souvent nécessaires, il faudrait que chaque spécialiste : psychologue, médecin, psychiatre, pédopsychiatre, puisse être nommé en qualité d'expert, à tour de rôle, ce qui éviterait des délais qui peuvent être d'un an pour obtenir le dépôt d'un rapport. Ce délai qui n'en finit pas est contraire à l'intérêt de l'enfant, il est uniquement dû à la surcharge de quelques « experts judiciaires » qui sont désignés systématiquement. Or, leurs compétences ne sont pas supérieures à celles de leurs collègues. De nombreux dossiers restent en suspens pendant plusieurs mois, voire des années, en attendant des rapports d'expertise.

Lorsque les rapports sont déposés, ils sont parfois dénués d'intérêt car les enfants ne veulent plus voir leurs parents ou bien ont simplement disparu.

Le tiers digne de confiance

Nous constatons l'échec des points de rencontre à renouer les liens entre enfants et parents, lorsque la rupture du lien provient d'un processus d'aliénation parentale. Ces dispositifs représentent un coût élevé pour la société et ne font que renforcer l'image dégradante que le parent conflictuel et aliénant s'efforce de donner de l'autre parent, qu'il souhaite exclure de la vie de l'enfant.

Nous préconisons la désignation, à chaque fois que possible, du domicile d'un tiers digne de confiance, qui peut être un oncle, une tante, un grand-parent, un ami, pour l'exercice du droit de visite et d'hébergement du parent rejeté.

Protocole d'accord entre parents

La loi du 4 mars 2002, qui institue le principe de coparentalité en matière d'exercice de l'autorité parentale est un texte déclaratif dont le respect relève de la libre adhésion des deux parents. Elle ne présente aucun cadre contraignant hormis le non-respect du droit de visite et d'hébergement et le non-paiement de la pension alimentaire.

Concernant les décisions importantes relatives à la vie de l'enfant, il n'existe aucun délit d'entrave à l'exercice de l'autorité parentale par un parent à l'égard de l'autre parent. Le parent titulaire de la résidence principale de l'enfant peut prendre, sans aucun risque, toutes les décisions qu'il veut, importantes ou usuelles, concernant son enfant, sans jamais consulter son autre parent. Le non-respect du droit à l'exercice de l'autorité parentale de l'autre parent, pourtant inscrit dans la loi du 4 mars 2002, n'est pas un délit qualifiable. Par ailleurs, au risque de judiciariser complètement la scène sociétale, et de submerger définitivement les tribunaux, il semble impossible de définir autant de délits que de décisions importantes concernant la vie de l'enfant, à l'exception de l'établissement des papiers d'identité ou d'un passeport.

Nous préconisons qu'un protocole d'accord soit systématiquement établi entre les parents concernant l'exercice de l'autorité parentale en coparentalité, et homologué par le magistrat, dès la première procédure de divorce ou de séparation.

« La sagesse nous envoie à l'enfance. » Blaise Pascal, Protégeons l'enfant de la folie des adultes.

Chapitre 10

Aliénation parentale, plaintes et réponses pénales

Par Olga Odinetz

Un grand nombre de parents qui se retrouvent dans l'impossibilité d'exercer leurs droits et devoirs parentaux se posent toujours la question s'ils doivent ou non porter plainte. La réponse est généralement claire quand on leur demande le motif de la plainte : *« Je ne vois plus mes enfants, je ne reçois pas les cahiers scolaires, les enfants me parlent mal, sont agressifs, ils sont manipulés contre moi, on ne m'a pas demandé mon avis pour les changer d'école, les témoignages sont mensongers, l'expert ou l'enquêtrice sociale a pris parti contre moi, ils ont écrit des choses inexactes, mon ex m'envoie des textos d'injures, son avocat a raconté des mensonges au juge, le magistrat a refusé de m'entendre, etc. »* L'affaire se complique quand on pose la question de l'infraction, de la recevabilité de la plainte et de la preuve.

Une chose est claire : on ne peut pas porter plainte pour des faits d'aliénation parentale, qui n'est pas un délit pénalement qualifiable en tant que tel dans le code pénal français. La loi du 4 mars 2002, qui institue le principe de coparentalité en matière d'exercice de l'autorité parentale est un texte essentiellement déclaratif dont le respect relève de la libre adhésion des deux parents. Elle ne présente aucun cadre contraignant hormis le non-respect du droit de visite et d'hébergement et le non-paiement de la pension alimentaire.

Concernant les décisions importantes relatives à la vie de l'enfant, il n'existe aucun délit d'entrave à l'exercice de l'autorité parentale par un parent à l'égard de l'autre parent. Le parent titulaire de la résidence principale de l'enfant peut prendre, sans aucun risque judiciaire, toutes les décisions qu'il veut, importantes ou usuelles, concernant son enfant, sans jamais consulter son autre parent. Le non-respect du droit à l'exercice de l'autorité parentale de l'autre parent, pourtant inscrit dans la loi du 4 mars 2002, n'est pas un délit qualifiable.

Par ailleurs, au risque de judiciariser complètement la scène sociétale, et de submerger définitivement les tribunaux, il semble impossible de définir autant de délits que de décisions importantes concernant la vie de l'enfant, à l'exception des actes importants qu'il tarde de définir, tel l'établissement des papiers d'identité ou d'un passeport.

Mais avant d'aller plus loin, il serait utile de rappeler quelques notions de base, mis à disposition du public sur le site officiel *www.vos-droits.justice.gouv.fr*.

Porter plainte : le dispositif légal

La plainte est l'acte par lequel une personne qui s'estime victime d'une infraction en informe le procureur de la République, soit directement, soit par un service de police ou de gendarmerie. Elle permet à la victime de demander à l'autorité judiciaire la condamnation pénale de l'auteur (peine d'emprisonnement, d'amende…). La plainte peut être déposée contre une personne identifiée ou contre X, si l'identité de l'auteur des faits est inconnue.

Toute personne victime d'une *infraction* peut porter plainte, y compris si elle est mineure. Tout comme les adultes, un mineur peut porter plainte :

– en adressant un courrier au procureur de la République ;
– ou en utilisant le téléservice de préplainte en ligne ;
– ou en se rendant lui-même (seul ou accompagné) dans un commissariat de police ou une brigade de gendarmerie.

Un mineur peut aussi laisser ses représentants légaux (parents ou tuteur) porter plainte à sa place. Si sa plainte n'est pas classée sans suite, le mineur peut se constituer partie civile, par l'intermédiaire de personnes majeures agissant en son nom :

– soit ses représentants légaux (parents ou tuteur) ;
– soit un administrateur *ad hoc* désigné par la justice. Un administrateur *ad hoc* est désigné par le magistrat lorsque la défense des intérêts du mineur par ses représentants légaux est incertaine (par exemple s'ils sont impliqués comme auteurs de l'infraction).

Pour porter plainte, on peut s'adresser à un commissariat de police ou une brigade de gendarmerie. La réception de la plainte est une obligation par la Loi : elle ne peut pas être refusée. La plainte, à la différence des mains courantes, est ensuite transmise au procureur de la République. On peut également s'adresser directement au procureur de la République. Il faut alors envoyer une lettre sur papier libre au tribunal de grande instance du lieu de l'infraction ou du domicile de l'auteur de l'infraction.

Cette lettre doit préciser :

- l'état civil complet du plaignant ;
- le récit détaillé des faits, la date et le lieu de l'infraction ;
- le nom de l'auteur présumé s'il est connu du plaignant (ou déposer plainte contre X) ;
- les noms et adresses des éventuels témoins de cette infraction ;
- la description et l'estimation provisoire ou définitive du préjudice ;
- les documents de preuve à disposition : certificats médicaux constatant les blessures, arrêts de travail, factures diverses, constats en cas de dégâts matériels.

Pour obtenir réparation du préjudice, le dépôt de plainte ne suffit pas : il faut se constituer partie civile.

La plainte peut donner lieu à :

- un classement sans suite : dans ce cas le procureur a décidé de ne pas poursuivre. Le plaignant reçoit un avis de classement sans suite qui doit être motivé. S'il conteste la décision, il peut former un recours auprès du procureur général ou déposer une plainte avec constitution de partie civile ;
- une citation directe : si l'affaire est simple, le procureur peut procéder à une citation directe et saisir directement le tribunal. Il convoque le plaignant pour le jour de l'audience où l'affaire sera examinée ;
- des mesures alternatives aux poursuites qui visent à remédier à l'absence de réponse pénale pour des infractions ne justifiant pas la saisine d'une juridiction et à limiter le nombre de classements sans suite ;
- l'ouverture d'une information judiciaire, préalable au procès pénal. Le procureur demande alors la désignation d'un juge d'instruction pour recueillir tous les éléments utiles à la manifestation de la vérité. Dans ce cadre, le plaignant peut être convoqué par le juge d'instruction ou par les experts. Si les faits sont graves ou complexes, le procureur de la République ou les parties peuvent demander la désignation d'un deuxième juge d'instruction pour assister le premier. Cette collégialité est automatique en matière criminelle ;
- absence de décision : si le procureur n'a rien décidé dans les 3 mois, le plaignant peut briser l'inertie du *Parquet,* en portant plainte avec constitution de partie civile.

Non-représentations d'enfant

Les situations d'aliénation parentale se caractérisent par le refus réitéré et farouche des enfants de voir le parent rejeté, en dépit des décisions judiciaires instituant un droit de visite et d'hébergement en faveur de ce dernier. Ce refus se traduit par des non-représentations d'enfant souvent très spectaculaires, où généralement ce sont les enfants eux-mêmes qui refusent ostensiblement tout contact avec le parent aliéné.

Ce que prévoit le Code pénal

Les délits de non-représentation d'enfants sont sanctionnés par les articles suivants du Code pénal (Livre II – Des crimes et délits contre les personnes – Loi n° 96-604 du 5 juillet 1996 art. 27 Journal Officiel du 6 juillet 1996)

- Article 227-5

Le fait de refuser indûment de représenter un enfant mineur à la personne qui a le droit de le réclamer est puni d'un an d'emprisonnement et de 15 000 euros d'amende.

- Article 227-6

Le fait, pour une personne qui transfère son domicile en un autre lieu, alors que ses enfants résident habituellement chez elle, de ne pas notifier son changement de domicile, dans un délai d'un mois à compter de ce changement, à ceux qui peuvent exercer à l'égard des enfants un droit de visite ou d'hébergement en vertu d'un jugement ou d'une convention judiciairement homologuée, est puni de six mois d'emprisonnement et de 7 500 euros d'amende.

- Article 227-7

Le fait, par tout ascendant légitime, naturel ou adoptif, de soustraire un enfant mineur des mains de ceux qui exercent l'autorité parentale ou auxquels il a été confié ou chez qui il a sa résidence habituelle, est puni d'un an d'emprisonnement et de 15 000 euros d'amende.

- Article 227-8

Le fait, par une personne autre que celles mentionnées à l'article 227-7 de soustraire, sans fraude ni violence, un enfant mineur des mains de ceux qui exercent l'autorité parentale ou auxquels il a été confié ou chez qui il a sa résidence habituelle, est puni de cinq ans d'emprisonnement et de 7 500 euros d'amende.

- Article 227-9

Les faits définis par les articles 227-5 et 227-7 sont punis de deux ans d'emprisonnement et de 45 000 euros d'amende :

1. Si l'enfant mineur est retenu au-delà de cinq jours sans que ceux qui ont le droit de réclamer qu'il leur soit représenté sachent où il se trouve
2. Si l'enfant mineur est retenu indûment hors du territoire de la République.

• Article 227-10

Si la personne coupable des faits définis par les articles 227-5 et 227-7 a été déchue de l'autorité parentale, ces faits sont punis de trois ans d'emprisonnement et de 45000 euros d'amende.

• Article 227-11

La tentative des infractions prévues aux articles 227-7 et 227-8 est punie des mêmes peines. Le délit de non-représentation d'enfant est caractérisé par 3 éléments bien précis :

- l'obligation de représenter l'enfant telle qu'elle est fixée dans une décision judiciaire exécutoire (et notifiée) ;
- le caractère intentionnel du refus du parent de représenter un enfant mineur à la personne qui est en droit de le réclamer ;
- l'absence de justification du parent qui refuse.

La réponse pénale

Certains tribunaux apportent une réponse rapide aux plaintes pour non-représentation d'enfants. D'autres procédures traînent en longueur pendant des années. Certes, le fait que la réponse pénale soit rapide n'apporte pas toujours la garantie pour le parent plaignant de retrouver la possibilité de reprendre contact avec ses enfants, mais dans des situations ordinaires, la sanction rétablit chacun dans ses droits. En revanche, que dire d'une condamnation qui vient sanctionner un délit après des années de procédures, sinon qu'elle apporte une réparation symbolique de la victime si la relation avec son enfant est définitivement détruite. L'avocat a gagné sa procédure, la victime a obtenu des dommages et intérêts sans aucune mesure avec son préjudice moral. Son amputation devrait-on plutôt dire, car comment restaurer un lien détruit dans des situations d'aliénation parentale sévère ?

Une situation simple avec une réponse pénale rapide

L'histoire de Samuel est simple. Père d'une petite fille de 7 ans, Samuel porte plainte dès la première non-représentation de son enfant en mars 2012 puis tous les quinze jours à chaque nouveau délit jusqu'à novembre 2012. L'affaire est audiencée au tribunal correctionnel en mars 2013 puis renvoyée sur ajournement à janvier 2014. La mère sera déclarée coupable des faits qui lui sont reprochés. Elle n'a pas de casier judiciaire, elle est donc dispensée de peine et condamnée à payer 1 500 euros à son ex-mari au titre du préjudice moral. Depuis lors, Samuel revoit normalement sa fille.

Une situation complexe avec une réponse pénale rapide

La réponse pénale dans le dossier de Paul sera très rapide également mais l'histoire est très compliquée *(voir chapitre 12)*. Paul saisit directement le procureur pour « non-représentation d'enfant » en septembre 2013. Élisabeth passe en correctionnelle en mars 2014. À la vue du dossier, le magistrat du tribunal correctionnel ne veut pas prendre de décision avant de recevoir une expertise psychiatrique sur la mise en cause. La mission donnée à l'expert comporte un grand nombre de questions :

> *« Cette personne présente-t-elle des anomalies mentales ou psychiques ? Dans l'affirmative, les décrire et préciser à quelle affection elles se rattachent après avoir pris connaissance, le cas échéant, du dossier médical.*
>
> *De telles anomalies sont-elles en relation avec le comportement du sujet ?*
>
> *Cette personne présente-t-elle un état dangereux ? Est-elle accessible à une sanction pénale ? Est-elle curable ou réadaptable ?*
>
> *Doit-elle être considérée comme étant atteinte au moment des faits d'un trouble psychique ou neuropsychique ayant aboli ou altéré son discernement ou le contrôle de ses actes (article 122-1 paragraphe 1 du code pénal) ?*
>
> *Préciser si ses troubles mentaux nécessitent des soins et compromettent la sûreté des personnes ou portent atteinte, de façon grave, à l'ordre public ;*
>
> *Préciser si ses troubles mentaux nécessitent des soins et compromettent la sûreté des personnes ou portent atteinte, de façon grave, à l'ordre public. »*

Élisabeth sera condamnée en juillet 2014 à 3 mois de prison avec sursis et à 3000 € de dommages et intérêts. L'enfant est placé depuis six mois. Elle fait appel de la décision.

Une situation très complexe avec une réponse pénale tardive

Le dossier de Mme P. est très compliqué, mais surtout il a traîné en longueur de procédures en procédures pendant près de dix ans, M. B. étant clairement décidé à détruire la vie de Mme P. et la priver de sa seule enfant.

K. avait 9 ans quand le cauchemar de Mme P. a commencé. Inoubliable scène dans la salle d'attente du juge pour enfants d'une petite fille de 9 ans qui, tel un chien enragé, se jette sur sa mère pour lui arracher les cheveux et lui crever les yeux, sous le regard satisfait du père. Mme P. n'oubliera pas non plus les quelques visites de K., pour lesquelles la mignonne enfant arrivait armée de tubes de sauce tomate et de stylos-feutres qu'elle étalait soigneusement sur le tapis et le divan blanc du salon. Les juges ne pouvaient plus maintenir la garde alternée. De toutes les façons, le père est parti dans le sud de la France sans même prévenir Mme P. dont les droits de visite ont rétréci de façon inversement proportionnelle aux kilomètres qui la séparaient maintenant de sa fille. Pendant des années, M. B. prendra un malin plaisir à saboter ce maigre droit avec des stratégies horaires redoutables qui faisaient rater l'avion à Mme P., l'obligeant à payer un billet plus cher plein tarif pour revenir tard le soir en région parisienne. Tout comme il prendra une satisfaction immense à mettre en échec toute possibilité de rencontre entre la mère et l'enfant lors des retours de cette dernière sur Paris. Car M. B. vit maintenant au Maroc avec sa fille et sa nouvelle compagne et le juge aux affaires familiales n'a pas été très strict dans ses écritures concernant les rencontres de K. avec sa mère. M. B. est sûr de sa bonne foi ou de son impunité et se sent totalement dans son droit de mettre en échec ces éventuelles rencontres. Il avance la dangerosité et la folie de la mère puis son désintérêt envers sa fille. Bref il joue la montre avec les demandes d'expertises et les actes de procédure. Il se met en scène au tribunal en arrivant habillé en pauvre hère, simule une attaque cardiaque, gesticule, vitupère… Mais le procureur n'est pas dupe. Il avait demandé l'ouverture d'une information judiciaire en 2008. M. B. est placé sous statut de témoin assisté en 2009. Il sera mis en examen en 2012 au motif que *« les faits de non-représentation d'enfant sont constitués. Durant certaines périodes, M. B. a totalement soustrait l'enfant (…) et que durant d'autres il n'a pas respecté les termes des décisions de justice quant à la fréquence des visites accordées à la mère, arguant de divers prétextes quant au comportement de Mme P., à celui de leur fille ou à des contingences matérielles »*. Mme P. sera longuement entendue par le juge d'instruction. Mme P. n'a rien à se reprocher : elle a toujours été une mère aimante qui n'a jamais désisté de revoir sa fille. Dix ans après les premiers délits, le père est déclaré coupable par le tribunal de grande instance de N. Il est condamné à payer une amende pénale de 1 000 euros, et la somme de dix mille euros, en réparation du préjudice moral à Mme B., qui s'est portée partie civile ainsi que deux mille euros au titre de l'article 475-1 du code de procédure pénale. Il sera également condamné à six mois d'emprisonnement délictuel avec sursis. Le jugement correctionnel sanctionne le délit et réhabilite la victime (Annexe XX). Mais l'enfant, qui a 20 ans lors du jugement, ne veut plus rien savoir de celle qu'elle ne considère plus comme sa mère. M. B. fait immédiatement appel. Le procureur fait appel incident.

Plainte pour violences psychologiques

Le syndrome d'aliénation parentale vient d'être reconnu comme une violence psychologique sur enfants : le parent reconnu coupable a été condamné à cinq mois de prison avec sursis et trois ans de mise à l'épreuve avec injonction de soins.

Le 1er septembre 2015, à l'audience de la 6e chambre du tribunal correctionnel de Lyon, un père de famille, âgé de 54 ans, est jugé pour violences sur ses enfants. Des violences d'un genre particulier : pas de coups ni de gifles mais des violences psychologiques. L'accusation estime que l'homme a manipulé ses enfants à un degré suffisamment grave pour mettre en danger leur équilibre.

Dans ce procès inédit, un expert psychiatre a décrit « un syndrome d'aliénation parentale », autrement dit une emprise totale du père sur les enfants, remontés contre leur mère dans un conflit conjugal. Les enfants étaient devenus les instruments dans une guerre d'adultes. L'avocat de la mère explique que le fils de 11 ans, confié au père, *« parle comme un robot comme s'il avait appris sa leçon, terrifié car il n'ose pas décevoir son père. (...) Quant à la fille âgée de 15 ans, prise de panique, elle ne veut plus voir son père après avoir pris conscience qu'elle était manipulée ».*

À l'origine, une séparation que n'a pas supportée le mari, décrit en « psychorigide, envahissant, intrusif ». La femme a dénoncé un « harcèlement », une jalousie maladive. Un juge des enfants et un juge des affaires familiales étaient déjà intervenus à plusieurs reprises. Au bout d'un an, elle a dû se résoudre à déposer une plainte pénale en voyant comment les enfants étaient utilisés. Piégés dans des conflits de loyauté, ils écrivaient à leur mère des messages à l'évidence inspirés par le père. « Détruire l'image d'un parent, vous vous rendez compte des dégâts pour un enfant ? », insiste la présidente du tribunal. À la barre, l'homme reconnaît avoir fait « n'importe quoi ». Il limite son attitude à une durée de trois mois, alors que l'accusation évoque un an. Le prévenu continue de soutenir : « les enfants refusaient la séparation, ils l'ont écrit à leur mère », comme s'il les plongeait à nouveau, sans recul, dans les querelles conjugales.

L'homme, reconnu coupable de violences psychologiques sur ses enfants, a été condamné à cinq mois de prison avec sursis et une mise à l'épreuve de trois ans, assortie d'une obligation de soins.

Dysfonctionnement du système judiciaire

Les justiciables sont également des acteurs du droit à travers les jurisprudences. Rares sont les parents qui demandent réparation des dysfonctionnements de justice dont ils ont été l'objet, alors que les principales victimes sont leurs enfants. Certes, ces procédures ne font pas revenir les enfants, mais « qui ne dit mot consens » et nul n'est au-dessus des lois, ni les parents, ni les services de l'État ni leurs sous-traitants. Les Français sont les citoyens européens les moins nombreux à saisir la cour européenne des droits de l'homme alors que celle-ci a pour siège Strasbourg !

Entre août 1997 et octobre 1998, Michelle a déposé 17 plaintes pour non-représentation d'enfant auprès du commissariat de police ainsi que 12 plaintes auprès du procureur de la République qui n'ont donné aucun effet. Michelle Plasse-Bauer sera la première personne à faire condamner l'État français par la cour européenne des droits de l'homme dans un dossier de non-représentation d'enfant aggravé par un contexte reconnu d'aliénation parentale sévère.

Communiqué de presse de la Cour européenne des droits de l'homme

Plasse-Bauer c. France (requête n° 21324/02) Violation de l'article 6 § 1 (équité) *La requérante, Michelle Plasse-Bauer, est une ressortissante française née en 1948. Elle est la mère de quatre enfants nés de son mariage avec M.O. Le mari de la requérante, qui demanda le divorce en 1993, se vit provisoirement confier l'autorité parentale sur les enfants ; la requérante ne se vit pas accorder de droit de visite et d'hébergement en raison notamment de son impossibilité, médicalement constatée, à assurer la charge des enfants. Le 4 février 1997, la cour d'appel d'Orléans prononça le divorce aux torts partagés des époux. La cour confia l'autorité parentale au père des deux enfants encore mineurs et accorda à la requérante un droit de visite médiatisé, à savoir, dans un point rencontre, en l'occurrence l'association « La Recampado » à Aix-en-Provence, et en présence d'un tiers, les premier et troisième samedis du mois de 14 heures à 17 heures. La requérante ne rencontra qu'une seule fois sa plus jeune fille le 18 octobre 1997, dans des conditions difficiles, l'enfant refusant toute communication avec sa mère. À la suite de cet incident, le père de l'enfant refusa de l'emmener au point de rencontre. Saisi en référé par Mme Plasse- Bauer, le juge aux affaires familiales d'Aix en Provence suspendit son droit de visite le 13 mars 1998, en raison de l'impossibilité matérielle pour l'association de faire en sorte qu'un tiers soit présent lors de l'exercice par la requérante de son droit de visite.*

À plusieurs reprises, la requérante porta plainte contre son ex-époux pour non-représentation d'enfants. Ce dernier fut relaxé le 14 novembre 2000. La requérante se plaignait de l'inexécution de l'arrêt lui ayant accordé un droit de visite à l'égard de sa fille mineure. Elle invoquait les articles 6 § 1 (droit à un procès équitable) et 8 (droit au respect de la vie privée et familiale) de la Convention européenne des Droits de l'Homme.

La Cour européenne des droits de l'homme admet que le comportement de la requérante n'a pas facilité la tâche des travailleurs sociaux. Cependant, bien que son comportement avec sa fille ait pu paraître contestable lors de la seule visite, l'on ne saurait spéculer sur l'existence des chances pour la requérante de renouer un lien avec celle-ci notamment si d'autres visites avaient pu être organisées selon les modalités prévues par l'arrêt du 4 février 1997. De plus, compte tenu de l'âge de l'enfant, à savoir 11 ans en 1997, et du contexte familial perturbé, l'écoulement du temps a pu avoir des effets négatifs sur la possibilité pour la requérante de renouer une relation avec sa fille.

Par ailleurs, la Cour estime que, dans la mesure où la cour d'appel a expressément désigné une association pour accueillir la requérante et sa fille pour l'exercice du droit de visite, les autorités avaient l'obligation de vérifier préalablement la possibilité pour cette association d'assurer les modalités du droit de visite prévues par l'arrêt, afin d'en permettre l'exécution. Or tel n'a pas été le cas. Dans ces conditions, la Cour conclut, à l'unanimité, à la violation de l'article 6 § 1 et estime qu'il n'était pas nécessaire d'examiner séparément le grief tiré de l'article 8. La Cour alloue à la requérante 3 000 euros (EUR) pour dommage moral et 4 000 pour frais et dépens.

Forte de ce jugement de la Cour européenne des droits de l'homme contre la France, Michelle porte plainte contre l'État français pour demander réparation des dommages subis, au titre de l'article L 141-1 du Code de l'organisation judiciaire qui engage la responsabilité de l'État. Peu de justiciables connaissent les dispositions de cet article, selon lesquelles l'État est tenu de réparer le dommage causé par le fonctionnement défectueux du service public de la justice, sa responsabilité étant engagée par une faute lourde ou un déni de justice.

La faute lourde s'entend de toute déficience caractérisée par un fait ou une série de faits traduisant l'inaptitude du service public de la justice à remplir la mission dont il est investi.

Le déni de justice ne s'entend pas seulement du refus de répondre aux requêtes ou de la négligence à juger les affaires en l'état de l'être, mais plus largement de tout manquement de l'État à son devoir de protection juridique de l'individu et notamment du justiciable en droit de voir statuer sur ses prétentions dans un délai raisonnable, conformément aux dispositions de l'article 6 de la Convention européenne des droits de l'homme. Ce délai doit s'apprécier en fonction des circonstances propres à chaque procédure, en prenant en considération la nature de l'affaire et son degré de complexité ainsi que le comportement des parties en cause.

La cour d'appel d'Aix-en-Provence, dans son arrêt au fond du 10 mai 2010 (Rôle 09/12907) reconnaît que les faits invoqués par Michelle traduisent bien *« l'inaptitude du service public de la Justice à remplir la mission, dont il est investi, constituée de décisions rendues depuis l'ordonnance de non-conciliation du 7 décembre 1993 jusqu'à l'arrêt du 28 février 2007, ayant eu pour conséquence de la priver irrémédiablement sans motif valable de tous les liens affectifs avec ses enfants et de renforcer son ex-mari dans un sentiment d'impunité qui lui a permis selon elle de développer à leur détriment un "syndrome d'aliénation parentale" pour les amener à rejeter leur mère »*. Mais la responsabilité de l'État arrive à échéance au bout de quatre ans : il y a donc prescription sur les faits dont la conséquence a été la perte de tout type de lien entre Michelle et ses enfants. Il y a bien faute lourde car aucune voie de recours n'a permis de réparer le mauvais fonctionnement.

Néanmoins la Cour d'appel est bien obligée de reconnaître le bien-fondé du jugement de la CEDH, à savoir que l'État a manqué à son devoir de protection judiciaire concernant le droit pour tout justiciable de voir statuer – quelle que soit la solution donnée sur ses prétentions – dans un délai raisonnable. Michelle doit donc être indemnisée : *« Attendu que le préjudice moral subi par Michelle pour avoir attendu pratiquement 5 années pour obtenir une décision contradictoire, générateur d'insécurité juridique et de déséquilibre significatif dans l'exercice par les parties de leurs droits respectifs au respect des décisions de justice justifie l'allocation à Michelle de la somme de 5 000 euros à titre de dommages et intérêts. (…). »*

L'État est reconnu coupable de faute lourde : *« La cour (...) déclare Michelle P. prescrite à agir contre l'État du chef de la procédure de divorce ; la déclare recevable du chef de la procédure pénale ; reconnaît la responsabilité de l'État de ce chef ; et condamne l'État représenté par l'Agent Judiciaire du Trésor à payer à Michelle P. la somme de 5 000 euros à titre de dommages et intérêts outre celle de 3 000 euros en application de l'article 700 du Code de procédure civile. Condamne l'État aux dépens. »*

Michelle ne reverra jamais ses enfants pour autant et le droit de connaître leur adresse pour faire connaissance de ses petits-enfants lui sera refusé.

Fabien J. dénonce une succession de dysfonctionnements du service public de la justice, notamment l'incapacité des magistrats à assurer l'application effective de leurs décisions, ayant contribué à la détérioration de ses relations avec ses filles et l'ayant privé de toute chance de tisser des liens réguliers et solides avec elles. Empêché depuis des années dans sa relation avec ses filles, il assigne l'État sur le fondement de l'article L. 141-1 du Code de l'organisation judiciaire. Il soutient principalement que :

- la justice familiale a commis une faute lourde liée à l'application tardive et non effective des droits de visite médiatisés : l'association T. a systématiquement tardé à mettre en œuvre les droits de visite médiatisés octroyés par décision du juge aux affaires familiales. Elle a en outre réduit de manière drastique le temps de ces visites et a fait preuve d'une particulière négligence dans l'application des décisions du juge aux affaires familiales alors qu'elle connaissait le contexte familial hautement conflictuel de cette affaire et de l'impact qu'il avait sur (ses deux filles) M. et F. ;
- le juge aux affaires familiales a été insuffisamment diligent, notamment en omettant de fixer une date de renvoi dans le jugement ; en s'abstenant d'intervenir ou de désigner un autre point de rencontre, il a gravement manqué à ses obligations professionnelles ;
- la justice des mineurs a été dans l'incapacité d'assurer l'instauration immédiate de la mesure d'AEMO, le dossier ayant été mis en liste d'attente tant à la suite de cette décision que lors du renouvellement postérieur – le Juge des enfants puis les autorités publiques ayant été dûment informés par lui de la situation.

Le jugement est rendu le 6 novembre 2013 par le tribunal de grande instance de Paris (Annexe X). Aucun grief n'est retenu ni contre le juge aux affaires familiales ni contre le juge des enfants. En revanche les magistrats reconnaissent que les dysfonctionnements propres aux services chargés de l'exécution des décisions du juge aux affaires familiales et du juge des enfants, sont constitutifs d'un déni de justice qui met en jeu la responsabilité de l'agent judiciaire de l'État dans les termes de l'article L. 141-1 du code de l'organisation judiciaire. Privé de son droit à l'exécution effective des décisions de justice, droit fondamental protégé au titre de l'article 6 de la Convention européenne des droits de l'Homme, Fabien reçoit la somme de 7 000 euros (sept mille euros) de dommages-intérêts en réparation de son préjudice moral et 2 500 euros (deux mille cinq cents euros) en application des dispositions de l'article 700 du Code de procédure civile.

L'Éducation nationale

De nombreux parents séparés se plaignent que leurs enfants ont été retirés de leur établissement scolaire et réinscrit dans un autre sans leur consentement. Ils sont mis devant le fait accompli des mois après ; parfois ils ne savent même pas où ils ont été scolarisés. D'autres ne reçoivent pas les carnets de notes. Certains n'osent pas, ou ne peuvent pas du fait de l'éloignement géographique, se rendre sur place pour se présenter et faire reconnaître leurs droits de parents titulaires de l'autorité parentale.

Le médiateur de l'Éducation nationale constate dans son rapport que « de grandes tensions peuvent naître entre l'institution scolaire et les parents séparés du fait du manque d'informations ». La brochure « L'exercice de l'autorité parentale en milieu scolaire[107] » a été réalisée suite à ses recommandations.

Ce guide, destiné aux parents, et plus particulièrement à ceux qui sont divorcés ou séparés, et aux personnels de l'éducation, doit faciliter le dialogue, éviter les conflits et indiquer les médiations possibles. Il rappelle les grands principes sur l'exercice de l'autorité parentale en milieu scolaire :

- les parents divorcés conservent chacun l'exercice de l'autorité parentale ;
- certaines démarches peuvent être effectuées par un seul parent sous réserve que l'autre en soit informé (son accord étant présumé) : première inscription et réinscription dans un établissement scolaire public, demande d'attestation de scolarité, contact avec les enseignants, demande de résultat, etc.
- la décision d'orientation de l'élève ou le changement d'orientation doivent être effectués par les deux parents ;
- si un parent n'obtient pas les informations qu'il souhaite, il peut faire appel au médiateur de l'Éducation nationale et de l'enseignement supérieur de l'académie ou aux services de l'inspection académique ou du rectorat compétents.

107. Disponible sur le site : *www.education.gouv.fr*

Mais la réalité quotidienne n'est pas toujours celle des textes officiels. **Édouard,** après un divorce très conflictuel, ne voit plus ses enfants. La mère décide de passer outre l'existence du père et obtient pour la rentrée 2006-2007 la radiation de l'enfant d'un collège pour l'inscrire dans un autre. Le père, informé *a posteriori,* exprime son mécontentement auprès du directeur de l'établissement et du rectorat qui ne répondent pas. D'ailleurs son nom n'apparaît plus dans le dossier scolaire de l'enfant. Édouard dépose une requête contre l'Éducation nationale devant le tribunal administratif qui statue sept ans après les faits. Il porte plainte contre le responsable de l'établissement scolaire pour méconnaissance des dispositions de l'article 371-1 du Code civil qui indique que : *« l'autorité parentale est un ensemble de droits et de devoirs ayant pour finalité l'intérêt de l'enfant. Elle appartient aux père et mère jusqu'à la majorité ou l'émancipation de l'enfant pour le protéger dans sa sécurité, sa santé et sa moralité, pour assurer son éducation et permettre son développement, dans le respect dû à sa personne… »* ainsi que sur l'application de l'article 372 du Code civil qui indique que : *« à l'égard des tiers de bonne foi, chacun des parents est réputé agir avec l'accord de l'autre, quand il fait seul un acte usuel de l'autorité parentale relativement à la personne de l'enfant ».*

Par jugement du 17 avril 2014, le tribunal considère que l'établissement scolaire avait méconnu les dispositions de l'article 372-2 du Code civil ce qui constituait « une faute de nature à engager la responsabilité de l'État ». Le tribunal a considéré également que « dans les circonstances de l'espèce, il était fait une juste appréciation du préjudice moral subi par Édouard en l'évaluant à la somme de 2000 (deux mille) euros ». Ce jugement vient reconnaître l'autorité parentale d'un père mais ses enfants sont déjà majeurs.

Le Conseil national de l'ordre des médecins

Il n'est pas rare que dans des situations de séparations parentales très conflictuelles, le parent désireux de priver son ex-conjoint de tout contact avec son enfant, trouve judicieux d'amener le mineur chez un médecin pour faire établir à ce dernier un certificat médical attestant de l'angoisse et du refus catégorique de l'enfant d'aller séjourner chez son autre parent, voire des sévices dont il serait l'objet de sa part.

La chose est aisée car tout médecin, quelle que soit sa forme d'activité professionnelle, est amené à remettre aux personnes qu'il a examinées tantôt une ordonnance, tantôt un certificat. Le Conseil national de l'ordre des médecins rappelle clairement les règles et les limites d'établissement des certificats conformément les articles 28, 50 et 76 du Code de déontologie, les dispositions de l'article 44 (article R.4127-44 du Code de la santé publique), relative aux maltraitances et celles de l'article 51 (article R.4127-51 du Code de la santé publique), concernant les limites de l'action du médecin admis à pénétrer l'intimité de la famille dans le cadre de son exercice professionnel. Le non-respect de ces dispositions peut avoir pour conséquence une plainte auprès du Conseil régional de l'ordre des médecins.

Établissement d'un certificat médical

L'établissement des certificats médicaux est une des fonctions du médecin. Il ne peut s'y soustraire que pour des raisons précises. Il en a l'obligation pour les certificats exigés par les lois et règlements (accident du travail, application des lois sociales, etc.). Quand ce n'est pas le cas, le médecin apprécie s'il y a lieu ou non de délivrer le certificat qui lui est demandé et rejettera les demandes indues ou abusives.

Le médecin est libre de la rédaction du certificat, mais celui-ci doit être parfaitement objectif. Il doit relater les constatations faites par le médecin. Il ne doit pas affirmer ce qui n'est que probable, il ne doit pas comporter d'omissions dénaturant les faits.

Un médecin ne doit jamais délivrer un certificat sans avoir vu et examiné la personne dont il s'agit. L'examen doit être soigneux et attentif, et le certificat détaillé et précis. Le médecin est tenu de constater objectivement les lésions et signes qui témoignent de violences avant de rédiger le certificat ; il ne peut, sauf à agir avec légèreté ou imprudence, établir le certificat sans examen médical préalable ; il doit consigner avec précision ses constatations ; il ne peut présenter comme fait avéré des agressions sur la seule foi de déclarations. En aucun cas, il ne peut attribuer les troubles présentés par un enfant au comportement d'une personne qu'il ne connaît pas ou révéler la pathologie d'une personne qui a été son patient.

Un tel certificat est souvent demandé au médecin pour obtenir la modification des droits de visite et de garde au prétexte de sévices et souvent sexuels dont l'enfant serait victime de la part de l'ex-conjoint ou de son nouveau compagnon. Le médecin doit se montrer particulièrement vigilant et prudent. Le certificat doit se borner aux constatations du médecin sans se livrer à des interprétations hasardeuses et encore moins partiales. Il n'a pas non plus à remettre à l'un des parents ou à un tiers un certificat tendant à la modification du droit de visite ou de garde de l'enfant ni attribuer les troubles présentés par un enfant au comportement de l'autre parent ou d'un tiers (article 44).

Le signataire du certificat exprime à l'indicatif présent (ou passé) les constatations qu'il a faites et ce dont il est sûr. S'il rapporte des indications fournies par le patient ou l'entourage, il le fait avec la plus grande circonspection et emploie le mode conditionnel ou il écrit : « X me dit que… ».

Cependant, le médecin doit se garder d'attribuer la responsabilité des troubles de santé, physiques ou psychiques, constatés, au conflit conjugal, familial (article 51) ou professionnel dont le patient lui a fait part.

Sauf exceptions prévues par la loi, *un certificat médical* est remis en main propre au patient ou à son représentant légal. Il ne doit jamais être fourni à un tiers (surtout à l'insu du patient), quel que soit ce tiers, y compris le conjoint. Le médecin, sollicité notamment dans une procédure de divorce – dont il peut ignorer qu'elle est envisagée ou en cours – doit se garder de donner à l'un des conjoints ou à son avocat une attestation concernant l'autre conjoint ou la vie du couple qui pourrait être utilisée dans le cadre de la procédure de divorce.

Un certificat médical engage la responsabilité du médecin signataire. Il doit donc comporter ses nom et adresse et être signé de sa main ; il doit être lisible et daté. Le médecin ne peut antidater ou postdater un certificat.

Si à l'occasion de son examen, le médecin acquiert la conviction que la personne examinée est victime de sévices, il procédera à un signalement au procureur de la République. Car la délivrance d'un certificat ne protège pas automatiquement la victime puisque le médecin n'a pas la maîtrise de l'utilisation qui en sera faite.

En cas de sévices et de privations

Article 44 (article R.4127-44 du Code de la santé publique)

Lorsqu'un médecin discerne qu'une personne auprès de laquelle il est appelé est victime de sévices ou de privations, il doit mettre en œuvre les moyens les plus adéquats pour la protéger en faisant preuve de prudence et de circonspection.

Lorsqu'il s'agit d'un mineur ou d'une personne qui n'est pas en mesure de se protéger en raison de son âge ou de son état physique ou psychique, il alerte les autorités judiciaires ou administratives sauf circonstances particulières qu'il apprécie en conscience.

On entend par maltraitance toute violence physique, psychique, toute atteinte sexuelle, toute cruauté mentale, toute négligence ayant des conséquences préjudiciables sur l'état de santé et, pour un enfant, sur son développement physique et psychique. Les « mauvais traitements » peuvent aussi concerner les personnes âgées ou handicapées, les conjoints, concubins ou « pacsés » et d'une façon générale toute personne vulnérable.

Que doit faire un médecin qui constate qu'un enfant est effectivement victime de sévices ? Dans les cas flagrants de maltraitance ou de fortes présomptions, le médecin doit soustraire d'urgence la victime aux sévices, par exemple en l'hospitalisant et en s'assurant que cette mesure a bien été réalisée. Le médecin a l'impérieux devoir d'intervenir. L'absence d'intervention est répréhensible notamment lorsque le médecin suspecte des sévices ou mauvais traitements.

Dans les cas moins évidents, le médecin traitant doit faire appel au concours d'une équipe pluridisciplinaire (pédiatre, psychiatre, gynécologue, assistant social…) afin que le diagnostic de maltraitance repose sur des éléments indiscutables.

Cependant, l'article 44 recommande au médecin d'agir avec prudence et circonspection et d'alerter les autorités administratives et judiciaires pour protéger au mieux la personne, en tenant compte des facteurs suivants en fonction de la situation :

- un signalement aux autorités sur de simples présomptions peut déstabiliser une famille ;
- l'hospitalisation de l'enfant ou de l'adulte peut être une mesure de sauvegarde et de mise à l'abri du risque ;
- une surveillance étroite et un accompagnement du milieu familial en équipe pluridisciplinaire (enseignants, éducateurs, travailleurs sociaux) peuvent être suffisants ; la cellule départementale de recueil, de traitement et d'évaluation peut être utilement saisie.

Signalement

Le destinataire d'un signalement n'est ni le patient ni un membre de sa famille mais le procureur de la République ou son substitut.

Si la victime est un mineur, le signalement doit dans ce cas être adressé par le médecin au procureur de la République, ou au substitut du procureur, au tribunal de grande instance du lieu de résidence habituel du mineur.

Le magistrat apprécie alors les suites qu'il veut donner au signalement :

- demander une enquête complémentaire confiée à un service de police ou de gendarmerie ;
- poursuivre le (les) présumé(s) auteur(s) de violences, en ouvrant une information auprès du juge d'instruction ;
- classer l'affaire sans suite sur le plan pénal ;
- et/ou saisir un juge des enfants au titre de l'assistance éducative.

En urgence, le magistrat peut intervenir pour prendre toute mesure conservatoire et notamment le placement du mineur (ordonnance de placement provisoire ou OPP).

Selon le code pénal, le médecin n'est tenu que de signaler les faits constatés. Cependant l'article 44 du code de déontologie médicale est nuancé. Selon ses termes mêmes, le médecin « alerte » l'autorité publique sur une situation qu'il est obligé d'interpréter puisqu'il doit affirmer que l'état du patient a pour cause, avérée ou probable, des sévices. Ainsi après avoir rapporté aussi fidèlement que possible les paroles de l'enfant recueillies au cours de l'entretien et citées entre guillemets, décrit les signes relevés à l'examen clinique, le médecin peut faire état dans le signalement de sa conviction, de son sentiment ou de ses soupçons que l'enfant est victime ou très probablement victime de sévices.

Il est utile de rappeler que :

- le secret médical ne fait pas obstacle au signalement des sévices et maltraitances constatés chez un mineur ou une personne vulnérable ; l'article 226-14 du code pénal est une dérogation légale au secret médical ;
- le médecin n'encourt aucune sanction disciplinaire si le signalement a été fait dans les conditions prévues par cet article ;
- la crainte d'une poursuite ultérieure pour dénonciation calomnieuse ne saurait arrêter le médecin. Celle-ci implique, conformément à l'article 226-10 du code pénal, que la personne dénonçant les faits ait conscience du caractère mensonger des éléments dénoncés ;
- l'évaluation de la situation de la victime, partie intégrante du signalement, est propre à démontrer la bonne foi du médecin.

Immixtion dans les affaires de familles

Article 51 (article R.4127-51 du code de la santé publique)

Le médecin ne doit pas s'immiscer sans raison professionnelle dans les affaires de famille ni dans la vie privée de ses patients.

Le Conseil national de l'ordre des médecins définit clairement les limites de l'action du médecin admis à pénétrer l'intimité de la famille dans le cadre de son exercice professionnel :

« Le médecin est le conseiller naturel des patients et des familles et souvent leur confident. Il ne donne pas seulement des conseils thérapeutiques, d'hygiène de vie mais aussi de psychologie. L'avis du médecin est souvent sollicité sur la nécessité d'un changement de résidence, d'une retraite anticipée, de la pratique d'un sport, etc. De même le pédiatre sera interrogé sur l'intérêt d'un redoublement scolaire, d'un changement d'établissement, le choix d'une région pour les vacances…

La confiance dont il bénéficie peut le mettre dans des situations délicates et le conduire au-delà des limites de son rôle professionnel s'il n'y prend pas suffisam-

ment garde. Le médecin doit s'interdire aussi la curiosité et s'en tenir, dans la vie privée du patient et de sa famille, aux informations nécessaires à la compréhension de la situation qu'il prend en charge. Il est évidemment impensable qu'il puisse exploiter une information obtenue au cours de son exercice professionnel à des fins personnelles. Pour s'en prévenir, le médecin ne doit jamais se départir de son impartialité. En cas de conflit, il doit analyser les faits et prodiguer ses conseils sans jamais prendre un parti quelconque. Il peut chercher à concilier les points de vue en présence, mais doit savoir constater l'échec de sa mission et refuser alors de s'ériger en juge de la situation ou effectuer un arbitrage, particulièrement dans les situations de divorce où il ne doit jamais prendre le parti de l'un ou de l'autre, pour la garde des enfants notamment. Il ne doit pas non plus établir à cette occasion un certificat médical imprudent qui pourrait être par la suite sujet à interprétation tendancieuse (article R.4127-28 du code de la santé publique). *Enfin, dans toutes les situations difficiles, quand le discernement n'est pas aisé, il peut s'adresser au conseil départemental. »*

Exemple de sanction disciplinaire pour un certificat de complaisance

Article 28 (article R.4127-28 du code de la santé publique)

La délivrance d'un rapport tendancieux ou d'un certificat de complaisance est interdite.

Jean L. doit faire face à une séparation très difficile, son ex-conjointe étant déterminée à le priver de tout lien avec sa fille. Pour justifier le refus de l'enfant d'aller chez son père, la mère demande à plusieurs reprises à son médecin habituel des certificats pour attester que l'état de santé de la jeune fille nécessite l'interruption des visites et des séjours chez son père. Jean saisit le conseil régional de l'ordre des médecins. Les extraits ci-dessous de la réponse de la chambre disciplinaire illustrent les subtilités judiciaires de la procédure :

« Considérant que l'article R.4127-51 du code de la santé publique énonce que le médecin ne doit pas s'immiscer sans raison professionnelle dans les affaires de famille ni dans la vie privée de ses patients,

Considérant que, le 5 septembre 2008, à l'issue de la consultation de J.-L., âgée de 12 ans, accompagnée de sa mère, le docteur C. a rédigé un certificat indiquant le motif de la consultation, à savoir des épisodes de plus en plus fréquents de pleurs et la cause de ceux-ci, telle qu'expliquée par la jeune fille, à savoir les critiques réitérées articulées, lors de leurs rencontres, par son père à l'encontre de sa mère avec laquelle il est en instance de divorce ainsi qu'à l'encontre de la sœur aînée de J. et de plusieurs membres de la famille maternelle ; qu'en se bornant à faire état des déclarations de la jeune fille, le docteur C. n'a pas méconnu la règle énoncée par ledit article, ni aucune autre règle déontologique ; que si, par ailleurs, Mme C. a modifié trois jours plus tard la formule finale indiquant que ce certificat était établi "à la demande de l'intéressée", en écrivant qu'il l'était "à son initiative de médecin traitant afin que Juliette puisse être entendue par le juge aux affaires familiales", il n'est pas établi qu'ainsi que le soutient M. L., que cette modification ne serait pas sincère et que son auteur aurait, ce faisant, manqué à la probité ou délivré un certificat de complaisance en méconnaissance des articles R.4127-3 et R.4127-28 du code de la santé publique ;

Mais considérant que le Dr C. a, le 23 septembre 2008, reçu à nouveau en consultation la jeune J., "pour aggravation de son appréhension à devoir retourner séjourner chez son père", selon les termes du nouveau certificat alors délivré ; que ce certificat énonce que l'état de santé de la jeune fille "nécessite l'interruption provisoire de ces visites et séjours" jusqu'aux conclusions d'une enquête sociale ou expertise médicale ; qu'en se prononçant ainsi sur une situation familiale, sans qu'une telle appréciation, d'ailleurs portée à partir d'une connaissance incomplète des faits, puisse entrer en l'espèce dans le cadre de la défense de l'enfant prévue à l'article R-4127-43 du code de la santé publique et sans que ce certificat remis à la mère de J. puisse être assimilé à un signalement destiné à un service public, Mme C. a méconnu les dispositions de l'article R-4127-51 précité ;

Considérant qu'il résulte de ce qui vient d'être dit, sans qu'il soit besoin de qualifier les faits au regard des dispositions relatives au consentement des titulaires de l'autorité parentale énoncées aux articles L. I I 1 1-5 et R.4127-42 du code de la santé publique, ni de procéder au supplément d'instruction demandé par Mme C., qu'il y a lieu d'accueillir les conclusions à fin de sanction disciplinaire de l'auteur de la plainte, laquelle ne présente pas un caractère abusif, et, dans les circonstances de l'espèce, de prononcer à l'égard de ce médecin la sanction de l'interdiction d'exercer pendant l5 jours, assortie du sursis. »

La décision, rendue publique par affichage le 5 janvier 2010, a été notifiée au Conseil département de l'ordre des médecins, au préfet du Calvados, au préfet de la région de Basse-Normandie, au Conseil national de l'ordre des médecins et au ministère chargé de la Santé.

Chapitre 11

Le syndrome d'aliénation parentale et les droits fondamentaux de l'enfant

Par Sophie Paricard

Au-delà des droits de l'enfant accordés dans les textes français, dont le fameux droit d'être auditionné en justice, c'est la Convention internationale des droits de l'enfant signée à New York en 1989 qui est le principal outil de la protection des droits fondamentaux de l'enfant. Cette convention ne bénéficie pourtant pas d'une protection forte de prime abord en ce qu'aucune cour supranationale spéciale n'a été créée afin de sanctionner son application, à l'instar de la Convention européenne de sauvegarde des droits de l'homme dont la Cour européenne des droits de l'homme garantit la bonne application.

Cependant au fil du temps, la Convention internationale des droits de l'enfant a gagné en effectivité notamment et surtout grâce à la jurisprudence développée par la Cour européenne des droits de l'homme qui s'est emparée de ce texte garantissant ainsi son application. La Cour de justice de l'Union européenne commence également à s'inscrire dans ce contentieux relatifs aux droits fondamentaux de l'enfant depuis l'adoption en 2000 de la Charte des droits fondamentaux par l'Union européenne. En effet celle-ci consacre son article 24 à l'affirmation des droits de l'enfant.

Parallèlement, mais plus timidement, les tribunaux français ont déclaré certains droits issus de la Convention internationale des droits de l'enfant directement applicables en France, sans avoir besoin au préalable d'être consacrés par un texte de droit français. Mais, surtout, le juge interne appelé à appliquer la CIDE doit s'inspirer de l'interprétation qu'en fait la Cour européenne des droits de l'homme, sous peine d'être condamné par cette juridiction.

C'est ainsi que l'analyse du syndrome d'aliénation parentale au regard des droits fondamentaux de l'enfant est tout imprégnée de la jurisprudence de la Cour européenne des droits de l'homme, fer de lance de la protection des droits de l'enfant, ainsi que, dans une moindre mesure, de la jurisprudence de la Cour de justice de l'union européenne. Et cette jurisprudence européenne devrait participer à nourrir la jurisprudence française. Or, la jurisprudence des tribunaux français s'avère en décalage par rapport à la jurisprudence européenne.

Les droits fondamentaux de l'enfant sont en effet ambivalents. Ils participent incontestablement à affirmer l'autonomie de l'enfant, le percevant là comme un adulte en devenir, en lui octroyant des droits calqués sur ceux des adultes. Mais ils appréhendent également l'enfant comme l'être vulnérable qu'il est par essence et le protègent à ce titre de façon spécifique.

Ces droits peuvent de ce fait en arriver à se concurrencer, l'un prônant ce que l'autre désavoue. C'est ainsi que dans un contexte bien précis, celui du syndrome d'aliénation parentale (SAP), le droit de l'enfant d'être entendu en justice, fondé sur l'autonomie de l'enfant vient concurrencer le droit de l'enfant de maintenir le lien avec ses deux parents, droit puissamment attaché à la condition même d'enfant et en ce sens tout empreint de sa vulnérabilité.

Le SAP, ce phénomène émergent de nos sociétés modernes qui conduit l'enfant à rejeter l'un de ses parents, est ainsi le catalyseur d'un conflit des droits de l'enfant. Le SAP naît en effet de la vulnérabilité psychique de l'enfant, mais se développe paradoxalement en revendiquant l'autonomie de cet enfant et se renforce à l'aune du crédit qui est accordée à sa parole. Son existence doit en conséquence conduire à faire prévaloir le droit protecteur de la vulnérabilité de l'enfant au détriment de celui la désavouant, c'est-à-dire à **faire prévaloir son droit spécifique de maintenir le lien avec ses deux parents au détriment de son droit-autonomie d'être entendu en justice.**

Chapitre II

C'est la position retenue par les deux cours européennes, la Cour européenne des droits de l'homme, et dans une moindre mesure par la Cour de justice de l'Union européenne. Or, la France, qui n'a pas encore pris la mesure de ce phénomène, inverse cette logique. Elle protège avec vigueur le droit de l'enfant d'être auditionné et néglige son droit de voir ses deux parents, faisant fi de sa vulnérabilité, pourtant exploitée dans un tel contexte. Cette jurisprudence est à double titre préjudiciable : elle est préjudiciable à la France en ce qu'elle encourt une condamnation par ces juridictions européennes ; mais surtout elle est préjudiciable à l'enfant en ce qu'elle participe à accentuer son exploitation.

Cette position française est d'autant plus inquiétante que le syndrome d'aliénation parentale est certainement l'un des phénomènes émergents de notre société moderne. Il est en effet indissociable d'un autre phénomène plus ancien mais aujourd'hui très répandu, la séparation des parents. Celle-ci est toujours douloureusement vécue par l'enfant mais les recherches menées « laissent supposer que c'est le conflit parental et non la séparation qui nuit le plus aux enfants »[108]. Or, le SAP est indissociable d'un véritable processus de guerre mis en œuvre souvent inconsciemment par l'un des

108. Dominique Versini, *Rapport de la Défenseure des enfants, Enfants au cœur des séparations conflictuelles*, La Documentation française, 2008, p. 54.

parents, le parent dit aliénant (le parent préféré), contre l'autre, le parent dit aliéné (le parent rejeté), puisque les enfants en sont les armes. Le parent aliénant, par des non-dits, va inciter l'enfant-otage à l'action et le transformer en enfant soldat.

Au premier stade, l'enfant exprime seulement de la difficulté à voir le parent aliéné mais au stade ultime, qui peut être atteint en quelques mois seulement, le seul mécanisme de survie pour l'enfant pour s'arracher à sa culpabilité et soulager sa souffrance est le clivage, la disparition de l'autre parent. De nombreuses recherches scientifiques ont mis en lumière les conséquences dramatiques de ce clivage pour l'enfant[109] car « la perte d'un parent bouleverse profondément le soi de l'enfant, sa structure, sa substance[110] ». L'image du jugement de Salomon est très évocatrice : « sur le plan symbolique, on est en droit d'affirmer que le parent aliénant demande à l'enfant de se couper en deux sur le niveau émotionnel plutôt que de laisser l'enfant à l'autre »[111]. Les effets d'une telle emprise sont « destructeurs pour la construction psychique de l'enfant et de l'adolescent »[112]. Le SAP est « une bombe à retardement »[113].

L'enfant, tout au long de ce processus, **devient l'instrument de la disqualification d'un parent par l'autre.** C'est ainsi que, juridiquement, le contexte est objectivement bien identifié : des fausses allégations d'abus sexuels ou de maltraitance à l'encontre du parent aliéné parsèment la séparation du couple et les non-représentations d'enfants se multiplient à son encontre.

Le rapport de la Défenseure des enfants rendue en 2008 sur le thème des « Enfants au cœur des séparations conflictuelles » est très instructif quant à la réalité de ce phénomène : *« de nombreux professionnels rencontrés font état de situations qui […] montrent que l'enfant est instrumentalisé dans le conflit parental ».* Le témoignage d'un magistrat familial y est particulièrement révélateur de la fréquence et de la dangerosité de cette situation pour l'enfant : *« la pratique du contentieux familial me conduit à un constat : l'inféodation fréquente de l'enfant à l'un de ses parents, jusqu'au refus de rencontrer l'autre. Que de haine irrationnelle, infondée pour ces enfants*

109. Wilfrid Von Boch-Galhau, « Le SAP, impacts de la séparation et du divorce sur les enfants et leur vie d'adulte », *op. cit.* ◊ Jean-Marc Delfieu, « Syndrome d'aliénation parentale – Diagnostic et prise en charge médico-juridique », *Experts*, juin 2005, n° 67, p. 24.
Voir les troubles décrits par les différentes études menées : risque de développements de maladies psychiques (plainte hypocondriaque, accès d'angoisse, épisodes d'anorexie ou d'insomnie, états dépressifs ou psychosomatiques), suicide, apparition de problèmes conjugaux et relationnels.

110. Jean-Marc Delfieu, « Syndrome d'aliénation parentale – Diagnostic et prise en charge médico-juridique », *op. cit.*, p. 25.

111. Bénédicte Goudard, *Le Syndrome d'aliénation parentale*, thèse, *op. cit.*, p. 40.

112. Rapport de la Défenseure des enfants.

113. Bénédicte Goudard, *Le Syndrome d'aliénation parentale*, thèse, *op. cit.*, p. 42.

qui épousent la cause du parent auprès de qui ils vivent. Je n'en ai pas rencontré de plus vive au cœur des enfants pourtant victimes de maltraitances ou de sévices parentaux. » Un autre magistrat estime que le SAP concernerait 13 % des enfants de parents séparés, dont 6 % d'une manière grave. Un expert y précise qu'environ 10 % de ses expertises civiles sont consacrées à l'évaluation d'une aliénation parentale. En conséquence, on peut affirmer que la problématique de l'aliénation parentale envahit de plus en plus les audiences des juges aux affaires familiales.

Ce phénomène est pourtant peu pris en compte dans les décisions judiciaires françaises. Le SAP est également absent de la littérature juridique. Ces réticences sont d'autant plus compréhensives, qu'au-delà de la polémique existant au sujet du SAP, le principe même de protéger l'enfant contre ses parents fut déjà difficilement admis. Le titre de la thèse de Claire Neirinck « La Protection de la personne de l'enfant contre ses parents » fut d'ailleurs jugé provocant[114]. « Protégé par ses parents, l'enfant peut-il avoir besoin d'être protégé contre eux ? » s'interrogeait Bernard Teyssié dans sa préface. Et, pendant fort longtemps, les diverses formes de violence exercées contre les enfants par leurs parents ont été plus ou moins tolérées, voire approuvées, par la société.

Le mythe de l'amour instinct a longtemps occulté la position réelle de l'enfant face à ses parents et la conscience collective admet encore difficilement qu'un enfant puisse être agressé par ceux qui doivent l'aimer et le protéger. Les abus des parents marquant le corps de l'enfant comme la maltraitance physique ou l'inceste sont désormais qualifiés d'agressions des parents à l'encontre de l'enfant par le droit et reconnus comme telles par la société. En revanche, l'abus psychique d'un parent sur son enfant, marqueur de la vulnérabilité non plus physique mais psychique de l'enfant, reste à affirmer.

Cet abus est d'autant plus difficile à établir qu'il y a en réalité deux victimes, l'enfant et le parent aliéné. Le juge n'est donc pas seulement amené à protéger l'enfant contre un parent, comme dans les situations d'abus corporels où l'autre parent est finalement relativement transparent, mais à trancher un conflit très intense entre parents en faveur de l'un d'eux, à contre-courant de la promotion récurrente de l'égalité et de la coopération parentale.

Le SAP qui est un symptôme typique de la modernité doit ainsi inviter à repenser certains aspects du contentieux familial, même à opérer une véritable révolution, notamment sous la pression européenne. La Cour européenne des droits de l'homme n'hésite pas en effet à reprendre dans le corps de ses arrêts le diagnostic d'aliénation parentale qui a été posé lors d'expertises psychologiques antérieures et à s'y référer pour justifier

114. Claire Neirinck, *La Protection de la personne de l'enfant contre ses parents,* LGDJ, 1984.

ses décisions qui relativisent fortement la parole de l'enfant et s'attachent à préserver son lien avec ses deux parents. Le conflit de droits est résolu au profit du droit spécifique attaché à la condition même d'enfant dans un contexte où sa vulnérabilité est exploitée.

La France doit désormais prendre conscience de la vulnérabilité psychique de l'enfant et trancher semblablement les conflits entre ces deux droits : appliquer de façon restrictive le droit de l'enfant d'être entendu en justice et mettre véritablement en œuvre le droit de l'enfant à maintenir le lien avec ses parents.

La restriction du droit de l'enfant d'être entendu en justice

Alors que, dans un contexte d'aliénation parentale, les juridictions européennes se montrent favorables à la restriction du droit de l'enfant d'être entendu en justice, la France se montre beaucoup plus réservée.

La position favorable des juridictions européennes

Le droit de l'enfant d'être entendu en justice est consacré dans l'article 12 de la CIDE. Cependant ce droit n'est pas considéré comme absolu : il doit être apprécié au regard des exigences liées à l'intérêt supérieur de l'enfant dans chaque cas d'espèce, comme l'a jugé la Cour de justice de l'Union européenne en se fondant sur la Charte des droits fondamentaux : « tout en étant un droit de l'enfant, l'audition de l'enfant ne peut constituer une obligation absolue » et doit faire l'objet d'une appréciation en fonction des exigences liées à l'intérêt supérieur de l'enfant dans chaque cas d'espèce conformément à l'article 24 § 2 de la Charte des droits fondamentaux[115]. Cette position est importante en ce qu'elle démontre que le droit-autonomie de l'enfant peut ne pas répondre à son intérêt supérieur en raison notamment de sa vulnérabilité psychique.

La Cour européenne des droits de l'homme se montre également sensible à l'intérêt supérieur de l'enfant lorsqu'elle développe une jurisprudence le protégeant contre sa propre parole. L'audition de l'enfant est certes le moyen pour le juge de connaître son opinion sur la question à trancher et la détermination de l'intérêt de l'enfant doit en principe tenir compte de son avis, comme le précise l'article 12 de la CIDE. Mais il convient d'être prudent de façon générale vis-à-vis de la parole de l'enfant puisque l'intérêt de

115. CJUE 22 déc. 2010, *Joseba Andoni Aguirre Zarraga c. Simone Peiz*

l'enfant ne se confond généralement pas avec ses inclinations personnelles et cette prudence doit s'accentuer dans un contexte d'aliénation parentale.

La Cour européenne des droits de l'homme n'accorde en conséquence de valeur à la parole de l'enfant qu'à la condition que celle-ci ait été recueillie dans un contexte serein[116]. Or, le contexte d'aliénation parentale qui se caractérise par de fausses allégations d'abus, de multiples non-présentations d'enfant, de nombreuses attestations ou enquêtes ne répond évidemment pas à ce critère.

Le discours de l'enfant atteste d'ailleurs lui-même des pressions dont il est l'objet, comme l'a bien saisi la Cour européenne de l'homme qui n'hésite pas à évoquer « l'enfant programmé » par son parent[117]. La toile de fond est en effet une absence d'ambivalence, un manichéisme, dans les propos de l'enfant : le parent aliéné fait l'objet d'une véritable campagne de dénigrement alors que le parent aliénant est présenté comme le parent parfait.

Ces enfants ont aussi la particularité de ne présenter aucune sensibilité à l'égard du parent aliéné. C'est un élément fort d'identification du SAP qui participe aussi à écarter tout soupçon d'abus à l'encontre du parent aliéné. Un enfant abusé est en principe attaché à son abuseur et ce parfois très fortement, notamment en raison de la relation d'emprise qui s'est instaurée. Les enfants sont même prêts à se taire pour ne pas perdre ce lien.

Dans un tel contexte, le juge ne doit donc pas accorder de valeur à la parole de l'enfant : l'avis d'un enfant âgé de 4 ans, totalement soumis aux pressions de sa mère qui l'avait enlevé, a par exemple été considéré comme inopérant par la Cour[118]. Elle a également condamné deux États, la Finlande et l'Allemagne, pour avoir exclusivement pris en compte les souhaits exprimés par les enfants, sans tenir d'audience ni prendre de mesures d'expertises, alors même que le contexte semblait révéler une aliénation parentale[119].

La jurisprudence de la Cour européenne est désormais relativement bien lisible : dans un contexte d'aliénation parentale, le juge ne doit pas en principe accorder de valeur à la parole de l'enfant sauf à mettre en œuvre des investigations supplémentaires qui permettraient d'écarter un tel diagnostic. Et lorsque le SAP est avéré, la parole de l'enfant ne doit absolument pas être prise en compte. La France adopte une attitude bien différente.

116. CEDH 23 sept. 2003, *Sophia Gudrun Hansen c. Turquie*

117. CEDH 20 juill. 2006, *Koudelka c. République tchèque,* § 67

118. CEDH 22 juin 2006, *Bianchi c. Suisse*

119. CEDH 13 juill. 2000, *Elshoz c. Allemagne ;* CEDH 9 mai 2006, *CC. c. Finlande*

La position défavorable de la France

Le droit de l'enfant d'être entendu en justice dans toute procédure le concernant est aujourd'hui bien affirmé en France. Ce droit a d'ailleurs servi de socle à l'applicabilité directe de la CIDE. Il est devenu un véritable droit subjectif par la loi du 5 mars 2007. L'article 388-4 du code de procédure civile, venu en préciser la mise en œuvre, dispose que « lorsque la demande est formulée par le mineur, le refus d'audition ne peut être fondé que sur son absence de discernement ou le fait que la procédure ne le concerne pas ». La Cour de cassation affirme ainsi avec force que « l'audition du mineur capable de discernement est de droit lorsqu'il en fait la demande »[120], celle-ci pouvant être présentée à tous les stades de la procédure. Le droit de l'enfant d'être entendu en justice est donc un droit particulièrement protégé.

La Cour de cassation est restée en conséquence sourde à la jurisprudence de la Cour européenne des droits de l'homme. L'audition de l'enfant continue d'être imposée alors même que différentes expertises peuvent avoir été faites attestant que l'enfant est placé dans un conflit de loyauté dont il tente de sortir en éliminant l'un de ses parents de sa vie. La Cour pourrait pourtant invoquer l'intérêt supérieur de l'enfant consacré par l'article 3-1 de la CIDE pour refuser dans un tel contexte son audition, comme cela lui a d'ailleurs été suggéré par le Défenseur des droits dans le rapport précité. L'intérêt supérieur de l'enfant a ici une fonction primordiale puisqu'il s'agit de préserver l'enfant contre l'exploitation de sa vulnérabilité. L'impuissance du droit participe à la réification de l'enfant, objet de son parent, alors que l'intérêt de l'enfant est qu'il puisse se percevoir comme sujet libre.

En revanche, la Cour de cassation semble se montrer, depuis peu, plus à l'écoute de la jurisprudence de la Cour européenne des droits de l'homme et plus sensible au SAP à propos de la notion de discernement de l'enfant. Or, la notion de discernement est centrale dans ce contentieux puisque, conformément à l'article 388-1 du Code civil, le discernement de l'enfant est la condition de son audition.

Le discernement est traditionnellement défini comme l'aptitude à distinguer le bien du mal qui apparaît chez le mineur à l'âge de raison. La circulaire du 3 mars 1993 relative à l'application de la loi du 8 janvier 1993 se réfère au degré de compréhension et à la maturité du mineur, qui elle-même se définit comme « une sûreté de jugement qui s'acquiert avec l'âge ou l'expérience »[121]. L'âge constitue donc bien souvent l'un des plus fermes critères du discernement puisqu'il est l'indice majeur du développement intellectuel de l'individu.

---

120. Civ. 1re, 15 avr. 2010

121. Philippe Bonfils et Adeline Gouttenoire, *Droit des mineurs,* Dalloz, 2014.

Mais la notion de discernement est appelée à évoluer car le discernement de l'enfant ne dépend plus seulement de son développement intellectuel, comme cela apparaît dans un contexte de SAP. La faculté de jugement d'un enfant peut en effet être altérée en raison d'un élément qui caractérise l'enfance, trop souvent méprisé dans les conflits familiaux : la dépendance de l'enfant à l'égard de ses parents. Cette dépendance est à la fois, économique, affective, et psychologique puisque le parent exerce une autorité naturelle sur l'enfant.

Cette dépendance permet l'emprise du parent sur l'enfant sans violence physique. L'esprit critique de l'enfant n'est en effet pas suffisamment affirmé pour se protéger de l'emprise de l'un des parents. Cette emprise n'est pas spécifique au SAP et constitue le siège de tous les abus. Par exemple, dans l'inceste, l'enfant est pareillement sous l'emprise de son parent agresseur qui a mis en place un conditionnement psychologique de la victime. L'enfant, victime de l'inceste, est d'ailleurs juridiquement sous la contrainte morale de l'adulte et n'est donc pas considéré comme consentant à l'acte sexuel. Le nouveau texte incriminant l'inceste met bien en évidence cette relation d'emprise qui peut naître de cette dépendance d'un enfant à l'égard d'un parent : « la contrainte morale peut résulter de la différence d'âge entre une victime mineure et l'auteur des faits et de l'autorité de fait ou de droit que celui-ci exerce sur cette victime » (Art. 222-22, al. 2 du Code pénal).

Cette contrainte morale existe aussi à l'égard du mineur victime d'aliénation parentale. Celui-ci comme le mineur victime d'inceste, s'il n'arrive pas à s'élever contre les premiers signes de l'abus, est pris dans la spirale de la culpabilité et de la peur. Et pareillement, le mineur n'a alors d'autres choix que d'intégrer l'abus dans son éducation et son développement psychique. Ces enfants sont alors la prolongation vivante de la haine du parent aliénant, dont ils constituent la meilleure arme.

Le SAP constitue en ce sens une véritable « dictature affective qui pèse sur les enfants » comme l'a affirmé un jugement du TGI de Toulon[122] Le discours de l'enfant ne se distingue pas de celui du parent aliénant puisqu'un enfant victime d'aliénation parentale a perdu tout discernement à l'égard du parent aliéné. Or, pour être entendu par le juge, l'enfant doit avoir une faculté de jugement qui lui soit propre notamment au sein du conflit familial, ce qui suppose une prise de distance importante incompatible avec le rejet massif et injustifié de l'autre parent engendré par le SAP. Les travaux de Jean Piaget démontrent que la clef de la maturité d'un enfant est la relativité.

La Cour de cassation semble désormais sensible à cette approche nouvelle du discernement. Dans un arrêt récent, elle a en effet délaissé le seul cri-

122. TGI Toulon, 4 juin 2007, *Gaz. Pal.* 18-20 nov. 2007, p. 11, note Jean Pannier.

tère de l'âge et constaté le défaut de discernement de l'enfant au motif de « l'existence de pression le plaçant au centre de conflits d'intérêts »[123]. Cette évolution est encouragée par le Défenseur des droits qui invite les magistrats à apprécier le discernement de l'enfant « *in concreto* » au regard « du contexte dans lequel il évolue »[124].

La notion de discernement doit donc s'appliquer non seulement à la maturité intellectuelle d'un enfant mais également à l'absence de pressions entraînant une altération de sa faculté de jugement. Elle devrait en quelque sorte se médicaliser à l'instar de l'altération des facultés mentales d'un adulte pour intégrer le SAP.

L'évaluation du discernement de l'enfant dans un contexte de conflit familial intense nécessite en conséquence une formation particulière des magistrats, recommandée par le défenseur des droits[125], et des investigations supplémentaires.

Ces éléments sont d'autant plus importants que la maturité de l'enfant est parfois aveuglante. Les apparences sont en effet sauves : les critères traditionnels permettant de mesurer la maturité intellectuelle d'un enfant comme ses résultats scolaires ou son insertion sociale sont souvent tout à fait corrects. Un enfant tiraillé ainsi entre ses deux parents semble même aller mieux, être apaisé, stabilisé à l'école depuis qu'il a choisi son camp[126]. Un expert psychiatre ayant diagnostiqué le SAP dans une fratrie de quatre enfants constate par exemple *« que malgré tout cela, les enfants semblent se développer normalement, aucun risque dépressif, aucun trouble de la personnalité ne peut être évoqué »*[127].

Mais surtout la maturité est fortement revendiquée : l'enfant est capable d'exprimer avec force, voire virulence, une opinion importante en invoquant son jugement propre. Cette maturité exceptionnelle de l'enfant est souvent valorisée par le parent aliénant. Celui-ci se présente d'ailleurs toujours comme neutre et déclare typiquement que le choix, la décision appartient à l'enfant et qu'il s'agit donc de la respecter[128].

L'enfant est ainsi placé dans une situation de toute-puissance totalement anormale. Un arrêt de la cour d'appel de Nouméa relève par exemple que l'enfant « face à l'absolue certitude de la famille d'être dans leur "bon

123. Civ. 1re, 23 nov. 2011, *Dr fam.* 2012, n° 30, Claire Neirinck

124. Décision 12 nov. 2012, préc.

125. Décis. 12 nov. 2012, préc.

126. Rapport de la Défenseure des enfants, préc., p. 56.

127. Versailles, jugement du 28 juill. 2005 du juge des enfants.

128. Bénédicte Goudard, *Le Syndrome d'aliénation parentale,* thèse, *op. cit.,* p. 28.

droit" est confirmé dans le sentiment bien réel que c'est à lui seul de décider s'il doit reconnaître sa mère comme telle ou l'effacer de sa vie »[129].

Le droit de l'enfant d'être entendu en justice doit incontestablement être relativisé dans un contexte de SAP. Cette position clairement affirmée par la Cour européenne des droits de l'homme demeure encore très timide en France, puisqu'elle seulement exprimée par une jurisprudence embryonnaire de la Cour de cassation à propos de la notion de discernement. Cette relativisation est pourtant essentielle afin d'**éviter l'instrumentalisation** de l'enfant et permettre la protection d'un droit fondamental, le **droit de voir ses deux parents.**

La protection du droit de l'enfant de voir ses deux parents (art. 9, al. 3)

Dans la mesure où le SAP révèle la vulnérabilité de l'enfant, le droit de l'enfant de voir ses deux parents mérite une protection maximale. C'est la voie choisie par les juridictions européennes tandis que la France adopte là encore une position bien différente, en cohérence avec la vigueur qu'elle met à protéger le droit de l'enfant d'être entendu en justice. Elle se révèle particulièrement laxiste à l'égard de la mise en œuvre du droit de l'enfant de voir ses deux parents.

La position offensive des juridictions européennes

Le maintien du lien avec ses deux parents est un droit spécifique à l'enfant prévu par l'article 9 alinéa 3 de la CIDE. Il prévoit que « les États parties respectent le droit de l'enfant séparé de ses deux parents ou de l'un d'eux d'entretenir régulièrement des relations personnelles et des contacts directs avec ses deux parents ». Il a depuis lors été réaffirmé dans la Charte des droits fondamentaux, ce qui a d'ailleurs permis à la CJUE de s'en saisir. Et, contrairement au droit d'être entendu en justice, elle lui a conféré un caractère absolu en affirmant que « le droit d'entretenir des relations personnelles et des contacts directs avec ses deux parents énoncés à l'article 24 § 3 de la Charte des droits fondamentaux se confond incontestablement avec l'intérêt supérieur de l'enfant »[130].

129. Nouméa, tribunal pour enfants, 21 juill. 2009, jugement 149/2009.

130. CJUE 1er juill. 2010, *Doris Povse c. Mauro Alpago, D.* 2010. 1798 ; *AJ fam.* 2010. 482, pratique Alexandre Boiché ; *RT* 2010, obs. Pauline Rémy-Corlay ; *RTD eur.* 2010, chron. Mélina Douchy-Oudot et Emmanuel Guinchard.

La position de la Cour européenne des droits de l'homme est là encore en harmonie avec la CJUE. Les juges européens ont en effet bien compris le processus destructeur du syndrome d'aliénation parentale et affirmé en conséquence le caractère fondamental du droit de l'enfant à voir ses deux parents. Le maintien des liens de l'enfant avec ses parents constitue dès lors « un principe essentiel de la jurisprudence de la Cour européenne des droits de l'homme »[131].

Le droit au respect de la vie familiale garanti par l'article 8 de la Convention européenne des droits de l'homme s'est ainsi enrichi d'une véritable obligation dynamique de protection des liens familiaux autour de la notion d'obligation positive pour l'État d'agir. C'est évidemment surtout en matière de séparation des parents et des enfants que le droit au respect de la vie familiale fait peser sur l'État l'obligation positive de prendre les mesures propres à réunir l'enfant et ses parents. Cette obligation, placée sous l'égide de l'intérêt supérieur de l'enfant, a été largement déclinée par le juge européen à propos de l'assistance éducative mais aussi à propos de la mise en œuvre du droit de visite du parent.

La Cour européenne des droits de l'homme impose en conséquence aux États l'obligation positive de mettre en œuvre toutes les mesures nécessaires pour assurer l'exécution du droit de visite. Le point décisif pour la Cour est de savoir « si les autorités nationales ont pris pour faciliter les visites toutes les mesures nécessaires que l'on pouvait raisonnablement attendre d'elles »[132]. Et le diagnostic d'aliénation parentale joue un rôle majeur pour la Cour puisqu'il constitue un élément qui doit inciter les États à des actions rapides et efficaces au regard de la gravité de la situation.

La Cour européenne a par exemple jugé dans l'arrêt *Zavrel,* certainement le plus emblématique, *« que selon le rapport d'expertise du 25 mars 2004, le syndrome d'aliénation parentale n'était pas encore à l'époque très développé chez l'enfant [...]. Si des mesures adéquates avaient été mises en œuvre rapidement, il n'aurait donc pas été difficile pour le mineur de se réhabituer aux visites »* de son parent[133]. Elle reprendra ensuite ce raisonnement dans d'autres affaires plus récentes, toujours fondé sur le diagnostic de SAP : *« à ce moment de la procédure d'exécution, les autorités ne pouvaient plus ignorer que le SAP de la fille avait atteint un degré qui mettait en péril l'exécution de l'arrêt [...]. C'est au plus tard à ce moment que*

131. Adeline Gouttenoire, « Le droit de la famille dans la jurisprudence de la Cour européenne des droits de l'homme », *op. cit.,* p. 16.

132. CEDH 18 janv. 2007, *Zavrel c. République tchèque ;* v. aussi CEDH 24 sept. 2007, *Patera c. République tchèque,* « le point décisif consiste donc à savoir si les autorités nationales ont pris, pour faciliter le regroupement, toutes les mesures nécessaires que l'on pouvait raisonnablement exiger d'elles en l'occurrence », § 118.

133. CEDH 18 janv. 2007, *Zavrel c. République tchèque,* arrêt préc., § 52.

les autorités auraient dû prendre conscience de la gravité du problème et mettre en place un dispositif de mesures destinées à préparer la passation de l'enfant d'un parent à l'autre »[134] ; « *en n'agissant pas avec diligence les autorités nationales ont, par leur comportement, favorisé un processus d'aliénation parentale au détriment de la requérante, méconnaissant ainsi son droit au respect de sa vie familiale garanti par l'article 8 »*[135].

Elle n'hésite pas à affirmer que si « *des mesures coercitives à l'égard des enfants ne sont pas souhaitables dans ce domaine délicat »*[136], « *il appartenait dès lors aux autorités compétentes de prendre les mesures adéquates afin de sanctionner le comportement »*[137] du parent aliénant. Elle insiste donc sur le fait qu'il appartient aux autorités de sanctionner le parent allié du SAP. La Cour européenne est en effet pleinement consciente que ces mesures, malgré leur gravité, poursuivent l'intérêt supérieur de l'enfant[138].

La Cour européenne justifie aussi ses décisions sur un autre fondement, l'article 6 § 1 de la Convention européenne des droits de l'homme, plus spécifiquement sur le manque de célérité de la procédure. En effet, contrairement à ce que le sens commun voudrait croire, les experts sont unanimes à affirmer que l'écoulement du temps est l'ennemi implacable de l'enfant. Lorsque des enfants commencent à refuser de voir l'un des parents, un compte à rebours infernal s'enclenche et si personne ne vient en aide à cette famille à ce moment précis, la situation ne pourra que s'aggraver. La Cour européenne assène ainsi avec force que « les procédures relatives à l'autorité parentale et au droit de visite appellent un traitement urgent, car le passage du temps peut avoir des conséquences irrémédiables sur les relations entre l'enfant et le parent qui ne vit pas avec lui » et n'hésite pas à condamner les États qui ne mettent pas rapidement en œuvre des mesures[139]. La Cour considère, le cas échéant, que par leur inaction, « les tribunaux nationaux ont en l'espèce permis que le litige soit tranché par le simple écoulement du temps, de sorte que le rétablissement des liens entre l'intéressé et sa fille ne semble plus possible aujourd'hui ». C'est ainsi

---

134. CEDH 11 janv. 2011, *Bordeianu c. Moldava*, req. no 49868/08.

135. CEDH 2 sept. 2010 *Minceva c. Bulgarie*.

136. CEDH *Zavrel*, arrêt préc., § 52.

137. *Ibid.*, § 52.

138. La Cour considère en effet que le SAP s'opère au détriment de l'intérêt de l'enfant : « les retards dont ont souffert ces procédures ont provoqué, entre la mère et l'enfant, une rupture déjà longue de plus de cinq ans et ont conduit à une "aliénation" croissante de l'enfant par rapport à sa mère et inversement, au détriment de l'intérêt supérieur de l'enfant », CEDH 1er févr. 2011, *Karoussiotis c. Portugal*.

139. CEDH 22 juill. 2006, *Lafargue c. Roumanie*. V. aussi CEDH, *Koudelka*, arrêt préc. : « Les rapports ultérieurs [...] ont relevé chez l'enfant sa fixation pathologique à la mère et le syndrome d'aliénation parentale. Il était donc plus qu'évident que le passage du temps avait en l'espèce des conséquences défavorables pour le requérant », *Koudelka*, § 62 ; v. aussi CEDH 24 sept. 2007, *Patera c. République tchèque*, « Il est donc fondamental de traiter avec célérité les affaires de garde d'enfants », § 101.

qu'elle a condamné la Pologne sur ce fondement en relevant notamment qu'« une procédure relative au droit de visite a duré près de cinq années et que dans une autre procédure, la préparation de l'expertise psychologique a pris deux ans »[140].

La politique de la France en la matière ne satisfait pas ces exigences de rapidité et d'efficacité dans la mise en œuvre du maintien du lien entre les deux parents. La France a ainsi été condamnée par la Cour européenne en raison du fait qu'elle « n'avait pas déployé les efforts suffisants que l'on pouvait raisonnablement attendre d'elle pour rendre effectives les modalités du droit de visite médiatisé d'un parent rejeté par son enfant »[141]. La mère en l'occurrence ne réussit à voir sa fille qu'une seule fois en cinq ans, sans la présence du tiers prévu, et dans des conditions catastrophiques.

La France devrait ainsi développer une politique moins laxiste en matière civile comme en matière pénale.

La position laxiste de la France

Le droit de l'enfant à maintenir le lien avec ses deux parents a été affirmé par la loi française. Il est inscrit au sein de l'article 373-2 alinéa 2 du Code civil qu'en cas de séparation des parents, « chacun des père et mère doit maintenir des relations personnelles avec l'enfant ». La volonté de maintenir le lien de l'enfant avec ses deux parents a constitué l'un des fondements de l'évolution de l'exercice unilatéral de l'autorité parentale vers son exercice en commun par les deux parents en cas de séparation du couple[142]. Le juge aux affaires familiales peut à cet égard prendre « les mesures permettant de garantir la continuité et l'effectivité du maintien des liens » parentaux (art. 373-2-6 du Code civil). Cependant ce droit de l'enfant est plus formulé comme un devoir qui incomberait aux parents plutôt que comme un véritable droit de l'enfant, ce qui peut se vérifier à l'égard de la sanction du droit de visite et d'hébergement.

Le droit de visite et d'hébergement est concrètement *« la base du maintien du lien parent-enfant, car ce qui importe avant tout c'est que l'enfant voit ses deux parents »*[143]. Un arsenal répressif est prévu afin de le préserver : le parent qui vit avec l'enfant encourt des sanctions pénales pour non-présentation d'enfant s'il refuse indûment de représenter l'enfant à son autre parent

140. CEDH 6 sept. 2005, *Siemianowski c. Pologne*.

141. CEDH 28 mai 2005, *Plasse-Bauer c. France*.

142. Laurence Gareil, *L'Exercice de l'autorité parentale,* Thèse dirigée par Jacques Ghestin, LGDJ, Tome 413, 2004.

143. *Ibid.*, p. 111.

qui est en droit de le réclamer (art. 227-5 du Code pénal). L'inertie du parent, et même l'utilisation d'un stratagème[144] est constitutive de l'élément matériel de l'infraction, dès lors qu'elle est intentionnelle. Et surtout, le fait que le mineur refuse de se rendre chez l'autre parent est en principe sans incidence[145].

Le problème est que ce dispositif reste largement inexploité, seulement exceptionnellement mis en œuvre[146], certainement par un manque de volonté politique. Ce qui semble importer en effet, ce « n'est pas le châtiment du coupable mais surtout l'amélioration de ses relations avec sa famille »[147]. Le recours à des alternatives aux poursuites est ainsi privilégié par le ministère public dans le délit de non-présentation d'enfant[148]. Certains regrettent même une telle pénalisation du droit de la famille soulignant qu'elle n'apaise pas les conflits. F. Dekeuwer-Défossez s'interrogeait ainsi dans son rapport : « pénaliser les conflits familiaux, n'est-ce pas ajouter à la violence des passions individuelles, la violence des procédures qui privilégient le besoin de punition et de vengeance au détriment du besoin de réparation et de restauration des liens rompus ? ». Le rapport préconisait d'ailleurs de maintenir le caractère exceptionnel du recours au droit pénal[149]. C'est dans un tel contexte que s'est développée la médiation pénale. Pourtant cette dernière est, dans une telle hypothèse, contraire à l'intérêt de l'enfant. Évitant la sanction pénale à l'encontre du parent aliénant, elle alimente en effet le processus destructeur de l'enfant puisqu'elle maintient le **parent aliénant dans sa toute-puissance** et laisse **le temps faire son œuvre.**

La jurisprudence de la CEDH s'oriente pourtant dans un sens bien différent : le parent aliénant doit être puni rapidement afin de l'inciter à ne plus s'opposer au maintien du lien entre l'enfant et son autre parent[150]. Cette jurisprudence semble plus réaliste dans la mesure où le droit n'est pas magicien ; il n'a pas la possibilité d'apaiser un tel conflit où tellement de souffrances intimes et inconscientes s'expriment. Sa véritable vocation est alors de trancher le conflit et de punir celui des deux parents qui a commis des infractions au nom de l'intérêt protégé par ces infractions, celui de l'enfant.

144. Crim. 18 déc. 2002, *D.* 2003. 1062, note Yves Mayaud.

145. Civ. 1re, 6 mars 2007, *D.* 2009. AJ 20, obs. Vincent Égéa, *JCP* 2009. II. 10032, note Guillaume Rousset.

146. Françoise Dekeuwer-Défossez, *Rénover le droit de la famille – Propositions pour un droit adapté aux réalités et aux aspirations de notre temps*, La Documentation française, 1999, p. 125.

147. Pierre Couvrat, « Le droit pénal et la famille », *RSC*, 1969, p. 807.

148. Voir rép. min. à Question écrite n° 11098 publiée au *Journal officiel* de l'Assemblée nationale du 20 nov. 2007.

149. Françoise Dekeuwer-Défossez, *Rénover le droit de la famille, op. cit.*

150. C'est la position notamment retenue par l'État de Californie dont le Code pénal punit spécialement quiconque adopte des pratiques entraînant le développement du syndrome d'aliénation parentale (art. 278- 5 C. pén. californien).

En matière civile, certains pays ont instauré des procédures spécifiques en cas de difficultés dans le maintien du lien parent-enfant. L'Allemagne a par exemple adopté des dispositions spéciales par la loi du 17 décembre 2008[151], qui prévoient que *« les affaires relatives à l'enfant qui concernent le lieu de résidence, les relations personnelles, la remise de l'enfant [...] sont à exécuter prioritairement et diligemment »*[152] et que *« si l'un des parents fait valoir que l'autre parent empêche ou entrave l'exécution d'une décision [...] en ce qui concerne les relations personnelles avec l'enfant commun, le juge intervient comme conciliateur entre les parents »*[153]. Cette intervention rapide du juge peut être salutaire en ce qu'elle peut bloquer le processus d'aliénation parentale lorsqu'il n'en est qu'à ses débuts. Dans la mesure où de telles procédures n'existent pas en France, il paraît pertinent, afin de vaincre la résistance du parent aliénant, de prononcer d'office une astreinte provisoire, conformément aux dispositions de l'article 33 de la loi du 9 juillet 1991 en cas de non-respect des conditions d'exercice du droit de visite et d'hébergement[154].

L'intervention du juge reste cependant principalement fondée en France sur la modification du droit de visite et d'hébergement. Si les visites de l'enfant chez son parent se déroulent très difficilement, le juge peut tenter de maintenir le droit de visite différemment. Il peut par exemple ordonner que celui-ci soit exercé dans un espace de rencontre désigné par le juge (art. 373-2-9 al. 3 C. civ.)[155]. Beaucoup de décisions témoignent cependant de l'artificialité de ces visites médiatisées[156]. C'est ainsi que lorsque le syndrome d'aliénation parentale est installé chez l'enfant, **l'éloignement du parent aliénant** est préférable car il est le seul à pouvoir **permettre à l'enfant de prendre du recul** par rapport à la situation et **d'acquérir une autonomie de pensée.** Il doit dans la mesure du possible être mis en œuvre rapidement par le transfert de la résidence principale de l'enfant chez le parent aliéné, qui est l'ultime moyen de rétablir ce lien entre l'enfant et son parent, alors même que celui-ci s'est profondément altéré[157].

---

151. Loi portant réforme de la procédure dans les affaires familiales et dans les affaires non contentieuses.

152. § 155.

153. § 165.

154. Voir en ce sens, TGI Laval, Décis. JAF, 25 janv. 2008, dossier n° 07/01212, En l'espèce, l'astreinte était de 300 euros par infraction constatée.

155. Voir en ce sens, Poitiers, 3e ch. civ, 11 mars 2003, arrêt n° 219. Le décret du 15 oct. 2012 vient d'ailleurs de préciser que l'objectif poursuivi par les points de rencontre est de contribuer « au maintien des relations entre un enfant et ses parents » (art. D. 216-1 CASF).

156. « Les rencontres à "La Parentele" sont artificielles et ne permettent pas la création d'un lien suffisant entre le père et la fille », Poitiers, 15 sept. 2010, cité par Claire Neirinck, « L'ambiguïté des visites médiatisées », *Dr fam.*, nov. 2012, ch. 18, p. 7, n° 12. V. les autres décisions citées.

157. Hubert Van Gijseghem, « Le Syndrome d'aliénation parentale (SAP) », *Journal du droit des jeunes,* n° 222, fév. 2003.

Certes, l'enfant subira un traumatisme du fait de vivre chez le parent rejeté, sans que celui-ci apparaisse néanmoins dangereux pour des experts autorisés[158]. De plus, il ne sera que provisoire et n'aura aucune commune mesure avec celui qui aurait pu advenir dans l'avenir du fait de la rupture totale avec son parent. C'est ce qu'a exposé la cour d'appel de Lyon ayant décidé de transférer la résidence de l'enfant du parent aliénant chez le parent aliéné : *« la Cour est parfaitement consciente des difficultés et du bouleversement qui résulteront de ce transfert, en particulier pour l'enfant Maeva, mais que laisser celle-ci résider habituellement chez sa mère représente un danger beaucoup plus grave »*[159]. Elle s'appuie notamment sur le rapport d'expertise qui souligne les conséquences désastreuses du syndrome d'aliénation parentale diagnostiqué, notamment *« un vécu paranoïde entraînant une souffrance chronique [...] qui l'expose à des troubles de l'identité et à éprouver une fois adulte un sentiment incontrôlable de culpabilité au regard de sa complicité dans la violence infligée au parent aliéné »*[160].

Ce transfert de la résidence principale peut être fondé sur l'inaptitude du parent aliénant à respecter les droits de l'autre[161]. La perception que l'enfant a du parent chez lequel il ne vit pas dépend en effet beaucoup de la capacité du parent à préserver la place de l'autre[162]. Ce critère provient des États-Unis et plus spécifiquement de la Californie. C'est dès sa version de 1960 que le Code de Californie imposa au juge, en cas de divorce, de se prononcer en faveur du parent qui est le plus apte à maintenir les relations de l'enfant avec l'autre parent[163]. Une décision de la Cour supérieure du Canada atteste de la prise en compte de l'existence d'un éventuel SAP[164], tandis que de nombreux

158. Hubert Van Gijseghem : « des professionnels craignent quelquefois qu'un enfant, lors d'un tel transfert, ne se désorganise ou "décompense". L'observation ne supporte aucunement cette crainte », in « Le Syndrome d'aliénation parentale (SAP) », *op. cit.,* p. 26.

159. Lyon, 2e ch. civ., 14 juin 2010. Dans le même sens v. Nîmes, 10 juin 2009, ch. civ. 2, sect. C, n° 08/00425.

160. Dans l'arrêt *Gorgülü c. Allemagne,* 26 févr. 2004, la cour avait fait pareillement primer la relation de l'enfant avec son père biologique en considérant que les effets à long terme d'une séparation de l'enfant et de son père biologique sont plus importants que le préjudice psychologique immédiat que subirait l'enfant du fait de sa séparation avec la famille d'accueil.

161. C'est l'un des critères de détermination des modalités d'exercice de l'autorité parentale définis par l'article 373-2-11 C. civ.

162. Gérard Poussin et Isabelle Sayn, *Un seul parent dans la famille,* Centurion, 1990, p. 172.

163. Frédéric Vauville, « Du principe de coparentalité et de sa mise en œuvre », *in* Françoise Dekeuwer-Défossez et Christine Choain, *L'autorité parentale en question,* Presses universitaires du Septentrion, 2003, p. 136.

164. Cour supérieure du Canada, Province de Québec, District de Montréal, 26 mars 2002, n° 500-12-256617-014. La Cour y pose clairement la question « S'agit-il d'un cas d'aliénation parentale ? À qui la garde de V. doit-elle être confiée ? ». Cette décision aménage le droit d'hébergement en faveur du père, rejeté par sa fille, et prévoit en fin de jugement que, « advenant le cas où l'enfant refusait tout contact avec son père, il y aura lieu d'envisager sérieusement la garde exclusive au père », § 88.

jugements s'appuient sur les diagnostics posés par les experts psychiatres pour fonder leurs décisions en fonction de la gravité du SAP[165].

Ce critère laisse aux juges aux affaires familiales *« les coudées franches pour fixer ou transférer la résidence de l'enfant chez le parent qui subit une coupure abusive avec ses enfants »*[166] et il est ainsi utilisé par les juges dans un contexte de SAP. La cour d'appel de Bordeaux a ainsi jugé utile de *« rappeler à la mère que la résidence habituelle fixée chez elle n'est pas un avantage qui lui est concédé mais une mesure prise dans le seul intérêt de l'enfant, intérêt qui s'apprécie notamment par référence à la capacité qu'elle a de maintenir des bonnes relations entre le père et l'enfant, si bien que son refus persistant et non motivé de respecter le droit de visite judiciairement fixé est de nature à entraîner le changement du lieu de résidence »*[167]. La Cour de cassation a d'ailleurs cassé un arrêt d'appel qui avait fixé la résidence des enfants chez la mère en lui reprochant de ne pas avoir recherché si le comportement de celle-ci ne traduisait pas son refus de respecter le droit des enfants à entretenir des relations régulières avec leur père[168].

La cour d'appel de Paris a, dans le prolongement d'une telle décision, décidé de maintenir la résidence de l'enfant chez son père *« cette mesure étant la seule à permettre d'assurer un maintien des relations de Christelle avec ses deux parents »* considérant que *« du fait du rapport à sa fille, Myriam M. n'est pas des deux parents celui le plus à même de respecter la place de l'autre [...] n'étant pas dans un état d'esprit permettant d'espérer de sa part un apaisement de la situation et de laisser au père la place qui doit être la sienne pour permettre à sa fille de s'épanouir »*[169].

Mais, la Cour de cassation vient de franchir une étape supplémentaire, légitimant le SAP comme seul motif de transfert de résidence. Dans un arrêt rendu le 26 juin 2013, elle approuve la cour d'appel de Rennes, considérant qu'elle *« a procédé à une appréciation souveraine des éléments qui lui étaient soumis pour décider que le syndrome d'aliénation parentale qui s'est installé dans la vie de l'enfant conduisait à transférer sa résidence chez son père »*[170]. Le SAP, en l'espèce diagnostiqué chez une petite fille de 3 ans, est pour la première fois, à notre connaissance, expressément men-

165. Voir par ex. les arrêts *Menard v. Menard,* Superior Cour of British Columbia, 2001, CarswellBC 1312 ; 2001 BCSC 430, 21 mars 2001 et *S. P and P.B.D,* Ontario Superior Court of Justice, Court File, n° 22661, 10 août 2007, disponibles sur le site *http://canadiancrc.com/Parental_Alienation_Syndrome_Canada/Parental_Alienation_Canadian_Court_Rulings_PAS.aspx*

166. Stéphanie Hébrard, « Loi du 4 mars 2002 : regard d'un juge aux affaires familiales », *AJ fam.* 2003. 296.

167. Bordeaux, 3 oct. 2006.

168. Civ. 1re, 4 juill. 2006, *Dr fam.* 2006, n° 188, obs. Pierre Murat, *RTD civ.* 2006, obs. Jean Hauser.

169. Paris, 24 mai 2012, pôle 3, ch. 3, n° 08/05350.

170. Civ. 1re, 26 juin 2013, *Dr fam.,* 2013, com. 152.

tionné dans les motifs d'une décision de la Cour de cassation et jugé suffisant, dès lors qu'il est « installé dans la vie de l'enfant », pour motiver une décision de transfert de sa résidence.

Cette légitimation du SAP ne devrait pas manquer d'influencer l'ensemble des JAF en les incitant à s'interroger sur l'existence d'un tel syndrome et à diligenter des expertises en ce sens ainsi qu'à se fonder sur un son éventuel diagnostic pour en tirer toutes les conséquences, notamment le transfert de résidence chez le parent rejeté par l'enfant.

Le placement de l'enfant est en effet à envisager seulement en ultime recours, car il n'offre pas à l'enfant la possibilité de reconstruire efficacement le lien avec son parent[171], même s'il peut s'avérer bénéfique dans la mesure où il participe à une prise de distance de l'enfant avec le parent aliénant[172].

Certains magistrats plaident en faveur d'une autre solution moins brutale, la résidence alternée[173]. Mais son efficacité peut être mise en doute puisqu'elle suppose dans l'intérêt de l'enfant une coopération entre les parents.

La France a encore du chemin à parcourir afin de garantir véritablement à l'enfant le droit de voir ses deux parents, droit proclamé par la CIDE. Son premier pas en ce sens serait probablement d'abandonner ses illusions sur l'esprit de coopération des parents dans un contexte de SAP et de rappeler au juge leur fonction originelle et fondamentale, punir l'auteur d'infractions en matière pénale et trancher le conflit (ici parental) en matière civile, car seule cette clairvoyance permettra de garantir la protection de l'intérêt supérieur de l'enfant dans le sens indiqué par les juridictions européennes.

Le SAP invite plus largement à s'interroger sur un conflit possible entre les droits de l'enfant, démontrant les limites de la Convention internationale des droits de l'enfant. Mais la résolution d'un tel conflit doit être guidée, comme nous y invitent les juges européens, par l'idée que l'enfant doit bénéficier prioritairement d'une protection efficace contre toute forme d'exploitation de sa vulnérabilité afin de pouvoir plus tard **devenir un homme libre.**

---

171. Voir cep. Amiens, 24 mai 2012, ch. spéciale des mineurs, n° 73, 12/00787 : renouvellement d'une mesure de placement ayant permis un apaisement des relations entre la mère et ses deux enfants ; le placement a permis de les libérer de l'emprise du père qui les instrumentalisait en dénigrant la mère et qui faisait obstacle aux relations mère-enfants.

172. Par ex. CA Toulouse 7 décembre 2012, confirmant une décision du juge des enfants du 6 juillet 2012 fondé sur un diagnostic de SAP posé par une expertise psychiatrique. La Cour relève le bénéfice retiré par l'enfant de la mesure de placement.

173. Marc Juston, « De la coparentalité à la déparentalité. De la résidence alternée à l'aliénation parentale », *AJ famille* déc. 2011, numéro spécial, p. 579.

Chapitre 12

Histoires de vies et témoignages de parents

Par Olga Odinetz

Les parents sont souvent les grands oubliés des débats institutionnels sur les séparations et l'autorité parentale. La lecture de centaines de témoignages et de décisions judiciaires fait apparaître que les parents sont confrontés aux mêmes difficultés depuis des années : les pères, tout comme les mères, racontent les mêmes souffrances traumatiques, les difficultés financières, les problèmes de santé et d'emploi, les ruptures en cascade, voire l'exclusion sociale. Tous écrivent « mes enfants souffrent » et *« aidez-moi à les sauver »*. Certains, ne trouvant pas de réponse satisfaisante auprès des tribunaux, écrivent alors en désespoir de cause à leurs élus, puis aux ministres et au président de la République, s'adressant dans une supplique symbolique, aux représentants du souverain, puis au roi ou à Dieu lui-même…

Passées la surprise et l'incompréhension, les parents pris au piège de ces ruptures très conflictuelles se retrouvent terriblement seuls : ils doivent apprendre à survivre au quotidien en l'absence de leurs enfants, affronter la détermination mortifère de leur ex-conjoint, composer avec le système psychojudiciaire et faire face à un entourage familial ou professionnel souvent incapable de comprendre leur détresse.

Comment leur expliquer que nombre de plaintes pour non-représentation d'enfant ne sont pas enregistrées par les services de police ou de gendarmerie, ou qu'elles sont consignées sous forme de main courante ? Que sans mandat spécifique du procureur, les forces de l'ordre ne prêtent jamais main-forte aux parents qui viennent chercher leurs enfants, décision du magistrat à la main, pour un droit de visite et d'hébergement qui leur est refusé ? Que de nombreuses plaintes sont classées sans suite par un parquet débordé, ou bien instruites des années trop tard ? Que des procédures peuvent traîner de report en report savamment orchestré par des avocats stratèges et vindicatifs qui jouent la montre jusqu'à ce que les enfants soient suffisamment âgés pour rendre les décisions des magistrats inapplicables ? Que des témoignages mensongers ne sont jamais sanctionnés ? Que des services sociaux peuvent être défaillants, par manque de personnel et de moyens ?

Qu'il faut rester vigilant pour que les responsables de l'Éducation nationale appliquent la règle de la coparentalité, pourtant bien claire dans la loi sur l'autorité parentale ?

Mais surtout que répondre aux parents quand tous les intervenants ont fait un travail remarquable de rapidité et de diagnostic, que les deux juges, des affaires familiales et des enfants, ont pris des décisions complémentaires avec transfert de résidence chez le parent le plus respectueux des droits de l'enfant, mais que le parent aliénant arrive à mettre toutes les décisions judiciaires en échec en toute impunité ? Quelles solutions leur proposer ?

À ces difficultés inhérentes au système judiciaire, que l'on pourrait qualifier de structurelles, s'ajoute une autre que doivent affronter tous les parents, de façon peut-être moins consciente ou tout du moins plus difficilement verbalisable, et qui concerne tous les individus de leur entourage, soient-ils acteurs du psychojudiciaires ou des personnes parmi leurs proches : c'est la perception que tout un chacun aura d'un conflit parental et tout particulièrement de ce qu'il leur arrive. La reconnaissance du concept d'aliénation parentale, ou tout du moins la prise de conscience de l'impact que ce processus peut avoir sur les enfants, aussi bien dans l'immédiat qu'à moyen et long terme, est souvent compromise par toute une série de croyances qui figent l'esprit dans un fonctionnement automatique et une représentation de l'environnement difficile à faire évoluer. Les détracteurs les plus farouches du concept d'aliénation parentale remettent en cause de façon radicale l'existence même du processus d'aliénation, avec les mêmes arguments avancés depuis plus de 20 ans : « le concept n'est pas scientifiquement prouvé » et « un enfant ne ment jamais ». D'autres croyances sèment le poison du doute au bénéfice des allégations du parent aliénant : « il n'y a pas de fumée sans feu », « on n'a pas pu prouver qu'il était coupable », « un enfant ne peut pas rejeter sa mère sans raison ». En dernier lieu viennent les croyances qui se veulent aimables, apaisantes et rassurantes pour l'avenir : « avec le temps, les choses s'arrangent », « il faut donner du temps au temps », « en devenant adultes, les enfants comprennent ». La particularité de la croyance d'un individu, c'est qu'elle est entièrement ajustée à la réalité personnelle de celui-ci. Ce processus mental le fait adhérer à une thèse de façon à la considérer comme une vérité, indépendamment des éléments de réalité qui peuvent prouver ou contredire cette thèse. On dit souvent que les croyances ont la vie dure ! C'est exact, car elles répondent à un besoin qui semble être ancré au plus profond de nous-mêmes et qui nous permet de nous sentir en sécurité. Que ce soit dans les commissariats, les tribunaux, les points de rencontre, au travail ou dans la rue, c'est ce regard des autres, pétris de croyances, que les parents doivent affronter tous les jours et qui fait si mal.

Parmi la centaine de témoignages qui nous ont été envoyés, nous avons choisi trois récits emblématiques de parents qui nous racontent leur vécu et leurs ressentis, venant en écho aux écritures des professionnels. La procédure d'Hélène, déjà ancienne, a duré plus de 12 ans. Elle nous raconte en détail les mécanismes d'aliénation et la descente aux enfers de ses trois enfants qu'elle ne reverra plus. La prise en charge judiciaire du divorce de Bertrand et Camille ainsi que de la séparation de Paul et Élisabeth sera remarquable de rapidité, de cohérence et de lucidité. L'emprise toxique de Camille sur sa fille adolescente Marguerite et d'Élisabeth sur son petit garçon Pierre est détectée de suite et les magistrats prennent de suite des décisions adaptées.

Chaque procédure est singulière et les histoires familiales sont différentes, mais toutes ont un point commun : la rupture des liens familiaux, le refus farouche du parent aliénant de se plier aux décisions judiciaires et la mise en évidence par un expert d'une aliénation parentale sévère chez les enfants.

Récit d'Hélène

Après la Guerre, ne vient pas la Paix, mais l'Exil et l'Oubli

Le témoignage qui suit n'a pas besoin de nom de personnages. C'est l'histoire anonyme de la tragédie vécue par des milliers de familles. Sa publication leur fera savoir qu'elles ne sont pas seules. Puissent-elles comprendre que lorsque les séparations parentales deviennent une guerre, les enfants, fussent-ils otages ou bourreaux, sont avant tout des victimes !

Prologue

J'ai déjà quarante-sept ans. Depuis plus de quatre ans je n'ai pas pu prendre mes trois enfants dans les bras et voici deux ans que je n'ai pas vu leur visage. Ni moi – leur mère – ni mes parents, ni aucune autre personne de ma famille ou de mon entourage, qui pourtant les aiment toujours tendrement, et avec qui ils s'entendaient si bien. Après 17 ans de mariage, comme tant de femmes, j'ai voulu divorcer. Les enfants allaient avoir deux maisons, avec deux parents enfin apaisés, sans avoir à écouter les cris, les injures et les menaces. J'allais continuer à m'occuper d'eux comme avant. Un échec conjugal somme toute banal, une séparation que nous aurions dû gérer, à défaut de bien, le moins mal possible, pour nous réinvestir plus sereinement auprès des enfants, et reconstruire chacun notre vie sur un projet personnel.

Mais rien de tout cela n'est arrivé. La tentative de suicide du père devant les trois enfants, parfaitement programmée, deux semaines avant la première audience devant le juge aux affaires familiales, fut le premier événement de ce qui allait nous précipiter dans le chaos des passions, et nous emporter tous, impuissants, dans un déluge de haine, de peur et de vengeance. Je ne savais pas que cette cruelle tragédie familiale, que je croyais mienne, était inscrite dans l'histoire selon un scénario immuable en trois actes, avec la mort psychologique d'un parent et la destruction d'une famille entière à la tombée du rideau. Je ne savais pas que d'autres enfants, dans d'autres pays, étaient confisqués tous les jours, pris en otage par un parent devenu fou de douleur ou de vengeance, incapable de gérer la rupture avec son conjoint, et que sous l'emprise de ce parent, ces mêmes enfants, jadis aimables et adorés, devenaient en quelques mois des bourreaux impitoyables chargés de détruire le parent rejeté, dont la seule vraie faute était de continuer à les aimer. Je me croyais seule car je ne connaissais rien de l'aliénation parentale.

Il y avait eu pourtant des signes avant-coureurs qui auraient dû m'alerter quand j'ai parlé de séparation : les menaces de mort, d'enlèvement des enfants, le revolver, les passeports confisqués, les enfants interdits de rentrer dans ma chambre, depuis que nous ne partagions plus le même lit : « puisque maman ne veut plus dormir avec papa, elle sera punie et elle n'aura plus le droit de vous faire des câlins et de vous dire bonsoir ». Chaque matin, avant l'arrivée du père à la table du petit déjeuner, la petite fille de 8 ans, me tendait dans son poing serré, ma médaille et la chaîne que je lui mettais en cachette le soir autour du cou afin qu'elle puisse dormir apaisée, en échange de son écureuil en peluche ! Le garçon, son aîné de deux ans, insomniaque et rudoyé par son père depuis l'enfance, attendait que tout le monde s'endorme pour venir interrompre mon travail sur l'ordinateur sous le prétexte de me demander de lui faire écrire une dictée « pour ne plus faire de fautes d'orthographe » ou terminer une partie d'échecs. Les trois enfants avaient juré de ne jamais m'abandonner. Mais j'avais pourtant été prévenue : *« Tu veux le divorce ? Très bien ! Comme je ne peux pas te tuer, tu l'auras, mais je vais te ruiner en procédures et je vais te détruire tes enfants : ils ne voudront plus jamais te voir de toute ta vie ! Tu vas mourir très vite, seule, pauvre et abandonnée. »* J'avais pensé à une figure de style outrancièrement exagérée. J'avais eu tort. Il a confisqué les enfants pour m'obliger à revenir. Je ne suis pas revenue. Il les a aliénés !

Acte I. Harcèlement

La procédure d'urgence nous donne juste un mois avant la tentative de non-conciliation en dix minutes devant le juge aux affaires familiales. Mon avocat me demande de taire la tentative de suicide du père. Pourtant, deux semaines auparavant, les enfants avaient été traînés par le grand-père paternel dans le service de psychiatrie où leur père avait été hospitalisé pour « aider à sa convalescence ». Ils l'avaient vu sur sa chaise roulante, le regard hagard, éructer d'une voix pâteuse : *« Vous êtes contents, hein ? Vous ne m'aimez pas, vous avez voulu me tuer ! Vous avez réussi car je vais mourir. C'est votre faute ! »* Au nom de l'autorité parentale partagée, la famille paternelle s'opposera à toute prise en charge thérapeutique des enfants qui resteront avec cette image du père-victime, au bord de la folie, qu'ils sont les seuls à pouvoir sauver du suicide !

Au début, tout allait bien en apparence. Le jour de cette première audience, les enfants me déclarent : « *Bon, on vous souhaite bonne chance à tous les deux. Ce sont vos problèmes, à vous de les résoudre. Nous, en tous les cas, on refuse d'aller témoigner devant le juge. Et n'inventez pas d'aller raconter notre vie à tout le monde à la télévision. C'est dégoûtant !* ». Puis nous avons monté l'appartement tous ensemble, chacun a choisi ses meubles. Les tâches domestiques étaient partagées. La petite dernière comptait les nouvelles fleurs sur le balcon, l'aînée s'occupait de son chat, le garçon était responsable de l'aspirateur. Chacun avait un lit supplémentaire escamotable dans sa chambre pour des amis de classe ou des voisins. La grand-mère maternelle préparait inlassablement des goûters pour une volée de gosses qui envahissaient sa maison.

Sans occupation professionnelle depuis des années, le père aura tout son temps pour préparer l'aliénation puis la confiscation des enfants. Tout commence par des appels téléphoniques, 4 à 6 fois par jour, au moment des repas, des devoirs, puis le soir de plus en plus tard. Au début pour leur dire qu'il les aime, qu'il ne peut pas vivre sans eux, qu'il est malheureux, que sa vie n'a plus de sens par leur faute s'ils sont loin de lui. Les enfants devenaient tristes, se raidissaient, leur visage se fermait. Brusquement nous étions moins amis.

L'aînée s'enfermait dans sa chambre pour répondre : « *Laisse-moi tranquille. Je ne veux pas faire ce que tu me demandes. Je ne vais pas obliger maman à revenir vivre avec toi si vous ne vous aimez plus* ». Un jour, en sanglotant elle m'avoue que son père veut « *qu'elle me fasse la guerre pour me rendre folle, me faire enfermer et aller habiter chez lui, et que si elle continue à refuser, il ne voudra plus jamais la voir de toute sa vie, qu'il serait mort pour elle et qu'elle serait morte pour lui.* » Odieux chantage sur de macabres souvenirs ! L'enfant refuse courageusement de prendre parti, en disant que « *le divorce de ses parents ne la concernait pas, qu'elle avait sa vie à elle, son école, son sport, ses copines* ». Elle fut punie. Pendant deux mois, le père refuse de la voir. Le frère et la petite sœur reviennent les dimanches soirs, insolents et rebelles, les bras chargés de cadeaux, les vêtements sales et les chaussettes invariablement dépareillées dans le sac. La grande sœur remet de l'ordre et rappelle « *qu'ici, c'est chez maman – et que chez papa, c'est autre chose, et que chacun s'occupe de ses affaires* ». Lundi soir, rien ne paraissait plus : je leur lisais des histoires pour la nuit et ils mangeaient leur gâteau au chocolat. Le père est alors venu habiter près de nous pour tourner à moto dans le quartier, attendre les enfants tous les jours devant l'école, les suivre jusqu'à l'appartement. J'ai dû lutter pour conserver notre espace de vie, refuser de mettre une caméra sur mon ordinateur, qui devait permettre aux enfants d'interrompre mon travail à tout moment pour le voir dans le salon. Quand j'ai débranché le téléphone de la maison qui sonnait toutes les heures, les petits ont reçu un téléphone portable. Cette fois-ci ils devaient donner des informations sur mes faits et gestes. Puis survint un deuxième événement, dont la nature est restée une énigme à ce jour.

Acte II. Dénigrement

Un vendredi de décembre, l'aînée est prise de force par son père, qui exige son droit de visite. L'enfant, jetée dans la voiture, le visage baigné de larmes, hurle « Maman, aide-moi ». C'est la dernière fois qu'elle dira le mot « maman ». Dimanche soir, la porte s'ouvre violemment sur une adolescente tremblante de rage méconnaissable, qui jette son sac avec violence dans l'entrée, hurle des injures pornographiques à mon égard, les yeux exorbités et le corps parcouru de tremblements nerveux. Son visage grimaçant est figé de haine et même sa voix a changé. Les mots orduriers qui m'accusent de prostitution sont étrangement calqués sur les injures de son père ! Les enfants s'engouffrent dans l'appartement, claquent la porte de leur chambre, puis s'enferment à clé dans la salle de bains, dans laquelle je n'ai plus le droit de rentrer « pour ne pas leur faire des choses ». La nuit, les enfants poussent des meubles contre la porte pour que je « ne rentre pas dans leur chambre pour leur jeter le mauvais sort ». Ils hurlent, aucun dialogue n'est possible. J'attends que la tension tombe. Je comprends que *quelque chose de terrifiant* s'est passé, mais j'essaye de rester calme. Soupçon n'est pas preuve.

Notre vie à tous bascule car maintenant la fille aînée est armée d'un téléphone portable. C'est elle qui va devenir le chef d'une opération de guérilla familiale dont elle m'explique l'objectif avec cynisme : « Comme tu ne veux pas nous laisser aller vivre chez papa, on va te pousser à bout, pour que ce soit toi qui demandes pitié au juge ! » Les deux petits se calment et redeviennent enjoués, apaisés pour un temps de ne plus avoir à faire la guerre, dont la grande sœur s'est chargée. Entre deux crises de violence, l'aînée redevient aimable, mais c'est pour mieux fouiller mes affaires. Elle cherche frénétiquement tout type de document qui « puisse donner des preuves à papa que tu avais préparé le divorce de longue date pour nous kidnapper et nous séparer à tout jamais de lui ». En mon absence, elle photocopie la liste de mes appels téléphoniques et mes correspondances dans le fax, puis remet ces documents au père qui patrouille à moto dans les parages, copie mes fichiers informatiques. Je suis obligée de mettre un verrou sur la porte de ma chambre et de m'enfermer à clé même la nuit. Faute de pouvoir rentrer dans l'appartement, le père fait fuguer les enfants sous prétexte de promenades à vélo. Pendant les week-ends qui me sont impartis, ils disparaissent, le sac à dos plein de biscuits et de boisson dans la forêt environnante. Sans réponse téléphonique, après cinq heures d'attente, je fais appel à la police qui les retrouve, cachés dans la forêt avec leur père. À l'approche d'une audience chez le juge pour enfant, c'est là qu'ils vont répéter devant le magnétophone le discours qu'ils doivent tenir au juge.

S'il n'y avait pas eu ces violences et cette tentative de suicide, d'autres parents auraient pu négocier une solution pour les enfants. Mais pour nous, c'était impossible. L'entretien chez le conseiller conjugal fut un monologue pathétique : *« Madame, vous avez deux mois pour sauver ma vie et expliquer à ma femme qu'elle est folle, que si elle persiste dans sa volonté de destruction de notre couple, il faudra l'enfermer et elle ne verra plus ses enfants! »* Je n'ai rien pu dire, ni même évoquer notre obligation de maintenir le dialogue autour des enfants. Plus tard, je vais m'adresser à un centre de médiation, dont les courriers n'auront aucun effet. Les enfants ont pour consigne de refuser tout soutien psychologique ou éducatif. La lettre du pédopsychiatre reste aussi sans réponse. Tout est organisé pour que les enfants restent avec l'impact du souvenir de la tentative de suicide du père et plongent dans le conflit de loyauté.

Inquiète, je demande une expertise médicopsychologique. Aussitôt, la grande se met à écrire au juge des lettres de plainte contre moi, pour dénoncer une vie insupportable et d'imaginaires maltraitances. Huit lettres de trois à six pages, avec une écriture ronde appliquée, sans une faute d'orthographe et un vocabulaire d'adulte, que l'on retrouve, au mot près, dans tant d'autres lettres d'enfants aliénés. Pour ses treize ans, l'enfant reçoit de son père une bague avec un saphir entouré de diamants qui ressemble comme deux gouttes d'eau à ma bague de fiançailles, mystérieusement disparue depuis longtemps !

Après chaque séjour dans la famille paternelle, c'est une nouvelle offensive ! Un jour ils décident de ne plus prendre leur repas en ma présence : *« puisque tu as quitté papa, tu n'es plus digne d'être notre mère et on ne doit plus jamais être ensemble : tu nous gardes, mais l'appartement est coupé en deux. Tu as ta chambre et nous la nôtre. Tu n'as pas le droit de rentrer chez nous et d'être là quand on y sera. »* Ils se lèvent en sursaut dès que je rentre dans la cuisine, ou remplissent leur assiette à la va-vite et vont s'enfermer dans leur chambre, où les détritus de repas s'accumulent pendant les week-ends. Puis, ils refusent de monter dans la voiture, *« qui est à papa et on veut rouler avec, alors ou tu la rends, ou on refuse de montrer dedans jusqu'à ce que tu changes d'avis »*. Fièrement, les petits partent à l'école à pied dans le froid des matins d'hiver, et deux fois par semaine, reviennent à pied de la piscine sous la pluie, alors que je les suis sur la même route en voiture, leurs petits amis nageurs sur le siège arrière.

Un dimanche soir, ils reviennent en déclarant qu'ils vont commencer une grève de la faim car *« ils sont malheureux à mourir d'avoir à vivre avec moi. Et comme ils sont malheureux, ils ne vont plus manger »*. Puis le garçon se ravise : *« Bon, ce ne sera pas une vraie grève de la faim, mais on va manger juste le nécessaire pour ne pas mourir, et dans tous les cas, surtout pas les choses qui font plaisir, comme les bonbons et les gâteaux au chocolat. Puisqu'on est avec toi – on va souffrir ! »* J'éclate de rire devant le ton sérieux et péremptoire de l'argumentation logique, et les enfants s'enferment dans la chambre en claquant la porte d'un air vexé. Je ne dis rien, mais la fruitière, que je remplis de gourmandises et de barres de céréales pour les goûters, se vide imperceptiblement quand je ne suis pas là !

Je vais assister, lucide et impuissante, à la prise de pouvoir des enfants. Ils sont trois, je suis seule. Punitions, dialogues sont inutiles. Nous sommes dans des logiques différentes : eux sont dans le terrorisme et moi, prisonnière de ma responsabilité parentale. Le jour où la grande s'empare des antibiotiques prescrits pour la petite sœur, en déclarant que c'est elle qui est responsable, et qui va s'occuper de l'enfant, je comprends qu'une autre étape est franchie, et que je ne peux plus garantir la sécurité physique de mes enfants. Le médecin de famille ne se déplace pas *« pour des problèmes de gosses qui ne veulent pas obéir »* et me renvoie vers l'équipe psychiatrique d'intervention à domicile.

Le psychiatre n'a pas l'habitude d'intervenir auprès d'enfants, mais il pose « les limites à respecter ». L'aînée le reçoit avec un aplomb et une impertinence qui rappellent les enfants des milices armées dans les rues d'Amérique du Sud, qui, sous l'emprise de la drogue, terrorisent les adultes et exécutent leur contrat : *« Je ne sais pas qui vous êtes, je ne vous ai pas invité à venir chez moi et ce que vous racontez ne m'intéresse pas. »* Puis elle téléphone ostensiblement à son père, qui la conforte dans sa toute-puissance (« Tu fais ce que tu veux ») et refuse de parler au psychiatre (« Qui n'est pas mandaté par le juge »). Les deux petits sont tendus et muets sur le divan, déchirés entre le désir de se rallier à la révolte de leur grande sœur et l'amour et le respect qu'ils ont toujours éprouvés pour leur maman.

Acte III. Destruction

En l'espace de trois mois, la situation se détériore et atteint un point de non-retour. Les enfants, qui jusque-là étaient encore dans le jeu de la guerre, vont devenir eux-mêmes la guerre. Leurs yeux ne pétillent plus, leur visage devient figé, leurs gestes sont nerveux et saccadés. Ils passent de l'autre côté du miroir. Ils ont rompu les liens. Je ne peux plus les approcher. L'appartement devient un hôpital psychiatrique. Je n'ai plus qu'une seule préoccupation : les garder vivants et en bonne santé, tout en maintenant leur niveau scolaire.

Ils refusent de voir leurs anciens copains d'école, car *« on n'a besoin de personne : nous sommes trois et nous sommes une vraie famille ». « Je ne veux plus voir aucun copain, car les amis d'aujourd'hui seront les ennemis de demain »,* déclare le garçon de 11 ans à une psychologue abasourdie, en reprenant les mots de son père. Ils s'isolent de plus en plus, et refusent de participer aux championnats, puis même aux entraînements de natation. Tous les actes du quotidien sont pervertis : la grande, championne de natation depuis des années, accuse son entraîneur sur les conseils de son père, de vouloir la faire gagner pour recevoir plus d'argent ! Tous les cadeaux sont rejetés car « ils refusent de se faire acheter ». Les personnes de mon entourage sont disqualifiées. La grand-mère maternelle de 85 ans, malvoyante, jadis tendrement aimée des trois, est rudoyée verbalement par les enfants qui la bousculent et demandent *« Qui est cette femme ? »* quand elle vient les garder pendant les quelques heures où je dois m'absenter. La grande passe aux actes et essaye de me frapper, d'abord avec des simulacres de bousculades et des coups de pied, puis elle tente méchamment de m'écraser les doigts dans la porte si j'insiste à vouloir pénétrer dans sa chambre ou dans celle de deux petits. Derrière toute cette violence que l'adolescente ne maîtrise plus, qui lui fait trembler le corps de la tête aux pieds, c'est la souffrance insupportable d'une enfant qui est la mienne, et que je n'arrive pas à aider. Elle n'est pas seulement en crise pubertaire, en rébellion contre sa mère et l'autorité adulte ; elle a perdu la notion des rapports sociaux. D'enfant-otage, elle est devenue une enfant-bourreau qui contrôle impitoyablement les petits qui l'imitent et la suivent avec un seul objectif : détruire leur mère !

Un soir, alors que je lui demande d'aider à débarrasser la table, elle se lève et d'un geste large et réfléchi, me gifle violemment le visage en hurlant *« Va te faire foutre, salope »*. Elle a ma taille, la haine, et tout juste treize ans. La nuit sera un cauchemar : le médecin de quartier ne parvient pas à lui faire ouvrir la porte de sa chambre où elle s'est barricadée avec les deux petits. Arrive l'équipe psychiatrique d'urgence, qui appelle un officier de la protection de la jeunesse. Personne n'arrive à faire entendre raison à l'enfant qui, soutenue au téléphone portable par son père qui refuse de parler au médecin, s'enferme dans la salle de bains, hurle des injures comme une forcenée, et exhorte les deux petits à *« résister, se battre et à ne pas se laisser faire »*. Les médecins appellent les pompiers, qui la ceinturent, lui administrent une injection de tranquillisants et l'emmènent dans une camisole de force à l'hôpital psychiatrique. Le lendemain le juge pour enfants, saisi depuis cinq mois par mes soins pour la mise en place d'une aide éducative en milieu ouvert pour les enfants, me fait demander par l'intermédiaire d'une assistante sociale, ce que moi, la mère, je désire : faire placer l'enfant ou autoriser le père à venir la chercher. Fidèle à ma promesse, sans autre choix si ce n'est l'amour pour ma fille et l'espoir d'un apaisement, je la laisse aller chez son père. Les deux petits vont passer quelques jours dans un service de pédiatrie, où j'accepte de ne pas les voir pour qu'ils puissent bénéficier au calme de l'écoute et des soins d'une psychologue. Échec : ils ne vont parler ni du suicide, du chantage, ou du divorce, car le père ne respecte aucune demande des médecins et vient tous les jours à l'hôpital s'enfermer avec les enfants. Convaincus que j'allais les tuer, ils demandent à rester à l'hôpital et refusent de rentrer à la maison et de partir en vacances avec moi. Le médecin pédiatre note que *« les deux enfants reprennent le discours du père ou de leur sœur aînée et n'ont aucune parole indépendante »*. Mais le juge aux affaires familiales a déjà pris la décision, *« sous réserve des décisions du juge pour enfants, de fixer la résidence provisoire des trois enfants chez le père, afin d'apaiser la situation, compte tenu de l'attitude d'opposition de l'aînée et de la nécessité de ne pas séparer les enfants »*. Le juge pour enfant ne dira rien, et la situation, loin de s'apaiser, va empirer au-delà de toute imagination.

Les trois seules visites des enfants chez moi sont des cauchemars : ils s'enferment de nouveau dans leur chambre et refusent de voir quiconque. Impossible de les ramener en voiture chez leur père le dimanche soir. À l'agent de police qui vient constater la situation l'aînée explique que je suis dangereuse au volant, fait des accidents, brûle les feux rouges et écrase les personnes sur la route. Elle raconte qu'elle se souvient parfaitement que j'ai voulu la tuer quand j'étais enceinte d'elle de cinq mois. Le père insulte le policier au téléphone, refuse de venir chercher les enfants et va porter plainte contre moi pour non-représentation d'enfant ! Par la suite, les enfants seront emmenés par lui au commissariat de leur ville tous les quinze jours pour déposer une main courante en spécifiant que c'est eux, de leur propre volonté, qui ne veulent plus me voir.

C'est ainsi que je vais disparaître de la vie de mes enfants qui vont devenir eux-mêmes orphelins. Je vais être tenue à l'écart de l'assistance éducative, mise en place trop tard, dans la ville où ils résident avec leur père. Après quatre entretiens avec les enfants en six mois, l'éducatrice constate l'opposition des enfants à voir leur mère. Le juge pour enfant suspend la mesure en constatant que l'opposition résolue des enfants à la mesure d'action éducative en milieu ouvert met en échec la tentative d'aide et de conseils dont ils auraient pu bénéficier et que la mesure ne les prémunit donc pas contre le danger d'une absence de relations avec leur mère.

Lors de la deuxième expertise, le garçon va m'accuser calmement devant son père souriant de l'avoir fait coucher dans mon lit pour remplacer son père pendant ses absences. Les trois enfants, sans aucune ambivalence vont déclarer au pédopsychiatre : *« Chez papa, c'est le paradis, avec des anges qui passent sur des nuages, alors que chez ELLE c'était l'enfer, les nuits blanches et les cauchemars de démons et de sorcières. Chez papa c'est 20/20 et avec ELLE, c'est moins que rien !* » L'expert, pour qui *« le désir de l'enfant est souverain, et les ressentis plus importants que la réalité »,* va considérer la parole des enfants indépendante et recevable et recommander de ne pas imposer la présence de la mère aux enfants qui la refusent. Il ira même jusqu'à les soutenir dans la rédaction des mains courantes pour exprimer leur volonté ! Le point de rencontre sera l'étape ultime dans le processus d'aliénation parentale. Je suis définitivement perçue comme dangereuse, puisque je ne peux voir mes enfants que sous surveillance. En prenant parti ouvertement pour les enfants, le personnel encadrant les conforte dans leur toute-puissance et me disqualifie dans mon rôle de mère. Et les rares fois où lors d'une visite, je réussis à établir, dans une performance d'imagination, une parcelle de communication ou de dialogue, en relatant un épisode drôle et sympathique de notre vie d'avant, la fois suivante, je suis punie par un mutisme volontairement haineux, ou pire indifférent. Mes lettres restent sans réponse, et à mes appels téléphoniques, chaque enfant répond par une seule phrase courte et sèche comme un coup de fusil : « Va te faire foutre », « Dégage de notre vie », « On veut plus de toi », ou bien « Tu n'es plus notre mère, occupe-toi de tes affaires », « Tu n'es pas morte encore ? » La juge aux affaires familiales suspendra ces visites dans l'attente d'une troisième expertise qu'elle-même va ordonner. Plus d'un an après, je vais apprendre en lisant le rapport que c'est maintenant la petite qui m'accuse d'abus sexuels répétés qui remonteraient à plus de sept ans ! Le garçon demande que je sois déchue de mon autorité parentale.

L'expert me reconnaît toutes mes compétences parentales et diagnostique une aliénation parentale exceptionnellement forte. Les enfants sont en processus de *« désubjectivation sectaire »*. Le père assure qu'il ignore les accusations des enfants et décline toute responsabilité dans leurs refus de me voir : *« la présence de la mère est nécessaire pour le développement des enfants, je leur dis, mais ce sont eux qui ne veulent pas la voir. Je ne peux tout de même pas les obliger ! »* Des centaines de parents répètent cette même phrase, le regard innocent et la main sur le cœur. Et des milliers d'enfants deviennent ainsi les bourreaux orphelins de parents qui persistent à les aimer. En cinq ans, j'ai vu mes enfants pendant vingt heures et toujours en présence de personnes imposées. Ils étaient là tous les trois, mais nous n'avons jamais été ensemble. Je vis au quotidien l'horreur de la certitude de ne pas les reconnaître en les croisant par hasard au détour d'une rue. La troisième expertise reconnaît l'aliénation parentale mais c'est trop tard. À propos du père, l'expert conclut : *« Sa problématique narcissique comporte une tonalité paranoïaque où l'attachement à l'objet autrefois aimé, devenu persécuteur lorsqu'il se détache, se transforme en haine, justifiée par la certitude d'être lui-même agressé Sa personnalité, ses difficul-*

tés psychiques permettent d'affirmer qu'il s'opposera de manière active à toutes mesures visant à restaurer le lien avec les enfants et leur mère, sauf à y être contraint. » Mes parents sont morts dans le chagrin sans avoir pu revoir leurs seuls petits-enfants.

Épilogue

Aujourd'hui j'ai 57 ans et je n'ai toujours pas revu mes enfants depuis l'écriture de mon témoignage il y a plus de 10 ans. Je ne sais pas où ils habitent, ni ce qu'ils font, s'ils sont en couple et s'ils ont des enfants. Je sais juste qu'ils sont encore vivants et qu'ils ont brillamment terminé des études d'ingénieur. J'ai appris par hasard que la famille paternelle avait toujours gardé le secret sur les soins psychiatriques qui avaient marqué toute l'enfance de mon ex-mari. Ce jour-là j'ai compris que j'étais tombée dans le piège d'un mariage qui la débarrassait d'un homme conflictuel qui faisait un peu peur et qui ne cadrait pas avec la vie bourgeoise de province. Des années plus tard, j'ai revu fortuitement le premier expert psychiatre qui s'est étonné que les enfants n'aient pas repris contact avec moi. Le deuxième expert psychiatre m'a dit de ne plus faire d'expertise depuis qu'il eut compris avoir été complètement manipulé par les propos du père. Le psychiatre qui m'a soutenue pendant toutes les années de procédures a tristement reconnu avoir pris conscience de la réalité du monde judiciaire avec mon affaire.

Les jours s'égrainent sous une chape de plomb. Un père avait joliment écrit « c'est comme marcher tous les jours avec un clou planté dans la semelle de sa chaussure ». Il a fallu des années pour que ma respiration redevienne un acte automatique, pour que je retrouve les parfums des fleurs, la chaleur du soleil sur ma peau et le sourire. Après la guerre, ne vient pas la paix mais l'exil et l'oubli. Mais je ne peux pas oublier mes enfants. Je dois juste m'habituer à leur absence.

Le parcours judiciaire de Bertrand, Camille et Marguerite

Marguerite a quatorze ans quand ses parents présentent une requête de divorce pour altération définitive du lien conjugal. La jeune fille est entendue par le magistrat avant que l'ordonnance de non-conciliation ne soit prononcée, fin novembre 2009. Elle ira habiter chez sa mère. Les droits de visite et d'hébergement de son père restent libres, à sa convenance. Marguerite s'entend bien avec son père et sa belle-mère. Mais après la naissance de leur enfant, les relations entre la jeune fille et son père se détériorent très vite. Marguerite refuse catégoriquement de voir son père. Le juge aux affaires familiales ordonne une enquête sociale. Cette enquête montre que Marguerite est devenue *l'objet et l'enjeu du conflit parental, dans une confusion des places mère/fille.* En réponse à la demande de divorce, Camille a *« mis en place le processus de l'annulation de Bertrand de la vie de sa fille ».* Pourtant les familles tant paternelle que maternelle témoignent de l'attachement mutuel entre Marguerite et son père avant la séparation ainsi que de la qualité de cette relation tant que la jeune fille ne se trouvait pas dans le périmètre de sa mère. Mais maintenant Marguerite reprend le discours de plus en plus paranoïaque de sa mère, affirme que son père est un étranger et emploie des termes d'une extrême violence pour signifier son refus de le voir. L'enquêtrice sociale note cependant que la jeune fille semble désespérée et laisse apparaître une grande souffrance psychique, malgré des résultats scolaires excellents. Elle préconise le placement de Marguerite dans un lieu neutre si l'AEMO ne peut se mettre en place.

Dans le jugement rendu sur assignation, le magistrat ordonne une expertise psychologique des parents et de l'enfant en indiquant que « *chacun des parents a impliqué l'enfant dans le conflit conjugal particulièrement virulent qui les oppose, le père dénigrant la mère devant l'enfant et la mère en refusant que celle-ci entretienne des contacts avec son père (...) avançant un risque de suicide de sa fille (...)* ». Il définit un droit de visite et d'hébergement pour Bertrand un dimanche sur deux y compris les vacances scolaires. Camille et Marguerite refusent catégoriquement de se rendre auprès de l'expert psychologue. Les visites n'auront pas lieu et la mère fait appel pour faire supprimer le droit du père à voir sa fille.

Juillet 2010, Bertrand saisit le juge des enfants qui met tout de suite en place une AEMO. Camille et Marguerite s'opposent à cette mesure de manière très agitée et particulièrement vindicative. Impossible pour les intervenants de rencontrer Marguerite seule. Le discours de la jeune fille est calqué sur celui de sa mère aussi bien dans la violence que dans les arguments.

Janvier 2011, la cour d'appel élargit le droit de visite de Bertrand. Marguerite envoie alors au JAF un courrier dans lequel elle menace de tuer son père et sa nouvelle famille puis de se suicider si elle est obligée d'aller le voir. Sa mère renchérit avec un courrier adressé au même magistrat pour expliquer qu'elle est dans l'obligation de respecter le choix de sa fille.

Le rapport d'AEMO fait état d'une situation particulièrement alarmante et propose des rencontres père/fille dans un lieu neutre, mesure catégoriquement refusée par Camille et Marguerite. La juge des enfants suspend l'AEMO compte tenu de son ineffectivité sans toutefois la clôturer tant l'équilibre psychoaffectif de Marguerite lui semble visiblement compromis. Elle demande une expertise psychiatrique de Camille et de sa fille, ainsi qu'une IOE pour s'assurer de l'équilibre psychique de Marguerite auprès de sa mère, avant d'envisager un placement. L'éducateur de l'IOE fait part de sa préoccupation sur l'environnement et les conditions d'éducation offerte à Marguerite. Il note des mécanismes d'évitement de Camille et de sa fille, un discours très inadapté à son égard lors de sa visite, un conflit familial profond et une jeune fille mise à mal dans une confusion des places.

Camille est dans une attitude de toute-puissance vis-à-vis de sa fille et des décisions judiciaires. Le rapport est accablant pour Camille :

« la place d'enfant et d'adolescente de Marguerite est niée. Il y a une annulation de la place du père, réduit à un simple rôle de tiroir-caisse et une aliénation par la mère de sa fille à sa cause de femme abandonnée. On note une relation d'emprise de la mère sur la fille qui rend tout accès à Marguerite inenvisageable tant que sa mère se trouve à ses côtés. Camille peut être dans des verbalisations avec des associations à teneur délirante. Toute personne s'approchant trop près de ce lien mère-fille est un risque majeur pour Camille. La toxicité de ce lien est liée à une souffrance de Camille qui nie toute forme de figure pouvant introduire du tiers dans son couple mère/fille. »

Camille et Marguerite n'iront pas voir le psychiatre mandaté pour leur expertise. Elles vont s'opposer également à la mesure éducative ainsi qu'aux décisions du juge aux affaires familiales. Soutenue par sa mère, Marguerite refuse toujours de voir son père, de sa propre initiative dit-elle ! Bertrand porte plainte pour chaque non-représentation d'enfant. Camille est poursuivie en correctionnelle et condamnée à deux mois d'emprisonnement avec sursis simple et doit payer 1 euro d'amende symbolique demandé par Bertrand qui s'est porté partie civile. Constatant la dégradation de la situation depuis 2009 et la mise en échec de toutes les mesures psychojudiciaires, le procureur demande le placement de Marguerite, car :

« la jeune fille est devenue le réceptacle de la souffrance de sa mère et le moyen privilégié pour cette dernière d'atteindre à travers le père, l'époux qui l'a abandonnée. Ne pas ordonner le placement reviendrait à légitimer le positionnement maternel et la toute-puissance dans laquelle s'enferment mère et fille. »

La juge des enfants ne pourra pas s'entretenir avec Camille et Marguerite qui font irruption dans son bureau bien avant l'audience : Marguerite très énervée, insulte la magistrate, gesticule et hurle en découvrant que son père est là également – présence pour elle intolérable. Les deux femmes vont partir sans plus attendre. La juge note que Camille n'a aucune réaction face aux débordements de Marguerite. Mère et fille semblent prendre des positionnements de plus en plus extrêmes avec le temps. Deux années ont passé depuis la séparation des parents pendant lesquelles Bertrand n'a pu voir sa fille qu'à deux reprises, mais cette dernière continue cependant à manifester une colère et une violence disproportionnées et presque irrationnelles à son égard.

Marguerite est placée depuis début novembre 2011 mais le placement ne fonctionne pas du tout. La juge avait demandé un contrôle strict du lien mère/fille avec des communications téléphoniques médiatisées, mais grâce à la complicité des élèves de sa classe, soutenus par leurs parents (qui ont lancé plusieurs pétitions pour que Marguerite soit rendue à sa mère), l'adolescente communique avec sa mère tous les jours au nez et à la barbe des éducateurs. Impuissante, la juge accorde à la mère un droit de visite d'une demi-journée par semaine.

À aucun moment, Marguerite n'accepte de rencontrer un psychologue et persiste à refuser tout contact téléphonique, épistolaire ou physique avec son père. Les cadeaux que Bertrand lui envoie pour Noël et pour sa fête sont offerts à une camarade, sans même avoir été ouverts.

Février 2012, le jugement de divorce est finalement prononcé et le juge aux affaires familiales confie Marguerite à son père. Camille fait immédiatement appel de cette décision, fermement décidée que, décision judiciaire ou pas, sa fille reviendra chez elle et n'ira nulle part ailleurs ! De son côté, la juge des enfants renouvelle la mesure d'AEMO, lève la mesure de placement devenue contre-productive et soutient la décision du juge aux affaires familiales en redonnant la résidence de Marguerite à son père dès le mois de juillet 2012.

Août 2012, la cour d'appel déboute Camille et confirme l'attribution de la garde de Marguerite à son père, ordonne la scolarisation de la jeune fille près du domicile de son père et interdit tout droit de visite à sa mère dans l'attente de l'expertise psychiatrique théoriquement en cours. Mais de nouveau, la décision judiciaire n'est pas appliquée : le directeur du lycée se refuse à radier Marguerite de son établissement. L'adolescente retourne vivre chez sa mère et fait sa rentrée scolaire dans son lycée d'avant. Bertrand porte plainte contre l'établissement scolaire qui a fait systématiquement échec aux mesures prises par les juges, alors que ces derniers avaient coordonné leurs efforts pour essayer de protéger Marguerite d'une situation que tous les intervenants du psychojudiciaire à l'unanimité considéraient comme particulièrement dangereuse pour la jeune fille.

Camille refuse une fois de plus de rencontrer l'expert-psychiatre. Marguerite a 17 ans quand elle quitte sa famille d'accueil. Elle retourne vivre chez sa mère dont la haine et la détermination auront eu raison de toutes les décisions judiciaires.

Le placement de Petit Pierre

La terre s'est brusquement arrêtée de tourner pour Paul ce 30 mars 2012 quand la mère de son enfant le chasse de son appartement de fonction. Il n'y aura pas de divorce, Élisabeth et Paul n'étaient ni pacsés, ni mariés. Ils avaient vécu dix ans ensemble et leur seul trésor en commun, c'est un petit Pierre tout juste âgé de sept ans.

Du jour au lendemain, Paul ne peut voir son fils qu'en présence de la mère ou de la grand-mère ou de la grand-tante ou de toute la tribu féminine. Madame tolère que Petit Pierre rencontre son père sous leur surveillance dans des lieux publics ou lors des activités extérieures de l'enfant (cours de musique, de karaté…). Paul ne fait rien pour reprendre Petit Pierre, il ne souhaite pas faire intervenir la police, redoutant de traumatiser son fils plus que ne le fait déjà cette séparation brutale.

Paul et Élisabeth communiquent encore mais surtout par courriel. Les premières semaines, Paul pouvait encore appeler son fils au téléphone et puis très vite plus personne n'a répondu. Élisabeth fait feu de tout bois pour arguer que Paul est incapable de s'occuper de son fils, qu'il doit rester loin de lui, en un mot : les laisser tranquilles ! C'est vrai que le père a travaillé à Paris jusqu'aux trois ans de Petit Pierre, mais madame ne voulait pas le suivre. En septembre 2007 il avait changé d'emploi, mettant fin à une carrière prometteuse, pour se rapprocher des deux êtres qu'il aimait par-dessus tout : Élisabeth et Petit Pierre.

La voisine, à qui l'enfant avait été temporairement confié, se souvient parfaitement que lorsque Paul est venu parler avec son fils avant de quitter le domicile, père et fils étaient en larmes ; que Petit Pierre n'avait jamais eu peur de son père ! Elle ne peut croire ses oreilles quand Élisabeth menace d'appeler la police quand le père revient dans son appartement pour photocopier le carnet scolaire de son fils. Mais très rapidement, semaine après semaine, Paul sent que son fils devient de plus en plus distant envers lui. L'enfant ne vient plus vers lui spontanément ; il traîne pour le rejoindre après son cours de karaté, il reste collé aux jupes de sa mère et ne prend plus sa main pour traverser la route.

Un jour, Petit Pierre n'aura plus l'autorisation de sortir et c'est en vain que son père se rendra au cours de hip-hop, de musique ou de karaté pour essayer de le voir. L'enfant n'est plus là ! Il manque aussi l'école en ce mois de juin, de plus en plus souvent, sans que Paul en soit informé, et pour cause : Élisabeth, institutrice, a demandé à son supérieur hiérarchique de garder son fils chez elle pour le faire étudier à domicile. Comment ne pas lui faire confiance ? Fin juin, lorsque la mère demandera la radiation de l'établissement privé où Pierre est scolarisé, ni l'inspection d'académie, ni l'établissement ne demanderont au père de confirmer cette radiation comme le veut la loi. On le préviendra mais bien après. Il ne savait pas encore qu'il ne se retrouvera plus jamais seul avec son fils au cours des deux prochaines années, qu'à l'heure où ses lignes sont écrites, il ne verrait son fils qu'une heure par mois. Les procédures vont s'enchaîner dans à une vitesse vertigineuse peu courante dans les tribunaux.

Avril 2012. Paul saisi le JAF pour que le magistrat organise la séparation du couple et les relations parent/enfant. Vu la dégradation rapide de la relation avec son fils, il demande une expertise psychiatrique de l'ensemble de la famille. Élisabeth, quant à elle, invoque un comportement inadapté du père « atteint de troubles psychiques » et ses attitudes violentes pour demander la suspension de tout droit de visite et d'hébergement, tout en suggérant des visites médiatisées.

Élisabeth a déjà préparé la guerre nucléaire contre Paul. Le jour même où elle reçoit l'assignation, elle emmène Petit Pierre consulter une psychologue à qui l'enfant a déclaré : « *Je ne veux pas rester seul avec papa. J'ai peur de lui quand il se fâche et se met en colère. Il met des claques et des fessées. Il met ses doigts dans mon nez et m'a tiré une fois par la quéquette.* » La psychologue, horrifiée par le récit de l'enfant de l'institutrice, se refuse à contacter le père et envoie un premier signalement. Un second signalement sera déposé par une nouvelle amie d'Élisabeth à qui l'enfant déclare la même chose. Le Petit Pierre est envoyé de suite faire un examen médical et ces deux signalements seront classés sans suite « pour manque de preuve » ! Mais la tache immonde ne partira jamais et Paul apprendra qu'un parent n'est jamais vraiment reconnu innocent.

Juillet 2012. Le jugement provisoire conclut à « l'absence de preuve de toxicité du père » et ordonne que ce dernier puisse rencontrer son fils trois dimanches après-midi durant les mois de juillet et d'août en milieu médiatisé fermé et ce pour permettre la reconstruction du lien entre le père et le fils ! À partir de septembre, il aura droit à des visites mais pas d'hébergement, un week-end étendu sur deux, en attendant les conclusions de l'expertise médicopsychologique demandée pour fin décembre au plus tard sur les trois membres de la famille.

À la fin du mois, Paul saisit le juge des enfants pour demander une mesure d'AEMO car il ne peut plus rencontrer dans des conditions normales son fils qu'il sent de plus en plus opposant, voire manipulé, et il s'inquiète des conditions dans lesquelles il est élevé par sa mère.

Mais rien ne se passera pas comme prévu. Élisabeth avait déjà fait un scandale lors de la première visite médiatisée entre Paul et son fils au mois de juillet. Elle aura toutes les grandes vacances pour parachever son œuvre d'isolement et d'embrigadement de son enfant. Fin août, elle amène Petit Pierre témoigner contre son père au commissariat pour maltraitance et agressions sexuelles. Paul, qui n'en sait rien, dépose plainte pour non-représentation d'enfant, car il n'a plus revu son fils depuis le moment où les visites devaient se dérouler à son domicile. Paul a le cœur doublement serré mais il n'a pas d'autres choix que déposer plaintes et mains courantes, car ce sont les droits de son fils qui sont bafoués ! Il va constater amèrement que la police ne lèvera pas le petit doigt pour faire appliquer la loi. De guerre lasse, il saisit directement le procureur pour non-présentation d'enfant. La justice fonctionne et Élisabeth sera condamnée un an plus tard à 3 mois de prison avec sursis et à 3000 € de dommages et intérêts. Bien entendu, elle fait appel de la décision.

Novembre 2012. Première audience chez le juge des enfants à qui Petit Pierre déclare avoir été victime de coups de son père durant trois ans entre l'âge de quatre et de sept ans, ainsi que de pénétrations digitales répétées, son père lui apposant alors du scotch sur la bouche pour qu'il ne crie pas. C'est encore pire que ce que l'enfant avait déclaré jusque-là. Mais Petit Pierre se prend les pieds dans le tapis et assure s'être confié à sa mère sur ces événements. Et il déclare pour finir qu'il souhaite vivre avec ses deux parents à condition que son père « *se fasse soigner* ». Bien entendu la mère nie farouchement avoir été mise au courant.

La juge a bien compris. Elle note :

« la problématique de la situation ne s'inscrit pas directement dans des carences éducatives, chacun des parents ayant intégré et transmis à leurs enfants les valeurs pédagogiques, les codes sociaux et lui offrant attention et affection dans un cadre de vie confortable et non précarisé. Il n'en demeure pas moins que dans le cadre d'une séparation très difficile, le mineur est porteur de paroles très accusatrices contre son père qu'il refuse de rencontrer. Une telle posture ne peut être pour lui que clivante (...) Il est donc indispensable de pouvoir travailler sur la position prise par le mineur dans le système familial avec une mesure d'AEMO spécifique. »

La juge des enfants demande expressément à Élisabeth de conduire Petit Pierre à l'AEMO, et d'aider à la reconstruction du lien entre l'enfant et son père. Les deux juges sont d'accord !

Deux jours après cette audience, le Ministère public informe le juge des enfants du classement sans suite de la plainte pour abus sexuels déposée par Élisabeth.

Décembre 2012. Le rapport de l'expert est transmis au juge des enfants. Pour le psychiatre, Petit Pierre est un enfant normalement intelligent mais affectivement immature. Paul est décrit comme un homme intelligent plutôt réservé et sans aucune pathologie. Élisabeth en revanche présente une personnalité névropathe de type hystérique, en toute hypothèse pathologique. Elle est qualifiée de mythomane et manipulatrice, mettant tout en œuvre pour exclure le père dans un registre très pathogène. Petit Pierre ferait l'objet d'une aliénation parentale sévère et serait contraint de vivre avec sa mère une relation fusionnelle pathologique et incestuelle. Le psychiatre note :

« compte tenu de la défiance de l'enfant vis-à-vis du père et de l'absence de toute coopération de la mère, le transfert de la résidence de Pierre au profit du père apparaît difficile au premier abord au médecin psychiatre, qui propose le placement de Pierre dans une famille d'accueil "avertie", avec une guidance type AEMO et un suivi pédopsychiatrique très régulier, en limitant au minimum le droit de visite de la mère, à savoir un dimanche après-midi sur deux en milieu médiatisé sans sortie, et en accordant un droit plus large au père, tous les week-ends. »

Paul reprend espoir : le psychiatre conclu à une *« aliénation parentale sévère »* et préconise *« l'éloignement de l'enfant par rapport à la mère comme mesure de protection urgente »*. Et pour cause : pour le Petit Pierre, son père n'existait tout simplement plus.

Janvier 2013. Suite au classement sans suite de la plainte et au rapport de l'expert, nouvelle audience chez la JDE qui constate qu'Élisabeth n'a toujours rien fait pour rapprocher son fils de son père. La juge suit alors la recommandation de l'expert : l'enfant est placé dans une famille d'accueil et devra bénéficier d'une autre mesure d'AEMO spécifique. Élisabeth ne se démonte pas et la veille du placement, elle fait passer au Petit Pierre en urgence un test de précocité, dans le fol espoir que le raisonnement de l'enfant sera évalué comme celui d'un garçon de quatorze ans et non pas de huit ans, pour faire valoir sa parole au tribunal et lui permettre de porter plainte lui-même contre son père pour abus sexuels !

La famille d'accueil est sympathique. Petit Pierre trouve d'autres enfants, et les problèmes mis en avant par la mère pour accuser Paul, à savoir une encoprésie, des troubles de l'alimentation et du sommeil, disparaissent du jour au lendemain dès le placement de l'enfant. Il recommence à parler et à jouer avec son père comme si de rien n'était.

Mais Paul, si heureux de voir son fils à l'abri de l'influence maternelle, commence à déchanter. Il lui semble que la juge des enfants prend davantage en considération la recommandation de l'ASE que celle de l'expert, qui avait préconisé des temps de rencontre plus longs pour le père. Les parents sont renvoyés dos à dos par le magistrat, au motif qu'ils entretiennent tous deux leur conflit de couple et sont incapables d'en protéger leur enfant. Petit Pierre est éloigné de ses deux parents à parts égales. L'avocat explique à Paul qu'il doit s'estimer heureux et se montrer reconnaissant : il pourra voir son fils une heure par mois en milieu médiatisé fermé sous la surveillance d'une équipe d'éducateurs et de psychologues et – grand privilège – il pourra même téléphoner à son fils une fois par semaine ! La juge laisse entendre qu'il y aura une progressivité réelle dans la mesure de reprise de contact, toujours sous le contrôle de l'ASE. Paul serre les poings et remercie, promettant tête baissée d'être un bon parent et un père parfait. Il fera tout son possible pour l'être.

Mars 2013. Le juge aux affaires familiales statue sur le fond et s'appuie sur l'expertise de décembre : *« Attendu que les circonstances ci-dessus décrites sont de nature à rendre pertinente l'analyse faite par l'expert G. relativement au caractère irrationnel du rejet du père par l'enfant sur fond de pathologie relationnelle à l'origine de laquelle se trouve madame, qui a placé Pierre dans une forme d'alliance toxique à sa mère ; que le mineur* *apparaît être l'otage d'un contexte qui le dépasse et dont la mère est l'acteur principal ; que la suggestion de l'expert quant au moyen d'y remédier apparaît également appropriée, étant d'ailleurs observé que le placement ordonné par le juge des enfants se déroule bien, a déjà produit des effets (fin notamment de l'encoprésie et bonne adaptation du mineur) ; qu'en outre la première rencontre médiatisée intervenue le 15 février 2013 entre le père et l'enfant s'est déroulée sans incident et même de manière assez détendue »,* pour fixer la résidence habituelle de Pierre au domicile du père. Élisabeth bénéficie d'un droit de visite et d'hébergement progressif. Bien entendu, elle fait appel de la décision.

Février 2014. Depuis un an, Pierre vit dans sa famille d'accueil et la juge des enfants doit revoir la mesure de placement. Paul a très peur de l'avis des intervenants de l'ASE, pour qui « l'aliénation parentale n'existe pas et les expertises psychiatriques ne sont pas fiables », et qui lui ont bien expliqué qu'ils ne se fient qu'à leur propre opinion en qualité de « professionnels habilités ». Et pour ce faire, ils doivent prendre le temps d'observer Petit Pierre, longtemps, très longtemps… D'ailleurs, pour l'ASE, Paul est peut-être un coupable qui n'a pas été démasqué ! Ou pour le moins, il est responsable du comportement de son fils, alors même qu'il ne l'a pas rencontré durant 9 mois. Ces gens ont vu tellement de choses horribles dans leur vie ! Leur métier est de « protéger l'enfant ». La priorité n'est pas le retour de Petit Pierre au sein de sa famille ou chez son père.

Paul est partagé entre la colère et le désespoir car il a bien compris que l'ASE fonctionne sur trois principes fondamentaux : (a) seule compte la parole de l'enfant ; (b) il faut respecter le rythme auquel elle se libère et (c) l'équité entre les deux parents n'est pas négociable. Depuis quatorze mois, Petit Pierre demande de voir son père non plus une heure mais deux heures comme le permettrait d'ailleurs le jugement ; il avait demandé aussi de passer la journée de Noël avec lui, et surtout de venir le voir chez lui – mais ce ne sera pas possible ! Rien n'a été fait non plus pour mettre en place un lieu de parole et d'explication entre père et fils. Certes, l'ASE commence à en parler… mais le principe d'équité entre les deux parents n'est pas négociable.

Lors de l'audience, la juge reproche toujours aux parents l'intensité du conflit parental. Paul explose : qu'aurait-il dû faire ? Une tentative de conciliation ? Il avait essayé de faire une conciliation avec la mère en juin 2012 mais ce fut un fiasco. Aurait-il dû s'abstenir de s'adresser à la justice ? Il commence à le croire. Faire des aveux ? Se suicider ? Le placement est reconduit pour un an. Paul fait appel de la décision du juge des enfants.

Mars 2014. Le juge des affaires familiales ne voit pas l'affaire exactement du même œil. La réponse à la procédure d'appel de la mère est claire :

«… l'évolution favorable de Petit Pierre depuis son placement en famille d'accueil, décidé après le constat dressé par l'ADSEA d'un danger psychique auquel ne pouvait remédier une mesure d'AEMO, démontre le bénéfice que l'enfant a retiré de sa mise à distance de l'emprise pathogène de sa mère et du rétablissement d'une relation de confiance avec son père, conduit à maintenir dans son intérêt sa résidence principale, auprès de son père et de confirmer l'ordonnance déférée sur ce point ainsi que sur les dispositions portant sur l'organisation du droit de visite et d'hébergement de madame, fixées sous la réserve des décisions contraires du juge des enfants, et l'absence de paiement d'une contribution paternelle à son entretien et à son éducation. »

La mère s'oppose au retour de l'enfant chez son père et demande de prolonger le placement. Petit Pierre va rester dans sa famille d'accueil, éloigné de ses deux parents. La juge suspend tous leurs droits de visite jusqu'à nouvel ordre. Petit Pierre n'est plus obligé de mentir pour faire plaisir ; mais comment va-t-il se construire ou même se souvenir de ses parents ?

Chapitre 13

La vie d'adulte après une enfance aliénée

Par Olga Odinetz

La question posée le plus souvent par les journalistes et les décideurs porte sur le nombre d'enfants concernés par les situations d'aliénation parentale. Vient ensuite celle sur l'impact que ce processus peut avoir sur ces mêmes enfants devenus adultes, avec cette petite phrase consolatrice à la fin de l'interview : *« mais bon, une fois adultes, ils vont bien comprendre et revenir, non ? »*.

Il faut avouer en toute honnêteté qu'il est impossible de répondre à la première question car à ce jour aucune enquête n'a été mise en place pour suivre dans le temps les enfants de parents dont la séparation a été très conflictuelle. De plus les situations des enfants peuvent brusquement évoluer de façon dramatique suite à un événement nouveau vécu comme traumatique par un ou les deux parents, comme la remise en couple de l'ancien partenaire ou la naissance d'un autre enfant chez l'ex-conjoint.

Il est également difficile de répondre avec exactitude à la seconde question, et ce pour différentes raisons, la première étant l'absence de suivi dans le temps du devenir des liens familiaux. Seuls sont au courant les psychiatres, psychanalystes et thérapeutes, dont nombre de patients sont en ruptures de liens familiaux, mais ces personnes sont liées au secret professionnel et ne communiquent pas de statistiques sur ces situations. La deuxième raison tient au fait que les enfants aliénés qui retrouvent leurs parents à l'âge adulte, ne souhaitent généralement pas, ni eux ni leur parent enfin retrouvé, parler de ces années perdues dans la haine et la souffrance. Ils veulent tourner la page, « refermer une parenthèse » et passer à autre chose pour essayer de retrouver le lien perdu et le bonheur d'être enfin ensemble, ou à défaut, réconciliés.

Restent alors les témoignages et les courriers reçus après des émissions à la télévision ou à la radio dans lesquels des hommes et des femmes racontent leur enfance, otages d'une mère ou d'un père aliénant, possessif ou manipulateur. Tous décrivent l'angoisse, la souffrance et des relations d'emprise sur laquelle ils ont mis des années à mettre un nom puis à se dégager, sans toujours parvenir à retrouver le lien avec le parent rejeté. Ils ont envoyé leur témoignage pour « *faire réfléchir des parents aliénants, motiver des parents victimes à ne pas baisser les bras et convaincre les enfants victimes de ne pas culpabiliser car il est possible de s'en sortir* ». Ils racontent également comment ils ont pris conscience de leur état et quel parcours leur a permis de se dégager de cette emprise et d'en parler.

Marc, 40 ans

C'est en écoutant la radio que j'ai entendu parler d'aliénation parentale, puis de votre association. Âgée de 40 ans je pense avoir été victime dans mon enfance du syndrome d'aliénation parentale.

Mes parents se sont séparés quand j'avais 8 ans. Je suis resté rapidement seul avec ma mère qui refusait par tous les prétextes que mon père vienne me rendre visite. Le divorce a duré plus de 6 ans et pendant tout ce temps je n'ai pratiquement jamais vu mon père – excepté quand il venait et essayait de discuter avec ma mère. Cela finissait toujours en crise d'hystérie. Mon père se faisait taper dessus mais il arrivait à rester calme. Ma mère me racontait que mon père m'avait abandonné, qu'il se foutait de moi et ne venait même pas me voir. Elle me parlait constamment de problème d'argent « qu'on n'arriverait pas à s'en sortir » à cause de mon père etc. Moi je la voyais mal, triste et je croyais entièrement son discours. Quand mon père venait me voir à la sortie de l'école, je le fuyais et je ne voulais pas parler avec lui (quand j'y repense j'avais l'impression de ne pas avoir de cœur).

Tous les jours se ressemblaient. Il y avait dans cette maison que tristesse, angoisse et peur (peur de tout, de ma mère, de me retrouver seul, peur qu'elle m'abandonne, peur qu'elle se suicide, elle avait déjà fait une tentative…) Je vivais dans une sorte de non-vie dont je n'étais pas conscient et que j'ai occultée pendant des années. À 10-12 ans j'étais le petit bricoleur de la maison, je m'occupais du jardinage, je tondais la pelouse et j'étais fier d'aider ma mère, j'avais l'impression de la soulager, et pendant ce temps au moins elle ne s'énervait pas après moi.

Ce n'est qu'à l'âge adulte, quand je suis rentré dans la vie active, que je me suis aperçu que j'avais des peurs, de la honte et du stress que je refoulais. Je le mettais de côté et je n'y pensais plus – jusqu'au jour où j'ai fait une grosse dépression, la veille dans mes premiers jours d'embauche d'un travail intéressant. Je me sentais de plus en plus incapable et nul. Je n'avais pas confiance en moi. Je suis resté avec ma mère quelques mois, et elle me disait que tout était de ma faute car je n'avais pas fait assez d'études – ce qui n'est pas le cas. Pour vivre, je forçais sur les antidépresseurs. Je travaillais à nouveau, mais dans une peur panique constante.

Ce n'est qu'au bout de 4 ans, où je croyais que j'allais mourir tellement j'étais mal, que je suis allé voir un psychologue. J'étais à la limite de la souffrance tolérée par mon corps. Je ne voulais pas mourir mais cela m'aurait apaisé. Il m'a fallu pratiquement 10 ans de thérapie en changeant 3 fois de psy, car je n'arrivais pas à croire ce qu'ils me disaient. J'avais l'impression, quand ils me parlaient de mes souffrances d'enfant et de ma mère « toxique, perverse » qu'ils parlaient d'un autre enfant. Aujourd'hui, je commence à réaliser que je peux vivre, mais d'avoir vécu ainsi si longtemps, il m'est très difficile de me sortir de ce mécanisme de survie. C'est l'enfer constant, un peu comme si l'on vit tout le temps un tsunami, à la différence que tout est à l'intérieur et qu'on ne peut pas le montrer.

Je ne comprends pas pourquoi aujourd'hui encore les juges et les spécialistes ont peur de s'attaquer concrètement à ce problème ; c'est vrai qu'il est difficile à cerner mais il est encore plus difficile à vivre.

Françoise, 41 ans

Victime d'aliénation parentale dans mon adolescence, je suis maintenant à la recherche de psychologues « spécialisés » dans ce domaine pour continuer à avancer et éviter de reproduire ce schéma avec ma fille de 8 ans. J'ai déjà suivi une psychothérapie mais mes interlocuteurs bien que très compétents, n'étaient pas vraiment formés à ce genre de pathologie. Combien de fois mes appels à l'aide et mes tentatives d'expression se sont retrouvés aliénés eux aussi car les personnes que j'avais en face ne pouvaient pas admettre ces « pratiques », par pure méconnaissance souvent et aussi parce que cela les effrayait. Je souhaiterais être mise en relation avec d'autres personnes ayant vécu cette situation car j'ai trouvé beaucoup de choses sur l'aliénation des enfants mais peu sur ce qu'ils sont devenus ensuite.

J'ai été victime d'aliénation parentale par ma mère. Mes parents ont divorcé dans la douleur et la haine. Mon frère et moi avons été enfermés dans un rôle d'enfant soldat, d'enfant otage et d'enfant « poubelle ». J'entends par là qu'en plus des propos nauséabonds distillés par ma mère sur notre père, cette dernière s'est servie de nous pour déverser ses états d'âmes, ses angoisses, ses douleurs. Rien ne nous a été épargné. Nous avons tour à tour été ses parents, son psy, ses victimes et notre souffrance n'a jamais été prise en compte. Le discours de ma mère était que nous n'avions pas à nous plaindre, qu'elle était toujours plus malheureuse que nous et qu'elle était restée pour nous, que nous nous devions de l'en remercier chaque jour. Nous étions extrêmement culpabilisés, déstabilisés, endoctrinés. Nous étions inexistants.

Résultats des courses, mon père est sorti très vite de notre vie, sans tenter de reprendre contact avec nous, à sa majorité, mon frère s'est enfui à l'étranger et j'ai continué seule à « porter » ma mère psychologiquement, physiquement, pécuniairement. Construite de biais, extrêmement malheureuse, violente à l'égard de moi-même et de mes proches, toujours en colère, j'ai enfin pris conscience l'année dernière à 40 ans de cette machination infernale (grâce entre autres d'ailleurs à la consultation de votre site !).

J'ai suivi une psychothérapie et mets à présent une barrière entre ma mère et moi. Je ne rentre plus dans son jeu, lui dit ce que je pense, mais pour elle, je suis évidemment malade car non conforme à ses désirs !! Je me reconstruis patiemment, la route est longue et douloureuse mais tellement plus belle ! Je renais.

Mais je ne suis actuellement pas prête pour renouer un contact avec mon père. Il a tenté cette année de son côté par plusieurs appels, mais j'ai encore besoin de me protéger et d'avancer (justement avec un professionnel) pour évacuer cette haine que j'ai encore envers lui (fort sentiment qu'il n'a jamais rien fait pour tenter de maintenir un quelconque lien) et cette forte impression qu'il me mentira également. Bon courage à tous ceux qui vivent cet enfer. Parlez-en autour de vous, et si vous êtes des victimes, ne culpabilisez pas. Il est possible de s'en sortir.

Nathalie, 41 ans

Suite à votre participation à l'émission *Les Maternelles* de ce lundi, je ressens un besoin de vous adresser mon témoignage d'enfant aliéné. Je souhaiterais que cela puisse faire réfléchir des parents aliénants et motiver des parents victimes à ne pas baisser les bras. Mes parents ont divorcé lorsque j'avais 3 ans à peine : j'ai été élevée par ma mère, « aliénante », dans le nord de la France. Mon père est reparti dans le sud.

Ma mère s'est efforcée, pendant 27 ans, de me faire détester, rejeter mon père. Lorsqu'elle s'est remariée elle a même envisagé de me faire porter le nom de son nouveau compagnon. Mon père était très absent et je ne voyais qu'un week-end tous les 3 ou 4 ans. Chaque fois, ma mère dénigrait violemment toute activité faite avec lui, ou chacun de ses achats. C'était extrêmement douloureux et culpabilisant. Résultat : j'appréhendais chacune de ses visites, j'avais très peur de lui, je m'interdisais toute question sur mes origines paternelles et toute partie de moi-même pouvant être son reflet puisque c'était une partie mauvaise et que cela faisait du mal à ma mère. C'était un sujet tabou.

J'ai alors retourné cette violence contre moi : à l'adolescence, je suis entrée dans la spirale de la dépression et surtout de la boulimie. J'ai commencé une psychothérapie après des idées suicidaires « très présentes », vers 25 ans.

Puis à 30 ans, j'ai pris enfin la décision de partir vivre près de mon père et de sa famille et surtout de mettre de la distance avec ma mère. J'ai perdu tant d'années à lui en vouloir, à chercher à comprendre pourquoi ce mal-être et à essayer de lui faire changer d'avis, à chercher qui j'étais vraiment. J'ai aussi essayé de construire des liens père/fille qui m'avaient tellement manqué. J'en ai fait le deuil maintenant : on ne rattrape pas le temps perdu. Je n'ai commencé à prendre confiance en moi, à accepter de me construire en tant que femme et à devenir mère que depuis peu de temps. J'avais si peur de faire du mal à mon tour.

Aujourd'hui j'ai 41 ans, je vais accoucher d'une petite fille dans les jours prochains. Je meurs de peur mais au moins j'avance. À l'aube de ce grand bonheur, je ne peux envisager aucune réunion de famille, mariage ou baptême, de mon côté. Il n'y aurait guère que mon enterrement, si je partais avant eux !

Judith, 26 ans

Mes parents se sont séparés lorsque j'avais 5 ans, ma mère avait rencontré un nouvel homme. Il est certain qu'elle n'était pas toute rose dans leur histoire et que de surcroît son nouvel amour ne nous aimait que partiellement. Mon père a tout fait pour nous avoir.

Nous avons entendu toute notre enfance des injures sur notre mère, qu'elle nous avait abandonnés, qu'elle ne nous aimait pas, elle avait brisé notre famille, les projets enfin « tout » quoi ! Mon petit frère de deux ans mon cadet a des difficultés depuis petit : il est lent, il a du mal à s'organiser, à être logique. Petit, il avait son propre langage comme une sorte d'autisme… C'était bien sûr la faute de notre mère car elle ne l'avait pas désiré et que de toute façon elle était folle à lier. Tous les prétextes étaient bons pour la briser à travers nous, le moindre acte de ressemblance avec elle devenait une crise de colère de notre père.

Aujourd'hui j'ai 26 ans, il profère toujours des chapelets d'injures à son égard que je n'entends plus. Durant longtemps j'ai repoussé ma mère, l'accusant d'abandon, de « mal-aimance » je ne voulais surtout rien avoir avec elle. Puis j'ai appris à écouter, à pardonner certaines choses. Je vis aujourd'hui avec un homme qui est papa d'un petit garçon de 10 ans qui vit la même chose. Nous ne l'avons qu'un dimanche sur deux, pas de vacances et ce depuis 8 ans. Je vois ce petit garçon déchiré entre ce qu'il voit de son papa et ce que lui raconte sa maman. En plus des fabrications de souvenirs, ses mensonges, ses matraquages permanents, elle a fait appeler son ex-compagnon « PAPA ». Le petit aujourd'hui dit « j'ai deux papas » ! Comment peut-on faire ça à des enfants, comment peut-on laver le cerveau à ce point ? Tant de haine, de violence… Je reprends mon passé en pleine figure mais le fait d'être adulte me permet de comprendre enfin mon histoire et surtout de comprendre dans quelle position ma mère s'est trouvée, face à ses propres enfants qui lui renvoient que la violence de leur père et la haine à son égard. Écrire mon témoignage me permet de poser des mots sur tout ça afin de faire le chemin vers la paix il m'a fallu du temps et pas mal de bêtises. Merci à vous d'exister pour ne pas minimiser ce « cancer » qu'est l'aliénation parentale.

Sophie, 35 ans

J'ai retrouvé, il y a 6 ans, des lettres de mon père qu'il m'avait envoyées lorsque j'avais 17-18 ans. À l'époque je vivais en Angleterre, loin de ces fichus conflits familiaux que j'avais dû supporter pendant plus de 3 ans. Ces lettres ont été écrites il y a plus de 20 ans, comme des bouteilles à la mer. Jusqu'à mes 35 ans, j'étais encore sous une emprise inexplicable mais tellement réelle qu'elle m'a retourné la tête pendant de trop d'années. Je ne peux, encore à l'heure actuelle, raconter la tristesse, le malheur, la souffrance que j'ai vécus pendant toutes ces années à cause d'une femme – ma mère – censée me protéger.

La seule chose que je peux conseiller aux parents d'enfants en souffrance, c'est d'écrire, encore et encore, à leurs enfants ! Ces lettres manuscrites, gardons-les, de façon à ce que l'autre parent ne les détruise pas. Mais un jour, nos enfants devenus adultes, qui croient avoir été abandonnés, connaîtront notre et LEURS parcours chaotiques. Qu'ils sachent qu'ils n'ont JAMAIS été abandonnés. Un jour, ces lettres leur parviendront d'une façon ou d'une autre ! Garder espoir, c'est, même si nous en sommes privés aujourd'hui, offrir à nos enfants la porte ouverte, que l'on essaye de nous fermer aujourd'hui mais qui explosera à un moment ou à un autre ! De là, leur façon de voir sera différente de celle que ce parent aliénant aura pu tenter d'incruster dans leurs cerveaux trop fragiles. Par contre, une seule et dernière chose que je peux conseiller, c'est de ne jamais critiquer le parent aliénant ! Toujours dire à ces enfants qu'ils ont été souhaités et aimés par leur papa et leur maman…

Caroline, 40 ans

Je n'ai pas loin de 40 ans et je considère que j'ai été victime de SAP même si la séparation effective (divorce) de mes parents n'est intervenue qu'après mon départ de la maison.

C'est un message que j'aimerais faire passer. L'aliénation parentale peut se produire même s'il n'y a pas séparation des parents. Chez moi, on parlait de divorce mais on ne divorçait pas… Et pourtant, j'ai subi la manipulation psychologique et l'emprise de ma mère pour en arriver à tuer psychologiquement mon père avec lequel nous vivions cependant tous les jours. Il a été l'objet d'une campagne de dénigrement dévastatrice. Je l'ai considéré comme un moins que rien pendant toutes ces années parce qu'il n'a pas su prendre sa place face à ma mère « toute-puissante ». Elle avait même réussi à me convaincre qu'il ne m'avait pas désirée (ce qui est faux mais que je n'ai appris que récemment). Pour moi, mon père n'existait pas.

Aujourd'hui, je suis en thérapie, je galère, j'essaye de comprendre et de remettre chacun à sa place. Je connais pratiquement tout ce que vous décrivez dans les conséquences de l'aliénation parentale sur les enfants… C'est vraiment une chose que j'aimerais entendre et lire : l'aliénation parentale peut se produire même s'il n'y a pas divorce.

Peut-être n'y a-t-il pas assez de recul sur le SAP pour parler de ce que deviennent les enfants victimes… mais leur vie est foutue… et ils ne peuvent la récupérer qu'au prix d'un long et douloureux travail et encore, à condition qu'ils prennent conscience un jour de ce qu'ils ont vécu. Je sais depuis longtemps (avec ma raison) ce qui s'est passé dans mon enfance et mon adolescence mais cela ne fait que quelques jours que j'admets l'étendue des dégâts, la réalité de la situation suite à un échange de courriers avec mon père. Je suis en paix avec lui maintenant, mais jamais rien ni personne ne me rendra ces 40 années volées, pas plus qu'à lui d'ailleurs… Alors… ne serait-il pas possible de dénoncer l'aliénation parentale aussi hors du cadre du divorce ? Même si ça ne sert à rien ce que j'ai écrit, merci de m'avoir lue… j'avais besoin de le dire…

Clarisse, 43 ans

Je vous écris suite à la diffusion de l'émission télévisée d'hier. J'avais déjà parcouru votre site au préalable mais je pensais que le combat que vous meniez ne me concernait pas tout à fait. Or après avoir entendu le récit de votre témoin au sujet de ses enfants je me suis reconnue : je suis une enfant manipulée devenue adulte. Aujourd'hui, ma santé psychologique est extrêmement fragile et cela se ressent au niveau physique (avec de nombreux troubles psychosomatiques).

Mes parents n'ont jamais divorcé mais j'étais sous l'influence de ma famille paternelle, dans laquelle nous étions complètement « immergés », dans leur QG, dans leur monde. Mes parents habitent à 1 km de chez eux, dans le même village, et ont construit sur un terrain appartenant à mes grands-parents, c'est dire le piège ! Mon père n'a jamais rien fait contre sa mère, ma grand-mère, qui m'a montée subtilement contre ma mère et qui m'a fait rejeter et mépriser ma famille maternelle. Cela n'est pas aussi spectaculaire qu'un enlèvement après divorce mais les conséquences sont les mêmes. Elle m'a détourné de ma mère, en s'occupant de moi comme si j'étais sa propre fille (ma mère travaillait) et en me lavant le cerveau. Elle disait à chaque fois que je faisais quelque chose : « oh, tu fais ça comme Martine, exactement comme Martine ! » Martine étant sa propre fille. Le message pour une enfant de 6 ans c'est : « je suis Martine ».

J'ai commencé à me comporter « comme Martine » et à changer tous les jours un peu plus c'est-à-dire à me perdre moi-même, déjà que petite – l'identité n'est pas très construite à cet âge ! Elle m'offrait des vélos, des poupées à profusion (je ne demandais rien) et lors des communions ou autres fêtes en mon honneur lorsque le reste de la famille était là, elle avait toujours le plus beau, le plus cher bijou comparé aux autres. Cela m'attirait tout le temps. Je me suis détournée de ma mère et le lien s'est pratiquement rompu.

À l'adolescence, mon père a pris le relais. Lorsque j'ai été « formée » il a commencé à me regarder avec de petits clins d'œil « innocents », à faire de petites remarques gentilles ponctuelles pas bien méchantes « oh ça te va bien cette robe » ou il sifflait admiratif lorsque je m'habillais pour un mariage. J'étais très fière. Puis, petit à petit, au fil des ans, il a commencé à devenir plus proche et plus intime, surtout lorsqu'il s'est mêlé de mon orientation scolaire en traitant seul tous les dossiers d'inscriptions. Je ne me suis pas méfiée, pensant qu'on partageait enfin quelque chose, ne serait-ce que ma passion pour mes études et qu'il ne voulait que mon bien. Puis il y a eu les « oups, excuse-moi » quand il entrait dans la salle de bain « par méprise » lorsque j'étais nue, ou les bisous rapides mais langoureux dans le cou lorsque je feuilletais le courrier… Un jour, à table il me raconte (à sa manière de patriarche régnant sur sa famille) : « les… (j'ai oublié le nom de la tribu), ils couchaient la première fois avec leur fille… ». Quand mon père dit quelque chose, c'est une règle qui s'applique ! Là, je me suis enfuie.

Aujourd'hui j'en suis là à ne pas m'en sortir, ni du stress, ni des angoisses, ni de cette tension intérieure insupportable. Je deviens folle. Quand j'étais petite, je préférais ma grand-mère et j'étais d'une froideur extrême avec ma mère, mais jamais je ne l'ai enlevée de mon cœur. J'étais complètement manipulée, je le suis toujours, car dès que je reviens dans cette famille, je me perds, je redeviens cette fille apparemment épanouie mais complètement infantilisée, incapable de penser par elle-même à l'intérieur, totalement à leur merci. Et j'ai le sentiment, que même si je suis prête à assumer mes paroles, mes actes, même ceux sous emprise, j'ai besoin de rencontrer une personne qui comprenne que j'étais sous influence et qui m'aide à m'en sortir. Message que je peux dire à toutes les mères qui vivent cet enfer : *« Vos enfants vous aiment : même s'ils sont infectés, ce ne sont pas eux qui parlent »*.

Aurélie, 34 ans

C'est avec beaucoup de peine que je suis sortie de mon cauchemar le 28 décembre dernier. Mais je ne peux pas dire que je suis sauvée car je souffre encore énormément. Enfant de parents divorcés, ça fait 20 ans que j'entretenais un sentiment de haine pour mon père. Ne le laissant jamais s'exprimer, je ne pouvais que lui hurler dessus… Ce 28 décembre je me suis réveillée à 34 ans, j'ai pris mon téléphone et j'ai téléphoné à mon père. Et j'ai compris que ma mère m'avait manipulée. J'ai revu mon père qui est lui aussi effondré, mais heureux de revoir sa fille. Pour ma mère je suis dans l'impasse car lorsque je lui ai annoncé la nouvelle elle m'a fait du chantage affectif, a menacé de se tuer, me harcèle, change de comportement 2 à 3 fois par jour… Je suis à la foi heureuse de m'être réveillée mais aussi pour le moment en grande souffrance.

Voici mon histoire, voici deux mois que j'ai eu une révélation ou plutôt une grosse remise en question par rapport aux relations que j'entretenais avec mon père. Fille de parents divorcés, depuis mes 14 ans, je n'ai jamais eu l'occasion de prendre du recul et réfléchir à ma situation. En effet mon père est parti pour refaire sa vie voilà maintenant 20 ans et j'ai dû faire un choix entre ma mère et mon père. Je suis donc restée avec ma mère. Durant toutes ces années j'ai rejeté mon père car je le voyais comme une mauvaise personne. Sauf que l'image que j'avais de mon père avait été façonnée par ma mère. À chaque attention de sa part, elle s'arrangeait pour détourner la vérité et me laisser penser qu'il avait de mauvaises intentions. Suite à la dernière visite de mon père voilà 2 mois, je me suis vue lui hurler dessus et je me suis aperçue que je m'efforçais de trouver des excuses pour lui en vouloir et être en colère… Et j'ai enfin compris la situation je suis tombée de très haut… Après une grande période de silence avec ma mère j'ai décidé d'avoir une conversation avec elle. Elle m'a répondu qu'elle ne voulait pas reparler du passé que ça lui faisait énormément de mal… elle est repartie sur des événements plutôt troublant que des enfants ou même moi adulte n'ont pas envie d'entendre (adultères de l'époque…) pensant certainement que j'allais encore une fois la défendre vis-à-vis de mon père.

Elle m'a fait entendre que si je reparlais à mon père alors je « retournais » ma veste… Et surtout elle ne comprend toujours pas ce que je lui reproche. Durant leur séparation j'ai joué le rôle d'amie pour elle, de mère et peut-être de fille (je m'interroge). Elle me dit qu'elle n'avait que moi à qui se confier. Aujourd'hui je suis anéantie, je retrouve un père totalement différent de la description de ma mère. Il est lui aussi démoli et très triste. Je ne sais pas si un jour je pourrai pardonner à ma mère la vengeance qu'elle a exercée en m'utilisant comme une arme de destruction pour mon père. Je suis au plus mal essayant de garder la tête haute. Mais cette histoire n'est pas terminée car elle a commencé à reproduire le même schéma avec mon fils… Dans toute cette histoire elle n'a pensé qu'à elle et à se venger de mon père. Ai-je vraiment eu une vraie maman ? Celle qui doit protéger ses enfants.

Alexandra, 38 ans

De nombreux cauchemars ont hanté mes nuits d'enfant, d'adolescente et de jeune femme. J'ai mis plus de 30 ans à les comprendre et à m'en libérer.

J'ai pourtant été claire la première fois, en allant chez cette thérapeute : *« Je veux aller mieux ! »*. J'ai raconté le divorce de mes parents, les enlèvements successifs, la violence verbale et psychologique, l'éloignement, le manque. Et j'ai conclu en disant : *« Bon maintenant qu'est-ce qu'on fait pour que tout ça s'en aille ? »*. La thérapeute, impassible et calme me répond : *« Cela ne se passe pas comme cela. À chaque fois que nous nous voyons, nous avançons. On ne décrète pas d'aller mieux. C'est un cheminement qui prend du temps. Et un jour… vous irez mieux. »* Un jour ?! Mais dans combien de temps, ça fait déjà 30 ans que je souffre. Enfin ce n'est pas possible, il y a bien un truc. Quelque chose à faire. On ne peut pas venir s'installer dans un fauteuil, une fois par semaine, voire deux. Raconter sa vie, encore et encore. Et attendre qu'un jour ça aille mieux. J'ai décidé qu'il est temps. J'ai programmé, planifié que maintenant cela doit s'arrêter. Je dois être heureuse et débarrassée de ce passé boiteux. C'est devenu vital pour moi, et surtout pour mes enfants. Cette personne ne comprend pas. De retour chez moi, je ressens la déception. La déception de n'avoir toujours pas trouvé de solution. Mais comment faire pour me débarrasser de mes angoisses, de ma colère, de tout ce qui m'empêche d'être heureuse ? Je regarde mes enfants. Elles sont pleines d'innocence, et la promesse d'un grand bonheur. Mais comment leur donner l'amour d'une mère, quand soit même on n'a pas reçu le mode d'emploi ? Comment être sûre de ne pas faire de faux pas ? Comment savoir ce qui est juste ou pas ? Depuis des années, je lis des bouquins de psychologie, sur l'éducation comme pour trouver des recettes… et tel un robot, je fais… avec la peur de mal faire, la peur de détruire quelque chose de précieux… car je sais ce que ça fait… alors, je fais ce que tout le monde attend d'une bonne maman, enfin je fais fonction de l'idéal que j'ai construit, à défaut de pouvoir imiter une mère dont on m'a privée. Je fais jusqu'à m'en rendre malade.

Aujourd'hui, j'ai 38 ans et je suis enfin libérée. Il y a 7 ans, je témoignais pour la première fois en ayant réussi à mettre des mots sur mon histoire : « aliénation parentale ». J'avais raconté dans un documentaire ce qui était arrivé à ma mère et à l'enfant que j'étais, comme à tant d'autres. J'ai accepté de témoigner à nouveau avec le recul, pour dire qu'il est possible de réaliser le chemin, parfois douloureux, de la reconstruction de son identité, qu'il est possible de retrouver la paix avec soi-même et déprogrammer des conditionnements profondément ancrés dans l'esprit et le corps.

Une enfance volée
un rapt impuni

Je suis née d'une mère allemande et d'un père français (né au Maroc), qui s'étaient rencontrés lors du service militaire de mon père en Allemagne. Nous vivrons deux années en France, où enfermée, sans travail et sans moyen financier ma mère décide de s'enfuir avec moi et entame une procédure de divorce en 1979. Cela aurait pu être un divorce comme bien d'autres, difficile mais où chacun pense à l'intérêt de l'enfant... lorsque l'on est **adulte** c'est comme ça que cela doit se gérer, mais il faut croire que ces cas-là sont particuliers. En tout cas, voilà mon cauchemar qui commence.

En 1979, mon père aidé de sa sœur et de son frère va organiser mon 1er enlèvement. J'ai alors 2 ans. Ils vont inviter ma mère au restaurant, avec moi bien sûr. À la fin du repas, mon père se saisit de moi tandis que les autres retiennent ma mère et me jette dans sa voiture qui fonce, laissant ma mère sur le bord de la route. Voilà le souvenir qui hantait mes nuits, auquel j'ai eu accès bien des années après. En 1980 le TGI prononce le divorce à torts partagés et confie ma garde définitive à ma mère. Et pourtant entre 1981 et 1994 je ne retournerai pas en Allemagne, et ne reverrai plus ma mère. Inutile de raconter tous les détails des **jugements qui durant 8 années de procédure donneront toujours ma garde à ma mère.**

Alors pourquoi ne reverrais-je pas ma mère durant 13 années ? Pourquoi la justice n'a-t-elle pas appliqué ses jugements ? Pourquoi les juges ont-ils laissé une enfant avec un père qualifié de « psychorigide » par des experts ? Pourquoi une enfant a-t-elle été privée de sa mère ? Pourquoi une famille complice a laissé faire ? **POURQUOI m'a-t-on impunément volé mon droit de voir ma mère, mon enfance, mes souvenirs, mes racines, mon identité ?**

Enfant, je parlais allemand, et depuis je le comprends un peu mais je n'arrive pas à le parler. J'ai tenté d'apprendre, de retrouver ce que les psychologues avaient dit à ma mère *« c'est sa langue maternelle, elle ne l'oubliera jamais »*. C'est peut-être parce que, lorsque mon père m'a ramené en France, il m'a enfermé dans une pièce en me disant que je ne reverrais plus ma mère et que l'on me parlerait que quand je parlerais français. Personne n'a bougé, n'est venu consoler cette enfant dans cette chambre noire. Il semblerait qu'elle se soit calmée d'elle-même. Elle n'a plus dit maman, elle a parlé français, elle a fait tout ce que l'on attendait d'elle... en bon soldat. Elle a appris ses leçons : « *C'est toi qui as demandé à vivre avec papa car le compagnon de ta maman la battait et te frappait aussi, tu ne l'aimais pas » ; « Un jour ta mère est venue te voir à la sortie de la maternelle et tu lui as répondu que tu ne parlais pas aux inconnus » ; « Ta mère et son compagnon ont tenté d'écraser ton père en voiture » ; « Ta mère faisait passer de la drogue dans tes couches » ; « Ta mère faisait le tapin » ; « Ta mère ne savait pas s'occuper de toi… tu étais toujours malade » ; « Ta mère ceci, ta mère cela…* »

Et puis un jour on n'a plus parlé d'elle… d'ailleurs je ne me souviens de rien d'elle. Son visage, son odeur, la douceur de sa peau, la chaleur de ses câlins… je n'ai aucun souvenir de combien il doit être doux d'avoir une maman. Je ne me souviens pas de ces promenades à vélo au bord du Rhin, des jeux dans la boue, dans les squares, des câlins avec mon doudou lové sur son ventre, des jeux avec les fleurs où l'on se dit *« je t'aime, un peu, beaucoup, passionnément, à la folie »* et autres bons moments que je vois sur les photos de l'album souvenirs qu'elle m'a offert. J'essaie, mais je ne me souviens de rien… rien à ma mémoire, rien à mon cœur. Aucune réaction, si ce n'est de la tristesse de ne pouvoir ressentir la chaleur de cette mère qui m'a sûrement tant manqué.

Alors voilà, il suffit d'enlever un enfant, de le cacher, de faire durer des procédures juridiques, en même temps de faire un bon lavage de cerveau et c'est bon on est tranquille. On m'a donné à un père qui ne m'a jamais élevé et qui m'a gardée que par esprit de vengeance **pour punir la femme qui avait osé partir !**

J'ai donc passé quelques années en gardiennage chez mes grands-parents paternels. *A posteriori,* je crois que je m'étais mise en veille. Je faisais, répétais ce que l'on attendait de moi. Je m'étais coupé de moi-même et réfugié dans mon monde imaginaire. C'est sûrement ce qui m'a sauvé. Nous vivions à la campagne, dans un lieu reculé. J'étais seule. De mon enfance j'ai quelques flashs, **mais pendant longtemps je ne savais dire si c'étaient de vrais ou de faux souvenirs.** C'est le plus dur je crois : ne pas savoir qui l'on est, ce qu'on a vraiment ou pas vécu, **douter de tout ce qui vient de son esprit car on ne sait pas si c'est vrai. Ma mémoire avait été formatée et reprogrammée tel un vulgaire ordinateur,** et parfois j'avais le sentiment de bugger un peu, ce sont des moments de grande angoisse et détresse que personne ne peut comprendre.

L'éveil de l'adolescence

À mes 10 ans, mon père s'installe avec une nouvelle femme et me propose de venir vivre avec eux. Je dis oui. Vers 12/13 ans, j'avais déjà un mal-être certain, comme tous les ados, mais je me sentais différente, peut-être parce que je n'avais pas de mère à qui m'identifier ? Mon père me disait qu'elle ne voulait pas de moi, qu'il ne l'avait jamais empêchée de me voir ou de m'écrire. Alors qu'avais-je fait pour qu'elle ne veuille pas de moi ? Pourquoi ne m'aimait-elle pas ? Puisqu'elle ne m'aimait pas, moi non plus je ne l'aimerais pas… ma belle-mère m'ayant fait comprendre qu'elle ne jouerait pas le rôle de mère, je me suis retourné vers ma marraine et lui ai demandé si elle voulait bien être ma maman. Elle m'a expliqué qu'elle ne pouvait pas, que j'avais déjà une maman.

Si je dois résumer ce qui s'est passé durant toute cette période avec mon père : c'était tendu, conflictuel, pas le droit de… J'avais l'impression de souvent répéter ce que j'entendais comme si c'était mon opinion. Cela me perturbait mais je ne me l'expliquais pas. Je me bagarrais souvent. D'ailleurs depuis toute petite c'était le cas, surtout lorsque les autres me disaient que ma mère était « une sale boche ». Il y avait alors une fureur incontrôlable qui m'envahissait, et je devenais très violente. Cette violence en moi a fini par me faire peur… peut-être que j'étais comme mon père ? Je crois qu'inconsciemment, à partir de ce jour, j'ai commencé à être dans l'hypervigilance et le contrôle sur soi. J'avais peur d'exploser de ce trop-plein qu'il fallait absolument contenir.

Cette période est aussi celle où j'ai entendu le plus d'injures de ma vie : *« que je tomberais enceinte si j'embrassais un garçon », « faire l'amour c'est sale » ; « que j'étais grosse » ; « abrutie », « nulle », « que je ne comprenais rien », « que je réussirais jamais dans la vie », « que je finirais comme ma mère à faire le tapin », « débile », « pauvre fille », « t'es grosse », « pauvre conne »*… La liste est longue. Mon père me parlait également de son intimité avec ma belle-mère. Ma belle-mère, elle, me disait qu'il mettait son arme de service sous l'oreiller pour la motiver.

Vers 14/15 ans, je me rebellais de plus en plus. J'ai voulu mourir en m'ouvrant les veines, et laisser une lettre à mon père pour lui dire que c'était de sa faute, car il ne m'avait jamais vraiment aimée. Finalement je me suis dit qu'il fallait surtout que je sois différente d'eux, que je réussisse. Je me suis investie dans mes études. J'avais tant de haine et de colère en moi de devoir subir cette vie, c'était devenu mon moteur, ma force.

Plus tard je me suis investie dans mon travail. Je croyais qu'en étant la meilleure, en ayant un bon job, bien payé, en possédant des choses, j'allais laver et combler ce vide intersidéral qui était en moi, que j'aurais la considération et la reconnaissance dont j'avais tant besoin. Pourtant je n'étais jamais satisfaite. À 18 ans, j'annonce à mon père que je vais en Allemagne. Il me laisse faire et ajoute que j'aurais mes valises sur le pas de la porte. Je vais donc à la découverte de ma mère. C'était étrange, je me tenais près de cette étrangère et je ne savais pas quoi lui dire, comment l'appeler ***« maman »,*** non les mots ne sortent pas. La soirée se passe et le moment de se coucher arrive, je m'effondre en larmes. Je demande à mon ami de me ramener en France, il me convainc de rester, de donner le temps au temps. Le lendemain ça va un peu mieux, je demande à lire tous les jugements, et je me rends compte que ma mère a toujours eu ma garde, jusqu'au bout !!! Elle me demande ce que j'ai appris en histoire sur les Allemands, ce que l'on m'a raconté sur elle. Elle répond à mes questions, je suis si triste à l'intérieur mais les émotions ne sortent pas… je n'y arrive pas… une armure m'entoure et je n'arrive pas à m'ouvrir à cette étrangère qui est pourtant ma mère.

Je me débrouille pour être toujours près d'elle pour ne pas avoir à l'appeler. Je ne vais tout de même pas l'appeler par son prénom. Les mots ne sortent pas, je n'arrive pas à dire *« maman »*. Il me faudra encore deux ans pour le prononcer. Ces quelques jours sont éprouvants, et même si je pense être heureuse d'avoir retrouvé ma mère, je n'ose pas encore me libérer. *« Pourquoi n'as-tu pas continué à te battre ? Pourquoi m'as-tu abandonnée ? Pourquoi est-ce que j'ai si mal ? »*. De retour d'Allemagne, même si j'ai dû partir et me débrouiller, j'ai enfin commencé à me libérer. Il me faudra encore treize années pour prendre vraiment conscience de l'importance qu'elle a pour moi, et de tout ce qui nous rend semblables. Car enfin je sais à qui je ressemble, à qui je dois ma résilience.

Bien sûr on ne me rendra jamais toutes ces années perdues parce qu'une personne n'a pas su gérer sa COLÈRE et sa rupture. J'ai eu honte de cette famille si inapte à avoir des enfants, à assurer leur protection, à donner à un enfant ce dont il a le plus besoin : de l'amour, de la sécurité et de la stabilité.

L'adulte libérée

Pendant longtemps j'ai été comme spectateur de ma vie. J'ai donc eu tout le loisir d'observer, de juger ma famille et j'en étais arrivé à la conclusion que je n'aurais jamais d'enfant. Que pour devenir parent, il faudrait mettre en place un permis, avec une habilitation psychologique pour dire si l'on est vraiment apte. Le jour où je suis devenue MAMAN à mon tour, j'ai ouvert les yeux, j'ai compris que j'étais la seule à pouvoir changer les choses. J'ai repris des études de psychologie, je me suis intéressée à l'interprétation des rêves, aux neurosciences, à la mémoire émotionnelle. J'ai repris contact avec moi et avec la vie. Je suis devenue thérapeute.

Troisième partie

Interventions restauratives et remédiations

Chapitre 14

Séparations conflictuelles et souffrance des enfants : quelle place pour des soins ?

Par Michel Delage

Le thérapeute familial et l'aliénation parentale. – L'aliénation parentale a été individualisée comme syndrome. Le concept est repris ici plutôt comme le résultat d'un dysfonctionnement systémique global dans lequel sont impliqués tous les partenaires, parents, enfants et professionnels. Les réponses judiciaires jouent ici un rôle majeur. La clarification d'un contexte en général complexe impose un traitement judiciaire clair, ferme et rapide. L'expertise ne devrait pouvoir intervenir que dans un deuxième temps, et à la condition d'être familiale et relationnelle, ce qui en France n'est pas encore bien inscrit dans les pratiques.

Introduction : un cas clinique

Le cas clinique suivant va permettre d'introduire le sujet[174].

Lydie, 10 ans est suivie individuellement par une psychologue à la demande de sa maman en raison de manifestations anxieuses, instabilité, difficultés scolaires. Tout cela est présenté comme lié aux problèmes que Lydie rencontre avec son père. Les parents, Martine et Robert, sont séparés depuis 4 ans, mais dans un contexte conflictuel qui n'a pas permis que le divorce soit à ce jour prononcé. Le père de Lydie vit en Normandie. Mais Lydie fait des difficultés pour aller chez lui durant les vacances scolaires. Elle n'y est pas allée depuis 2 ans, tout en acceptant des rencontres très ponctuelles lorsque son père vient dans la région pour la voir.

La psychologue me propose de rencontrer Lydie et son père lors de la prochaine venue de ce dernier.

Je préfère recevoir les trois partenaires. Je pense en effet que le refus ou des difficultés mises en avant par un enfant pour aller en visite chez le parent

174. Michel Delage, « Le thérapeute familial et l'aliénation parentale », *Thérapie familiale*, vol. 31, 2010, p. 27-28.

non hébergeant est un indice majeur des situations qui vont nous occuper, en l'absence bien évidemment d'éléments objectifs qui pourraient justifier cette attitude de l'enfant. Il y a toujours dans ces cas la nécessité d'évaluer les problématiques individuelles et relationnelles des partenaires concernés.

Donc ici, je vais au cours d'une séance recevoir les deux parents ensemble, puis seuls, Lydie seule, puis avec chacun de ses parents, et enfin à nouveau les deux parents pour leur faire part de mes observations. Je ne peux pas rapporter le détail de ces investigations. Je ferai simplement les constats suivants :

1. Tout d'abord la dysfonctionnalité relationnelle entre les parents est manifeste, principalement marquée par le conflit et la confusion des registres conjugaux et parentaux, surtout du côté de Martine. Martine vit seule avec Lydie. Elle est très blessée par le départ de son mari. Elle est tendue, anxieuse, explosive, coupe constamment la parole, cherche à régler ses comptes. Je suis obligé de la « recadrer » plusieurs fois. Elle m'a apporté des papiers, des photos qui viennent appuyer comme des preuves les arguments qu'elle avance. Sa relation avec Lydie est d'une grande proximité. Elle parle de sa fille plus comme d'une partenaire que comme d'une enfant. Elle précise lui faire part de ses tourments. Elle n'a pas de secret pour elle, « ce n'est pas comme son père » dit-elle perfidement.

Robert de son côté est sur ses gardes, cherche à esquiver les coups que Martine tente de lui porter. Il est mal à l'aise, ému parfois jusqu'aux larmes, triste et culpabilisé par la situation. De son côté il vit avec une autre femme (à l'origine de la séparation) avec laquelle il a deux enfants. Avant de se séparer il avait entretenu une relation extraconjugale avec cette personne.

2. La dysfonctionnalité entre les parents est redoublée d'une dysfonctionnalité des liens parents-enfants

L'entretien père-fille montre un père gêné, ne sachant trop quoi dire à Lydie. Il cherche à la rencontrer du regard, mais Lydie l'évite. Il essaye de rappeler à sa fille combien les rencontres étaient agréables au début, au point d'ailleurs que les séparations étaient douloureuses. Lydie formule des critiques, déclare qu'elle ne supporte pas lors des visites chez son père d'être dans une chambre un peu à l'écart. Cela lui donne des angoisses et elle dort mal. Surtout, à un moment donné, il y a à peu près 2 ans, elle s'est sentie trahie. Au début elle ne savait pas que son père avait une autre compagne, et elle ne savait pas qu'elle avait deux petits frères. Quand elle l'a appris, cela lui a fait un choc. Robert cherche à se justifier. Il n'avait rien dit sur les conseils de son avocat ! En effet, si Martine avait été mise au courant de cette situation, tout se serait compliqué pour le divorce.

L'entretien mère-fille montre à quel point Martine est envahissante, intrusive. Elle répond à la place de Lydie, ne lui laisse que très peu d'expression personnelle. Elle enferme Lydie dans un lien paradoxal. Par exemple, elle déclare que son souhait le plus cher serait que Lydie règle ses problèmes avec son père. « Mais vous entendez bien, docteur, ce n'est pas moi qui l'empêche. Mais cette histoire de maîtresse, elle n'a pas digéré. » Suivent une série de propos désobligeants à l'encontre de ladite maîtresse.

3. La souffrance et l'instrumentalisation de l'enfant

Lydie de son côté est souvent débordée par l'émotion, pleure et se tord les mains. Vue seule, elle reprend à son compte les propos de la mère. Les mêmes phrases, parfois mot à mot, sont employées. Elle précise des détails qui sont une reprise dans sa bouche des acrimonies de sa mère (par exemple, des remarques acerbes sur les revenus financiers de son père, alors qu'il se permet de venir en vacances avec une voiture de fonction !). Surtout Lydie déclare se faire du souci pour sa mère qu'elle voit souvent triste et malheureuse. Elle pense que c'est à cause de son papa et parce qu'il l'a trompée avec une autre ! Et elle ajoute, comme dans un télescopage des places : « Il m'a dit des mensonges. Il m'a trompée ».

4. Je reverrai cette situation aux vacances suivantes en recevant seul et séparément le père puis la fille. Un coup de téléphone de la psychologue de Lydie m'a auparavant précisé que l'enfant va plus mal, que la mère est particulièrement anxieuse et agressive depuis que son mari a porté plainte pour non-présentation d'enfant. En séance Lydie me dira que son papa est méchant parce qu'il veut mettre sa mère en prison. Je lui demande pourquoi elle dit ça : « C'est maman qui me l'a expliqué. » En même temps on voit bien ici se resserrer la paradoxalité car en fin de compte Lydie ne peut pas ne pas voir qu'il y va de sa propre responsabilité dans cette réflexion que lui fait sa mère. Voilà le décor planté avec la plupart des éléments caractéristiques de la situation d'aliénation parentale. Au sens strict cela signifie que des conditions sont créées par un parent pour qu'un enfant se soumette aveuglément à son point de vue, tandis que l'autre parent est écarté, détourné et rendu étranger à son enfant.

Les séparations conjugales difficiles : des situations complexes

Les séparations conjugales sont devenues aujourd'hui une banalité. En France un couple sur deux ou trois, selon les zones d'habitat, se sépare. Cette séparation apparaît comme une transition dans un cycle de vie qui comporte de plus en plus souvent deux ou plusieurs unions, plus ou moins espacées par des phases de célibat. L'individualisme ambiant considère cette évolution comme un gain important de la société actuelle au regard des contraintes de la société traditionnelle.

Désormais les partenaires forment un couple parce qu'ils se choisissent, en toute liberté, au gré de leurs affectivités. Ils peuvent par conséquent se « déchoisir » et rompre le contrat qui les unit. Ainsi peut-on déconstruire et reconstruire un couple, une famille. Cela relève d'abord d'un droit dans une société où règnent les valeurs dominantes de liberté et d'égalité. La justice familiale est largement sollicitée. Le juge aux affaires familiales est le représentant du tiers social chargé d'entériner légalement la séparation ou le divorce et d'en organiser les conditions dans le cadre établi par la Loi.

Dans ces conditions, tout peut être simple et c'est souvent le cas dès lors que la séparation conjugale ne conduit pas à des enjeux psychologiques particuliers entre deux partenaires qui partagent l'idée d'interrompre leur couple. Bien sûr ils vivront une période critique et un temps de troubles nécessaires à l'élaboration de la séparation et aux changements qu'elle implique. Mais ils parviennent sans trop de difficulté à négocier les conditions qui conduisent à l'interruption de la vie commune.

Mais tout se complique quand il y a conflit : conflit parce que l'un des partenaires ne souhaite pas la séparation désirée par l'autre, conflit parce que la séparation ne résout pas des désaccords développés depuis longtemps entre les partenaires, conflit parce que la séparation active des enjeux relationnels et identitaires qui étaient restés jusqu'ici latents ; conflits d'autant plus difficiles à résoudre lorsqu'ils placent les enfants au cœur des problèmes explicitement et implicitement. Tout problème compliqué conduit vite à la confusion, à des impasses. C'est même pour cela qu'il est compliqué, on n'y trouve pas de solution, en tout cas pas de solution simple.

L'absence de solution simple doit donc conduire à des raisonnements qui prennent pour référence la notion de complexité. Telle que nous l'évoque Edgard Morin[175], la complexité consiste à pouvoir tenir ensemble, sans les exclure les uns des autres des éléments hétérogènes, contradictoires parfois, mais liés entre eux et complémentaires. C'est bien de cela dont il est question dans les séparations difficiles, conflictuelles. La séparation semble indiquer une ligne de rupture dans les rapports entre les partenaires. Mais ceux-ci demeurent liés, notamment grâce aux enfants qui constituent des agents de liaison, tandis que le maintien des conflits tout particulièrement, maintient les liens. La prise en compte de cette complexité conduit alors à faire appel à la dialogique c'est-à-dire à l'examen de logiques concurrentes, antagonistes, mais cependant se nourrissant l'une de l'autre, se complétant, en même temps qu'elles s'opposent et se combattent[176]. Nous sommes par conséquent dans une logique conjonctive. Il y a quelque chose d'antino-

175. Edgar Morin, *La Complexité humaine*, Flammarion, 1994.

176. Edgar Morin, *Introduction à la pensée complexe*, ESF, 1990.

mique avec l'application d'un règlement avec le fonctionnement de la Loi, laquelle habituellement décide, tranche, selon une logique disjonctive.

Le raisonnement référé à la complexité nous conduit donc à comprendre les situations qui font l'objet de ce travail selon une conception dynamique, relationnelle qui met en jeu divers partenaires dont chacun contribue par sa présence et son action à complexifier le problème. Cela signifie que l'examen d'une situation de séparation difficile en termes de symptômes, de souffrances, de caractéristiques comportementales associées à tel ou tel type de personnalité est insuffisant. Nous avons à tenir compte de l'ensemble des protagonistes engagés dans la situation et de comprendre comment ils sont impliqués les uns et les autres, les uns par rapport aux autres dans un contexte donné. Autrement dit nous devons mettre l'accent sur les rôles de chacun des interlocuteurs engagés dans une totalité qui les dépasse.

Nous devons par conséquent comprendre *deux boucles d'interactions* interférant l'une avec l'autre.

La *première boucle* est constituée par les partenaires directement impliqués dans la situation de séparation : les conjoints, le ou les enfants, parfois d'autres membres de la famille.

La *deuxième boucle* est constituée par les tiers professionnels. Leurs fonctions, mandats et missions les conduisent à être en interaction avec ceux de la première boucle, et plus ou moins en interaction entre eux. Il s'agit ici des avocats, des magistrats, des « psys », des « éducateurs », etc. Notamment, la façon dont ces professionnels définissent les problèmes rencontrés contribue, à les régler, à les entretenir, à les aggraver, voire à les radicaliser avec les conséquences qu'on peut imaginer sur les souffrances personnelles lorsqu'elles deviennent chroniques.

La clinique relationnelle est une clinique dynamique et la dimension temporelle y joue par conséquent un rôle majeur : plus le temps passe, plus une situation problématique court le risque de se fixer dans la chronicité.

S'agissant des enfants, deux paramètres prennent alors une importance majeure : la compréhension et le traitement des difficultés qu'ils peuvent présenter doivent être différenciés selon l'âge et le niveau de maturité cognitive, affective et sociale. De ce point de vue par exemple la perception et le vécu des séparations d'avec un parent sont tributaires d'une appréhension très limitée de la durée dans le jeune âge.

Les difficultés sont susceptibles, avec la chronicité, de conduire à des blocages développementaux aux conséquences durables.

Ces deux paramètres impliquent des interventions visant des résolutions relativement rapides de la situation.

La séparation, spécialement quand elle est difficile est un processus par conséquent susceptible d'évoluer au cours du temps, aussi bien au plan des élaborations personnelles, qu'au plan des enjeux interactionnels. Les décisions prises à un moment T1 doivent pouvoir être réexaminés à un moment T2.

La justice familiale, acteur majeur dans les séparations difficiles doit donc idéalement pouvoir associer une relative rapidité des décisions et leur caractère potentiellement évolutif, ce qui suppose alors un réexamen périodique de la situation.

Éléments de clinique relationnelle

Une séparation est rendue difficile lorsque ce qui, sur la scène publique, est rompu par le rituel de la procédure judiciaire ne met pas un terme aux liens conjugaux construits entre des partenaires. Précisons ici quelques termes :

– les interventions désignent les séquences verbales et comportementales telles qu'elles peuvent être observées dans l'ici et maintenant des échanges ;

– les relations résultent de l'enchaînement des séquences interactionnelles. Mais elles sont en même temps des représentations que les partenaires se font de leurs échanges. De ce point de vue elles peuvent être réelles, imaginaires ou fantasmatiques ;

– les liens quant à eux se situent à un niveau abstrait, symbolique. Ils ne sont pas en eux-mêmes directement observables. Si nous observons les échanges entre un homme et une femme que nous ne connaissons pas, nous ne pouvons pas savoir quels liens les unissent : s'agit-il de deux amis, de deux amants, d'un mari et sa femme ; ou bien sont-ils pacsés ? Seuls certains indices peuvent nous orienter.

En même temps cet exemple nous conduit à distinguer :

– le lien institutionnel, celui qui confère une place, un statut, une reconnaissance. C'est ce lien qui est rompu à son niveau conjugal par la procédure de séparation. Mais ce lien perdure au-delà de la séparation au niveau de la filiation, laquelle en même temps est appuyée sur une dimension biologique ;

– le lien psychique est constitué par ce qui attache, affectivement, psychologiquement les partenaires. C'est en même temps ce qui unit. L'union à la même racine étymologique qu'un. Il y a dans le lien quelque chose qui est indécis, une part d'indifférencié entre soi et l'autre.

C'est alors en termes d'appartenance qu'on peut évoquer le lien comme support identitaire. Les amoureux ne disent-ils pas : « Je t'appartiens, tu m'appartiens ».

Donc, la séparation ne met pas un terme aux liens qui unissent les partenaires dès lors qu'on veut bien considérer la nature psychique de ce que deux conjoints ont construit entre eux. Celui ou celle qui se sépare se détache. Mais la séparation en même temps déchire l'espace intime de celui ou celle qui se sentait uni. On assimile trop souvent la séparation à la perte. Le terme de deuil souvent utilisé pour qualifier le travail qui doit s'accomplir est inapproprié. Au sens strict, celui-ci peut être appliqué, comme nous le rappelle Anzieu[177] qu'en présence de la mort. Dans la séparation l'autre n'est pas mort. Il est là quelque part, il n'est plus disponible à soi, mais il existe et il vit. Il est possible d'élaborer psychiquement cette séparation, c'est-à-dire parvenir à ce que l'autre ne compte plus pour soi. Mais il est possible aussi qu'un tel travail soit impossible, laissant place au désespoir ou à des stratégies relationnelles plus ou moins complexes pour maintenir malgré tout ce lien vécu comme nécessaire.

Les jeux et les enjeux relationnels entre les conjoints

On peut retenir ici plusieurs cas de figure.

La séparation est voulue et actée par un seul

Si pour se choisir, il faut être deux, le « déchoix » quant à lui peut être le fait d'un seul, tandis que l'autre précisément est déchu, laissé comme partenaire sur le bord de la route. Ici l'un prend sa liberté, tandis que l'autre vit la contrainte d'une séparation qu'il n'a pas souhaitée. Il peut en souffrir un peu, beaucoup, passionnément. Que fait-il cet autre qui n'est plus là ? Où est-il ? Qui voit-il ? Avec qui passe-t-il du bon temps ? Comment vit-il ? À qui, à quoi s'intéresse-t-il ? Quelle envie suscite-t-il ? Quelle jalousie ? Quelle haine ? Ou quel espoir de retrouvailles peut-être ? D'une réciprocité à nouveau possible, peut-être ?

Ainsi celui ou celle qui est laissé peut vivre dans la nostalgie de ce qui n'est plus, dans le manque douloureux de ce qui est perdu, dans le désespoir ou un espoir maintenu en l'autre, dans l'attente passive, le regret et la déprime. Mais il peut aussi attaquer, revendiquer, combattre, poursuivre l'autre de sa vindicte, chercher à régler de vieux comptes. C'est que, dans ces cas de figure il est question d'un lien qu'il n'est pas possible de perdre, tellement l'autre est nécessaire à la définition de soi.

Engager le conflit c'est éviter la dépression, c'est entretenir d'une manière ou d'une autre ce qui ne peut se déconstruire.

177. Didier Anzieu, *Le Groupe et l'inconscient*, Dunod, 1976.

De toute façon, volontairement ou non, explicitement ou implicitement, des partenaires sont recrutés en vue de recueillir les plaintes, d'atténuer le malheur et pour atteindre (dans les deux sens de joindre et de porter des coups) celui qui s'est éloigné.

Avoir près de soi quelqu'un à qui se plaindre soulage un peu. Qui d'autre, mieux que l'enfant peut, au quotidien, remplir cette place de confident, de figure de soins, enfant « parentifié » dit-on[178] tellement la hiérarchie des rôles s'inverse parfois, mais aussi « conjoint de substitution », tellement par ses mimiques, ses gestes, ses attitudes il rappelle l'autre qui n'est plus là, mais dont il est le prolongement, incarnation du couple passé ; courroie de transmission aussi, porteur auprès de l'autre du malheur de celui qui souffre d'être laissé ; à moins que par son comportement difficile, par ses symptômes mal contrôlables il devienne le « bras armé » chargé à son insu de faire souffrir celui qui est parti. La situation se complexifie encore davantage alors, lorsque des consultations psychologiques ou une aide éducative seront déclenchées, faisant entrer d'autres partenaires dans le jeu relationnel.

La séparation est une péripétie dans une situation dysfonctionnelle qui dure depuis longtemps

Ce conflit entre les conjoints existait bien avant qu'ils ne se séparent, et il se développait explicitement sous forme de crises répétées ou bien de manière souterraine, implicite. Ici deux partenaires sont engagés dans un lien souffrant et problématique selon lequel ils vivent mal ensemble, sans pour autant être en capacité de se détacher l'un de l'autre. Ils sont attachés sur un mode « insécure », et cette insécurité même rend spécialement douloureux l'éloignement de l'autre, tandis que sa présence est source d'insatisfaction.

Dans un tel couple, on se donne des coups de part et d'autre, et parfois au sens propre, lorsqu'on s'engage dans des transactions violentes ou lorsque l'un des deux se révèle auteur de violences sur l'autre.

Bien sûr, « l'individu individualisé », celui qu'un sociologue comme de Singly[179] appelle de ses vœux, c'est-à-dire celui qui est pleinement autonome, maître de ses choix et libre de ses appartenances, celui-là sans doute peut se détacher de l'autre, pour être libre de s'attacher à nouveau à un autre. Mais ici, on n'a pas atteint ce niveau d'autonomie. On est plutôt dans un lien marqué par la dépendance, et dans des relations dominées par le besoin d'emprise. La vie du couple est ponctuée de crises, d'agressions, de réconciliations, de départs, de retours ; parfois on se pardonne pour mieux se faire mal un peu plus tard.

---

178. Jean-François Legoff, *L'Enfant, parent de ses parents*, L'Harmattan, 1999.

179. François de Singly, *Les uns avec les autres*, Armand Colin, 2003.

On n'atteint pas toujours un niveau de crise manifeste, explosive, lorsque notamment on parvient à réguler la relation par tiers interposé.

Caplow[180] a montré que la dyade est par essence une configuration interactionnelle instable et qu'elle a tendance à se réguler par la présence, dans le jeu relationnel, d'un tiers que les systémiciens qualifient alors de « triangulé »[181]. La tendance de la triade est de se diviser pour former une coalition de deux de ses éléments contre le troisième. C'est ainsi qu'un enfant peut être instrumentalisé, entraîné par un de ses parents dans une coalition contre l'autre. Une telle coalition a des effets d'autant plus dommageables qu'elle est souvent cachée, implicite, responsable d'une confusion dans les places et les rôles. L'enfant est alors instigué[182], c'est-à-dire que d'une manière cachée, un de ses parents stimule son agressivité contre l'autre. La position de l'enfant devient proprement infernale lorsqu'il fait l'objet de manœuvres de la part de chacun de ses parents.

La séparation, lorsqu'elle survient, n'est souvent qu'un coup supplémentaire porté par l'un contre l'autre. En portant le conflit sur la scène sociale, on exacerbe les blessures, en même temps que de cette manière on recrute des partenaires supplémentaires, divers professionnels introduits dans le jeu des alliances et des coalitions. Dans un tel contexte, la garde alternée constitue un terrain particulièrement propice à la poursuite du jeu conflictuel, complexifié et susceptible d'être rendu particulièrement confus par la multiplication des partenaires. Les séparations difficiles se comprennent le plus souvent par le maintien d'un jeu relationnel entre les partenaires. Le jeu dont nous parlons n'est pas un amusement, il est loin d'être plaisant, il revêt tout au contraire un caractère traumatique. On peut le comprendre à la manière des « coups » dans le jeu d'échecs. Cependant ces coups ne relèvent pas toujours d'une intentionnalité consciente. Derrière des motivations apparentes se cachent des motivations plus secrètes et plus inconscientes.

La souffrance des enfants

Les enfants souffrent toujours, peu ou prou, de la séparation de leurs parents. Néanmoins dans la grande majorité des cas, cette souffrance n'est que provisoire et les enfants parviennent à s'adapter. Ils utilisent diverses stratégies selon leur âge. Nous n'étudierons pas cet aspect ici. Parfois la souffrance est plus durable. Elle est surtout beaucoup plus préoccupante lorsque le conflit conjugal est tel que les parents ne parviennent pas à prendre en compte

180. Théodore Caplow, *Deux contre un*, ESF, 1984.

181. Murray Bowen, *La Différenciation de soi*, ESF, 1984.

182. Mara Selvini-Palazzoli & Stephano Cirillo, *Les jeux psychotiques dans la famille*, ESF, 1989.

cette souffrance dont ils sont responsables, et même qu'ils exacerbent par leurs dissensions, leurs manœuvres et leurs méconnaissances des besoins de l'enfant. L'enfant, dans les cas qui nous occupent est pris dans une situation de contrainte, et même de **double contrainte** auxquelles il ne peut échapper. D'une part la situation est imposée à l'enfant, d'autre part elle va durer. S'agissant d'un être en voie de développement et inscrit dans une temporalité d'autant plus éloignée de celle de l'adulte qu'il est plus jeune, la prise en compte du facteur temps est essentielle. Plus le temps passe, plus la chronicité s'installe, plus les risques sont grands de souffrances aux conséquences particulièrement dommageables pour l'avenir de l'enfant, même si ces souffrances ne prennent pas un caractère bruyant.

Trois types de troubles doivent attirer particulièrement l'attention, susceptibles d'ailleurs d'être associés.

Le registre traumatique

Le traumatisme signifie l'incapacité pour l'enfant à réguler l'excitation intense à laquelle il est parfois soumis quand il subit des scènes où les insultes, les cris qui s'échangent, voir les coups qui se distribuent le confrontent à la terreur, à l'impuissance, à l'incompréhension. Il en est d'autant plus ainsi que l'enfant est jeune, précisément parce qu'il ne dispose pas d'un cerveau suffisamment mature. Des images l'envahissent sans qu'il puisse se livrer aux représentations nécessaires. Il ne peut réguler des émotions troubles, contradictoires, brouillées. Ce n'est pas alors qu'il s'agite. C'est plutôt qu'il se pétrifie, pouvant laisser croire par le calme apparent qu'il affiche qu'il n'est pas perturbé par la scène. À l'âge préverbal, cette attitude constitue les prémices d'expériences dissociatives. Dans ces cas, la seule protection qui reste à l'enfant est de se couper de son environnement et de se retirer en son monde intime. Cela signifie une rupture dans l'expérience subjective de l'existence, la confrontation à un trou, à un vide.

Il arrive aussi qu'un enfant puisse présenter les différents symptômes d'un syndrome de stress post-traumatique, ou divers troubles du comportement plus ou moins bruyants et susceptibles d'attiser le conflit entre des partenaires qui se rejettent mutuellement la responsabilité des difficultés.

De toute façon un enfant pris dans le tourment de conflits où s'exprime la violence n'est jamais qu'un simple témoin. Il est une **victime** au vrai sens du terme, et on doit par conséquent se préoccuper de sa protection. Il en est d'autant plus ainsi qu'il arrive qu'il soit de surcroît un « mauvais objet » désigné comme tel par un parent, ou s'identifiant comme mauvais en s'accusant d'être responsable de ce qui arrive.

Les troubles de l'attachement

On peut évoquer un traumatisme relationnel précoce[183] dans ces situations ou dans un climat de violence, l'enfant est envahi par la frayeur en même temps qu'il ne peut disposer d'aucune protection parce que sa figure d'attachement devient indisponible ou totalement inadéquate et imprévisible, tellement elle est elle-même traumatisée ou totalement occupée à tenter de régler ses problèmes avec son partenaire.

Indépendamment de ce contexte extrême, la séparation confronte l'enfant à des va-et-vient entre ses deux parents qui le conduise à l'activation de ses **besoins d'attachement.** C'est qu'en effet chaque fois que l'enfant se rapproche de l'une de ses figures d'attachement, il s'éloigne de l'autre. Quand il est très jeune il court le risque d'une grande discontinuité en passant d'un parent à l'autre. Il doit pouvoir relier des figures de soins et des espaces suffisamment sécures, c'est-à-dire suffisamment en cohérence. Cela suppose des capacités d'échanges coopératifs entre ses figures d'attachement. Cela suppose une durée de séparation adaptée à la temporalité de l'enfant, c'est-à-dire très courte chez un jeune enfant, et possiblement plus longue chez un plus grand. Les résidences alternées dans un climat de séparation conflictuelle ne permettent pas en général de respecter ces différentes conditions. Mais de surcroît la référence à l'attachement rend compte de difficultés susceptibles d'attiser les conflits entre les partenaires. En effet un enfant risque de présenter des troubles liés aux souffrances de la séparation, mais que chacun des partenaires va interpréter comme preuve des insuffisances de l'autre. Sans entrer dans la description de tous les cas de figure, nous pouvons à titre d'exemple évoquer les situations suivantes : l'enfant au retour d'une période d'hébergement chez son père va mal. Alors qu'il était calme et hypersage chez son père, il se montre irritable et agressif envers sa mère. Celle-ci a beau jeu de penser que l'enfant n'est pas bien avec son père, que celui-ci ne sait pas s'y prendre. Elle va peut-être vouloir garder l'enfant près d'elle, tandis que le père va l'accuser d'être fusionnelle avec l'enfant et trop laxiste. Le conflit peut prendre de l'ampleur par avocats interposés. Il est possible qu'à un moment donné quelqu'un évoque le syndrome d'aliénation parentale.

La lecture en termes d'attachement nous permet cependant de comprendre que cet enfant a construit un attachement spécifique avec la mère, tandis que le père n'est qu'une figure d'attachement secondaire. Il est calme et sage avec son père parce qu'il ne s'autorise pas à lui exprimer son angoisse, sa tristesse d'être éloigné de sa mère. Il est avec son père dans une forme d'attachement évitant selon laquelle il craint de ne pas être apaisé par son

183. Emmanuelle Bonneville, « Effets des traumatismes précoces chez l'enfant », *La psychiatrie de l'enfant*, vol. 53, 2010, p. 31-70.

père. Ce n'est pas que celui-ci ne l'aime pas. Mais il n'est lui-même pas très à l'aise dans l'expression et la régulation des émotions. L'enfant se montre par ailleurs désagréable avec sa mère parce qu'elle lui a manqué et qu'elle est ainsi perçue comme responsable de son malheur. Il s'est senti abandonné par elle et lui en veut.

L'enfant éprouve des difficultés à s'ajuster à chaque séparation et nouveau contact. Chez le père, comme chez la mère, il se montre pénible, agressif. « Il fait des caprices » disent parfois l'un ou l'autre, ou les deux parents.

En fait, chaque fois, l'enfant vit une séparation douloureuse qu'il exprime avec les moyens qui sont à sa disposition. Il en est d'autant plus ainsi qu'il a construit avec l'un ou l'autre ou les deux, une forme d'attachement insécure de style anxieux ambivalent. Le père est susceptible de comprendre les troubles de son enfant comme l'expression des mauvais soins que la mère lui prodigue. Il peut accuser la mère d'être incapable d'apaiser l'enfant, tandis que de son côté la mère supporte mal l'hostilité de l'enfant à son encontre, et peut accuser le père de dresser l'enfant contre elle. Ainsi par, son comportement, l'enfant active et aggrave le conflit existant entre ses parents. C'est en termes de droits d'hébergement que le conflit va pouvoir croître et embellir.

L'instrumentalisation

Nous avons déjà évoqué comment l'enfant peut être « triangulé » par ses parents dans les mouvements conflictuels auxquels ceux-ci se livrent. L'enfant n'est ici qu'un objet auquel est refusé toute altérité. Il apparaît nécessaire au soutien d'un narcissisme parental particulièrement vulnérable. Il est impossible alors pour l'un, l'autre, ou les deux parents de renoncer à l'épreuve de force pour maintenir une position de contrôle sur l'enfant, d'emprise même, et par son intermédiaire de contrôle de l'autre partenaire. Les parents qui sont engagés dans ce genre d'épreuves ne sont pas en capacité, le plus souvent, d'accepter le rôle d'un tiers médiateur. Mais indiquons que l'enfant de son côté n'est pas qu'un partenaire passif. Dès qu'au cours de son développement, il a acquis des capacités cognitives suffisantes, il est susceptible d'être acteur et de jouer son propre rôle pour son compte personnel. Quand il lui est interdit, par l'instrumentalisation dont il fait l'objet d'aimer à la fois la mère et le père, quand finalement il ne se sent bien ni avec l'un, ni avec l'autre, il est susceptible de tenter de jouer sa propre partition. Mobilisé par la colère et l'insécurité, il peut prendre parti pour un parent contre l'autre rendu responsable de la situation ; il peut chercher à dresser les parents l'un contre l'autre, à les attaquer l'un et l'autre ; il peut chercher à se dégager de la triangulation, surtout à l'adolescence en adoptant des conduites transgressives, en investissant les groupes de pairs et en échappant à tout contrôle éducatif parental. Finalement, toutes ces stratégies sont autant de moyens de résoudre le conflit de loyauté dans lesquels les enfants se sentent pris.

Leurs conduites correspondent souvent alors à des mécanismes psychiques dans lesquels sont utilisées des défenses archaïques comme le déni et le clivage. De cette manière, il n'est plus question de faire la part des choses, de pouvoir adopter une position nuancée. De même, l'idéalisation d'un parent permet de rejeter toute ambivalence, tout regard critique.

Le syndrome d'aliénation parentale peut se comprendre comme un exemple, particulièrement significatif, de tous ces jeux manipulatoires et des postures idéologiques que ces jeux suscitent. On sait en effet toutes les polémiques qui se sont développées autour du syndrome d'aliénation parental et sur lesquelles nous ne reviendrons pas ici.

Pour notre part, nous préférons retenir l'idée d'une situation, plus conforme à notre conception d'une clinique relationnelle[184]. Cela signifie un ensemble d'attitudes et de comportements mettant en jeu plusieurs partenaires. Dans ces conditions, des réalités différentes peuvent être décrites, conjuguant la problématique propre à l'enfant et celle de l'un, de l'autre ou des deux parents.

Ainsi l'enfant peut être instrumentalisé par un parent qui souhaite rompre tout contact avec l'autre[185], moyen pour lui d'exprimer sa haine ou de se protéger contre la douleur qu'entraîne le maintien des échanges rendus nécessaires par l'éducation de l'enfant. Celui-ci ne peut être que sa seule possession, sans partage, dès lors qu'il est nécessaire au maintien d'un narcissisme défaillant. Mais l'enfant peut aussi être instrumentalisé par un parent auteur de violences conjugales dans une perspective inverse de la précédente. Il ne s'agit pas alors de couper tout contact avec l'autre partenaire. Il s'agit au contraire de poursuivre la violence, et grâce à l'enfant, de maintenir en somme, une emprise par procuration[186].

Il est encore des situations qui peuvent parfois être qualifiées à tort d'aliénation parentale dans lesquelles l'enfant exprime un refus par choix personnel, manière pour lui de régler une situation conflictuelle développée avec le parent, manière ainsi, non pas de se maintenir sous le contrôle de l'autre parent, mais tout au contraire d'échapper au contrôle d'un parent mal aimant, voir maltraitant.

---

184. Michel Delage, « Le Thérapeute familial et l'aliénation parentale », *op. cit.*

185. Richard Gardner, « The parental alienation syndrome », *op. cit.*

186. Catherine Vasselier-Novelli, Michel Delage, Patrick Danel, Charles Heim, *Enfants victimes de violences conjugales*, Fabert, 2014.

Face à ces réalités différentes, il est dangereux nous semble-t-il d'évoquer « l'aliénation parentale » de la part de tiers professionnels s'ils ne s'appuient pas sur l'avis d'un expert. On risque en effet en qualifiant ainsi une situation, de désigner des responsables et des victimes qui ne sont peut-être pas ceux que l'on croit.

Problèmes posés par le système judiciaire

Il est donc maintenant question de la deuxième boucle systémique. Celle qui fait intervenir des tiers dans la dynamique conflictuelle des conjoints. Les troubles que peuvent présenter les enfants entraînent des consultations psychologiques, des interventions socio-éducatives, les unes et les autres susceptibles de fournir aux partenaires des arguments supplémentaires pour alimenter les conflits entre les parents se rejetant mutuellement la responsabilité du malaise de l'enfant. L'acteur judiciaire est ici essentiel. Par ses attitudes et ses décisions, il focalise l'attention de ceux qui sont impliqués dans les conflits. Qu'en attendent-ils ? Comment pensent-ils influencer le juge ou l'expert ? Les interventions vont-elles permettre le règlement des problèmes ou vont-elles contribuer à leur maintien, voir à leur aggravation ?

C'est que la justice familiale dans son exercice oscille aujourd'hui entre diverses positions. L'histoire récente nous indique en effet qu'on a d'abord soutenu dans la séparation l'intérêt de l'enfant en considérant que sa place était plutôt auprès de la mère à qui était « naturellement » dévolue la continuité des soins que réclame habituellement un enfant. Cependant la loi de 1970, loi abandonnant l'idée de puissance paternelle et introduisant la notion d'autorité parentale a abouti à une redéfinition des rôles parentaux. Cela n'a pas entraîné tout de suite des modifications très sensibles dans les décisions des magistrats concernant l'hébergement de l'enfant. Toutefois les revendications égalitaires entre les sexes se sont intensifiées ces dernières années. Les pères ont lutté pour obtenir les mêmes droits que les mères conformément à l'idée de coparentalité.

Ainsi aujourd'hui l'intérêt de l'enfant vient souvent entrer en compétition, sinon en contradiction avec l'égalité des droits revendiquée par les parents. Ceux-ci ont tendance à oublier que l'autorité parentale dont ils se réclament fixe des obligations, en même temps que des droits, « un ensemble de droits et de devoirs ayant pour finalité l'intérêt de l'enfant » (article 371-1). Mais le conflit égalitaire a tendance à situer l'enfant comme un objet d'appartenance et le droit des parents comme un droit à l'enfant. Ces dernières années, l'intérêt de l'enfant a semblé se vider de toute consistance. Les magistrats entrent alors en incertitude, à moins qu'ils ne procèdent par arbitraire. Les débats autour de la résidence alternée qui ont lieu aujourd'hui, sont, à cet égard, particulièrement significatifs. Le droit des enfants semble être soumis au droit des parents. C'est le sens de la loi votée par le Sénat en septembre 2013, qui accorde la préférence à la résidence en alternance, sans précaution d'âge minimum et sans qu'il soit tenu compte des possibles réticences de l'enfant à aller chez l'un de ses parents, sauf à considérer d'éventuelles sanctions pour un parent qui pourrait dans ce cas être accusé de manipuler l'enfant.

D'une manière générale force est de constater que les questions débattues devant le juge des affaires familiales lors des séparations et notamment concernant la résidence de l'enfant, enjeu majeur des conflits, sont commandées par les intérêts des parents bien plus que par celui de l'enfant[187].

Donc lorsque le père et mère sont en désaccord, le système judiciaire actuel conduit à l'affrontement de parties adverses qui poursuivent leur lutte dans des procédures parfois interminables. Les magistrats tergiversent avant de satisfaire une des parties plutôt que l'autre ou de chercher à les concilier. Mais comment concilier des droits qui s'opposent :

– celui de chacun des parents engagés dans l'adversité ;

– celui des enfants en souffrance et dont on doit se préoccuper de l'intérêt.

Mais précisément cette notion d'intérêt de l'enfant est floue, mal définie. Elle varie d'un magistrat à l'autre. Pourtant cette notion fait référence aux besoins fondamentaux de l'enfant en fonction de son âge. Ainsi le code de l'action sociale et des familles indique (article L112-4) : « La prise en compte de ses besoins fondamentaux (de l'enfant), physiques, intellectuels, sociaux et affectifs ainsi que le respect de ses droits doivent guider toute réflexion le concernant. » Il est donc notamment question de pouvoir se référer au développement psychoaffectif de l'enfant et des besoins spécifiques aux différentes étapes de son développement Les magistrats ne sont pas formés à ce repérage. C'est une question de « psy » et non pas quelque chose relevant d'aspects concrets, matériels pouvant porter sur des conditions d'hébergement, de confort, d'éloignement d'un lieu de scolarisation, etc.., même si ces aspects ont bien évidemment leur importance.

Alors le magistrat en difficulté peut demander une enquête sociale ou une expertise.

L'enquête sociale est souvent sujette à caution quand elle consiste à recueillir les propos exprimés par chaque parent sans être en capacité de pouvoir vérifier leur véracité, quand aussi elle apprécie subjectivement les qualités éducatives des parents sans référence à une formation suffisante,

187. Rodolphe Costentino, « Résidence alternée : droit des enfants ou droit des parents », *Le carnet psy*, n° 182, 2014, p. 38-39.

à des repères théoriques suffisamment précis concernant le développement de l'enfant.

L'expertise est habituellement demandée pour statuer sur l'exercice de l'autorité parentale, sur l'organisation de l'hébergement de l'enfant et des droits de visite. Elle est le plus souvent conduite par un psychiatre qui s'entretient séparément avec chaque parent et avec l'enfant (remarquons que le plus souvent, il n'est pas pédopsychiatre) sans que soit examinée la dimension interactionnelle par la mise en présence des conjoints entre eux, de la mère et du père séparément avec les enfants ; sans non plus l'investigation du contexte d'intervention existant lorsque d'autres professionnels sont impliqués, par exemple au cours d'une mesure éducative, ou d'un suivi psychologique (il est vrai que les « psys ») ne fournissent guère d'éléments d'information, tellement ils ont besoin de se protéger derrière le secret médical, et tellement ils ont besoin de se protéger d'un parent qui pourrait les poursuivre pour la violation du secret. Enfin soulignons le manque crucial d'experts.

Le magistrat peut aussi proposer une médiation familiale parentale. Celle-ci est contre-indiquée dans les situations de violences conjugales. On ne peut en effet, dans de telles situations, proposer dans la médiation une interaction égalitaire entre deux partenaires ou l'un exerce habituellement une force, une emprise, un pouvoir sur l'autre. Il ne s'agit pas toujours d'une violence physique. Le harcèlement, la manipulation psychologique sont aussi à repérer dans ce registre de la violence. Ce repérage nécessite une formation spécifique. D'une manière générale la médiation suppose que les partenaires tombent d'accord pour régler leur désaccord. Mais, comme nous l'avons vu, l'objectif de certains est de ne pas régler le désaccord, de le poursuivre pour continuer la relation.

La régulation négociée des relations familiales[188] se situe dans la perspective d'une conception uniquement contractuelle des liens. On pourrait alors « dé conflictualiser » les désaccords par la négociation. Mais c'est faire l'impasse sur la dimension psychique des liens. À ce niveau psychique rien ne peut se négocier avec autrui qui ne soit pas d'abord négocié avec soi-même. Ce n'est pas un conflit qu'il faut régler. C'est un nœud qu'il faut dénouer. Ce n'est pas une mince affaire. Cela suppose une grande maturité psychique de chaque partenaire, de grandes capacités d'autonomisation, de différenciation et d'empathie, dès lors que dans le même temps de la rupture, quelque chose des liens est de toute façon destiné à se poursuivre à travers la coparentalité.

De surcroît, telle qu'elle est le plus souvent menée, la médiation se focalise sur les droits des parents et le temps d'hébergement en laissant en second

188. Benoit Bastard, « Désirable et exigeante, la régulation négociée des relations dans le couple et la famille », *Dialogue*, n° 200, 2013, p. 109-120.

plan les besoins de l'enfant. Il en est d'autant plus ainsi que de nombreux médiateurs ne sont pas formés dans le domaine du développement affectif de l'enfant. Ils ne cherchent pas à le recevoir pour comprendre comment, de son côté, il ressent la séparation et les conflits. Il n'est pas non plus habituel qu'ils conduisent les parents à s'interroger sur ce qu'éprouve leur enfant et sur ce qu'ils considèrent le mieux pour eux.

Le magistrat en difficulté peut encore auditionner l'enfant. Il n'est pas tenu de le faire, sauf si l'enfant le demande. Plusieurs textes du Code civil précisent les conditions de cette audition. Il s'agit pour le juge de pouvoir écouter l'enfant en toute liberté, de l'entendre parler de ses problèmes et de ses craintes. Mais cette audition comporte plusieurs inconvénients[189] :

Elle peut revêtir un caractère traumatisant pour l'enfant. Elle peut aussi lui donner une responsabilité excessive.

Sa parole est fragile. Elle peut être orientée par l'influence d'un tiers. L'enfant peut se sentir contraint par la situation.

La présence de ces inconvénients nécessite un magistrat suffisamment formé à l'appréciation du discernement de l'enfant, au repérage de son état émotionnel et affectif, de l'état de ses besoins fondamentaux et de leur satisfaction ou non. Une nouvelle fois, il est question ici d'un champ qui n'est pas spécifiquement le sien et peut rendre nécessaire l'avis d'un professionnel. L'audition d'un enfant comporte cependant un autre aspect à nos yeux d'autant plus crucial qu'il relève cette fois-ci spécifiquement de la place et du rôle du magistrat. Elle permet en effet que de son côté le juge informe l'enfant, personnellement, de toute décision le concernant. Cela n'affaiblit pas l'autorité des parents comme le pensent certains. Tout au contraire, il s'agit de relayer une autorité dysfonctionnelle par une autorité supérieure qui signifie la Loi à l'enfant, et peut éventuellement le délivrer d'un conflit de loyauté.

Enfin soulignons que l'audition de l'enfant pose le problème de la place d'un avocat défendant les droits de l'enfant. Nous allons y revenir.

La clinique relationnelle mise en jeu dans les séparations conjugales difficiles et conflictuelles mobilise de nombreux partenaires, qui tous contribuent à **complexifier la situation,** avec comme conséquences des effets de confusion, chronicisation des souffrances. Les tiers professionnels et tout spécialement la justice familiale devraient permettre des clarifications, des simplifications et le règlement des conflits. Mais ils courent le risque d'ajouter de la confusion à la confusion, de la chronicité à la chronicité, et finalement de la souffrance à la souffrance. Soulignons ici combien manque en France une formation approfondie et adaptée de tous les professionnels

189. Sophie Braive, « La Parole de l'enfant dans la procédure civile », *Le journal des psychologues*, n° 268, 2009, p. 27-31.

qui travaillent dans le domaine des affaires familiales : magistrats, avocats, travailleurs sociaux, médiateurs, psys et experts divers[190].

La place du « psy » dans les séparations conjugales

Il est donc particulièrement nécessaire ici de définir les dispositifs et cadres d'intervention, les places et les rôles des différents professionnels concernés. Il est possible qu'un psychothérapeute soit consulté par l'un ou l'autre parent afin de répondre aux troubles que présentent un ou des enfants. Il est possible que des interventions socio-éducatives soient mises en place. Mais il est peu probable que les différentes actions alors entreprises aboutissent à des résultats positifs sans que par ailleurs l'action judiciaire ait pu définir un contexte visant au règlement des conflits qui opposent les conjoints en même temps parents.

L'acteur judiciaire occupe la première place, car c'est lui qui contextualise l'intervention des autres acteurs professionnels. Le contexte est un contexte de contrainte déterminé selon nous par le respect de l'intérêt de l'enfant. Chaque fois qu'un conflit se développe entre ceux qui se séparent, l'acteur judiciaire doit tenir compte à notre sens non pas de deux parties, mais de trois parties. Le droit des parents n'est alors que second par rapport à l'intérêt de l'enfant. C'est la prise en compte de cet intérêt qui constitue le niveau logique devant hiérarchiser tous les autres.

Précisons donc un peu plus ce qu'est l'intérêt de l'enfant, être en devenir, dont le développement est tributaire du respect de ses besoins fondamentaux. Les spécialistes s'accordent ici pour considérer que l'enjeu principal à ce niveau est constitué par la **préservation d'un sentiment de sécurité.** Celui-ci est nécessaire à la régulation des émotions, à la mise en place de la fonction réflexive et des capacités de mentalisation. Ce sentiment de sécurité est assuré dans le jeune âge de l'enfant par la présence stable, disponible et empathique d'une figure de soins (qui n'est pas obligatoirement la mère). L'enfant peut disposer de plusieurs figures de soins, mais il est habituel qu'il développe un attachement spécifique avec une figure de soins principale. De ce point de vue, la mère et le père n'occupent pas en général des places équivalentes. Ils peuvent tous les deux aimer l'enfant, mais il est habituel que du point de vue de l'enfant, l'un constitue une figure principale d'attachement et l'autre une figure secondaire. On doit en tenir compte dans l'organisation des droits d'hébergement.

Remarquons que la continuité relationnelle dont l'enfant a besoin quand il est très jeune ne veut pas dire présence permanente. Cela signifie présence

190. Marie Derain, « La Résidence alternée et la défenseuse des enfants », *Le carnet psy,* n° 182, 2014, p. 42-45.

sur laquelle l'enfant peut compter quand il en a besoin. Plus il est jeune, plus ce besoin est manifeste. Enfin, la sécurité est tributaire d'un environnement adapté aux rythmes et à la temporalité de l'enfant. De ce point de vue, au-dessous de 6 ans, le rapport subjectif à la durée est limité.

Ces éléments fondamentaux sont les mêmes à tout âge, même si, bien sûr au fur et à mesure qu'il grandit, l'enfant dispose de meilleures capacités d'intériorisations et de représentations lui permettant de développer une sécurité moins tributaire de la réalité externe.

Mais la prise en compte prioritaire de l'intérêt de l'enfant conduit aussi à évaluer s'il n'est pas victime et s'il ne relève pas de mesure de protection.

Dès que les conjoints sont en conflit, on doit selon nous, penser à une possible violence conjugale, physique ou psychologique. Un ou des enfants exposés à ces violences subissent alors une forme de maltraitance, en raison de l'impact psychologique traumatique du stress émotionnel auquel ils sont exposés, en raison aussi de l'instrumentalisation dont ils peuvent faire l'objet[191].

Retenir l'intérêt de l'enfant comme prioritaire a *deux conséquences :*

– *du point de vue du droit,* et dès lors que nous considérons que trois parties sont engagées, il est légitime, pensons-nous que les droits de l'enfant puissent être défendus par un avocat spécifique, au même titre que les droits des parents sont défendus par leurs avocats respectifs. Cela devrait pouvoir s'imposer chaque fois qu'un enfant est l'objet d'un enjeu autour duquel s'alimentent les conflits des parents ;

– *du point de vue psychologique,* le magistrat n'a pas la qualité requise pour apprécier les différents aspects que comporte l'intérêt de l'enfant. Il doit par conséquent pouvoir s'appuyer sur une expertise appréciant les aspects personnels et interpersonnels qui sont concernés.

L'expertise devrait alors pouvoir respecter plusieurs nécessités.

Elle devrait intervenir rapidement avant toute autre mesure, y compris une éventuelle médiation.

Le respect de l'intérêt de l'enfant impose en effet d'aller vite. Six mois dans la vie d'un enfant de 3 ou 4 ans est une durée considérable. Les adultes peuvent attendre, pas les enfants. Dans son fonctionnement même, la justice familiale est concernée par le respect de l'intérêt de l'enfant. Elle doit s'adapter à sa temporalité. Les adultes, peuvent s'adapter, plus ou moins, au temps judiciaire – pas les enfants.

---

191. Catherine Vasselier-Novelli, Michel Delage, Patrick Danel, Charles Heim, *Enfants victimes de violences conjugales, op. cit.*

Il serait temps que les experts désignés s'entraînent à examiner l'axe relationnel entre les partenaires concernés. Les « psys » sont surtout formés à examiner les aspects psychopathologiques individuels. Le repérage d'éléments pathologiques de la personnalité n'a qu'un intérêt limité s'il n'est pas assorti d'un examen approfondi des rôles relatifs des uns et des autres et préinstitué par le contexte historique et social dans lequel évoluent les partenaires. Il s'agit donc d'envisager une expertise familiale relationnelle, ou expertise familiale systémique[192]. Cela impose de recevoir, en général à deux[193] chaque partenaire seul, l'enfant, chacun de ses parents, puis d'examiner les interactions en recevant les deux parents ensemble, puis chaque parent avec l'enfant. La présence d'une fratrie rend parfois nécessaire de recevoir séparément chaque enfant et la fratrie ensemble. Ce n'est que de cette manière que peuvent s'opérer des mises en perspective entre les souffrances des uns et des autres, et les relations dysfonctionnelles ; ce n'est que de cette manière que l'expert peut mieux examiner la place de l'enfant dans les enjeux interactionnels entre les parents, et répondre aux questions qui peuvent lui être posées concernant l'intérêt de l'enfant. Il est possible aussi qu'une telle expertise permette de faire apparaître des éléments qui n'avaient pas été appréciés au premier abord comme une situation de violence conjugale.

Telle quelle cette expertise devrait pouvoir être comprise comme dynamique. Mise en place rapidement, elle devrait pouvoir se dérouler sur un laps de temps suffisant (6 mois) pour que non seulement les différents protagonistes puissent être rencontrés, mais pour qu'aussi, puissent être examinées des capacités de changements interactionnels. À partir du constat, au moment T1 d'un ensemble de désaccords qui justifient l'action judiciaire, il est particulièrement utile d'examiner les possibilités de changement au cours du temps, lors de nouvelles séances à un moment T2, T3, etc. L'expertise familiale dynamique peut, dans le contexte de contrainte qu'elle constitue, concevoir certaines interventions permettant d'apprécier les possibilités des adultes à dégager leurs conflits des besoins propres de l'enfant, à adopter des positions plus nuancées, à respecter le point de vue de l'enfant. De même, il est possible d'apprécier les capacités de ce dernier à mieux se différencier de ses parents, à se dégager de leurs problèmes et d'un conflit de loyauté dans lequel il pouvait se trouver pris.

192. Michel Maestre, « L'Expertise familiale systématique – Une alternative à la thérapie sous mandat judiciaire », *Générations*, n° 4, 1995, p. 22-30. V. Cigoli, « La Douleur du divorce et ses effets relationnels : une lecture relationnelle symbolique », in Salvatore D'Amore, *Les nouvelles familles*, De Boeck, 2010.

193. Catherine Vasselier-Novelli, Michel Delage, Patrick Danel, Charles Heim, *Enfants victimes de violences conjugales, op. cit.*

Un écrit peut être rédigé, destiné au juge et examinant l'impact des interactions des conjoints sur l'enfant, leurs capacités à faire évoluer le conflit, proposant éventuellement des modalités d'action[194].

De plus, dans certains cas, l'expertise aura permis que les conjoints en difficulté ou l'un d'entre eux, s'approprient une démarche thérapeutique et se montrent alors plus enclins à entreprendre un travail psychologique spécifique.

On peut finalement retenir l'idée d'une expertise thérapeutique dont nos collègues italiens ont une bonne expérience[195].

L'action thérapeutique

Quand elle est possible, elle consiste à pouvoir travailler simultanément sur plusieurs objectifs.

L'enfant a souvent besoin d'un espace et d'un thérapeute personnel l'aidant à mentaliser son expérience, à exprimer les émotions complexes et contradictoires qui peuvent l'envahir, à développer une position critique et nuancée à l'égard de ses parents. Il doit pouvoir accepter que ses parents soient différents l'un de l'autre à son encontre, et lui portent de l'attention chacun à sa manière. Le thérapeute peut constituer une base de sécurité aidant l'enfant à construire malgré tout une meilleure sécurité interne, à trouver aussi différents points d'appuis dans son environnement.

Les conjoints en conflit ont besoin d'accepter qu'ils soient désormais séparés. Cela signifie qu'ils vivent dans deux systèmes de vie différents et clairement distincts. Ils doivent être aidés à éviter d'empiéter et d'envahir par le biais de l'enfant un système qui n'est plus le leur. Ils ont à la fois à se consulter quand il s'agit de leurs responsabilités éducatives auprès de l'enfant, et à accepter les différences dans l'accomplissement de ces mêmes tâches éducatives dans un lieu de vie qui n'est plus le leur. Plutôt que de thérapie il est plutôt question ici de *médiation thérapeutique*, c'est-à-dire d'apprendre avec l'aide d'un tiers professionnel à négocier les divergences et à trouver des compromis dans les différents aspects concrets que comporte la vie de l'enfant qui va et vient entre les deux systèmes. Cela s'impose d'autant plus dans les situations de résidence alternée. Mais cela n'est guère envisageable dans le syndrome d'aliénation parentale constitué.

194. *Ibid.*

195. Luigi Cancrini, Daniela Viggiaro, Erica Muscogiuri, « Une expertise thérapeutique : une famille qui n'a jamais été famille et qui n'arrive pas à cesser d'être une famille », in Salvatore D'Amore, *Les nouvelles familles,* De Boeck, 2010.

Des séances thérapeutiques conduites par le ou les mêmes thérapeutes reçoivent les conjoints en conflit, réunissent chaque parent avec le ou les enfants. De cette manière un travail interactionnel spécifique peut s'engager, examinant la nature des éventuelles difficultés relationnelles auxquels parents et enfants sont aux prises dans les hébergements respectifs. On vise à ce que parents et enfants puissent mieux différencier leurs propres sentiments. On aide le parent à accepter le désaccord qu'il peut avoir avec l'enfant, à comprendre son point de vue et à éviter le dénigrement de l'autre parent.

En présence d'une fratrie, il est possible d'examiner les enjeux relationnels avec la fratrie et avec les parents respectifs. Des différences ici se développent entre les uns et les autres. Tous n'ont pas les mêmes attentes, les mêmes besoins, les mêmes ententes aussi avec leurs parents respectifs.

Les enjeux sont susceptibles d'être d'autant plus complexes dans des situations de recompositions familiales, et par conséquent de rajout de partenaires supplémentaires, beaux-parents, demi-frères ou sœurs, quasi-frères ou sœurs. Il est alors souvent souhaitable de prévoir des séances thérapeutiques avec la présence de ces nouveaux partenaires.

Il n'est pas toujours indiqué, et il n'est souvent pas possible de mettre en place un dispositif thérapeutique associant ces différents aspects et séquences. Il arrive alors qu'un travail partiel s'effectue avec ceux qui se sont approprié la démarche thérapeutique. Mais il arrive aussi que le conflit soit réactivé du côté de partenaires rebelles au travail proposé. L'action judiciaire est alors susceptible d'être relancée avec le risque de nouveaux dommages pour les enfants. Il faut souvent que soit maintenu un contexte de contrainte. La position de l'acteur judiciaire est alors essentielle. Il lui appartient comme figure d'autorité d'exercer une forte pression sur les parents, de leur fixer un objectif commun déterminé pour l'intérêt de l'enfant, de couper court aux manipulations des uns et des autres par un positionnement rapide en sommant les deux parties de travailler ensemble à régler leurs désaccords.

Cette posture nécessite un travail interdisciplinaire des juges, des experts et des thérapeutes. Notamment la préservation première de l'intérêt de l'enfant, et plus encore de sa protection nécessiterait une articulation du juge des affaires familiales avec le juge des enfants, ce qui dans l'état naturel des pratiques est recommandé, mais n'est pas souvent réalisé. Enfin, des réévaluations ponctuelles de la situation devraient être systématiquement réalisées par l'acteur judiciaire, susceptibles de conduire à de nouvelles décisions et réorientations.

Expertise collaborative et processus d'intervention familiale encadrée

Par Benoît van Dieren et Célia Lillo

Un grand nombre d'intervenants sont amenés à s'interroger sur les situations de séparations parentales conflictuelles, quand des enfants refusent de voir un de leur parent – chacun avec les compétences et les responsabilités de son métier. Le magistrat peut missionner un psychologue ou un psychiatre pour faire une expertise médicopsychologique de la famille, en demandant à l'expert de faire un diagnostic du profil psychologique des personnes concernées et des phénomènes en œuvre. Le thérapeute peut intervenir parfois également avec un mandat judiciaire lorsqu'une injonction de soins ou une thérapie familiale est ordonnée par le magistrat. Mais tout comme les médiations familiales, le soutien et l'accompagnement des individus ou des familles peuvent se faire en dehors du cadre judiciaire, pour peu que les personnes soient en demande. Aujourd'hui, de plus en plus de professionnels réfléchissent à la mise en place d'interventions mixtes qui pourraient intégrer les principes de l'expertise dynamique et la guidance parentale dans un cadre psychojudiciaire. La question se pose alors dans quelle mesure l'expert peut-il être acteur judiciaire dans un processus d'intervention.

Le présent chapitre est le résultat d'une réflexion de plus de vingt ans de pratique de thérapies individuelles, de couple et familiale ainsi que de médiation familiale et d'expertises. Il s'appuie également sur de nombreux échanges intensifs et de longue date avec des professionnels du droit, psychologues et psychiatres dont des professeurs et des chercheurs d'universités belges et étrangers.

Il est en outre le fruit de nombreux contacts approfondis et de longue date avec des groupes de parents ayant subi le rejet radical de leurs enfants, ainsi qu'avec des enfants ou ex-enfants ayant rejeté un parent dans un contexte de conflit parental aigu.

Dégradation des liens parents-enfants et aliénation parentale

Il est possible d'imaginer le processus de dégradation du lien parent-enfant comme un continuum en termes d'intensité et de distance mise par l'enfant entre lui et un parent autrefois aimé et aimant, sous la forme d'une échelle graduée allant de la réserve-distance-indifférence, le malaise-isolement, le dénigrement-hostilité, la rupture prolongée de contact, le rejet puis la haine allant, à l'extrême, jusqu'au souhait de mort. Chacun de ces différents degrés de dégradation du lien parent-enfants peut avoir des causes très diverses qui peuvent être isolées ou se combiner. On peut classer ces différentes causes possibles de la manière suivante :

- des causes liées à la structure de personnalité de chaque membre de la triade père-mère-enfant, à leur histoire personnelle ou à la dynamique des relations interpersonnelles au sein de la triade ;
- des circonstances liées à la séparation et de la manière dont chacun l'a vécue ;
- de l'influence d'une ou plusieurs personnes de l'entourage proche de l'enfant ;
- et en particulier de l'influence du parent resté le plus proche de l'enfant.

La problématique de l'aliénation parentale

Concevoir la problématique de l'aliénation parentale comme l'aboutissement d'un processus aigu qui s'inscrit lui-même dans un processus de dégradation des liens parents-enfants comporte plusieurs avantages dont celui-ci : elle désigne avant tout (au début de l'appréhension de la situation par un professionnel psychojudiciaire) un *problème interactionnel* tout autant qu'un diagnostic individuel. Ce diagnostic interactionnel ne comporte au départ aucune accusation ni stigmatisation contrairement au concept de syndrome d'aliénation parentale qui désigne automatiquement, et dès le départ, un parent aliéné et un parent aliénant.

Dans notre longue pratique nous avons constaté que tout diagnostic stigmatisant un parent au détriment de l'autre en termes de compétence parentale, et tout particulièrement le diagnostic de syndrome d'aliénation parentale (même s'il est fondé) a pour effet quasi automatique de provoquer le déni (parfois camouflé) du parent concerné, soutenu fermement par l'enfant qui s'est rallié à lui, et de le rendre réfractaire à toute intervention découlant de ce diagnostic, augmentant les probabilités d'obstruction à tout processus d'intervention visant au rééquilibrage des liens parents-enfants (médiation familiale, coordination parentale, thérapie, guidance familiale.).

L'efficacité de notre mode d'intervention est donc conditionnée par la reconnaissance de tous les intervenants du phénomène de l'aliénation parentale comme un grave danger personnel et sociétal, et par l'abandon du concept de syndrome, au profit de la notion de *résultante d'un processus interactionnel complexe et multifactoriel* aboutissant à la « cimentation » du rejet injustifié par l'enfant d'un parent « suffisamment bon ». Nous verrons plus loin que cette conception de l'aliénation parentale permet à la fois de donner toutes ses chances à l'engagement des deux parents dans notre processus d'intervention et permettra par la suite un recadrage mieux accepté et efficace, car non accusatoire et non stigmatisant au départ de l'intervention.

Rééquilibrage des liens parents-enfants

Face à la dégradation constatée nous proposons un processus d'intervention qui devrait corriger ce déséquilibre et pourrait permettre au parent qui est de plus en plus éloigné ou rejeté de retrouver une place dans la vie de son enfant. Notons que ce rééquilibrage ne signifie pas nécessairement le retour à une situation antérieure ni que nous allons viser un objectif précis comme la résidence alternée par exemple. Par ailleurs nous n'avons pas d'idée préconçue au départ sur ce que devrait devenir ce nouvel équilibre. Il s'agit en tout cas de réduire le déséquilibre croissant dans les liens et rôles parentaux observés dans la dégradation du lien parent-enfant. Nous visons donc la mise en place d'un processus actif de réparation ou reconstruction face à ce processus interactionnel de dégradation.

Ce processus de rééquilibrage est d'autant plus pertinent lorsque nous sommes en présence d'un parent au comportement clairement aliénant, et si en outre ce parent est doué d'une aptitude particulière à la manipulation et l'emprise du type de celle que l'on retrouve chez les dirigeants de sectes[196], et si de son côté l'enfant de par sa structure de personnalité est sensible à cette manipulation.

Les indicateurs d'alerte en faveur de la mise en route d'un tel mode d'intervention sont donc :

- le contexte conflictuel parental et le conflit de loyauté chez l'enfant ;
- la réticence croissante de l'enfant à être en présence du parent éloigné, pouvant aller jusqu'au refus de contact et au rejet massif ;
- le comportement de plus en plus dénigrant et irrationnel de l'enfant pouvant aller jusqu'à l'insulte et parfois la violence, surtout si son comportement et son discours sont calqués sur celui du parent « proche » ;

196. Marie-France Hirigoyen, *Abus de faiblesse et autres manipulations, op. cit.*

– l'ampleur du contraste entre la relation parent-enfant proche de la norme ayant existé avant le conflit parental comparativement à la relation de plus en plus dégradée actuelle.

Ce processus de rééquilibrage dans l'esprit et la pratique correspond assez largement à ce qui est réalisé depuis 2011 dans l'expertise axée sur la collaboration parentale ou expertise collaborative.

L'expertise axée sur la collaboration parentale

Dans les situations de risque de perte de lien parent-enfant et/ou d'aliénation parentale notre longue expérience de médiateur et d'expert nous a obligé de constater les insuffisances de la médiation et de l'expertise classique pour offrir une réponse adéquate à ces situations très aiguës et complexes. La médiation et l'expertise classique se sont révélées généralement impuissantes à enrayer la « cimentation » du rejet de l'enfant une fois que celle-ci est déclenchée.

La médiation familiale et ses insuffisances

Notre pratique de la médiation familiale depuis 1991 en Belgique et nos observations en tant que superviseur nous ont amené après quelques années à conclure à la pertinence de cette intervention comme mode alternatif de résolution de conflit (MARC) dans de nombreuses situations mais également à son inutilité ou contre-productivité en cas de haut conflit parental et encore plus particulièrement en cas processus d'aliénation parentale en voie de « cimentation » : nous avons en effet constaté qu'un parent manipulateur qui arrive à manipuler son conjoint, puis l'enfant contre son ex-conjoint, arrive très souvent à manipuler les intervenants (surtout dans un contexte non directif et confidentiel) et à tirer un large profit des incohérences du système psychojudiciaire.

L'expertise classique et ses insuffisances

Dans la mission d'expertise en Belgique, il est désormais presque toujours demandé à l'expert de mettre en place *une tentative d'un processus de conciliation et négociation entre les parents.* Si cette tentative de conciliation aboutit dans une situation très conflictuelle, l'expertise aura eu un effet apaisant et constructif pour l'avenir des relations parent-enfant et des relations entre parents. Par contre si le conflit parental persiste au sein ou après l'expertise, même si l'expert tente de donner un tableau pertinent, nuancé et non stigmatisant de la situation familiale, au moins un de deux parents se sentira lésé sur le plan affectif, sur le plan de son image et de son rôle parental, voire sur son statut social. En effet, il est plutôt rare qu'un diagnostic sur la personnalité ou les compétences parentales soit bien reçu par le parent qui n'obtient pas gain de cause. Il est également plutôt rare que cela ait un impact positif sur le comportement de ce parent vis-à-vis ses enfants et de son ex-conjoint.

Dès lors, le constat des limites de la médiation familiale, qui n'est pas contraignante, et des limites de l'expertise, qui peut être stigmatisante et culpabilisante, nous ont poussé à construire en 2011 avec l'aide de Myriam de Hemptine, juge à la cour d'appel de Bruxelles et la supervision de Jean-Louis Renchon, professeur de droit à l'Université catholique de Louvain, un mode d'intervention appelé dans un premier temps « guidance parentale sous mandat judiciaire » puis « expertise axée sur la collaboration parentale »[197].

Ce nouveau mode d'intervention combine les avantages de la médiation familiale (responsabilisation, esprit de collaboration optimale, non-jugement, etc.) avec l'aspect « contrôle-supervision » du tribunal qui peut sanctionner dans le contexte non confidentiel et encadrant de l'expertise : les possibilités de manœuvres dilatoires et de manipulation seront plus réduites dans ce type d'intervention que dans les autres interventions non directives et confidentielles.

L'expertise axée sur la collaboration parentale peut être considérée comme une mise à l'épreuve des parents de leur acceptation formelle de la coparentalité optimale, et de leur volonté et capacité à partager adéquatement les rôles et liens parentaux dans l'intérêt de l'enfant.

L'élément diagnostique dans l'expertise axée sur la collaboration parentale

Dans ce nouveau type d'expertise, l'élément diagnostique n'est pas prépondérant mais joue un rôle occasionnel et fonctionnel : permettre de comprendre et d'expliquer ce qui empêche la collaboration parentale adéquate. Par rapport à l'expertise classique comme il s'agit d'une intervention dynamique où l'on met les parents au défi de collaborer pour donner une juste place à chacun d'eux, c'est dans le cours même de cette démarche-là qu'un élément diagnostique peut intervenir le plus souvent. C'est-à-dire qu'au lieu de partir d'un diagnostic pour intervenir, on intervient directement, donnant une tâche aux parents pour faire progresser positivement la situation.

197. Ce type d'expertise a été aussi appelé expertise collaborative.

C'est donc dans les difficultés et les blocages rencontrés dans ces tâches qu'un élément diagnostique intervient le plus souvent dans le sens du simple questionnement : « qu'est-ce qui se passe, pourquoi ça freine, pourquoi ça bloque ? ». L'élément diagnostique intervient donc comme simple questionnement en cours de processus de rééquilibrage et tout particulièrement quand il y a frein ou blocage.

L'expertise axée sur la collaboration parentale au tribunal de Dinant

Ce type d'expertise a été mis en place ponctuellement à Bruxelles et dans quelques autres arrondissements, mais à l'usage nous avons constaté que ce mode d'intervention ne pouvait trouver son efficacité optimale que dans le cadre d'une intervention pluridisciplinaire, avec l'implication d'autres acteurs (juge, avocat, psychologue), à l'instar des interventions réalisées au tribunal de Cochem en Allemagne. Il s'agit d'une intervention articulée et cohérente dont les caractéristiques essentielles reposent sur :

- l'impulsion « pédagogique » et autoritaire du juge ;
- la collaboration parentale la plus adéquate ;
- le contrôle et la supervision par le juge du processus *via* les rapports intermédiaires.

Ce modèle d'expertise collaborative, développé depuis avril 2012 dans un cadre pluridisciplinaire au tribunal de Dinant en Belgique, dans une logique d'articulation professionnelle adéquate et cohérente, s'est révélé de plus en plus efficace, notamment dans les situations de « cimentation » du rejet injustifié d'un enfant vis-à-vis de l'autre parent.

Processus d'intervention familiale encadrée (PIFE)

Le modèle de Cochem et l'expertise axée sur la collaboration parentale en Belgique, en particulier à Dinant, ont incité des juristes et des intervenants dans le domaine psychosocial francophone, européen et québécois, à développer une nouvelle philosophie pratique et efficace d'intervention psychojudiciaire dans les situations de risque ou perte du lien parent-enfant et d'aliénation parentale suite à des séparations à haut niveau de conflit.

Avec l'appui de ce groupe de réflexion international, nous avons donc cherché à adapter les principes et les modalités de notre mode d'intervention aux spécificités du Québec. De là est né un modèle d'intervention pragmatique et efficace, orienté vers les solutions, dont l'objectif est d'engager les parents dans un processus de rééquilibrage des liens parents-enfants dégradés par le conflit parental.

Le processus d'intervention familiale encadrée (PIFE) est une intervention psychojudiciaire hybride, développée depuis peu à Montréal et proposée aux magistrats, aux avocats et aux parents. Ainsi dès qu'un juge ou qu'un avocat s'aperçoit qu'il existe un risque de rupture de lien parent-enfant, il peut proposer aux parents une intervention de guidance psychojudiciaire encadrée par le tribunal, qui pourrait s'intercaler dans le cours de la procédure de séparation à proprement parler, particulièrement en cas de non-respect des décisions judiciaires ou d'obstruction au retissage (justifié) du lien d'un parent avec son enfant.

Une intervention hybride

Lors de cette intervention sont traités en même temps des aspects souvent considérés comme contradictoires, voire incompatibles :

– l'aspect « diagnostic » et l'aspect intervention (pragmatique) ;

– l'aspect soutien (aide) et l'aspect contrôle (contrainte) ;

– l'aspect rigueur et l'aspect souplesse (stratégie) ;

– le processus « à effet thérapeutique » et processus judiciaire.

Une intervention précoce

Nous mettons d'emblée les parents dans une perspective d'action. Il va de soi que cette intervention est d'autant plus efficace qu'elle est précoce dans le processus de dégradation des liens parents-enfants. Il faut éviter, tant que faire se peut, que le temps qui passe n'aggrave ce processus. Cette intervention ne doit pas nécessairement être précédée d'une expertise classique afin d'éviter la cristallisation du conflit parental. En effet, dans les situations où la dégradation du lien parent-enfant est importante et peut aboutir à un processus d'aliénation parentale, l'intervention doit soutenir et aider les parents dans leurs compétences parentales qui sont présupposées au départ par l'intervenant (mis à part le cas flagrant d'incompétence ou de maltraitance).

Mais par ailleurs, dans ces situations relativement dégradées il est important également que les parents sachent que ce processus est contrôlé et encadré notamment à travers des rapports d'évolution adressés régulièrement et simultanément aux parents, aux avocats et au tribunal. Il y a donc dans cette intervention hybride un élément d'aide et de soutien à la collaboration parentale et en même temps de contrôle-contrainte éventuelle.

Dans le cadre du PIFE, il n'est pas stipulé au départ l'obligation absolue de résultat prédéterminé (par exemple de rétablir immédiatement et *à tout prix* le lien parent-enfant dans tel délai et selon telle modalité). En revanche, il est exigé de chaque parent qu'il fasse *ce qui est en son pouvoir* et à son rythme pour donner toutes ses chances de réussite au processus de rééquilibrage optimal des liens et des rôles parentaux. En d'autres termes, nous mettons les parents au défi de montrer par des actes et des décisions concrètes, qu'ils se mobilisent en vue de cet objectif en fonction de leurs capacités, tenant compte de la réalité et du contexte vécu par l'enfant.

Particularités du PIFE

Collaboration parentale

La réalisation effective de la collaboration parentale optimale constitue notre principal défi dans le processus d'intervention familiale encadrée (PIFE) sous mandat judiciaire. Nous annonçons d'emblée cet objectif à moyen terme à chaque parent.

Première étape : exploration individuelle

La première étape par rapport à cet objectif premier de collaboration parentale optimale consistera à établir un lien de confiance suffisant avec chaque parent *individuellement* pour réaliser leur adhésion au processus de rééquilibrage. La réalisation de la collaboration parentale en direct passera le plus souvent dans un premier temps par la collaboration de chaque parent au processus d'intervention, et donc avec l'intervenant. Viendra ensuite l'étape suivante : la mise en commun des objectifs de chaque parent pour tenter de construire ensemble ce rééquilibrage. Il faut veiller à ce que chacun ait bien compris la logique et les différents aspects du processus avant de les « confronter » à l'autre parent.

Lors de cette phase de travail individuel nous sommes particulièrement attentifs à rassurer pleinement chaque parent quant à notre position de neutralité et de non-jugement. Ceci est une exigence particulièrement difficile à réaliser dans ce contexte hautement conflictuel où la méfiance entre les parents prédomine largement. Cette difficulté est d'autant plus grande que notre stratégie d'intervention nous incite à nous appuyer particulièrement dans un premier temps sur le principal levier de changement : le parent resté proche de l'enfant. Ce parent a « l'avantage » de partager un maximum de temps avec l'enfant et d'avoir une relation affective et éducative privilégiée, ce dont l'autre parent est partiellement ou totalement privé. Il est souvent très difficile de convaincre le parent « écarté » (éloigné) de la nécessité pour nous de dépenser le temps et l'énergie nécessaire avec ce parent « préféré », ressenti comme largement « coupable » du rejet de l'enfant vis-à-vis de lui.

Idéalement nous cherchons à maintenir l'alliance avec chaque parent et à maintenir avec chacun d'eux la conviction de notre neutralité malgré le fait que nous sommes souvent amenés à passer temporairement plus de temps avec le parent « proche » pour de raisons stratégiques qu'il faut faire comprendre à l'autre parent. Pour les mêmes raisons notre mode d'intervention implique que le calendrier de nos séances prévoie la souplesse nécessaire en fonction de l'évolution imprévisible du processus de rééquilibrage : à un certain stade de notre intervention nous pouvons considérer qu'un entretien avec un parent plutôt qu'avec l'autre se révèle plus urgent ou plus important que ce qui était prévu au départ de l'intervention.

Objectifs de travail lors de ces interventions individuelles

Nous chercherons à susciter chez chacun la prise de conscience, la clarification et formulation des attentes et craintes individuelles vis-à-vis de l'évolution des relations familiales post séparation : nous tenterons de définir avec chaque parent sa vision personnelle de l'avenir de la famille, du type de relation qu'il souhaite développer avec chaque enfant, du rôle et du lien qu'il entend laisser à l'autre parent vis-à-vis l'enfant, et le type de communication et lien qu'il veut garder avec l'autre parent, ceci à moyen et à long terme. Ce n'est que dans une phase ultérieure que l'on intégrera le paramètre de contrainte juridique et judiciaire dans la formulation de ces attentes et craintes.

Une fois posées, ces attentes et craintes personnelles nous aideront à définir avec chaque parent un objectif minimal visant à amorcer un retissage du lien parent-enfant dégradé ou coupé. L'intervenant pourra aider le parent à passer en revue plusieurs scénarios possibles et l'amener à peser le pour et le contre, en termes de faisabilité et en termes d'avantages et d'inconvénients, pour chaque scénario et pour chaque personne impliquée. C'est en effet à ce stade d'anticipation des scénarios de reprise de lien que les résistances, les peurs ou les blocages vont commencer à se manifester le plus clairement chez chacun des membres de la famille.

À ce stade nous sommes encore dans une phase d'exploration des motivations et des résistances et pas encore de recherche de solutions en commun. C'est une étape nécessaire pour déblayer le terrain dans la stratégie d'intervention avec l'autre parent, avec les enfants puis avec les deux parents ensemble. Il est important à ce stade que l'intervenant résiste à la tentation de se prononcer trop clairement sur la faisabilité et la pertinence des scénarios envisagés par le parent.

Le processus que l'on vient de décrire est mis en place parallèlement avec l'autre parent. Durant toute cette phase, selon le contexte, l'enfant peut être vu une ou plusieurs fois, toujours dans une optique exploratoire. Après quoi la phase de mise en commun avec les parents peut débuter après avoir « déminé le terrain » dans toute la mesure du possible chez chaque parent en ayant éliminé un maximum de sources de malentendus lors de cette future mise en commun.

Deuxième étape : mise en commun avec les parents

Cette mise en commun se focalisera dans un premier temps sur l'élaboration d'un scénario réaliste d'une première reprise de contact de l'enfant avec le parent « écarté » (éloigné). Cette phase *peut* intervenir à ce moment-là mais certainement pas d'une manière automatique. Le moment adéquat sera déterminé une fois encore d'après des considérations stratégiques, principalement en tenant compte de la profondeur des résistances de chaque membre de la famille et de la configuration interactionnelle.

Il se peut que cette mise en commun doive être précédée d'autres interventions dont la nature sera dictée par l'évolution du contexte général (familial et psychojudiciaire) et nécessite des interventions spécifiques avec d'autres personnes-ressources (de l'entourage familial ou de certains organismes d'aide) impliquées précédemment ou actuellement dans le dossier. Ceci dans un contexte de partage optimal (consenti) des informations entre les intervenants.

Ce n'est qu'après avoir exploré avec chaque parent ces différents scénarios possibles que l'intervenant intégrera le paramètre juridique et judiciaire dans l'élaboration complète de ces scénarios, notamment en rappelant les termes du mandat PIFE.

En cas d'absence de collaboration des parents

Plusieurs facteurs peuvent être la cause du rejet d'un parent par son enfant. L'intervenant restera ouvert tout au long du processus à toutes les hypothèses possibles concernant la source d'un frein ou blocage qui se manifeste : il ne résulte pas toujours d'un comportement malveillant ou pathologique d'un des parents. Un concours de circonstances ou une problématique propre à l'enfant peut en être la cause. En cas d'incident, source de malentendus, l'intervention devra être particulièrement « réactive » pour empêcher un cercle vicieux d'« action-réaction » de s'installer. Le processus de rééquilibrage doit permettre aux intervenants d'explorer toutes les hypothèses concernant l'origine de la résistance ou du refus de l'enfant à tout contact avec l'un de ses parents et de prévoir des stratégies d'intervention adéquates.

Les parents doivent savoir que s'ils font preuve d'obstruction volontaire et injustifiée à ce processus, leur enfant subira des conséquences graves qui pourraient *éventuellement* être assimilées à un acte de maltraitance psychologique. Si on considère, comme le stipule la loi, que le fait de priver un enfant de lien avec un parent *sans motif valable* est un manquement grave de responsabilité parentale, qui met en danger l'équilibre et la santé psychologique à long terme de l'enfant, des mesures de contrainte devraient pouvoir être envisagées pour favoriser le parent qui dans les faits encourage l'accès et le lien avec l'autre parent.

S'il apparaît qu'un membre de la famille, que ce soit l'enfant ou un parent, souffre d'un trouble particulier ou qu'il existe un dysfonctionnement spécifique dans la relation, qu'il soit antérieur, concomitant ou postérieur à la séparation, ce dysfonctionnement va pouvoir être analysé et traité si possible dans le cadre du PIFE, ou à défaut en adressant la famille à des professionnels spécialisés, mais en maintenant, tant que faire se peut, une possibilité de collaboration professionnelle optimale avec notre processus.

Principe du secret professionnel partagé

Préalablement à l'application du PIFE il est essentiel que les parents consentent à la transmission des informations pertinentes recueillies lors du processus de rééquilibrage dans le cadre du mandat PIFE entériné par le tribunal et acceptent que nous soyons *ponctuellement* relevés du secret professionnel dans notre mandat. Ceci afin que nous puissions discuter librement par écrit ou oralement sur les informations pertinentes et utiles dans l'intérêt de l'enfant avec les professionnels impliqués dans le dossier (juge, avocats, psychologue, thérapeutes).

Nous sommes conscients de la nécessité de préserver le lien de confiance entre l'intervenant (nous) et les enfants. Quoiqu'autorisé à révéler le contenu des rencontres individuelles réalisées avec l'enfant et avec l'ensemble des personnes qui s'occupent de lui, l'intervenant ne révélera que les éléments qu'il juge utiles à la poursuite de la recherche des pistes de solution et à l'évolution constructive de la situation familiale.

La position du juge

La position du juge et la manière dont il joue son rôle sont déterminantes en sa qualité de représentant de la loi investi d'autorité. L'intervention raffinée et pointue de certains juges suffira parfois à elle seule à susciter cette collaboration parentale souhaitée. L'impulsion fondée sur le statut d'autorité du juge vis-à-vis des parents est particulièrement importante pour susciter la collaboration effective et adéquate entre eux dans l'intérêt de l'enfant par le biais de leur collaboration avec l'intervenant. Une fois entériné par le juge, le mandat PIFE spécifie ce qui est attendu des parents dans le cadre de ce processus.

Il est important que le juge incite fortement les avocats à soutenir les parents dans leur engagement à la collaboration optimale entre eux et vis-à-vis du processus et qu'il les incite à éviter d'utiliser les démarches ou procédures agressantes ou dilatoires. Il est également souhaitable que les avocats puissent communiquer adéquatement entre eux dans le même but.

Tout au long du processus PIFE le juge assume un rôle de supervision et de contrôle qui peut aboutir à la convocation des parents suite aux rapports d'évolution du processus de rééquilibrage des liens parent-enfant. Le PIFE prévoit des rapports d'évolution qui peuvent donner lieu à de futures mesures contraignantes notamment en cas d'obstruction volontaire et injustifiée aux relations de l'enfant avec l'autre parent.

Articulation professionnelle

L'efficacité de notre processus réside autant dans les compétences de chaque intervenant que dans l'articulation adéquate de chaque professionnel impliqué. Pour qu'une collaboration parentale fonctionne de manière optimale, il est nécessaire d'installer parallèlement autour de la famille une articulation professionnelle cohérente entre les différents professionnels impliqués dans l'histoire de la famille, le grand défi étant de faire converger toutes les actions dans la même direction. Pour que cette méthode d'intervention fonctionne il faut que chaque intervenant soit formé à ce type particulier d'intervention qui nécessite non seulement la compétence spécifique à chaque profession mais également une compétence à une logique systémique dans l'analyse et stratégique interprofessionnelle qui intègre donc les différentes professions du domaine psychojudiciaire.

La collaboration adéquate de l'intervenant avec les avocats

Cette collaboration est également essentielle pour la mise en place du PIFE, car les avocats sont les premiers intervenants à qui les parents se sont confiés pour défendre leurs intérêts et gérer leurs conflits. Les avocats jouent un rôle important dans la motivation des parents à entamer un processus d'intervention PIFE et à signer leur consentement au protocole qui sera entériné par la suite par le tribunal. Les avocats s'engagent alors à ne pas déposer de nouvelles requêtes concernant l'exercice de l'autorité parentale durant le déroulement du PIFE. En cas de changement d'avocat, il est nécessaire que le nouvel avocat accepte de respecter la philosophie et les principes du PIFE. Dans ce cas de figure le nouvel avocat s'engage à tenir compte des rapports d'évolution déjà effectués.

Rapports d'évolution périodiques

Dans ces rapports d'évolution, l'intervenant informe les parents et les avocats du résultat du processus de reprise des liens parents-enfants après les différentes rencontres d'intervention familiale. Ces comptes rendus (d'évolution) ne visent pas prioritairement à établir un diagnostic sur d'éventuelles pathologies ou troubles de personnalité ni sur la compétence parentale de chacun mais plutôt à faire le point sur la capacité, les attitudes, la persévérance et la détermination de chaque parent, face à une exigence de collaboration parentale optimale ayant pour objectif de rééquilibrer, tant que faire se peut, les rôles parentaux dégradés.

La rédaction de ces rapports doit être soigneusement élaborée pour avoir une valeur « pédagogique », motivante et éventuellement potentiellement contraignante. Leur contenu peut avoir des conséquences sur le terrain judiciaire car il y a un aspect non confidentiel et responsabilisant dans la construction de ces rapports où les parents doivent rendre compte des gestes concrets qu'ils ont posés pour se mobiliser et collaborer en vue d'entamer le processus de rééquilibrage.

À qui est confié le mandat ?

Le mandat PIFE est confié à un intervenant psychosocial, dès que les avocats et/ou le tribunal s'accordent pour détecter des signaux de risque significatifs d'une dégradation inquiétante du lien parent-enfant dans un contexte de conflit parental, dégradation pouvant aboutir à une « cimentation » du rejet d'un enfant envers un des parents qui était considéré avant la séparation comme un parent « suffisamment bon ». Du point de vue de l'intervenant ce mandat équivaut à aider, soutenir et encadrer les parents dans ce processus actif de rééquilibrage des liens parents-enfants et des rôles parentaux.

Compétences exigées

Ce mandat exige de la part du professionnel mandaté des aptitudes particulières du fait que nous travaillons sur une réalité familiale et psychojudiciaire particulièrement complexe, multifactorielle et mouvante avec des personnes en difficulté et en souffrance. Compte tenu du fait que nous intervenons sur un système plus large qui englobe le système familial et le système psychojudicaire qui fonctionne selon deux logiques très différentes et parfois incompatibles, il faut que ce mandat soit confié à un professionnel spécialisé dans la relation d'aide intégrée dans le système judiciaire où l'élément de contrainte est présent. Les intervenants doivent être capables de jongler avec ce système hybride englobant ces deux sous-systèmes peu compatibles. Les intervenants doivent donc avoir une formation spécifique en intervention de type systémique/stratégique et être en outre aptes à articuler leur travail avec celui des autres professionnels impliqués auprès de la famille en difficulté dans le respect de la spécificité de chacun.

Aspect thérapeutique de l'intervention

Tout en rappelant que notre intervention n'est pas une thérapie, nous considérons que notre intervention hybride entre aide et contrôle peut avoir des effets thérapeutiques parfois assez puissants de même que parfois l'intervention du juge lui-même lors d'une audience. De plus, parmi les freins et blocages dans le processus de rééquilibrage il peut apparaître clairement chez un des parents, ou les deux, un blocage plus au moins profond né du choc de la rupture parentale, ce choc lui-même ayant pu être amplifié par une blessure émotionnelle apparue dans l'histoire personnelle.

Si ce vécu douloureux apparaît à un moment donné comme un obstacle au minimum de confiance et d'ouverture à l'autre parent nécessaire pour la poursuite du processus, nous n'hésiterons pas à inclure dans notre processus des *bulles thérapeutiques* limitées dans le temps. Si le blocage émotionnel est trop important, nous conseillerons alors la consultation d'un thérapeute. Ceci est évidemment valable pour l'enfant également. Dans ce cas nous demanderons aux parents de choisir un thérapeute qui accepte le principe de secret professionnel partagé dans le respect de l'intimité de chacun et de l'intérêt de l'enfant. Indépendamment de ces *bulles thérapeutiques* nous considérons que dans la plupart de nos interventions la composante affective et émotionnelle est omniprésente. Donc un intervenant efficace devra pouvoir « jongler » avec ces dimensions-là. Ceci tout en ayant présent à l'esprit la finalité essentiellement pragmatique de notre intervention.

Une approche systémique

Le PIFE s'inspire de la logique systémique dans l'analyse de la situation de dégradation des liens parents-enfants, et stratégique dans le mode d'intervention visant à « corriger activement cette dégradation ». Cette logique se réfère aux principes définis par le Mental research institut (MRI) de Palo Alto que nous ne prendrons pas le temps de développer ici. Nous nous contenterons de dire que dans le contexte particulier qui est le nôtre, le contexte sur lequel nous intervenons intègre au moins deux systèmes qui entrent en interaction (en collision : le « système » familial et le système judiciaire) formant ainsi un macrosystème hybride et hautement instable. Nous prenons donc conscience plus que jamais que chaque changement, chaque parole, chaque décision, chaque impulsion de l'un ou de l'autre acteur se répercute forcément sur tous les autres, enfant compris. Dans un tel contexte le diagnostic dans une perspective systémique tient compte non seulement des particularités individuelles mais aussi des interactions complexes et fluctuantes entre les personnes impliquées dans le macrosystème. Le diagnostic sera donc individuel mais aussi et surtout interactionnel dans un contexte global.

Dès lors au départ tout diagnostic éventuel devrait être formulé à titre d'hypothèse pour ne pas risquer de stigmatiser inutilement ou inadéquatement un des deux parents, ce qui risquerait d'empêcher toute collaboration future au processus de rééquilibrage. En particulier l'introduction précoce du diagnostic d'aliénation parentale au début du processus provoquera automatiquement une « levée de bouclier » entre les parents et même parfois entre les professionnels impliqués. Le diagnostic se précisera au fur à mesure au travers de ce qui se manifestera dans ce processus de rééquilibrage et en particulier lorsqu'il y aura frein, blocage, impasse, ou obstruction volontaire ou involontaire à ce processus.

Vu le contexte très conflictuel de départ ces blocages sont relativement fréquents et la résolution ou dépassement de cette situation exige des stratégies particulières et concertées entre les intervenants des milieux psychosociaux et judiciaires (juge, avocats, etc.).

Le côté stratégique

Celui-là s'appliquera surtout à la manière spécifique d'intervenir dans une situation extrêmement complexe et mouvante où chaque élément interagit avec les autres. Il est donc important pour les intervenants de pouvoir adapter leurs interventions en fonction de l'évolution (parfois imprévisible) de la situation. Dans ce type d'intervention on évite d'agir de manière rigide et stéréotypée afin que ne se produise un mécanisme d'action-réaction intempestive qui risque de renforcer la « cimentation » du rejet par l'enfant d'un parent. L'aspect stratégique se manifeste également dans la recherche d'objectifs minimaux réalistes et évaluables et dans le côté progressif des moyens et solutions mis en place dans ce processus de rééquilibrage.

Notre mode d'intervention se veut beaucoup le plus souple et réactif possible. On évite *si possible* de stigmatiser les comportements, de manière à ne pas renforcer inutilement les résistances et les blocages. La politique des petits pas fait également partie intégrante de nos stratégies ainsi que la recherche du ou des leviers de changement (y compris le parent éventuellement « aliénant ») et la recherche d'alliance la plus équilibrée possible avec chaque parent.

Conclusion

Face à la grande complexité de ces problématiques familiales extrêmes, la complexité et les dysfonctionnements des systèmes psychojudiciaires actuels, notre mode d'intervention apparaît à un nombre croissant de professionnels psychojudiciaires qualifiés comme une réponse logique et réaliste vis-à-vis de cette lourde problématique familiale et sociétale, là où la plupart des modes d'intervention pratiquées jusqu'à présent ont montré leurs limites et leurs échecs, provoquant chez de nombreux intervenants un sentiment d'impuissance et de découragement.

Ce constat devrait inviter les autorités compétentes à une réflexion en profondeur sur les causes et remèdes à ces dysfonctionnements, en particulier dans les législations et les systèmes psychojudiciaires. En attendant, nous estimons nécessaire que les changements réalistes que nous préconisons fassent l'objet de recherches et de programmes de formation spécifique à une large échelle.

Chapitre 16

La Guidance parentale

Par Roland Broca

Deux événements, deux rencontres m'ont amené à faire évoluer ma pratique de pédopsychiatre et de psychanalyste, lors de consultations où je reçois un patient confronté à une situation de séparation particulièrement conflictuelle. Tout d'abord, ma rencontre en 2005 avec la présidente de l'Association ACALPA m'a montré à quel point ces situations dramatiques volaient leur vie à ceux qui en étaient victimes. Les réponses judiciaires étant le plus souvent impuissantes à trouver une solution juste et équitable pour les victimes de ces situations, en premier lieu les enfants.

La préparation d'un colloque, auquel je contribuais, organisé en 2007 par l'ACALPA en collaboration avec la *Fondation pour l'enfance*[198], sur le problème des enfants impliqués dans ces situations a été le second élément déclencheur. Malgré tout ce qui est proclamé, le droit des enfants à vivre avec leurs deux parents est très peu pris en compte, leur intérêt supérieur encore moins, et les conséquences sur leur développement futur, si la situation d'aliénation s'enkyste, ignorées.

J'ai exercé longtemps en tant qu'expert judiciaire, mais je ne suis pas juriste et n'ai pas de compétences particulières dans ce domaine. Je connais néanmoins les rouages des procédures concernées par ces situations. Je suis ainsi à même de rendre compte du vécu de ces situations complexes et de conseiller le patient qui vient me consulter. Je suis également en mesure de pouvoir dialoguer utilement avec un avocat pour peu qu'il soit lui-même sensible à la complexité des éléments psychopathologiques inhérents à ces problématiques. En effet, l'avocat est lui aussi confronté à des situations dont les ressorts psychologiques – et à plus forte raison psychopathologiques, lui échappent. Mais s'il ne prend pas en compte les particularités de ce contexte d'aliénation parentale, les solutions de compromis qu'il pensera souhaitable de conseiller sur le plan juridique, seront généralement vouées à l'échec.

198. « La protection des enfants au cours des séparations parentales conflictuelles », colloque organisé en 2007, sous la présidence de madame Giscard d'Estaing et parrainé par madame Simone Weil.

Pratique clinique

Ce sont les parents qui viennent me voir.

Ou plus précisément un des parents – celui qui se retrouve privé de ses enfants, soit par décision du juge des affaires familiales, soit par la non-application de la décision de ce juge par l'autre parent.

L'examen attentif de ces situations me permet dans un premier temps de constater que l'on peut considérer qu'il y a *deux temps dans les ruptures*. Dans un premier temps, c'est un conflit violent entre conjoints, lié à une déception, à une trahison, un comportement vécu comme insupportable. Cette rupture n'est que l'aboutissement d'une longue détérioration de la vie conjugale qui a commencé souvent, me semble-t-il, avec l'arrivée du ou des enfants. La séparation apparaît à l'un des deux comme la seule solution. À cette phase, les enfants entrent peu en ligne de compte. Ce qui est recherché, c'est le bien-être personnel de celui qui décide de la séparation. Le droit de divorcer, de se séparer est perçu comme légitime ; il s'agit de poursuivre sa vie librement, sans cette attache encombrante. Mais une fois la rupture acquise, consommée, alors l'enfant devient à son tour un nouvel objet de dispute. Régler les modalités de la garde devient l'enjeu du conflit. C'est le deuxième temps du psychodrame. Un temps qui risque de devenir interminable.

Chaque cas est un cas particulier, dans ses origines et ses modalités, même si tous les cas d'aliénation parentale se traduisent par des manifestations similaires chez les enfants, tel que je l'ai explicité dans le *chapitre 2* « Pourquoi tant de haine après tant d'amour ».

Mais pour simplifier, je dirais que celui qui vient me consulter, majoritairement, c'est le parent qui s'estime lésé par son ex-conjoint qui veut l'éliminer de la garde de l'enfant, qui veut en avoir l'exclusivité, et qui refuse farouchement à l'autre parent le partage de l'autorité parentale.

Parfois, même si c'est plus rare pour l'instant, c'est le parent dit aliénant, compte tenu de ses troubles graves de personnalité, qui me consulte. Lui ou elle voudrait éliminer l'autre parent de la garde des enfants. Il se proclame néanmoins victime dans la mesure où la justice ne lui a pas donné satisfaction ou si la dynamique du conflit avant jugement n'a pas évolué en sa faveur, comme il l'espérait. Dans ce cas, le parent qui risquait de devenir aliénant va être amené à se considérer lui-même comme aliéné et se situer dans le registre de la plainte. Et il est effectivement aliéné au sens psychiatrique du terme. Il a bien sûr droit à toute notre attention professionnelle, dans une optique de soin et sans aucune espèce de stigmatisation.

Pour sortir de ces situations qui apparaissent extrêmement bloquées, il faut que la personne qui vient me voir ait le désir de **comprendre les ressorts de la situation** dans laquelle elle est impliquée et de faire, par conséquent, un retour sur elle-même : « Pourquoi vous êtes-vous engagé avec cette personne qui vous paraissait la bonne personne au moment de la rencontre, avec laquelle vous avez partagé une passion amoureuse et avec laquelle vous avez décidé de fonder une famille et d'avoir des enfants ? » ; « Quelle relation cela a-t-il avec votre propre histoire familiale ? ». Mon postulat étant que dans ces situations, dans le choix amoureux du partenaire, il n'existe pas de hasard. Nous reproduisons en pire, *mutatis mutandis,* bien que le choix se fasse sur un nombre relativement peu élevé de candidats, sans nous en rendre compte, les caractéristiques propres à notre modèle familial originel.

Je reçois des personnes en grande souffrance, voire désespérées, manifestant un grand sentiment d'injustice. Il s'agit par conséquent, au-delà d'une écoute attentive de leur situation présente, de les amener à une réflexion approfondie sur les **origines du conflit.** Cela suppose un travail approfondi de remémoration sur la vie du couple jusqu'à la situation actuelle mais aussi sur les éléments significatifs de sa propre histoire familiale. Parallèlement un travail de soutien et d'accompagnement s'avère nécessaire pour aider le patient à gérer au mieux de l'intérêt de l'enfant, le déroulement de la crise en cours. Un travail psychothérapique avec l'enfant s'avère souvent indispensable, encore faut-il que les deux parents l'acceptent (ce qui est malheureusement rarement le cas dans ce type de situation). Seule une injonction judiciaire de soin permettrait de passer outre à cette difficulté.

Dans le même temps, la procédure judiciaire continue. Le plaignant n'y comprend en général pas grand-chose. L'autre parent et son avocat ont convaincu le juge qu'il avait raison et que la garde des enfants devait nécessairement lui être attribuée. Indépendamment du travail psychologique, il va falloir aider notre patient à ne pas se laisser enfermer dans une voie sans issue. L'idéal à ce stade serait de pouvoir parler avec l'avocat, mais mon expérience m'a montré que malheureusement peu d'avocats acceptent de le faire, quels qu'en soient leurs motifs. Leur objectif compréhensible étant de faire gagner coûte que coûte la cause de leur client. On peut comprendre que les professions amenées à traiter ces dossiers extrêmement complexes font le plus souvent preuve de déni, d'évitement, voire de complaisance involontaire à l'égard de celui qui nuit à l'enfant en le privant d'un de ses deux parents[199].

Cette attitude est très déstabilisante pour le parent victime qui se sent nié par ceux-là même qui devraient l'aider. Ce qui renforce encore son désespoir : l'agresseur est dans ses torts, mais c'est lui à qui la justice donne bien souvent raison. Nous le constatons trop souvent : le parent aliénant, du fait même de sa conviction délirante d'avoir raison, parvient souvent

199. Cf. Antonio Andreoli, « Le Syndrome de Médée », *op. cit.*, p. 340-342.

à convaincre les experts, les avocats, les médiateurs, les juges de son bon droit, ceux-ci n'ayant pas compris la dimension psychiatrique de la personnalité de cette personne.

Ce type de guidance devrait à l'avenir être complémentaire d'une approche psychojudiciaire transdisciplinaire du type *Modèle de Cochem* (voir chapitre 17).

Témoignages de parents

Les trois récits qui suivent, rendus anonymes, devraient permettre de mieux comprendre la complexité de ce type de situation.

Le témoignage de Lucie A.

« Le déclic s'est produit l'été dernier. En instance de divorce, je passais mes vacances chez mes parents avec mon petit garçon de 3 ans, Luc. Je regardais un reportage à la télévision sur les enfants pris en otages par un des parents dans des situations de conflit conjugal grave.

“Dieu me préserve d'un tel drame !” m'exclamai-je en fin d'émission. “Tu ne t'en rends peut-être pas compte, mais il a déjà commencé !” répliqua ma mère. Sa remarque a été un choc et c'est cela qui m'a décidé à chercher de l'aide.

J'ai cherché sur *Internet* et j'ai trouvé beaucoup d'informations sur le site d'ACALPA.

Quand je suis venue consulter, ma demande était simple : un enfant de 3 ans peut-il être concerné par ces phénomènes d'aliénation ? J'ai compris que oui et j'étais bien partie pour le perdre, si je laissais passivement la procédure de divorce suivre son cours.

Et en quelques jours, toutes les pièces du puzzle se sont mises en place et m'ont ouvert les yeux : le comportement de Luc, l'attitude de mon mari, celle des enfants de son premier mariage. J'ai pris conscience de la gravité de la situation. Chaque fois que mon fils passait le week-end chez son père, il se montrait au retour extrêmement agressif à mon égard, refusant de rentrer dans l'appartement, pleurant sur le seuil de la porte, refusant d'enlever son manteau, de dîner à table avec moi. *“T'es morte Maman”* me déclara-t-il un soir, se faisant ainsi le messager de son père. J'ai commencé à paniquer.

Les consultations régulières ont un *double objectif :* prendre conscience et comprendre ce qui se passe, d'une part, anticiper et préparer les étapes de la procédure judiciaire d'autre part. Nous avons pris un nouvel avocat, expérimenté dans ce type de situation et nous préparons les arguments susceptibles de contrer ceux de mon mari.

J'ai épousé un veuf avec quatre enfants. Et ensemble, nous avons eu Luc. Très vite, il s'est montré violent à mon égard, tout en réussissant à mettre les enfants de son côté. Quand il me battait, les enfants allaient le consoler lui, le plaignant et me critiquant. Il ne voulait pas que je gère l'argent du ménage, confiant le porte-monnaie à une de ses filles quand nous allions faire les courses. Il trouvait que j'achetais toujours trop : trop de biscuits, trop de yogourts... C'est un homme qui veut toujours que nous soyons dans le manque. Pour lui, toutes les femmes sont dangereuses. Je ne savais plus où j'en étais. La situation devenait de plus en plus intenable. Il fallait que je disparaisse. Sinon, c'est lui qui m'aurait fait disparaître un jour ou l'autre. Alors je suis partie avec Luc.

J'ai mis plusieurs mois avant de me considérer comme victime et non comme coupable. Au cours des consultations, j'ai pris conscience que cet homme que j'avais épousé était devenu mon pire ennemi. J'ai dû le reconnaître, l'accepter pour me défendre efficacement. Car il est très fort. Son objectif est de me faire passer pour folle auprès du juge et donc donner à croire qu'il sauve la famille en la préservant de ma folie. Le sauveur, c'est lui. Le danger, c'est moi. Il faudra que je comprenne pourquoi je me suis mise dans cette situation, pourquoi j'ai choisi de faire ma vie avec cet homme-là. Mais ce sera dans un deuxième temps. Pour le moment, il faut gérer une situation matériellement très difficile puisque nous avons dû déménager et faire attention à ce que Luc ne soit enlevé par son père. L'enfant ne va plus à la crèche car son père a déjà fait une tentative de venir le prendre à ma place.

Dans cette phase, le soutien psychologique et le conseil juridique me sont indispensables. La prochaine étape est l'expertise médicopsychologique demandée par le juge. C'est une étape clé, je crois, et je m'y prépare. Car la seule chose que mon ex-mari peut entendre, c'est la parole de la justice. Pour sauver mon fils, il faut que ça passe par la justice. »

Le témoignage de Catherine S.

« C'est le comportement des enfants à mon égard qui m'a tout d'un coup, paru anormal et insupportable. Je veux dire qu'ils avaient dépassé une limite et je me suis décidée à demander de l'aide. J'ai trois enfants de 13, 11 et 10 ans. Depuis longtemps, ils n'avaient aucun respect pour moi. Puis les choses ont empiré. Ils sont devenus insultants. Il faut dire que l'exemple venait de leur père. Celui-ci leur disait en permanence du mal de moi. Si je rentrais du bureau avec un peu de retard, il leur disait que c'était bien la preuve que j'avais un amant. Il leur disait que je n'étais pas une bonne mère, que je m'occupais mal d'eux. Un retard de RER, c'était la preuve que je voyais quelqu'un d'autre. Cette jalousie, avec les enfants pris comme témoins, devenait insoutenable. Les enfants voyaient tout par ses yeux. Lui seul les emmenait faire du sport, jouer au tennis, etc. Alors, les enfants ne voulaient plus que je touche à leurs affaires, ils refusaient que je regarde leurs carnets de correspondance et encore moins que je les signe, “Ce n’est pas toi, c’est Papa”. J’ai décidé de divorcer et j’ai obtenu la garde de mes enfants. Mais je ne suis pas partie. Je suis restée pour eux. Cela me semblait mal. La famille pour moi, c’est très important. J’essayais de parler à mes enfants, de leur expliquer, mais les paroles de leur père étaient plus fortes. Je pensais que cela s’arrangerait. Mais cela ne s’est pas arrangé. Cela a duré près de 3 ans.

Au moment du divorce, j’ai découvert que les avocats ne comprenaient rien à ce type de situation. Je leur décrivais le comportement de mes enfants, rapportais leurs insultes, mais ils ne me croyaient pas. Ils me disaient que j’exagérais. J’ai dû voir trois cabinets d’avocats avant d’en rencontrer un qui écoute vraiment ce que je lui disais. Et encore !

Mon mari a fait changer la serrure de notre appartement et je me suis retrouvée à la porte. J’ai dû trouver un logement dans l’urgence. Tout cela, l’avocat, un nouvel appartement, coûte très cher. Heureusement, je travaille et le service social de mon employeur m’a beaucoup aidé. Je ne sais pas ce que peuvent faire les femmes qui sont dans ma situation et n’ont pas de revenus propres.

Et c’est vrai que dans ces situations, il faut être aidé, d’abord pour comprendre ce qui se passe. J’ai ainsi pu « réinterpréter » le comportement de mon mari, sa jalousie maladive, sa personnalité, comprendre qu’il était malade. C’est essentiel de prendre un peu de recul sur la situation que l’on vit douloureusement pendant des mois et des années. Il faut aussi être aidé pour prendre les décisions appropriées au moment opportun. Par exemple, un premier jugement m’avait donné le droit d’avoir mes enfants un week-end sur deux ; mais mon mari s’arrangeait pour les garder. Nous avons donc saisi le procureur pour non-présentation d’enfant – mais je n’ai pu le faire que parce que j’ai enfin compris qu’il ne fallait rien laisser passer… Mais le juge a prononcé un non-lieu. On a fait appel. Mais ces procédures sont très longues, et sans un soutien psychologique de chaque instant, on a souvent envie de tout laisser tomber. On a l’impression que le sujet est tabou et qu’on ne veut pas vous entendre. Enfin, pas tout le monde, heureusement.

Ce qui me fait tenir, c’est que le comportement des enfants à mon égard a beaucoup changé. Les insultes, c’est fini. Je retrouve ma place et mon rôle de mère. Mais à quel prix ! »

Le témoignage de Pierre L.

« Quand nous nous sommes séparés, ma femme et moi, notre fils avait 2 ans. Elle est partie du jour au lendemain pour vivre avec un autre. Nous avons d'emblée opté pour la garde alternée. François passait une semaine chez l'un, une semaine chez l'autre. Tout se passait bien et notre fils semblait bien s'adapter à la situation nouvelle. Les choses ont commencé à se dégrader quand j'ai voulu que nous divorcions. Elle supportait mal cette officialisation. Elle avait toujours été psychiquement fragile. Cela empira. Concernant la garde de François, elle avait tendance à tirer la couverture à elle : elle le prenait un jour plus tôt, le ramenait un jour plus tard, annulait une semaine de vacances avec moi. Moi, je ne voulais pas de drame, cela ne me semblait pas grave, même si ça m'agaçait. Et puis François a commencé à parler : "Si maman continue à crier, je n'irai plus chez elle.", "Maman s'est battue avec Philippe." (le compagnon de sa mère).

Et puis, quelques années après, François avait 8 ans, j'ai, moi aussi refait ma vie. Et là, les choses ont franchement dégénéré. Elle m'appelait 20 fois par jour, voulait parler à son fils au milieu du repas du soir, appelait mes collègues de bureau, me reprochait d'être un mauvais père, de négliger notre enfant. Notre fils a commencé à aller mal, avec des troubles compulsifs impressionnants. Pour mettre fin à ce harcèlement téléphonique, j'ai supprimé notre ligne fixe : mon ex-femme est venue chercher l'enfant et ne l'a pas ramené.

J'ai porté plainte pour harcèlement et non-présentation de l'enfant.

Une expertise psychiatrique a été demandée par le juge. L'expert nous a vus tous les trois. François venait d'avoir 9 ans et il a raconté tout ce qui se passait chez sa mère : les cris, les tentatives de suicide, les promesses de cadeaux, de vacances.

Le rapport d'expertise m'a donné de l'espoir. Il indiquait que l'enfant était en danger, que le juge pour enfant devait être saisi, que François devait être suivi par un psychologue. Il conseillait de reprendre la garde alternée.

Le jugement confirme les éléments du rapport.

Mon ex-femme a fait appel auprès du juge aux affaires familiales. Celui-ci ordonne une médiation.

Et brusquement, le comportement de François change du tout au tout. Il écrit au juge (sous la dictée de sa mère) qu'il voulait vivre avec sa mère. Il ne me parle plus, ne me confie plus rien. Il refuse de prendre ses repas avec nous. Nous partons en vacances de neige : il refuse de skier avec moi. Sa mère lui a offert un téléphone portable : ils se parlent des heures au téléphone. Évidemment, il refuse la psychothérapie. "Si tu m'aimais, tu me laisserais aller vivre chez Maman", me dit-il sans cesse.

Le jugement en appel a été pour moi un choc épouvantable. Le juge, prenant acte de la demande de l'enfant, décide que la résidence principale de l'enfant est chez sa mère. Il n'est fait nulle mention du comportement de la mère, de la souffrance de l'enfant, seul au milieu de cette guerre, tiraillé dans ses sentiments et obligé de choisir entre son père et sa mère…

On peut donc avoir des comportements hors la loi et pourtant gagner. Je suis effondré. Et quel exemple pour mon fils !

Ce que j'ai trouvé terrible, tout au long de ce feuilleton juridique, c'est l'incompréhension totale des avocats, médiateurs, experts, juges pour enfant, juge aux affaires familiales de ce qui se passe. Personne ne veut y regarder un peu plus près, prendre en considération le danger moral pour l'enfant. Il suffit qu'il dise “Je veux vivre avec ma mère” pour que cela soit perçu comme la bonne solution. Et tellement facile à prendre !

Un soir de découragement total, j'ai demandé de l'aide à Acalpa. Et les consultations qui en ont découlé ont été un immense soulagement. Pour la première fois, je parlais à quelqu'un qui savait ce qu'était l'aliénation parentale, comprenait l'état mental pathologique de mon ex-épouse. La grille de lecture de la situation qui m'a été proposée a été éclairante. Cela m'a aidé dans mon comportement avec mon fils, *à rester zen*. Dans les démarches juridiques.

Aujourd'hui, je vis un peu au jour le jour. Mon fils revient vers moi. J'espère que sa mère se soigne et que d'autres crises ne viendront pas défaire le patient travail de reconstruction de liens que je suis en train d'accomplir. »

Proposition de loi pour une guidance parentale

En 2005, nous avions, Olga Odinetz et moi-même, déjà alerté le ministère de la Justice avec le constat suivant qui reste toujours d'actualité, et qu'il n'est pas inutile de reprendre :

« La prise en charge des séparations parentales et des divorces très conflictuels, dont les principales victimes sont les enfants, fait l'objet depuis quelques années d'une préoccupation toute spéciale dans de nombreux pays occidentaux, du fait de leur nombre croissant et du coût social énorme que ce phénomène entraîne, en termes de prise en charge juridique, de soins médicaux, de comportements à risque, de délinquance et de chômage.

Les magistrats pour enfants et les juges aux affaires familiales connaissent bien la souffrance psychologique que peut ressentir un enfant dans une situation de carence de l'exercice de l'autorité parentale. Il est reconnu qu'un enfant victime d'un conflit de loyauté, dans une situation non justifiée de rupture, de rejet ou de déni de liens avec une partie de sa famille, est l'objet d'une maltraitance psychologique qui aura de graves conséquences pour son avenir.

Dans ce domaine, le système judiciaire français souffre d'une double carence :

- *il n'existe pas dans notre pays de politique de prévention des conflits parentaux aigus autour de l'enfant ;*
- *à un âge où la psychologie de l'enfant est en phase de construction, la résolution des conflits parentaux nécessite une réponse juridique très rapide, ferme, voire contraignante, et très claire quant à la lecture de la loi et l'application de décisions judiciaires. Or dans de nombreux cas, les décisions judiciaires ne sont pas appliquées, et les réponses données au plus grand nombre ne sont pas adaptées aux cas extrêmes de conflit parental aigu.*

Un certain nombre de parents n'arrivent pas à gérer leur séparation de façon responsable, en préservant l'image et la fonction parentale de leur ex-conjoint, et rencontrent d'immenses difficultés pour maintenir leur enfant en dehors de leur conflit conjugal.

Or, la séparation des parents est d'autant plus douloureuse et traumatisante pour un enfant qu'elle est conflictuelle. Quand le conflit porte sur la garde de l'enfant, ce dernier fait l'objet d'un combat juridique acharné particulièrement néfaste à son équilibre.

Instrumentalisé dans cette « guerre de la rupture », l'enfant est exposé au chantage psychologique d'un parent qui abuse de son autorité parentale en ne respectant pas le droit de visite et en l'incitant à rompre tout lien affectif avec son autre parent.

Les séparations conflictuelles sont un vrai problème de société dans le domaine de la santé, de l'emploi et du droit.

Le prix de cette maltraitance psychologique dont l'enfant fait l'objet n'est pas sans conséquence sur la construction de sa personnalité. Repli sur soi, perte de confiance en soi, perception biaisée de la réalité sont autant de symptômes qui annoncent ou accompagnent de graves perturbations : troubles psychosomatiques, échec scolaire mais également comportements dangereux (alcool, drogue) qui peuvent mener l'enfant jusqu'au suicide.

Hormis la souffrance et la détresse personnelle, le coût social de ses situations extrêmes est immense en termes de perte d'emploi, soins médicaux et procédures judiciaires, qui s'étendent dans la durée, avec apparition de nombreux comportements à risques chez les personnes concernées.

Le parent associant abusivement son enfant à son divorce, non seulement ne respecte pas l'équilibre psychologique de l'enfant mais également ne respecte pas la loi.

En effet, au terme de l'article 373-2 du code civil, « chacun des père et mère doit maintenir des relations personnelles avec l'enfant et respecter les liens de celui-ci avec l'autre parent. » Le juge doit par ailleurs veiller à la sauvegarde des intérêts des enfants mineurs et prendre les mesures afin de garantir la continuité et l'effectivité du maintien des liens de l'enfant avec chacun des parents.

La loi du 4 mars 2002 a d'autre part confirmé le recours à la médiation familiale : en cas de désaccord entre les parents, le juge peut proposer aux parents une médiation familiale pour rechercher un exercice consensuel de l'autorité parentale. Elle a aussi donné la possibilité au juge d'ordonner l'inscription sur le passeport des parents de l'interdiction de sortie de l'enfant du territoire français sans l'autorisation des deux parents.

Si ces mesures ont constitué de vraies avancées juridiques au bénéfice des enfants, elles ne prévoient malheureusement pas la prévention des conflits familiaux, comme cela existe déjà au Canada.

Dès lors, pour répondre à des situations extrêmes, il nous semble nécessaire de renforcer les dispositifs juridiques existants par un dispositif spécifique de soutien et d'accompagnement à destination des parents, en incluant dans le Code civil la possibilité pour le juge de proposer aux parents en instance de séparation ***un stage de guidance parentale.***

L'objectif de ce stage serait de donner à chacun des deux parents les moyens de mesurer l'impact de leurs comportements, de leurs actes ou de leurs paroles, sur leurs enfants, d'accroître leur information et de renforcer leur compétence parentale mise à mal par la crise occasionnée par la rupture conjugale.

Ce stage de guidance fonctionnerait comme un système expert pour les magistrats pour les aider à prendre des décisions adaptées concernant les enfants, dans des situations complexes dans lesquelles l'un des deux parents pourrait présenter des troubles de la personnalité.

Il prendrait la forme d'un soutien, avec possibilité d'un accompagnement dans la durée par un administrateur référent, des parents traversant de grandes difficultés lors de la séparation afin qu'ils puissent identifier et résoudre au mieux par eux-mêmes les causes du conflit parental.

Le stage de guidance parentale devra être administré par une équipe pluridisciplinaire qui interviendra dans les domaines :

- *juridique en expliquant la loi, les droits et les responsabilités ;*
- *psychologique en expliquant les effets des conflits parentaux sur les enfants, les difficultés inhérentes à la gestion d'une rupture ;*
- *médical en recherchant d'éventuelles pathologies chez les parents qui nécessiteraient une réponse judiciaire ou médicale adaptée ;*
- *social pour trouver ensemble des solutions aux contraintes du quotidien et organiser les parents autour de la vie de l'enfant.*

Il reviendrait au juge de l'ordonner lors de la demande de séparation et/ou à n'importe quel moment de la procédure de séparation.

Ce texte a été repris dans la proposition de Loi n° 2736, présentée à l'Assemblée nationale par Nadine Morano, député de Meurthe-et-Moselle. Il demandait l'adoption des dispositions suivantes :

Article I

À l'article 252 du Code civil après les mots « que sur ces conséquences » ajouter la phrase :

« Le juge peut accompagner la tentative de conciliation de l'obligation d'accomplir pour les deux parents un stage de guidance parentale, selon des modalités fixées par décret. Ce stage peut être imposé tout au long de la procédure de divorce. »

Article 2

À l'article 373-2-6 du Code civil, après les mots « sans l'autorisation des deux parents. » ajouter la phrase :

« Dans le cas d'une séparation conflictuelle, il peut aussi enjoindre les deux parents de suivre un stage de guidance parentale prévu à l'article 252 du Code civil. »

Aucune suite n'a été donnée à ma connaissance. Force est de constater une certaine inertie de nos institutions en matière de prévention. Ces propositions restent toujours d'actualité.

Guidance parentale au Canada

Des programmes de guidance parentale ont été mis en place depuis près de vingt ans dans différents États au Canada.

Pour l'amour des enfants est un projet conjoint du Service de conciliation familiale du ministère des Services à la famille et du Logement du Manitoba et du ministère de la Justice du Manitoba, en collaboration avec la Division de la famille de la Cour du Banc de la Reine. Le ministère de la Justice du Canada a participé au financement de ce projet. ***Pour l'amour des enfants*** est un programme qui vise à fournir aux parents le genre de renseignements dont ils ont besoin pour :

- comprendre ce qu'ils sont en train de vivre, autant sur le plan émotionnel que sur le plan juridique ;
- faire face à la séparation afin de pouvoir à leur tour aider leurs enfants à s'adapter.

Le programme a été développé à partir des postulats suivants : la séparation est un problème d'adultes. Les enfants ne participent pas à la décision des parents, et pourtant ils sont sérieusement touchés par celle-ci. Les conséquences de la séparation sur les enfants dépendent en grande partie de la relation des parents après la séparation.

La séparation et le divorce sont pénibles ; cependant ni les parents ni les enfants ne devraient être « anéantis » par ce processus. Les recherches et l'expérience montrent que c'est le conflit parental qui cause le plus de mal aux enfants, et non la séparation en elle-même. ***Pour l'amour des enfants*** vise à trouver des moyens de réduire les conflits parentaux et le stress que les parents subissent. Le programme est conçu pour les aider afin qu'ils puissent eux-mêmes aider leurs enfants.

Pour l'amour des enfants est un programme de six heures divisé en deux séminaires de trois heures chacun.

La première partie aborde les thèmes suivants :

– la séparation du point de vue des adultes types, phases et réactions ;

– la séparation du point de vue des enfants types, phases et réactions ;

– les besoins des enfants d'âges différents ;

– les questions économiques ;

– les questions juridiques ;

– les façons de résoudre les problèmes sans aller au tribunal ;

– la réorganisation ;

– les avantages de la coopération entre parents, par rapport aux désavantages du conflit.

La seconde porte sur les sujets ci-dessous :

– les conséquences des conflits sur les enfants ;

– la communication avec l'autre parent de l'enfant ;

– la communication avec l'enfant ;

– les questions relatives à un nouveau partenaire.

Les familles ont des besoins différents après une séparation en ce qui concerne la communication entre parents. Pour tenir compte de ces différences, les intervenants proposent deux options pour le second séminaire. L'une vise les situations où le niveau de conflit parental est peu élevé, l'autre celles où ce niveau est plus élevé. Le personnel du programme ***Pour l'amour des enfants*** aide les parents à choisir l'option qui sera la plus bénéfique dans leur situation.

Ces séminaires sont animés par le personnel du Service de conciliation familiale, qui est spécialisé dans les questions de séparation et de divorce. Le programme ***Pour l'amour des enfants*** est destiné aux adultes qui vivent une séparation ou un divorce et qui ont des enfants. On encourage les deux parents à y participer ; cependant, **ils seront inscrits à des séances séparées.** Le programme est aussi offert à toute autre personne intéressée.

Des programmes d'aide et d'éducation pour les enfants dont les parents vivent une séparation ou un divorce difficile ont également été mis en place. Ainsi le programme **« Coincé entre les deux »,** qui permet aux enfants de 8 à 12 ans, de trouver une réponse à leurs questions, de discuter de leurs inquiétudes et de leurs appréhensions en compagnie d'autres enfants du même âge. Les groupes sont dirigés par des conseillers du Service de conciliation familiale.

Ce programme a été mis sur pied pour aider et éduquer les familles qui essayent, par des rencontres avec les enfants, de régler les problèmes qui suivent la séparation. Ce service est gratuit.

Le groupe est constitué de six à huit enfants. Le programme se déroule sur deux séances durant l'année scolaire : de janvier à mars et de septembre à décembre. Les rencontres ont lieu le soir pendant huit à dix semaines, de 18 h à 19 h 30.

Les thèmes discutés sont les suivants :

- estime de soi ;
- restructuration de la famille ;
- incertitude, colère et chagrin ;
- belles-familles, familles reconstituées ;
- conflits familiaux ;
- loyauté ;
- sentiments ;
- problèmes juridiques.

Ce programme a été évalué. Il a été mis en évidence qu'il apporte aux familles un grand nombre d'avantages du fait qu'il :

- diminue le stress de la séparation et du divorce ;
- développe la confiance en soi ;
- permet aux enfants de communiquer avec d'autres jeunes ;
- apprend aux participants à faire face à leurs sentiments ;
- procure du réconfort et permet un échange :
- permet aux participants d'exprimer leurs sentiments de colère et de culpabilité ;
- procure une détente agréable.

Un changement de paradigme : le modèle de Cochem

Par Roland Broca

Quelle solution trouver, quelle méthode mettre en place pour tenter de sortir du désastre annoncé lors de séparations très conflictuelles ? Expertises, décisions de justice, médiation… tout cela pour le bien de l'enfant. Mais dans ces conflits, les expertises appellent des contre-expertises, les jugements ne sont pas respectés, les médiations dites volontaires sont perçues comme des obligations et, trop souvent, ne mènent à rien.

Les situations s'enlisent, « pourrissent », se crispent au lieu de progresser. L'aliénation s'installe.

La coopération entre professionnels ? Tout le monde est d'accord, elle est indispensable. Mais elle fonctionne trop souvent de manière rigide et elle est trop souvent instrumentalisée par les parties.

Pourquoi ?

J'ai envie, en guise de préambule, de citer quelques lignes de Robert Penn Warren, auteur d'un roman appelé en français « Le Fou du roi » et qui inaugurent assez bien mon propos. Jugez plutôt :

« C'est pourquoi je vois clair dans la loi. La loi, c'est une petite couverture pour une personne pour un lit à deux personnes, où on dort à trois par nuit froide. Il n'y a même pas assez de couverture pour couvrir tout le monde, et on a beau tirer dans tous les sens, quelqu'un est toujours sur le point d'attraper une pneumonie. La loi, c'est le pantalon acheté l'année dernière pour un petit garçon en croissance, et cette année, les coutures craquent, les mollets sont à l'air. La loi est toujours trop courte et trop étroite pour l'humanité en croissance. »

Les lois qui organisent les divorces allègent les procédures. Il est, dans nos pays libres, presque aussi facile de se marier que de se séparer. Notre société banalise l'événement et ne veut pas voir la difficulté qu'il y a pour les parents comme pour les enfants de se réinvestir dans un nouveau schéma de fonctionnement. Facile donc de divorcer, mais les choses se compliquent singulièrement quand la garde des enfants entre dans la discussion.

La procédure fonctionne alors, par bien des aspects, de manière traditionnelle. Deux avocats entrent en lice et le juge, tel Salomon, doit décider qui a tort, qui a raison, au vu de témoignages, d'expertises, de rapports de médiations, etc. Chacun tire la petite couverture à soi et l'enfant attrape la pneumonie.

Pourtant, il existe d'autres manières de faire et l'expérience menée à Cochem, en Allemagne, reprise à Dinant, en Belgique, est très convaincante.

En quoi consiste-t-elle, comment fonctionne-t-elle, est-elle généralisable et comment ?

À Cochem, une nouvelle approche des séparations conflictuelles

Cochem est une ravissante petite ville d'Allemagne, située sur les bords de la Moselle. Rappelons que l'Allemagne est un État fédéral, ce qui implique une plus grande liberté d'action au plan local.

Tout est parti, dans les années 1990, des nombreuses plaintes de pères privés de leurs enfants après un jugement de divorce et de la constatation que ces jugements tranchaient une situation conflictuelle entre deux adversaires : le mari et la femme. Les enfants n'étaient pris en compte que pour être « attribués » au bon conjoint, perçu comme meilleur que l'autre. L'enfant, objet mineur, n'était pas perçu comme ayant des droits, notamment celui de vivre harmonieusement avec ses deux parents. Les deux adversaires ayant chacun leur avocat et la réputation de ce dernier se construisant sur ses succès, c'était au plus fort de l'emporter. C'est la conception du gagnant/perdant dans laquelle l'enfant est toujours le perdant.

À Cochem, le juge aux affaires familiales Jürgen Rudolph a pris l'initiative de réfléchir avec maître Theissen, avocat et Ursula Kodjoe, psychologue sur une autre manière de faire. Une coopération s'est ainsi mise en place entre les autorités judiciaires, l'ordre des avocats, les services de protection des mineurs et les services spécialisés dans l'aide aux familles pour amener les parents en conflit à trouver eux-mêmes des solutions amiables, répondant aux besoins des enfants, dans le cadre d'une procédure rapide.

Je commencerai par décrire le protocole et ce qu'il implique, plutôt que de le comparer d'emblée avec nos pratiques – ce qui sous-entendrait d'emblée une comparaison quelque peu méprisante à l'égard de nos usages. Cette attitude intellectuelle est déjà une mécompréhension de l'éthique de la méthode employée à Cochem.

Le fonctionnement instaure une « coopération ordonnée ». Ce qui signifie d'abord une règle qui s'impose aux intervenants professionnels impliqués dans la gestion du conflit familial, avocats, juges, conseillers aux tribunaux de la jeunesse, experts. Ils doivent s'investir et participer ensemble, de manière la plus volontaire possible, à la résolution du conflit familial. Ce mot « ensemble » doit être souligné : il s'agit bien d'un travail mené en commun et non de la confrontation de l'avis de plusieurs experts ou psychologues ou travailleurs sociaux dont l'avis est sollicité. Ni même, bien sûr, d'une procédure à suivre. L'enjeu est de participer ensemble à la résolution d'un conflit.

On retiendra donc que cette méthode **implique d'abord les professionnels** et leurs capacités ou volonté de s'impliquer ensemble. Toute initiative qui viserait à mettre en place autoritairement une « nouvelle méthode » de concertation entre professionnels sans tenir compte de leur volontarisme à s'investir serait probablement vouée à l'échec.

Cela n'est pas sans nous rappeler un autre dramatique sujet de société, à savoir le traitement des personnes incurables, en fin de vie. Des expériences absolument magnifiques qui impliquaient les médecins, les soignants, les familles, éventuellement les prêtres, unis dans la même volonté d'accompagner ces patients, ont servi d'inspiration pour une nouvelle législation, un droit aux « soins palliatifs ». Mais l'idéal initial a rarement été réellement mis en place et, dans beaucoup d'hôpitaux, les soins palliatifs sont réduits à des traitements contre la douleur et des injections de morphine.

Ceci pour dire qu'il ne suffit pas de décortiquer une expérience positive, d'en définir les ingrédients, pour qu'elle soit reproductible avec la même efficacité. C'est le désir d'agir autrement et d'agir ensemble, avec le même idéal qui est véritablement moteur.

Comment fonctionne ce qu'il est d'usage d'appeler « le modèle de Cochem » ?

Jürgen Rudolph, juge de la famille au tribunal de Cochem introduit de la manière suivante le modèle d'intervention qu'il pratique depuis près de 25 ans dans sa juridiction[200] :

> *« La coopération interdisciplinaire est nécessaire dans presque tous les secteurs de la vie. Cependant, elle n'est que rarement pratiquée. Son application est souvent mise en échec par des conditions défavorables : les modifications nécessaires des pratiques échouent car elles sont souvent laissées à des "penseurs" et manquent de "fantaisie". Pour atteindre une excellente collaboration entre les professionnels et les institutions, une condition est indispensable : la parfaite compréhension mutuelle. »*

200. *www.ak-cochem.de*, traduit de l'allemand par Philippe Maillard.

Il raconte comment la mise en place de ce modèle d'autorité parentale a été rendue possible :

> *Au cours de l'année 1979, le tribunal de la Famille de Cochem devait régler « l'autorité parentale » pour deux jeunes de 15 à 16 ans. Le divorce de leurs parents, peu avant la réforme du droit matrimonial, n'avait pas encore été déclaré par le tribunal régional compétent, que déjà il fallait décider de « l'autorité parentale ». Cette procédure avait été laissée à l'appréciation du juge de la Famille disponible à ce moment.*
>
> *La décision était basée sur l'article § 1671 IV Partie 1 du Code civil (BGB), qui indiquait que « Le droit de garde (modifié à partir du 01.01.1980 en « Autorité parentale ») est à octroyer à un seul des parents. »*
>
> *Entre-temps, les parents des deux enfants concernés s'étaient à nouveau réunis et ont refusé le transfert de l'autorité parentale à seulement l'un des parents. Puisque ce désir, issu du droit des parents, paraissait compréhensible, mais ne pouvait être pris en considération en raison de la situation de la loi existante, j'ai décidé de présenter au tribunal constitutionnel fédéral une demande de réexamen constitutionnel du § 1671 IV Partie 1 du Code civil (BGB).*
>
> *Sachant que deux autres juges de la Famille, dans des circonstances similaires, avaient également appelé le tribunal constitutionnel fédéral à se prononcer, celui-ci a déclaré en date du 03.11.1982 que le § 1671 BGB était anticonstitutionnel.*
>
> *Cette décision du tribunal constitutionnel fédéral a dès lors rendu possible le règlement de l'autorité parentale, après divorce, sur de nouvelles bases.*
>
> *La décision du tribunal constitutionnel fédéral m'a dès lors permis de prendre acte du fait qu'il fallait laisser aux deux parents, en accord avec eux, la décision sur l'autorité parentale, même après une séparation. De tels règlements représentaient environ 20 % de toutes les décisions de garde jusqu'à 1992.*

Jürgen Rudolph fut au cœur de ce nouveau dispositif pour lequel il a fallu convaincre les avocats :

> *« Au cours des trois premières années, les réunions de ce groupe de travail avaient lieu trois fois par an, puis six fois par an et à partir de 1999, elles sont devenues mensuelles. C'est devenu une véritable "institution" qui imprègne considérablement l'activité de tous : représentants des institutions et professionnels.*
>
> *Les premières réunions étaient marquées par la particularité suivante : les propositions, âprement discutées, des participants étaient focalisées sur leurs propres activités individuelles. Aucun des participants ne partait du point de vue qu'il rencontrerait, au travers de cette manière de travailler,*

une nouvelle qualité de ses relations professionnelles. Les efforts n'étaient dirigés que vers un échange de pensées et d'expériences. En particulier les avocats : ils se sont lancés à plusieurs reprises dans une tentative de définition du bien-être de l'enfant et se sont engagés dans des discussions controversées – entre eux-mêmes – sur la défense des intérêts des parties engagées au procès.

Une quantité d'avocats se disaient prêts à renoncer à leurs mandats si la défense des intérêts de l'un des parents était contraire, selon eux, aux intérêts de l'enfant. D'autres invoquaient leur mandat selon lequel ils représentaient les intérêts de l'un des parents et non celui de l'enfant. Toutefois, ces différentes positions ont conduit, tout en permettant de respecter les points de vue divergents, à développer la collaboration future.

Cependant, un élément commun a pu être obtenu de tous les avocats : que les procédures judiciaires ne poursuivraient plus une stratégie de conflit. Comme conséquence de cette position, les avocats se sont préoccupés, dès avant l'introduction des dossiers en justice, ***dans le cas de forts litiges,*** *à orienter immédiatement les parents vers les professionnels des services d'aide et du tribunal de la Jeunesse. Dès ce stade, les deux parents étant représentés par leurs avocats respectifs, ces derniers se sont directement mis en rapport avec leurs collègues afin d'encourager les parents à adopter des comportements adéquats.*

Il est important de mentionner que le juge de la Famille en charge des décisions de garde, statue en deux semaines. Les décisions concernant les aspects matériels des séparations sont prises ultérieurement.

On a pu constater que, de ce fait, le litige des parents ne se portait plus que sur des questions de fonctionnement. Cette problématique s'est concentrée évidemment dans les cas où l'on traitait exclusivement du droit de garde, donc du "tout ou rien" aux yeux des parents.

S'il s'avère que durant une négociation les parents ne sont pas (ou pas encore) en mesure de trouver un terrain de communication permettant une solution, ***la procédure est interrompue.*** *Les échanges verbaux à peine terminés, les collaborateurs du tribunal de la Jeunesse confirment* ***immédiatement*** *aux parents concernés une consultation dans les services de conseils adjacents. Même si pour les parents la continuité de "soins" apparaît évidente, il n'en reste pas moins que c'est le service des psychologues qui en est chargé qui décide, en totale autonomie, de la poursuite de la procédure, y compris pour l'aspect "durée" de ces soins. »*

Le juge est le personnage le plus important du drame. Il bénéficie d'une aura quasi mystique – en tout cas pendant la procédure : le respect du jugement est une autre affaire. C'est le juge qui propose une médiation, qui décide de faire appel à un expert, qui sollicite les services sociaux, etc.

Comment sortir de cette situation, de cet engrenage qui prend beaucoup de temps, cristallise les situations conflictuelles et ne fait qu'envenimer les choses au détriment de l'enfant ?

À Cochem, s'est progressivement mise en place une autre pratique qui repose sur les principes suivant :

- tout doit se subordonner à l'intérêt et à la position des enfants. Dans la procédure classique, un parent a tort, l'autre a raison. L'enfant grandit en ayant l'idée qu'un de ses deux parents est mauvais : c'est invivable et les conséquences pour sa vie future sont dramatiques. À Cochem, on considère que l'instrumentalisation des enfants contre un des deux parents dans le litige conjugal est une forme de mauvais traitement sur mineur et doit être sanctionnée comme tel.

- la procédure doit intervenir précocement et les délais entre les différentes étapes doivent être raccourcis pour que les situations conflictuelles ne se figent pas et ne se transforment pas en SAP. L'approche conventionnelle est interminable et contribue à l'escalade dans le drame. Dans la pratique concertée, le calendrier est ramassé. L'avocat est la première personne contactée. Puis une rencontre est organisée avec le psychologue. La première audition chez le juge a lieu dans les quatre semaines qui suivent et la seconde dans les trois mois, à une date fixée lors de la première audition si un accord n'a pu être trouvé. Quand la situation est bloquée, le juge propose aux parents de faire le point avec l'aide d'un tiers. Là encore, cette guidance parentale intervient dans un temps défini et relativement court : 3 à 5 séances en général.

- l'interdisciplinarité. Les professionnels travaillent ensemble dans le même but : faire dialoguer les parents dans l'intérêt de l'enfant. Le but n'est pas d'imposer une solution aux parents : le but est de donner une chance aux enfants en forçant les parents à coopérer. C'est une démarche de consensus, basé sur un devoir de dialogue. À partir de là, les professionnels s'interrogent d'abord sur la capacité des parents à se parler et à trouver une solution pour le bien de l'enfant et donc sur le niveau d'implication nécessaire du réseau des professionnels. Les parents perçoivent cela et le plus souvent s'impliquent à leur tour et coopèrent.

L'attitude des professionnels est donc très différente des pratiques traditionnelles : l'avocat ne considère plus la mésentente des parents comme un match qu'il doit gagner. C'est au contraire lui qui « donne le ton », et informe de la méthode en place. Il discute avec les parents afin de trouver les points positifs sur lesquels s'appuyer pour qu'ils prennent en compte le bien-être des enfants.

Le psychologue qui rencontre à son tour chaque membre de la famille travaille dans le même esprit.

Le juge enfin n'est pas là pour trancher, du moins dans un premier temps, mais pour accompagner et guider le dialogue. Il incite à trouver une solution dans un respect mutuel. Si les choses n'avancent pas, il oblige les parents à élaborer un projet au besoin avec l'aide de spécialistes de résolution des conflits. Ce que l'on appelle une *coopération ordonnée*. Une coopération sous contrainte !

Il s'agit donc, pour chacune de ces professions, de travailler autrement, ensemble dans le même esprit, dans le respect de l'équipe et dans le respect des deux parents. Cela implique des réunions régulières entre tous les professionnels concernés ainsi que des formations particulières mais aussi une volonté de sortir des schémas habituels. Sortir du mépris qu'affichent trop d'avocats pour le point de vue des différents professionnels amenés à intervenir dans une situation donnée – et réciproquement. À Cochem, comme dans les juridictions où cette coopération ordonnée s'est mise en place, la réticence des professionnels a été grande au début et a nécessité un important travail en commun. Se comprendre, s'estimer, prendre en compte les attentes de chacun : le partenariat véritable (et pas seulement affiché) est difficile et il est au cœur de la réussite ou de l'échec de la méthode. Ce travail en réseau exige également que soient respectés le rôle et les compétences de chaque intervenant.

Les résultats de cette pratique sont très positifs.

Pour les enfants d'abord. La séparation de leurs parents est une douleur mais on constate que les enfants dont les parents s'entendent à leur sujet sont rassurés et plus sereins.

Pour les parents ensuite. Certes ils doivent assumer l'échec sentimental que représente la rupture mais leur identité de père ou de mère demeure positive. En outre, actifs dans la procédure, initiateurs des solutions, ils sont beaucoup plus enclins à les respecter, à l'inverse des jugements imposés d'en haut, vécus comme injustes par une des deux parties.

Pour la société enfin : des procédures plus rapides sont moins coûteuses.

Quantitativement, les chiffres qui circulent sur Cochem font état de 95 % d'accords entre les parents dès la première audience et 98 % des 5 % restant lors de la deuxième audience…

La clé de cette réussite réside dans le changement d'attitude et de pratique de tous les professionnels.

Le docteur Traudl Füchsle-Voigt est expert-psychologue au sein du groupe de travail “Séparation et divorce” à Cochem. Elle explique comment cette nouvelle approche des conflits parentaux a changé sa pratique d’expert[201] :

« Je ne considère plus comme urgent et prioritaire – la production de rapports d’expertise détaillés permettant au juge de décider de la capacité ou de l’incapacité des parents à remplir leur rôle éducatif, comme c’était le cas jusqu’à présent et comme c’est encore le cas en de nombreux lieux. Cette tâche purement diagnostique correspond certes à la compréhension classique des experts et sera encore pratiquée telle quelle par nombre d’entre eux à la demande du juge de la Famille devant statuer en ces matières. Pour les parties concernées, c’est-à-dire les enfants et les parents, cette procédure se révèle non seulement généralement peu utile, mais elle produit surtout beaucoup de crainte quant aux “déficits” dont ils sont susceptibles d’être affublés par l’expert. Il apparaît de plus qu’au cours de l’expertise, les parents tentent avec force de dissimuler leurs problèmes et leurs faiblesses afin de fournir une impression aussi positive que possible, pour sortir enfin vainqueur des débats judiciaires. Dans quelle mesure, cette façon d’agir, peut-elle aider l’enfant ou renforcer les droits des parents et des enfants ??? La réponse, ici, est très claire : d’aucune manière.

Les experts-psychologues devraient utiliser davantage leur savoir à supporter et à interagir dans la médiation des conflits afin de construire avec les parties concernées une relation de confiance pour atteindre ensemble, des solutions dans les situations de séparations et de divorces. Ce n’est qu’ainsi qu’un traitement et qu’une maîtrise constructive des événements liés à la séparation et au divorce peuvent être atteints, évitant les conséquences négatives sur le développement des enfants.

Cela fait plus de dix ans que je suis cette manière de travailler lors de mes expertises, sachant qu’au travers du groupe de travail “séparation et divorce” elle est cautionnée par tous les professionnels interagissants (le juge de la Famille, tribunal de la Jeunesse, avocats, conseillers et experts).

Cela signifie avant tout que le tribunal de la Famille, en tant que donneur d’ordre, fournit un espace libre à l’expert en lui permettant d’aplanir les conflits, sans persister à le confiner dans une activité diagnostique classique qui consiste à produire des expertises détaillées. Cela ne signifie toutefois pas que, dans des cas isolés, il ne soit pas nécessaire que de telles expertises aient lieu.

Nous obtenons des succès même dans les cas particulièrement litigieux

En règle générale – et ma longue expérience ne peut qu’en être le témoin – cet effort de confiance et de médiation produit souvent des résultats étonnants et surprenants, même là où, selon toutes les apparences, les

201. *www.ak-cochem.de*, traduit de l’allemand par Philippe Maillard.

cas étaient considérés comme initialement hautement litigieux et voués à l'échec et où les compétences professionnelles d'autres experts avaient échoué. L'autorité professionnelle des experts-psychologues, de même que l'expérience des couples en séparation très litigieuse, confirment que le "jeu" Gagnant-Perdant ne mène à aucune "victoire espérée". Ce sont des éléments importants avec lesquels un expert peut contribuer à la médiation de conflits.

C'est le fait que tous les professionnels collaborant ont souscrit à l'objectif "aplanir les conflits", qui a permis d'établir une coopération en confiance et de fixer les bases d'une pratique réussie depuis dix ans. »

Cette méthode qui organise la « *désescalade* du conflit » est-elle possible en France ? Dans un État centralisé comme le nôtre, la décision doit venir d'en haut et on sait qu'il est très difficile de toucher aux prérogatives des professions, quelles qu'elles soient. Dominique Versini, lorsqu'elle était défenseure des enfants avait fait une proposition dans l'esprit de Cochem. Cela n'est resté qu'une bonne idée…

Chapitre 18

Le modèle de consensus parental de Dinant, Belgique

Par Bee Marique

Le constat de l'inadéquation de la procédure judiciaire dans l'accompagnement des familles en séparation existe depuis de nombreuses années. En effet, la lenteur de la procédure permet une cimentation des conflits. Sans compter la logique « adversaire » où le parent est opposé à l'autre dans la revendication de ses demandes. La place prise par le juge déresponsabilise également les parents dans leur prise de décision et les intervenants se découragent de l'inexécution des décisions rendues.

Face à cette désolante réalité, madame Marie-France Carlier, juge en matière familiale au sein du tribunal de première instance de Namur, division Dinant, a décidé de ne pas rester passive et, s'inspirant de la pratique en vigueur dans l'arrondissement de la ville allemande de Cochem, a mis sur pied le *modèle de consensus*. Cette initiative n'a été possible que grâce à la collaboration entre professionnels, particulièrement celle du barreau.

Le modèle dinantais se veut avant tout préventif bien que des outils existent pour tenter d'accompagner la rupture de lien "cimentée". L'article se concentre sur les éléments de la procédure qui permettent d'éviter la rupture de lien que cette dernière soit justifiée par un syndrome d'aliénation parentale ou par d'autres éléments.

Hypothèse de départ

Les parents qui souffrent d'une séparation n'ont jamais envisagé leur parentalité autrement qu'au départ du couple. Aucun modèle n'existe sur la manière d'être un bon parent "séparé". Dans ce contexte, les parents se reposent sur la culture véhiculée dans leur pays, autour de la séparation.

En Belgique, la disparition du divorce pour faute et la critique de la logique "adversaire" sont encore trop récentes que pour que le changement de la législation ait pu influencer les états d'esprit. Les parents actuels gardent dès lors un souvenir particulièrement conflictuel de la manière dont il faut gérer la séparation.

Au moment de la rupture, la famille vit une réelle situation de crise, impliquant un processus de deuil non négligeable. Les parents sont fragilisés et démunis par rapport aux besoins de l'enfant, besoins dont ils n'ont pas conscience.

Le modèle de consensus vise donc *deux objectifs globaux,* d'une part *l'accompagnement des parents,* et plus largement des familles dans une procédure qui influe un modèle de coparentalité positif et, d'autre part, *un changement des cultures.*

Dans un premier temps les points de procédure vont être abordés pour ensuite se pencher sur les démarches réalisées pour tenter de modifier les états d'esprit.

Procédure[202]

Le rôle de l'avocat en amont : une fonction revisitée

Les parents démunis face aux démarches à réaliser dans le cadre de leur séparation vont généralement consulter un avocat pour répondre à leurs questions.

Le rôle de l'avocat est dès lors déterminant. Si la réponse reçue de l'avocat évoque une procédure belliqueuse et que ce dernier encourage le parent à énumérer les défauts du coparent et soutient le client dans des demandes contraires à l'intérêt de l'enfant (exemple, un hébergement exclusif et une rupture de lien total avec le coparent), le climat entre les parties ne peut qu'empirer. Si au contraire, la réponse donnée encourage le parent vers une coparentalité positive, le parent sera soutenu et encouragé dans la restauration d'une bonne entente.

Types d'informations

Les informations transmises sont de deux ordres : *juridiques et familiales.*

D'un point de vue juridique, l'avocat va exposer le déroulement de la procédure, expliquer en quoi consiste la médiation, selon le cas l'expertise et exposer à son client la jurisprudence applicable en l'espèce (exemple : fratrie, enfant en bas âge, longue distance entre les domiciles...). L'avocat insistera tout particulièrement sur la notion d'autorité parentale conjointe qui impose un dialogue entre les parents et sur l'importance de respecter les décisions qui vont intervenir.

202. Voir également Bee Marique et Marie Sacrez, « De Cochem à Dinant : une procédure dans le respect de l'enfant », *Rev. trim. dr. fam.* ; 2014, liv.1, p. 11-46.

L'information "familiale" est une information globale sur les dynamiques vécues par la famille et les enfants suite à la séparation.

L'importance d'une communication respectueuse entre parents est soulignée. L'avocat responsabilise aussi le parent en lui demandant comment le coparent et lui-même ont envisagé les modalités pratiques relatives aux enfants. Il n'est pas rare que le client réponde que le juge décidera. L'avocat consacre, à ce moment, du temps à son client et lui expose les inconvénients de ce mode de fonctionnement : risque d'une décision non adaptée à leur culture de famille, recours régulier et systématique aux tribunaux pour trancher des éléments du quotidien tel que le choix de l'établissement scolaire, le départ en vacances à l'étranger, le changement exceptionnel de l'hébergement, la tension ressentie par l'ensemble des membres de la famille durant ces procédures… L'avocat expose ensuite les avantages de la prise de responsabilité par les parents : modèle de communication positive pour les enfants, modèle du rôle d'un parent pour l'enfant, décision "sur mesure", aspect pratique de l'organisation quotidienne, contexte plus serein.

Une explication est également donnée sur la manière dont l'enfant risque de réagir suite à la séparation[203] : l'enfant a l'impression que les parents ne l'aimeront plus comme avant, il culpabilise énormément et se sent coupable de la situation. Par souci de loyauté pour ses parents, l'enfant se sent contraint de formuler des reproches à l'égard de l'autre parent. Il se sent, par ailleurs, investi d'une mission d'union entre ses parents et mettra tout en œuvre pour les réunir.

Ursula Kodjoe, éminente psychologue allemande qui a collaboré à la création du modèle de consensus dans l'arrondissement de Cochem, propose *cinq phrases* qu'il est nécessaire de rappeler souvent aux enfants qui subissent une séparation :

> *« On t'aime de la même manière même si on ne vit plus ensemble. »*
>
> *« Toi, tu peux nous aimer chacun autant qu'avant. » (« Tu auras un moment splendide avec l'autre parent et dans X jours, je serai là. »)*
>
> *« Ce n'est pas de ta faute. C'est une décision d'adulte. »*
>
> *« Tu ne peux pas faire en sorte que l'on se réunisse. Cette décision appartient aux adultes. »*
>
> *« Tu ne peux pas prendre parti pour l'un ou pour l'autre. »*

L'avocat explique cela à son client. Il attire également l'attention du parent sur l'importance d'expliquer à l'enfant la manière dont va se dérouler la

203. Ce contenu est repris de l'exposé oral de Mme Ursula Kodjoe lors d'un séminaire : *La méthode de Consensus*, séminaire organisé par les Juges de la Jeunesse de l'arrondissement judiciaire de Dinant, Namur, 22 et 23 mars 2013.

nouvelle organisation familiale pour des éléments aussi fondamentaux que son lieu de vie, les périodes pendant lesquelles il verra l'un et l'autre parent. L'enfant doit être sécurisé et maintenu dans son rôle d'enfant, ainsi, les questions financières ne doivent pas l'inquiéter.

Ces informations sont données en vue d'informer et sensibiliser le parent. L'avocat insistera sur l'attention à porter au mal-être éventuel de l'enfant et une liste de psychologues pour enfant est donnée au parent.

L'avocat lors de cet entretien débanalise la séparation et conscientise le parent sur le travail de deuil qui va devoir être fait par toute la famille, travail qu'aucune procédure judiciaire ne saurait remplacer.

Ce temps d'écoute et de transmission d'informations "familiales" ne s'apparente nullement à une thérapie. Le client est d'ailleurs réorienté pour cet aspect.

Garantie d'une procédure cadrante

Le client a des craintes. Il redécouvre le coparent dans un rôle nouveau et il est difficile pour lui de faire confiance et de se projeter dans l'avenir.

La procédure mise en place à Dinant permet de rassurer le client. Comme il sera développé ci-dessous, la prise en charge rapide du dossier, la possibilité de fonctionner *via* des décisions provisoires (essai-erreur), le fait que le juge ne permettra pas, à l'audience en tout cas, un discours irrespectueux, le fait que, grâce aux décisions provisoires, il n'est pas possible dans le modèle de consensus de procrastiner en vue de priver le coparent du lien avec son enfant… tous ces éléments apaisent le client.

L'avocat indique aussi que le parent va recevoir des outils pour l'aider à parvenir à être adéquat dans sa coparentalité, la médiation en fait partie, au besoin l'expertise, mais aussi, en marge de la procédure, éventuellement une thérapie personnelle.

L'avocat analyse, filtre et oriente

Lors de l'entretien, l'avocat analyse et recueille les informations qui seront utiles pour déterminer l'orientation à donner au dossier[204]. Il tentera d'identifier les éléments risquant de compromettre le contact avec un parent mais ce, de manière objective et sans jugement aucun. On peut citer à titre d'exemple : la communication entre les parents, l'accord déjà pris, la crainte due à la consommation d'alcool, de stupéfiant, une maladie imposant des hospitalisations, la violence conjugale avant rupture, un dossier protectionnel déjà en cours, la famille suivie par le Service d'aide à la jeu-

204. Voir ci-dessous : *Évolution pas à pas au cas par cas*, p. 334.

nesse, la rupture de lien avec le coparent, une personnalité décrite comme manipulatrice…

Par exemple, le client fait état de problème d'alcoolémie dans le chef du coparent, il sera important d'indiquer à l'audience que le client a cette crainte. Généralement si l'information est mensongère, l'autre parent va proposer une prise de sang, ou le Parquet va pouvoir éventuellement objectiver cette information. La manière dont l'avocat relaye cette information est primordiale, il faut remettre l'information dans le contexte de séparation, insister sur le fait que les professionnels sont conscients que les parents vont devoir réapprendre à se faire confiance, le tout en faisant preuve d'un grand respect pour le coparent mais sans pour autant négliger des éléments de crainte.

Le modèle de consensus dinantais n'est pas un modèle naïf qui serait convaincu que tous les parents sont parfaits et que tous sont tout à fait capables d'assumer les enfants. Cependant, c'est le cas dans la majorité des dossiers et le modèle permet d'objectiver ces craintes sans pour autant perdre trop temps et sans pour autant rompre systématiquement le contact.

Dans l'exemple précité, imaginons qu'à la première audience, suite aux craintes énoncées *via* un avocat, le parquet informe les intervenants qu'en effet, diverses plaintes faisant état de consommation d'alcool ont été déposées à l'égard du coparent, que ce dernier explique qu'il éprouve des difficultés, ou conteste le fait d'avoir une consommation problématique. Une remise à brève échéance pourra être accordée pour permettre la production d'une prise de sang, permettre une enquête sociale de police, ou selon le cas, des visites encadrées pourraient être envisagées…

Lors du premier entretien, l'avocat note ces éléments et exposera au juge les pistes de solution auxquelles il a pensé (médiation, enquête de police, espace de rencontre…). Il faudra en tout état de cause traiter ces craintes, les aborder, les objectiver. Si le parent semble anormalement inquiet, l'avocat l'orientera vers le Service d'aide à la jeunesse qui pourra accompagner et objectiver ses peurs.

Face à ces éléments, l'avocat a également un rôle de responsabilisation du client. Si ce dernier expose que le coparent ne peut avoir des contacts avec les enfants car, par exemple, il est violent avec eux ou a des comportements incestueux… l'avocat doit lui demander la copie des plaintes relatives à ces faits. La plupart du temps, il n'y en a pas. L'avocat informe le client que si réellement, il a des craintes de faits aussi graves, il en va de sa responsabilité de protéger l'enfant. L'avocat oriente son client vers le Service d'aide à la jeunesse. Grâce à cet échange avec son client, l'avocat, par son expérience, peut déjà identifier et désamorcer l'escalade d'un conflit qui se baserait sur de fausses allégations.

Une collaboration interdisciplinaire

Le déroulement de ce premier entretien avec le client met en évidence l'importance de la confiance entre les professionnels.

Uniquement à ce stade, les psychologues ont déjà été recommandés au client, l'avocat et son client doivent pouvoir faire confiance au parquet, source précieuse d'informations objectives, de même qu'au juge pour les délais de fixation et son rôle de garant du respect de l'autre lors de l'audience et de la procédure. Dans certaines hypothèses, le Service d'aide à la jeunesse est interpellé, le coparent aura éventuellement également consulté un avocat…

Le médiateur, l'expert, la maison de justice, un centre de planning familial… vont peut-être également intervenir.

L'importance de cette collaboration interprofessionnelle sera développée dans la section 3.

Requête[205]

Les paroles s'envolent, les écrits restent. Comme énoncé ci-dessous, les parents sont dans une période charnière dans laquelle ils manquent de stabilité et de repère. Dans ce contexte et à ce moment précis, il est difficile pour eux de penser du bien du coparent, ex-conjoint, source de tant de souffrance.

Si le contenu de la requête est libre, le risque de reproche, de mot dur à l'égard de l'autre est évident. Ces propos pensés et tenus à ce moment resteront gravés tel un verdict dans les écrits. Sans compter le risque pour l'enfant de prendre un jour connaissance de ce texte. La requête prônée dans le modèle de consensus se veut dès lors succincte et se présente sous forme d'un formulaire à cocher. Elle respecte le prescrit du code judiciaire, aucune adaptation légale n'est dès lors nécessaire. Cette requête ne laisse pas la place au dénigrement et se limite à l'exposé factuel et objectif de la situation.

Elle se compose de *quatre parties :* les renseignements personnels à compléter, ensuite les modalités d'hébergement actuelles et celles qui sont souhaitées (les parties sont invitées à les cocher), et enfin un espace d'environ 5 lignes permettant une motivation succincte.

L'espace réservé à la motivation est utilisé pour informer le tribunal d'éléments dont il devra tenir compte, par exemple, l'existence d'une procédure protectionnelle, la crainte de consommation d'alcool ou de stupéfiant…

205. Voir documents, p. 366 à 374.

Bien qu'il ne s'agisse que de cocher, les questions posées replacent déjà les parents dans leur rôle et leur responsabilité.

Ainsi, lorsqu'il s'agit de compléter la partie sur les modalités d'hébergement actuelles, la question est formulée de la façon suivante :

> *« En l'absence de décision judiciaire, avez-vous organisé à l'amiable des modalités d'hébergement pour l'enfant ou les enfants chez les deux parents ?*
>
> ❑ *non, pourquoi ?*
>
> ❑ *oui : si un accord a été obtenu, lequel ? »*

La question du *« non, pourquoi ? »* est lourde de sens et véhicule l'idéologie du système. Elle rappelle aux parents la possibilité de travailler ensemble et le caractère anormal de ne pas l'avoir fait.

La question du respect des engagements (décisions judiciaires ou accords) est également posée. Le requérant est questionné en cas d'irrespect. À nouveau, cela indique aux parents que le juge ne sera pas indifférent au non-respect et qu'ils devront le justifier.

En ce qui concerne la demande relative à l'autorité parentale, dans l'hypothèse où l'autorité conjointe est demandée, aucune justification n'est demandée contrairement à la demande d'autorité parentale exclusive pour laquelle des motifs sont exigés. Les deux parents ont un rôle à jouer auprès des enfants, si un parent estime que ce n'est pas le cas, il doit invoquer de bons arguments. Il est évident que c'est le cas également dans une procédure "standard", cependant le caractère succinct de la requête permet rapidement de comprendre ce qui est considéré comme la normalité par le tribunal et les éléments qui sont de l'ordre de l'exception.

L'aspect succinct de la requête éclaire également sur le rôle que pourra jouer l'organe judiciaire : le tribunal peut intervenir pour régler ces questions praticopratiques, pour le surplus (aspects psychologiques, médicaux...), les parents sont renvoyés à leur responsabilité, même si les avocats et le tribunal ne manquent pas de les réorienter vers un interlocuteur disposé à répondre à leurs besoins.

Rapidité de prise en charge : délais de fixation, première audience et décision provisoire

La loi du 30 juillet 2013 portant création d'un tribunal de la Famille et de la Jeunesse instaure un délai de 15 jours entre le dépôt de la requête et la première audience.

Dans le modèle de consensus mis en place à Dinant, le délai visé est de trois semaines et ce en vue de gagner du temps. En effet, à Dinant, les enfants de plus de 12 ans, qui en manifestent le souhait après été informés de leur droit, sont entendus avant la première audience et le parquet peut, sur base de la requête, déjà réaliser certains devoirs tels qu'une enquête de police ou une enquête sociale de police. En dehors de ces démarches, une considération purement technique justifie ce délai de trois semaines : la notification par le greffe de la date d'audience fait l'objet d'un envoi recommandé qui doit être retiré, par la partie citée, dans les quinze jours. En fixant à quinzaine, le greffe n'a pas forcément reçu la preuve que le pli ait été retiré par la partie ainsi convoquée ou l'ait valablement atteint.

Un temps extrêmement précieux est gagné par l'absence d'audience d'introduction. La loi n'a pas été jusqu'au bout de son raisonnement, imposant un délai de 15 jours sans imposer de délais pour la suite de la procédure. Ainsi, dans la procédure standard, la requête est déposée, 15 jours après, l'audience d'introduction a lieu, et renvoie le dossier à une autre chambre, le tout dans un délai qui varie selon l'encombrement du rôle…

À Dinant, dès la première audience, les intervenants disposent d'informations : informations relayées par les avocats, l'audition des enfants, éventuellement l'enquête sociale de police ou l'enquête de police, les informations orales du parquet. Lors de cette première audience, une décision provisoire sera prise, cette dernière portant sur des points fondamentaux de l'organisation de la famille : lieu d'hébergement, contribution alimentaire provisoire. Les parents et les enfants ont besoin d'une réponse concrète, d'un cadre, d'autant plus, en début de séparation. Bien qu'il soit peut-être ridicule de le rappeler, les parents et les enfants vivent durant la procédure, ils sont bien présents, on ne peut pas les épargner, les mettre entre parenthèses, les cryogéniser.

De nombreux opposants au modèle dinantais interprètent cette décision provisoire comme un accord à tout prix, imposé aux parties et qui ne correspond pas à leur vécu. Je leur retourne la question : comment les parents s'organisent-ils à défaut de décision provisoire ? Trouvent-ils un accord ? Cet accord peut être cette décision provisoire et même à considérer que la décision ne leur correspond pas, libre à eux de s'accorder pour la changer. Ils sont en désaccord total ? Le fossé se creuse, aucune décision ne garantit le lien, un parent est plus présent que l'autre, les liens se rompent et dans six mois, la justice n'aura plus qu'à constater les dégâts. Cette description est caricaturale et hypothétique mais le risque est bien présent. À Dinant, les professionnels prennent leur responsabilité, les avocats restent présents entre les audiences pour aider les parents en cas de nécessité de changement, mais au moins, un cadre provisoire est offert aux parties.

Il est également utile d'insister sur le fait que la célérité du modèle de consensus a lieu non pas dans une solution rapide à un problème, solution qui serait bâclée, mais bien dans l'intégration rapide de ce problème dans un processus de recherche de solutions.

L'objectif de la décision provisoire est de déterminer le mode de fonctionnement durant la procédure. Cet outil est extrêmement précieux dans la prévention des ruptures de lien. Il permet de donner un canevas aux parents et des réponses claires aux enfants *(« Voilà mon grand, on a été voir le juge, papa/maman et moi on a encore besoin d'un peu de temps, mais en attendant, voici comment on va fonctionner... »)*. Cette façon d'avancer dans la procédure évite qu'un parent mette tout en œuvre pour enliser le dossier, gagner du temps au détriment de l'importance de garder des contacts avec les deux parents.

Évolution pas à pas au cas par cas

Chaque dossier nécessite une lecture individuelle et obtiendra une orientation qui lui est propre. Pour la facilité du lecteur, diverses solutions sont envisagées, elles ne sont pas exhaustives.

Accord total et définitif

Les parents s'entendent bien. Ils ont trouvé un mode de fonctionnement qui leur correspond et souhaitent une décision *« au cas où »*.

Dans cette hypothèse, le juge homologue l'accord et ne manque pas d'encourager les parents à continuer sur cette voie.

Accord provisoire et bonne communication entre parents

Les parents ne sont pas prêts pour un accord définitif. Ils communiquent mais certains points doivent encore faire l'objet de négociation. Aucune rupture de lien n'est constatée. Dans ce cas-ci, le juge remet à brève échéance ou renvoie au rôle le temps que les avocats travaillent les points d'achoppement.

Par exemple, les parents s'entendent bien mais l'un d'eux est convaincu que le coparent ne saura pas s'organiser pour prendre en charge les enfants à cause de ses horaires professionnels. Pour permettre aux parties d'instaurer un climat de confiance, une décision provisoire est mise sur pied et prévoit des contacts avec le coparent. Le dossier est reporté à deux mois. Lors de l'audience qui suit, les intervenants et les parents font le bilan sur le déroulement des deux mois précédents et une décision est prise en fonction des constats réalisés. Le parent inquiet est rassuré et l'hébergement tel qu'établi initialement fait l'objet d'un accord. Le coparent n'a pas su honorer son hébergement à cause de son travail, la garde des enfants est alors modifiée…

Cette solution d'évolution progressive est également très efficace pour les contributions alimentaires. Dès la première audience, il est rare que le dossier sur les aliments soit en état. Le juge demande au parent débiteur, la somme provisoire qu'il propose de verser pour ses enfants. Cette dernière est reprise dans la décision provisoire et très souvent l'autre parent constate que c'est suffisant. À l'audience suivante, un accord est trouvé sur ce point sans réaliser des calculs fastidieux.

Accord provisoire et absence de communication entre parents : la médiation

Lorsque la communication entre les parents est défaillante mais qu'un accord provisoire a pu être dégagé par l'intervention des avocats, du parquet et du juge, le tribunal invitera fortement les parties à se rendre en médiation, ne fût-ce que pour rétablir une communication. Le juge indique expressément cet objectif dans sa décision.

Une controverse existe sur ce renvoi en médiation. Certains considèrent que le caractère volontaire de la médiation est inconciliable avec ce procédé. De nouveau se pose la question de savoir quel est le risque encouru en invitant fermement les parties à poursuivre une médiation ? Le juge s'assure par ce biais que le parent a bien compris en quoi consistait ce mode alternatif de règlement des conflits. Le parent a reçu l'information *via* son avocat, à l'audience par le juge, puis directement par le médiateur. Le fait pour les parties de vivre concrètement la médiation est plus efficace que la simple information reçue sur le processus *(« Vu que nous sommes ici, faisons l'effort »)*. Dans la pratique, le succès de cette manière de fonctionner est constaté.

La décision provisoire permet de ne pas retarder la procédure. La date relais reprise dans le jugement peut rassurer les parents et si l'accord provisoire n'est plus adéquat, une autre solution peut être dégagée avec le médiateur.

À nouveau, l'objectif n'est nullement d'obtenir un accord à tout prix. Le souhait est que la communication entre les parents soit réinstaurée. S'ils ne parviennent pas à trouver un accord, le juge reste présent pour trancher. Il n'y a pas de déni de justice, il s'agit d'une tentative d'adéquation d'une procédure à une situation concrète, intime et familiale.

De nombreux parents qui étaient jusqu'alors plongés dans une dynamique conflictuelle à défaut d'autres solutions, d'autres modèles sont soulagés de constater qu'ils peuvent, voire doivent fonctionner autrement pour les enfants.

Rupture de lien – impossibilité d'accord provisoire – absence de communication : l'expertise basée sur la coparentalité

Dans certaines situations, les professionnels sont interpellés tardivement. Ils doivent alors faire face à une rupture de lien, une communication rompue ou conflictuelle rendant impossible tout accord.

Les professionnels doivent prendre en compte la souffrance de l'enfant qui est convaincu du bien-fondé de la rupture de lien. Ainsi même si les parents, à l'audience, considèrent que l'enfant peut retourner chez le coparent privé jusqu'alors du lien, cas de figure rarissime, cette reprise de contact devra se faire progressivement, avec la collaboration d'un espace de rencontre. Une expertise basée sur la coparentalité est généralement mise en place[206]. Cette dernière reprend les caractéristiques du modèle de consensus : l'expert fixe rapidement un rendez-vous, aucun diagnostic n'est posé, l'expert ne stigmatise pas les parents, des solutions provisoires sont proposées et feront l'objet de révision au cours de rendez-vous qui se succèdent, une dynamique de contrainte et de responsabilisation des parents est instaurée.

Par exemple : un parent dit que le coparent est dangereux pour les enfants. L'expert interroge sur la source de cette crainte et demande au coparent les garanties qu'il pourrait offrir pour rassurer le parent. Le coparent est invité à installer ces garanties. Les parents testent une reprise de contact. Un *débriefing* aura lieu lors de la prochaine séance d'expertise. En cas de désaccord ou du non-respect de l'engagement, l'expert peut renvoyer le dossier au juge en lui adressant un rapport. Une audience est fixée. Au cours de cette dernière le juge recadre le parent qui ne met pas tout en œuvre pour rendre la reprise de lien possible, le met en garde sur les risques qu'il encourt (astreinte, perte de l'hébergement…). Le dossier est renvoyé à l'expert.

Si malgré tout, le parent s'obstine sans aucun motif valable (maltraitance avérée, alcoolisme grave…) il risque d'être condamné à une astreinte, voire même de perdre l'hébergement des enfants.

Un juge garant du respect des coparents et des décisions

Le juge est un pilier du modèle de consensus.

D'une part, il est le garant du rythme de la procédure et du respect de l'autre à l'audience. Il est primordial que le juge endosse ce rôle. En effet,

206. Pour plus d'information sur cette expertise : Benoit Van Dieren, Myriam De Hemptinne et Jean-Louis Renchon, « Le Risque de rupture du lien parent-enfant et l'expertise axée sur la collaboration parentale », *Rev. trim. dr. fam.*, 2011, p. 261-298.

si l'avocat a convaincu son client de ne pas être dénigrant vis-à-vis du coparent et qu'à l'audience, le coparent ou pire encore son avocat l'insulte, indépendamment de la difficulté éprouvée par le client, l'avocat perd toute crédibilité vis-à-vis de son client.

D'autre part, le juge assume une grande responsabilité. Bien qu'il ne pose pas de diagnostic et ne stigmatise pas les parents, ce dernier recadre en permanence les parents non disposés à entamer un travail pour améliorer leur avenir de coparent. Le juge, pour ce faire, sanctionne, *via* des astreintes, *via* la suspension de l'hébergement.

Toutes les parties doivent savoir qu'il n'y a pas d'échappatoire possible. Si la décision de séparation appartient aux parents, le bien-être de l'enfant et la garantie d'offrir à ce dernier un milieu sain pour évoluer ne sont, quant à eux, pas négociables.

Par le libellé de ses décisions, le juge garantit également leur respect.

Enfin de manière plus générale, le juge représente l'autorité et est source de jurisprudence, il est donc important qu'il prône un modèle constructif et responsabilisant à l'égard des parents.

Changement des mentalités – Commission interdisciplinaire

Comme expliqué ci-dessus, outre l'accompagnement des parents dans une procédure qui influe un modèle de coparentalité positif, il est nécessaire d'influer un changement des cultures.

En décembre 2012, une Commission interdisciplinaire a été créée à Dinant.

Elle se compose des magistrats du tribunal de la Famille, des magistrats du parquet, de juristes, de criminologues, de psychologues experts, du SPJ, du SAJ, de représentants de la Maison de justice, de membres du barreau, de médiateurs agréés, des centres de planning familial, d'un étudiant en droit et médiation. Chaque secteur veille à ce qu'un représentant soit présent. Il n'est pas rare que plusieurs représentants pour le même secteur assistent à la réunion.

L'objectif de cette Commission est de faire en sorte que la collaboration entre les professionnels soit effective. Pour ce faire, chaque profession s'est présentée. La Commission évalue et tend à améliorer le modèle mis en place. Des décisions très concrètes et pratiques y sont prises (contenues de la requête, etc.). La Commission organise également des formations à destination des professionnels pour s'assurer que chacun reçoit bien l'information de base sur la coparentalité positive prônée par le modèle de consensus.

Il est également question de faire une campagne de sensibilisation au sein d'un maximum de services de première ligne tel que les écoles, les milieux médicaux, les crèches ou les services sociaux. La difficulté rencontrée pour mettre tout en œuvre est le manque d'effectif. À ce jour, l'ensemble des démarches et travaux réalisés a été réalisé bénévolement.

Il est important que les professionnels puissent se faire confiance afin de s'assurer que, quel que soit l'interlocuteur à qui le parent s'adresse, un discours identique basé sur une coparentalité positive lui soit tenu.

Conclusion

Le modèle de consensus est un modèle évolutif qui s'adapte, au jour le jour, aux constats réalisés par les professionnels qui gravitent autour des familles en séparation. Il se base sur une dynamique constante entre contrainte et responsabilisation des parents. Plus qu'une procédure en marge, il s'agit avant tout d'un état d'esprit et d'une stratégie qui s'inscrit dans une procédure et dans des règles déjà existantes.

La Commission jeunesse ne peut que se réjouir des résultats positifs issus du modèle. Il est question, dans l'année à venir, de mettre sur pied des formulaires d'évaluation permettant d'objectiver l'efficacité de cette initiative dinantaise.

Ce modèle permet d'éviter de longues ruptures de liens de par les délais de fixation très courts, l'action conjointe et cohérente de tous les intervenants dont les avocats ont un rôle majeur, les remises à court terme pour vérifier que les jugements provisionnels sont respectés ou si le coparent collabore effectivement à l'expertise collaborative en cours visant à rééquilibrer les liens dégradés.

Le modèle de Consensus se veut en constante amélioration et souhaite continuer à s'exporter dans les autres arrondissements judiciaires et pourquoi pas au-delà de nos frontières.

Chapitre 19

Réflexions d'un juge aux affaires familiales pour un meilleur partenariat entre magistrats et avocats

Par Marc Juston

L'augmentation du nombre de séparations conflictuelles interroge les praticiens du droit :

Comment fonctionner face aux situations conflictuelles susceptibles d'engendrer une aliénation parentale ?

Comment la justice peut-elle travailler face aux situations d'aliénation parentale ?

Comment le juge aux affaires familiales et l'avocat peuvent-ils faire face aux « mères toutes-puissantes », mais aussi, de plus en plus « aux pères tout-puissants » ?

Comment le juge aux affaires familiales et l'avocat doivent/peuvent-ils intervenir pour faire face au conflit de loyauté, à l'aliénation parentale ?

Comment accompagner des parents pour les aider à sortir de ces situations bloquées, afin que les enfants puissent grandir plus harmonieusement ?

Comment faire pour lutter contre les divorces conflictuels et pour favoriser les divorces pacifiés ?

À ces questions, ni le magistrat, ni l'avocat, ni le médiateur familial n'ont ni la solution, ni la clef, ni la recette magique.

Le juge aux affaires familiales, mais aussi l'avocat, a un quadruple rôle :
– un rôle pédagogique ;
– un rôle de prévention ;
– un rôle de diagnostic ;
– enfin, une fois ces phases accomplies, le juge aux affaires familiales doit se donner les moyens de prendre une décision.

Au XXe siècle, la justice familiale, la justice des mineurs doivent évoluer et les réflexions actuelles sur l'aliénation parentale doivent aider à cette évolution. Les acteurs judiciaires, mais aussi les médiateurs familiaux et les travailleurs sociaux, doivent impérativement travailler autrement, en utilisant tous les outils mis à leur disposition, selon la situation qui leur est soumise, chaque situation étant différente. Ils doivent évoluer dans leurs pratiques et leur mode de fonctionnement, dans l'intérêt des justiciables, mais surtout dans l'intérêt supérieur des enfants.

Changer de comportement

Une prise de conscience collective de tous les acteurs judiciaires sur la nécessité d'un changement de comportement face à la séparation conflictuelle des couples est essentielle. Par exemple, pour l'utilisation de la médiation familiale dans une juridiction, le postulat de départ réside dans le fait que les avocats et les juges aux affaires familiales en comprennent les mécanismes, les enjeux et la spécificité. Comment réfléchir à la médiation familiale, si les acteurs judiciaires ne savent pas ce qu'est réellement cet outil, et le confondent avec la conciliation, la négociation, le droit collaboratif, l'arbitrage.

Il serait caricatural que les professionnels du droit se jettent la pierre entre eux. Il est ridicule de penser que chaque acteur judiciaire prétende à lui seul trouver la solution à un conflit familial. Il est nécessaire que les acteurs judiciaires ne soient pas sectaires entre eux. Chaque professionnel du droit de la famille ne doit pas considérer l'autre comme un concurrent.

Les différents acteurs judiciaires ne travaillent pas sur le même terrain. Il y a complémentarité entre les professions, avec le même objectif. Il ne faut pas se fermer à l'autre. Chacun doit rester à sa place, mais chacun doit s'ouvrir à l'autre, se connaître, apprendre à travailler ensemble. Il est inutile que le justiciable soit victime d'un combat stérile, improductif, inutile, inefficace et vain entre les différents acteurs judiciaires.

Tous les professionnels de la justice doivent apprendre à travailler dans le même sens, avec pour objectif principal que les personnes qui se séparent soient acteurs dans la prise de décision.

Travailler dans une perspective transdisciplinaire

Comme le rappelle le docteur Reynaldo Perrone, psychiatre : « *personne ne peut être seul pour traiter le syndrome d'aliénation parentale* ». Il est nécessaire d'aborder les situations d'aliénation parentale dans une perspective transdisciplinaire, et ne pas empiler des compétences. À partir d'un certain nombre de compétences, il convient d'arriver à traduire ces compétences pour aboutir à une compréhension des phénomènes qui permettent de trouver des solutions efficaces. La difficulté réside en partie dans le judiciaire : nombre de magistrats du siège non spécialisés ne savent pas ou ne veulent pas forcément travailler en équipe.

Mettre en place un partenariat

Le partenariat est nécessaire entre tous les acteurs. Dans chaque juridiction, il convient de réunir les professionnels du droit de la famille. Créer une cellule de réflexion dans chaque juridiction sous l'égide du président, du bâtonnier est une nécessité, avec tous les autres acteurs, enquêteurs sociaux, médiateurs familiaux, psychologues, psychiatres, éventuellement thérapeutes.

Réfléchir à l'utilisation de la médiation familiale

Les acteurs judiciaires doivent réfléchir à la médiation familiale, comme outil de prévention. La qualité première de la médiation familiale est de permettre aux couples qui se séparent dans le conflit de reprendre le dialogue. L'expérience démontre que la médiation familiale est un outil efficace de prévention de nombreuses situations d'aliénation parentale.

À partir du moment où le trio des acteurs judiciaires – juges aux affaires familiales, avocats, médiateurs familiaux – travaille de concert, dans le respect du rôle de chacun, la médiation familiale aboutit à un travail constructif par les adultes qui se séparent. Elle favorise notamment la compréhension des raisons de leur séparation. Elle leur permet de déconstruire, pour reconstruire.

Elle permet, quand elle est bien pensée et qu'elle est accompagnée par les avocats et les juges aux affaires familiales :

- une reprise de dialogue intelligent entre les parents ;
- de désamorcer, de dénouer un conflit de loyauté ;
- de ne pas faire de l'enfant, un enfant otage, arbitre ou décideur, d'éviter la mise en place d'une aliénation parentale, (elle est un outil de prévention efficace) ;
- de dénouer une "situation d'aliénation familiale fraîche", "une aliénation familiale naissante", non encore fixée mais elle ne permet pas à elle seule toutefois, sauf exception, de faire face à une "aliénation parentale installée", et c'est une de ses limites.

Mais, dans ce dernier type de situation, le médiateur familial, tout en respectant le principe de confidentialité, pourra proposer aux parties une thérapie conjugale ou une thérapie familiale, si cela apparaît opportun. De plus, dans certains cas, la médiation familiale, si elle ne peut pas débloquer la situation, peut favoriser des prises de conscience, notamment du vécu de l'enfant.

Si les acteurs judiciaires, dès le début de la procédure, réfléchissaient à une utilisation intelligente de la médiation familiale, de nombreuses aliénations parentales pourraient être évitées, de manière à mettre en place une vraie coparentalité et une justice plus douce, une justice « bio ». La médiation a, en effet, un rôle de prévention quand la situation n'est pas trop enkystée, elle a de plus un effet pédagogique, ainsi qu'un effet de révélateur et de catalyseur des compétences parentales. La médiation peut aider par la parole à amener les parents à se centrer sur les besoins de leurs enfants.

La médiation familiale fonctionne si tous les acteurs judiciaires travaillent dans le même sens ; les réunions de travail de tous les acteurs judiciaires sont à cet égard nécessaires.

Il est important que les parents se voient parfois encouragés, voire “poussés” à utiliser la médiation familiale, et ce **au titre du principe de précaution.** Certes, la médiation familiale doit rester un processus volontaire ; mais, elle peut être “imposée” par la décision du juge, au sens d'être rendue nécessaire et utile par sa décision. Face aux mesures prises par le juge, les parents n'ont souvent plus le choix. Ainsi, en disant aux parents qu'une décision provisoire est prise et qu'ils devront revenir dans un délai précis après avoir travaillé en médiation familiale, les parents n'ont pas d'autre solution, ils se rendent pour l'immense majorité d'entre eux en médiation familiale, sachant que le juge risque de tirer les conséquences de leur comportement sur la décision à venir.

Montrer une plus grande humilité

Les acteurs judiciaires doivent être à même de faire preuve d'une plus grande humilité, de moins d'arrogance, face à l'ampleur des problèmes rencontrés, notamment ceux des enfants. Il convient que les avocats, les juges et les notaires aient pleinement conscience que les racines d'un conflit parental ne sont pas seulement juridiques. Or, nombre de juristes ont du mal à l'intégrer. Un avocat qui sait, à l'évidence tout des sciences humaines, a pu dire : *« dans 99 % des situations de divorce, c'est une solution raisonnée, un compromis travaillé dans le bureau des avocats, le fruit de notre travail. Quand on a fait deux martyrs, on a réussi notre mission »*. Heureusement, l'immense majorité des avocats est en capacité de travailler autrement.

En effet, le conflit conjugal est protéiforme. Il puise ses racines dans des sources diverses. Et, ce serait méconnaître sa réalité que de penser que la règle de droit appliquée par les avocats et les juges puisse seule y remédier ou en embrasser toutes les facettes. L'application d'une règle de droit ne suffit pas à résoudre les conflits familiaux, où notamment l'affectif, l'émotionnel, le passionnel et la souffrance sont en jeu. Le règlement d'un conflit conjugal peut requérir l'intervention de plusieurs acteurs : avocats, juges, médiateurs familiaux, psychologues, enquêteurs sociaux. Chaque profession a sa place.

Plaidoyer pour l'apaisement des séparations

L'avocat ne peut pas traiter un divorce, comme une affaire commerciale, prud'homale ou civile. Il est nécessaire d'avoir en arrière-pensée les enfants, l'intérêt des enfants, mais pas un intérêt théorique, subjectif. La notion d'intérêt des enfants n'est pas une formule creuse pour faire plaisir aux parents. Le comportement des avocats à l'audience est primordial. Et la question peut être sérieusement posée : pourquoi avec certains avocats, certes minoritaires, les dossiers sont toujours conflictuels ? Pourquoi avec d'autres avocats, certes majoritaires, les procédures, même complexes, sont toujours apaisées ?

Selon Jayne A. Major, une chercheuse américaine sur l'aliénation parentale, les parents qui ont combattu avec succès le syndrome d'aliénation parentale sont ceux qui, entre autres raisons : *« ont pris un avocat de la famille ayant de l'expérience avec le SAP »*.

« Les autres explications de leur réussite sont les suivantes :

– les parents ont fait des efforts dans l'amélioration de leur parentage ;

– les parents ont contrôlé leurs émotions sans jamais user des représailles, les parents qui ont songé à renoncer, mais ne l'ont jamais fait ;

– les parents se sont moins concentrés sur les douleurs subies que sur les actions à mettre en place (ils ont évité le profil de victime) ;

– les parents ont tenu un journal contenant les événements clés ;

– les parents ont toujours téléphoné, sont toujours venus chercher les enfants, même lorsque ceux-ci montraient de la réticence ;

– les parents se sont focalisés sur l'amusement avec l'enfant sans lui faire partager leurs peines ou parler négativement de l'autre parent ;

– les parents n'ont jamais violé les décisions judiciaires, et ont toujours payé les pensions alimentaires à temps. »

Un juge aux affaires familiales irréprochable

Le juge doit appliquer la loi avec humanité et dans le souci permanent d'apaisement. L'attitude du juge est primordiale à l'audience, par l'écoute, l'apaisement et la mise en place d'un début de communication sans violence. Il doit avoir pour postulat que « les mots sont faits pour rendre service, pas pour accabler ».

À l'audience, face à des parents en conflit, face à des situations pouvant faire penser à de l'aliénation parentale, quel que soit son stade, le juge aux affaires familiales se doit d'avoir un discours fort. Il doit faire passer un discours sur la nécessité du rôle de chacun des parents dans l'éducation de l'enfant, sur la coparentalité. Il doit rappeler la loi, mais fermement.

Le juge aux affaires familiales doit aider les parents à dissocier leur rôle de conjoint de leur rôle de parent. Il doit les sensibiliser à leur responsabilité éducative vis-à-vis de l'enfant, responsabilité qui implique une certaine autorité ; et non pas de considérer le mineur comme un enfant déjà responsable de son choix de vie.

Le juge doit faire comprendre aux parents que leur rôle ne consiste pas à être de simple exécutant ou porte-parole des désirs de l'enfant, ni *a fortiori* à se soumettre d'office à ses désirs. Il faut le dire aussi aux enfants.

Rappeler l'autorité parentale

Le juge doit dire aux parents ce qu'est l'autorité parentale, et l'indiquer expressément dans ses décisions :

> *« Dit que l'autorité parentale sur l'enfant mineur sera exercée en commun par les parents, dit qu'à cet effet les parents devront :*
>
> *– prendre ensemble les décisions importantes notamment en ce qui concerne la santé, la scolarité, l'éducation religieuse et le changement de résidence ;*
>
> *– s'informer réciproquement, dans le souci d'une indispensable communication entre parents, sur l'organisation de la vie de l'enfant (vie scolaire, sportive et culturelle, traitements médicaux, loisirs, vacances, etc.) ;*
>
> *– permettre les échanges de l'enfant avec l'autre parent dans le respect du cadre de vie de chacun.*
>
> *Rappelle que chacun des parents doit respecter les liens de l'enfant avec l'autre parent et que tout changement de résidence de l'un des deux parents, dès lors qu'il modifie les modalités de l'exercice de l'autorité parentale, doit faire l'objet d'une information préalable et en temps utile de l'autre parent afin qu'en cas de désaccord, le parent le plus diligent puisse saisir le juge aux affaires familiales. »*

Le premier devoir de chacun des parents est de respecter la place de l'autre parent. Il est important de bien dire aux parents que, s'avouer incapable de cela peut être interprété par le juge comme un signe d'incompétence parentale. Le lien de l'enfant avec l'autre parent doit être présenté au parent proche, ainsi qu'à l'enfant, comme un droit et une obligation, de même que le droit à la scolarité, avec obligation pour le parent proche d'y obliger son enfant, s'il n'en a pas envie. La coparentalité est une nécessité pour l'enfant et une exigence de la société, et la justice représente cette société. Trop d'adultes responsables, y compris dans les milieux judiciaires, confondent envie et intérêt de l'enfant.

Il est vrai que l'avenir d'un dossier « se joue » très souvent à la première décision rendue par le juge aux affaires familiales. La première décision, quand existe un conflit parental, est un acte essentiel qui peut être lourd de conséquences. Or, souvent, le juge aux affaires familiales produit des décisions trop stéréotypées, et fait du « pilotage automatique ».

Faire appliquer les principes de coparentalité

Le juge a le devoir d'appliquer la loi, il a le devoir de veiller à l'égalité parentale, il ne peut pas y avoir un parent principal et un parent secondaire, il ne peut pas y avoir un parent tout-puissant et un parent faible. Le juge aux affaires familiales doit notamment travailler sur la résidence des enfants, il doit faire en sorte de ne pas mettre un parent en situation de toute-puissance, parce qu'il a « la garde », c'est-à-dire qu'il devient le parent du quotidien, « le propriétaire de l'enfant », le parent principal, le parent prépondérant.

Le juge doit éviter, par ses décisions de favoriser, de cautionner ou de mettre en place la prééminence d'un parent sur l'autre, une inégalité parentale. Le juge doit éviter d'installer la domination de l'un sur l'autre, au mépris de toute coparentalité.

Le juge doit aussi travailler sur la responsabilité des parents, sur la responsabilisation des parents, sur l'égalité parentale, sur l'équilibre parental, sur l'équilibre des pouvoirs parentaux, sur le respect mutuel parental, sur le dialogue parental, tout en respectant la spécificité, la culture, les modes de fonctionnement et l'histoire de chaque famille.

Pacifier

Il est nécessaire aussi que le juge réfléchisse à la notion de « faute », dans un divorce. Selon l'esprit de la loi, le divorce pour faute doit être réservé aux violences et aux actes graves. Le juge aux affaires familiales doit faire diminuer les divorces pour faute par sa jurisprudence, en relation étroite avec les avocats.

Il est nécessaire, dans l'intérêt des adultes, mais surtout des enfants de faire disparaître les attestations de témoins placés dans la contrainte de choisir leur camp. Il convient de ne pas étendre le conflit à l'environnement familial et amical immédiat, pris très souvent dans la spirale du tiraillement entre les époux qui se séparent.

Dans nombre de situations conflictuelles, la recherche de la faute ne facilite pas la reprise d'un dialogue et la préparation de l'avenir. L'investigation de la faute parasite trop souvent toute la procédure et entraîne des dégâts collatéraux irréversibles, notamment en déplaçant le problème de la scène conjugale à la scène parentale, le "mauvais conjoint" devenant le "mauvais parent".

Mais il est nécessaire de « ne pas mettre le couvercle sur la faute » et sur les rancœurs. Tout cela doit se parler, et la médiation familiale peut être ce lieu de parole idéal, privilégié pour comprendre et apaiser le conflit conjugal, instaurer une compréhension et une confiance mutuelles, et dès lors, trouver des solutions, tant sur le plan affectif que dans le domaine patrimonial, qui auront l'adhésion de chacun. Elle permet de replacer et de distinguer le problème conjugal et le problème parental.

Il est nécessaire aussi de faire attention aux divorces par consentement mutuel et aux dangers du consensus. N'oublions pas que de très nombreux divorces par consentement mutuel reviennent en procédures après divorce. De nombreuses situations d'aliénation parentale proviennent de divorces par consentement mutuel. Il est important de dresser un tel constat.

Faire preuve de courage

Lors de la première décision, dans les procédures contentieuses, il est important que le juge aux affaires familiales soit en capacité de prendre des décisions courageuses, qui seront à même de convaincre les parties à une reprise de dialogue. C'est ainsi que pour convaincre les parents à engager un processus d'apaisement et à engager un dialogue, en acceptant le cas échéant une médiation familiale, il peut être amené à changer les modalités d'exercice de l'autorité parentale.

Utiliser à bon escient la résidence alternée

La résidence alternée, qui n'est pas du 50/50, consiste en un partage du temps de l'enfant, pas forcément paritaire. Elle a le mérite de placer les parents sur un vrai pied d'égalité, non sur la forme mais sur le fond, et peut les amener à se rendre en médiation familiale beaucoup plus facilement, afin de rechercher l'organisation adéquate. La résidence alternée, à partir du moment où elle est imposée à l'une des parties peut permettre au juge aux affaires familiales de revoir les parties, dans un délai fixé en général à six mois, au cours duquel les parents peuvent travailler en médiation ou réfléchir. La loi sur la résidence alternée ne fait pas souffrir les enfants, c'est l'application que les parents peuvent en faire qui peut les faire souffrir.

Choisir ses mots

Pour respecter la coparentalité, les termes employés ont toute leur signification et toute leur importance. Le juge se doit d'utiliser la notion de **« temps de résidence »** pour celui qui n'a pas la résidence de l'enfant, et ce conformément à l'esprit de la loi de 2002 sur l'autorité parentale. Comment peut-on mettre en place la coparentalité, si l'un des parents est considéré comme inférieur à l'autre, et n'a le droit que de **« visiter et héberger son enfant. »**

Être équitable

Il est important de faire en sorte que la décision provisoire ne fasse ni gagnant ni perdant, de manière à ce que les parents soient en capacité de se rendre éventuellement en médiation familiale ou de continuer à négocier à égalité, même s'il convient de reconnaître que dans certaines situations, c'est difficile.

Informer et prévenir les risques

Le juge aux affaires familiales doit faire prendre conscience aux parents des conséquences sur les enfants de leurs conflits. Aux parents qui sont dans un conflit enkysté, dans une aliénation parentale ou dans des situations très conflictuelles, il est parfois primordial de les convaincre, par des exemples concrets, à adopter un autre comportement et de les amener à réfléchir : Dans les décisions, le juge aux affaires familiales peut indiquer notamment :

> *« Il convient que M. et Mme prennent conscience qu'ils ont un devoir de dialogue, qu'il leur appartient de préparer l'avenir de l'enfant qui ne passe pas par la poursuite d'un conflit parental, que les enseignants, les juges des enfants, les pénalistes savent bien qu'un divorce, une séparation, "ratés" se paient souvent plus tard pour l'enfant en échec scolaire ou en délinquance (75 % des signalements d'enfants en danger proviennent d'une situation conflictuelle des parents), et que tout enfant, pour se structurer, a besoin de ses deux parents qui doivent être capables de se respecter et de dialoguer ensemble de ses problèmes et de son éducation en bonne intelligence. »*

En 1985, Françoise Dolto[207] a pu écrire :

> *« On est très inquiet, en tout lieu, de découvrir combien il y a de suicides d'enfants après quelques mois d'application des décisions de garde… Le divorce est un arrangement entre parents qui décident de se séparer et ce sont les enfants qui prennent le choc. Quant à la garde des enfants divorcés, elle fait l'objet de décisions qui sont souvent une violation pure et simple des droits de l'être humain. »*

Tous ceux qui se séparent dans le conflit et tous les acteurs judiciaires du droit de la famille devraient également lire le roman magnifique et dramatique à la fois de maître Jean-Denis Bredin, avocat, membre de l'Académie française *Un enfant sage*. La violente beauté de ce livre peut aider chaque parent, mais aussi tous les acteurs judiciaires à réfléchir à l'intérêt supérieur de l'enfant. Ce roman dresse le tableau d'un enfant au cœur du conflit parental pris entre un père et une mère séparés qui se détestent et ne se parlent pas. L'enfant sage se suicide :

> *« Son père, sa mère éloignés au point qu'ils semblent ne s'être jamais rencontrés, deux maisons qui s'ignorent, deux lits sans vrai repos, deux gâteaux d'anniversaire pour fêter ses douze ans, deux mondes qui n'ont en commun qu'un passé enfui, interdit, Julien est l'enfant du partage. Il va de son père à sa mère, de sa mère à son père. Il sourit, il approuve, il veille sur l'un, il veille sur l'autre, il les garde, il ment chaque fois qu'il est nécessaire. »*

Le judiciaire doit absolument réussir à faire prendre conscience aux parents des conséquences de leur conflit sur leurs enfants, surtout aux parents qui sont dans un conflit enkysté, voire dans une aliénation parentale.

Agir pour le lien familial, c'est agir pour le lien social

Le juge aux affaires familiales ne doit faire ni du pilotage automatique, ni du « prêt à porter », ni prendre des décisions stéréotypées. Il doit faire du « sur-mesure » avec *trois objectifs permanents :*

- la nécessité de la reprise du dialogue ;
- le respect de la coparentalité, les enfants ayant besoin de leurs deux parents ;
- faire en sorte que la séparation ou le divorce soient vécus par les couples de manière si possible sereine, en tout état de cause en bonne intelli-

207. Françoise Dolto, *La Cause des enfants*, Robert Laffont, 1985.

gence, même si c'est difficile, de manière à ne pas faire de leur enfant leur béquille.

Pour le justiciable, la grande différence entre le juge et l'avocat, réside dans le fait que ni le parent aliénant, ni le parent aliéné ne choisissent le juge. Certes, les parties peuvent faire appel, mais l'on doit avoir conscience de l'importance primordiale et capitale de la première décision rendue par le juge aux affaires familiales.

Le juge doit avoir un rôle pédagogique, non seulement à l'audience, mais dans la motivation du jugement. Les décisions doivent être pédagogiques.

La fonction de juge aux affaires familiales est essentielle pour la sécurité des enfants, pour la sécurité des familles et la sécurité de la société.

La sécurité civile des citoyens, mais aussi la protection des enfants sont un des facteurs essentiels de la paix sociale et de la paix familiale, et elles devraient faire partie de la politique de sécurité.

Dans ce contexte, le juge aux affaires familiales, avec tous les acteurs judiciaires, doit en permanence se poser la question de savoir ce qu'il convient de faire pour éviter les conséquences trop souvent désastreuses, notamment pour les enfants, d'un divorce conflictuel, d'une séparation difficile et pour permettre que la rupture d'un couple ne soit pas irrémédiablement synonyme de naufrage d'une relation et d'une famille.

Le législateur, en effet, attend aujourd'hui des juges, non plus seulement de dire le droit, mais d'être les artisans d'une paix familiale en incitant les parties à la voie du dialogue et de solutions négociées, qui auront alors toutes les chances d'être effectivement appliquées.

Tous les acteurs judiciaires, juges aux affaires familiales, notaires, avocats, médiateurs familiaux, doivent faire comprendre aux parties qui se séparent que comme elles ont su créer un couple, elles doivent de la même manière élaborer elles-mêmes leur séparation et imaginer leur reconstruction.

La séparation doit permettre un nouveau départ, une nouvelle vie, et non pas constituer un conflit destructeur qui ne peut faire que des vaincus et notamment des enfants en souffrance. Le juge aux affaires familiales doit toujours recentrer le débat autour de la question principale dans le cadre d'une séparation conflictuelle : **l'enfant, l'intérêt de l'enfant.** Cet enfant qui a besoin pour son équilibre d'un dialogue entre ses deux parents, et non pas d'une décision préparée, et imposée par un juge.

Le juge, de concert avec l'avocat, doit tout mettre en place pour que la justice familiale soit une justice du dialogue et non pas une justice de l'affrontement, que la justice familiale soit une justice humaine et humaniste avec pour seul objectif l'enfant qui est la vraie richesse du monde.

Le dialogue est la base d'une séparation réussie. Il convient de partir du principe qu'à partir du moment où les parties dialoguent et se respectent, un grand pas est fait pour trouver des solutions satisfaisantes pour tous, ou à tout le moins, pour que les décisions prises par le juge aux affaires familiales soient mieux respectées, mieux acceptées et mieux vécues, et ce, dans l'intérêt des enfants et des parents.

Conclusion

Par Olga Odinetz et Roland Broca

Recommandations pour les parents

Les personnes qui sont en train de vivre douloureusement une situation d'aliénation parentale, pères, mères, beaux-parents ou grands-parents, sont toutes en demande de conseils et de recommandations sur ce qu'il convient de faire, soit pour arrêter ce processus de désaffection ou de rejet, soit pour renouer des liens avec leurs enfants bloqués dans la déchirure au point de ne plus vouloir de contacts. Les intervenants s'interrogent sur ces situations difficiles à comprendre où le comportement hostile des enfants dépasse toute logique de par son intensité et sa démesure.

Les différents chapitres de cet ouvrage abordent les diverses facettes de ce phénomène d'aliénation parentale et juxtaposent le point de vue des professionnels, qui sont souvent confrontés à ces situations dans le cadre de leur métier, avec le ressenti des parents et des enfants qui se trouvent entraînés dans cette spirale de haine et de violence.

Tous s'accordent pour dire que chaque cas est un cas particulier, dans ses origines et ses modalités, même si tous les cas d'aliénation parentale se traduisent par des manifestations similaires chez les enfants. Ils s'accordent également pour reconnaître les terribles dommages que peut faire l'aliénation parentale sur les familles et surtout sur les enfants. Une fois que le diagnostic « d'aliénation parentale sévère » est posé, il est très difficile de renverser des situations, surtout si beaucoup d'années de procédures ont endommagé ou détruit l'attachement des enfants.

Hormis le cadre juridique, il n'existe pas de mode d'emploi simple et universel pour faire respecter les droits fondamentaux d'un enfant à garder des relations positives et équilibrées avec ses deux parents, surtout si l'un d'eux s'obstine à vouloir détruire l'image positive de son ex-conjoint aux yeux de ses enfants, par des pressions psychologiques, matérielles et financières. Un parent, par vengeance, est capable d'agir, par tous les moyens, pour tenter d'amputer l'attachement de ses propres enfants à l'autre parent. Le projet pervers, dans ce cas, est d'obtenir la mort affective de l'autre parent dans le cœur des enfants. Chaque situation demande une réponse adaptée.

Des parents demandent souvent quoi faire pour que l'autre arrête de les harceler, de manipuler les enfants et de transformer la vie de la famille en un enfer. Malheureusement, il est impossible de changer la nature profonde des personnes, surtout quand elles présentent des troubles de la personnalité ou des pathologies. Il vaut mieux en prendre conscience pour éviter d'avoir des attitudes inadaptées ou de commettre des actes inutiles ou maladroits. Même s'ils semblent justes, ils n'apporteront aucune solution et ne feront qu'envenimer une situation déjà conflictuelle et complexe.

Il est important de comprendre, avant même de se séparer, les ressorts de la situation dans laquelle on est impliqué et de faire non seulement un travail approfondi de remémoration sur la vie du couple jusqu'à la situation actuelle mais aussi un retour sur soi-même et sur les éléments significatifs de sa propre histoire familiale.

C'est dans l'histoire du couple et de chaque parent séparément avec sa famille respective, que l'on pourra identifier, avec l'aide et l'accompagnement d'un professionnel, des éléments qui aideront à trouver, à défaut de dialogue, des leviers susceptibles de débloquer les situations. Ces éléments sont d'autant plus importants que le parent aliénant, du fait même de sa conviction délirante d'avoir raison, parvient souvent à convaincre les experts, les avocats, les médiateurs, les juges de son bon droit, pour peu que ceux-ci n'aient pas compris la dimension pathologique de la personnalité de cette personne.

Pour ce faire, il est recommandé de prendre contact et conseil dès le début de la séparation avec un psychologue ou un psychiatre pour chercher de l'aide non seulement pour les enfants mais également pour les adultes. La séparation est une étape douloureuse et déstructurante dans la vie de chacun. Il est important de le savoir afin de prévenir les bouleversements psychiques qu'elle peut entraîner. Il est essentiel de tout mettre en place pour faire face et gérer au mieux un conflit, souvent inévitable, afin d'éviter que les liens ne soient irrémédiablement brisés.

Pour vos enfants

La façon dont vous faites face à votre séparation ou à votre divorce influence la façon dont vos enfants y font face. Des conflits constants entre vous et votre partenaire, que ce soit avant ou après la séparation, vous empêcheront de jouer correctement votre rôle de père ou de mère. Essayez de vous dire que malgré la souffrance, il convient de tirer profit de cette rupture conjugale ; ne la considérez pas comme un échec, mais plutôt comme une période de croissance et de changement. De cette façon, vous serez à l'écoute de vous-même tout en restant à l'écoute de vos enfants. Vous devez également comprendre que la séparation et le divorce sont des expériences affectives toujours difficiles, et que le temps est un facteur important dans le processus de guérison pour toutes les personnes concernées.

Annoncer la séparation

Voici quelques points qui pourraient vous être utiles pour vous aider à trouver les paroles et les comportements adéquats pour rassurer les enfants et les préparer à votre séparation :

- les enfants ont besoin qu'on leur dise ce qui se passe dans la famille. Il se peut qu'au premier abord, ils ne montrent pas à quel point ils sont perturbés, ou encore qu'ils ne comprennent pas tout ce qu'implique pour eux la nouvelle situation. Lorsque vous expliquerez celle-ci à vos enfants, soyez simple et direct. Employez des mots appropriés à leur âge afin de les aider à comprendre et à commencer à accepter ;
- assurez-vous que votre enfant sait qu'il n'est pas responsable de la séparation. Les enfants, surtout les petits, pensent souvent avoir fait quelque chose de mal et peuvent croient que leur famille a des problèmes parce qu'ils n'ont pas été sages. Ils ont besoin de savoir qu'ils ne sont pas responsables de la séparation de leurs parents et que ni leur père ni leur mère ne les rejette ou ne les abandonne ;
- rassurez votre enfant en lui disant que vous et son autre parent l'aimez toujours ;
- les enfants ont besoin de leurs deux parents. Ne les forcez pas à prendre parti. Cela ne fera que susciter chez eux des sentiments de frustration, de culpabilité et d'amertume ;
- aidez votre enfant à comprendre que la séparation est définitive. Il doit savoir que rien ne vous fera revenir sur votre décision ;
- maintenez le plus possible la routine quotidienne de votre enfant ;

rassurez votre enfant en lui disant qu'il rendra visite à l'autre parent ;

- soyez attentifs et ouvert aux sentiments douloureux de votre enfant. Aidez votre enfant à parler de sa colère, de sa peur ou de sa tristesse, avec vous, un tiers ou un professionnel.

Après la séparation

Dans la plupart des cas, après un divorce ou une séparation, les parents continuent à jouer un rôle important dans la vie de leurs enfants. Les enfants ont besoin de se sentir aimés aussi bien par leur père que par leur mère, même si ceux-ci ne peuvent plus vivre heureux ensemble.

Le rôle des parents n'est pas facile. Tous les parents font des erreurs. Si vos enfants s'entendent bien avec vous et qu'ils se sentent aimés et acceptés, ils peuvent mieux tolérer vos imperfections.

Voici quelques recommandations qui vous aideront à rester un parent responsable :

- il est très important que les enfants respectent autant leur père que leur mère. Il vous est peut-être difficile de ne pas critiquer l'autre parent devant votre enfant, mais cela est absolument nécessaire à son bon développement. Ne parlez jamais à votre enfant de manière négative de l'autre parent, de sa famille élargie ou de ses amis. Si vous êtes encore en colère, trouvez un ami soutenant, un groupe de parole ou un psychologue avec qui vous pourrez parler de vos sentiments ;
- ne laissez pas entendre, par des paroles ou des gestes, que votre enfant est déloyal s'il s'amuse et qu'il est heureux quand il est avec l'autre parent ;
- soyez poli lorsque l'autre parent vient chercher ou reconduire votre enfant. Si vous souriez et que votre enfant est prêt à partir à l'heure prévue, vous l'aiderez peut-être à affronter la transition ;
- assurez-vous que votre enfant est propre, reposé et nourri lorsqu'il part ou qu'il revient d'une visite. Il est évidemment préférable de ne pas l'envoyer avec une valise de vêtements sales, vieux ou déchirés ;
- laissez votre enfant parler à l'autre parent au téléphone mais prenez garde au harcèlement et à l'intrusion dans votre espace privé ;
- soutenez votre enfant, et respectez les limites raisonnables établies par l'autre parent ;
- ne demandez pas d'information à votre enfant au sujet des activités, des amis ou des revenus de l'autre parent ;
- discutez des dispositions de visite avec l'autre parent avant de suggérer un projet à votre enfant. Confirmez avec l'autre parent les dispositions de visite des adolescents ;
- il est préférable de ne pas parler des conflits du divorce avec votre enfant. Ne laissez pas votre enfant vous écouter lorsque vous discutez de vos divergences d'opinion avec l'autre parent ;
- n'accusez jamais à tort l'autre parent d'une forme quelconque de mauvais traitement infligé à votre enfant ;
- assurez-vous de transmettre l'information médicale importante à l'autre parent ;
- si votre enfant ne veut pas aller à l'école ou qu'il semble ne pas vouloir rendre visite à l'autre parent, il s'inquiète peut-être de votre bien-être. Assurez-vous de faire savoir à votre enfant que vous êtes bien ;

- n'oubliez pas que le passé est important pour les enfants. Laissez-les parler des bons souvenirs qu'ils ont du temps où tous les membres de la famille vivaient ensemble ;
- le divorce et la séparation entraînent habituellement des contraintes financières pour les deux parents. Il vaut mieux, sans blâmer l'autre, dire la vérité aux enfants sur la nouvelle situation financière et leur demander de participer à la réduction des dépenses ;
- malgré la séparation, les enfants ont besoin que leurs parents continuent à exercer tous deux leur autorité parentale de façon cohérente. La culpabilité que les parents ressentent à la dissolution de leur union peut parfois influencer la façon dont ils disciplinent leurs enfants : ne submergez pas vos enfants de cadeaux ou d'activités de loisirs ;
- votre enfant n'est pas votre camarade de jeu ou de classe : restez dans votre rôle de parent et ne lui faites pas partager les histoires de votre vie intime ou vos pensées d'adulte ;
- l'âge de vos enfants et leur stade de développement, par exemple, influeront sur la manière dont vous ferez respecter la ligne de conduite que vous leur avez fixée, ainsi que sur les décisions concernant la garde partagée ;
- vos enfants ont besoin de savoir – et veulent savoir – ce que vous attendez d'eux ; ils se sentent plus en sécurité lorsque vous leur imposez des limites qu'ils sont capables de comprendre. Vous les perturbez lorsque vous leur permettez de se comporter d'une manière qu'ils pensent ou qu'ils savent être incorrecte. Vous devez être prêt à leur dire « non » ;
- il se peut également que les parents croient susciter une certaine confusion chez leurs enfants en imposant des règles de conduite différentes dans chaque foyer. En réalité, de manière générale, les enfants acceptent cet état de fait du moment qu'ils comprennent les règles et que celles-ci sont imposées de façon constante.

Le temps passé avec l'autre parent

Le comportement des parents influence beaucoup la façon dont les enfants s'adapteront sur le plan émotionnel après l'éclatement de la famille. Les circonstances détermineront l'emploi du temps et les plans qui seront les plus appropriés pour votre famille. Par exemple, vous tiendrez certainement compte du nombre et de l'âge de vos enfants quand vous prendrez une décision au sujet des nuits qu'ils passeront chez votre ex-partenaire. Bien entendu, chaque famille est différente et ce qui convient à l'une peut ne pas convenir à une autre.

- il est important pour un enfant de communiquer régulièrement avec chacun des parents. Garder un certain contact permet à l'enfant de mieux faire face à la situation, de ne pas avoir autant le sentiment d'être rejeté et de moins redouter de ne plus jamais revoir son père ou sa mère (et ses grands-parents, tantes, oncles, cousins et cousines) ;
- parfois, les parents qui n'ont pas la garde quotidienne des enfants se demandent pourquoi ils devraient continuer à les voir. Il y a plusieurs raisons à cela. D'abord, les enfants s'inquiètent de savoir si l'autre parent mange bien et s'il a un endroit où dormir ;
- le temps passé avec les enfants devrait être aussi agréable que possible pour tout le monde. Il est très important que les parents évitent de se disputer en présence des enfants ;
- le parent qui vit avec les enfants doit les préparer physiquement et émotionnellement à apprécier le temps qu'ils passeront avec l'autre parent. Il peut vous être difficile de les aider à se préparer et de leur souhaiter de bien s'amuser si vous êtes en conflit avec votre ex-partenaire, mais vous leur permettez ainsi de bien s'adapter ;
- souvent, celui qui n'a pas la garde quotidienne des enfants ne sait pas trop comment passer avec eux un temps si court et si précieux. En organisant des sorties avec vos enfants, vous pouvez rendre leurs visites plus distrayantes, mais ce qui est plus important, c'est de vous consacrer à eux et de continuer à prendre part à leur vie. Renseignez-vous sur ce que les enfants aiment faire à divers âges. On se demande souvent si le père ou la mère doit amener ses enfants chez son nouveau compagnon ou sa nouvelle compagne. Après une période d'adaptation, vous voudrez tous deux partager des moments importants de votre vie avec vos enfants. De même, il se peut que ceux-ci veuillent inviter leurs amis pendant la période de garde qui vous est impartie. Soyez prudents et attentifs à la réaction de vos enfants. Ces visites ne doivent pas remplacer le temps que vous passez avec eux. Vos enfants ne devraient pas avoir à rivaliser avec quelqu'un d'autre, adulte ou enfant, pour obtenir votre attention, ni avoir l'impression qu'une autre personne occupe une plus grande place dans votre vie ;
- les enfants doivent passer autant de temps que possible avec leurs parents. L'emploi du temps doit toutefois être flexible. Si un projet de visite doit être modifié, la moindre des choses est d'en avertir aussitôt votre partenaire et de donner des explications complètes à l'enfant sur la situation ;
- si la flexibilité est nécessaire, la fiabilité ne l'est pas moins. Vos enfants ont besoin de savoir qu'ils peuvent compter sur vous si vous leur dites que vous serez là. Il est important que votre relation avec vos enfants ait un aspect prévisible. N'utilisez pas vos enfants pour vous renseigner sur

l'autre parent ou pour vous disputer par personnes interposées. Ils seront mal à l'aise et craindront, s'ils disent ou font quelque chose pour vous plaire, de faire du tort à leur autre parent. Ils apprendront à mentir et à tromper la confiance de leurs parents et perdront le respect d'eux-mêmes ;
- il est possible que les enfants aient de nombreuses questions à poser après avoir passé du temps avec l'un des parents. Les parents doivent s'efforcer de se mettre d'accord sur la façon de répondre à ces questions.

De nombreux livres sont à disposition des parents en instance de séparation pour les aider à trouver les paroles et les comportements adéquats pour rassurer leurs enfants à un moment particulièrement critique pour eux. N'hésitez pas à les consulter ou prendre rendez-vous avec un pédopsychiatre ou un psychologue pour votre enfant si vous ne trouvez pas les mots pour communiquer avec votre enfant.

Pour les parents

Acquérir une attitude positive

Si vous et votre partenaire êtes récemment séparés, vous vous sentirez parfois déprimé, seul, triste, coupable, et vous perdrez parfois confiance en vous. Vous pouvez avoir différents sujets d'inquiétude, notamment en ce qui concerne votre argent, votre vie sociale, votre emploi, vos besoins personnels et ceux de vos enfants.

Tous les parents pris dans l'engrenage d'une séparation conflictuelle se demandent comment survivre à une épreuve aussi douloureuse que l'aliénation parentale et réussir à inverser la dynamique judiciaire.

Si dans les séparations « amiables », les aménagements pour la garde des enfants résultent d'une concertation entre les parents, ce qui peut contribuer à atténuer la détresse de l'enfant, il n'en va pas de même lors des séparations très conflictuelles, au cours desquelles on se déchire pour la garde ou l'exercice du droit de visite.

- il importe alors de préserver l'enfant du climat épouvantable qui entoure les transitions : demandez au magistrat d'indiquer un lieu neutre où l'enfant n'est exposé ni au conflit de ses parents ni à des mises en scène publique de leur désaccord ;
- ne perdez pas votre sang-froid ni votre dignité, même si vous être l'objet de menaces ou d'insultes ;
- essayez de trouver des alliés ou des informateurs dans l'entourage de vos enfants qui vous permettront d'avoir des informations sur leur vie et éventuellement faire passer des messages de votre part ;

– de façon générale, gardez un lien régulier avec vos enfants, si ténu soit-il, ne fût-ce qu'un courrier pour les fêtes et leur anniversaire, même s'il vous semble vain et inutile et que vous ne recevez jamais de réponse en retour ou si vos cadeaux vous reviennent. Ne vous découragez pas et persévérez mais en prenant suffisamment de distance pour ne pas souffrir outre mesure d'une attente excessive qui serait déçue.

Il est extrêmement douloureux, voire insupportable, d'admettre d'avoir été injustement absent(e), ou pire cruellement rejeté(e), de l'enfance ou l'adolescence de ses enfants. Les années passées ne reviennent jamais et il est difficile d'influer sur le cours des événements futurs car tout changement doit venir de la personne qui se trouve confrontée à des situations qui vont la faire réfléchir et modifier sa façon de voir les choses ou l'amener à changer d'avis ou de comportement. Admettre que le retour éventuel de vos enfants leur appartient est la pire des impuissances qu'un parent puisse affronter.

Et quand cette reprise de lien aura lieu, l'expérience des parents qui ont réussi à retrouver des liens perdus montre qu'il faut rester calme, contrôler ses émotions, ne pas envahir et étouffer le jeune adulte de tout votre amour emprisonné en attente de le revoir pendant des années, ne pas lui parler de votre souffrance, ne pas lui faire de reproche, ne pas lui demander d'explications, ne pas se justifier ni accuser l'autre parent. Vivez ensemble les moments présents et attendez que votre enfant vous pose des questions pour y répondre.

En attendant ce retour éventuel, restez une personne sociable en harmonie avec vos propres valeurs en tant que parent et en tant qu'être humain. Si vous vous accrochez au passé et à l'amertume qui l'accompagne, il est certain que vous aurez des problèmes à vivre au présent et à vous projeter dans l'avenir. La souffrance rend les personnes vulnérables. Soyez attentifs aux escrocs et aux manipulateurs qui essayeront de tirer profit de votre détresse pour vous vendre de faux espoirs et de mauvais conseils ou vous feront des promesses mensongères auxquelles vous aurez tendance à vous raccrocher pour ne pas rester seule et avoir l'impression de construire une nouvelle relation qui fera oublier l'échec de la précédente.

Pour ne pas retomber dans les mêmes pièges, il est essentiel d'adopter une attitude la plus positive possible, d'apprendre à mieux vous connaître, d'acquérir une plus grande confiance en vous et d'aspirer à des objectifs qui vous semblent importants et qui vous donneront de la satisfaction…

Chaque personne vit sa propre vie et personne ne va vivre la vôtre. La seule personne qui nous accompagne tous les jours à chaque instant de bonheur et de chagrin, c'est soi-même. Tristesse et souffrance n'apportent ni solution, ni soulagement. On ne peut donner aux autres que ce que l'on EST. L'essentiel est de garder au fond de soi l'amour de la vie. Alors essayez d'être une bonne et belle personne pour vous pour les autres et pour vos enfants à leur retour.

Faire face à l'aliénation parentale

Les parents qui ont réussi à faire face à une rupture de liens avec leurs enfants, à ne pas perdre pied et à trouver des solutions :

1. étaient rationnels, raisonnables et contrôlaient leurs émotions ;
2. n'ont jamais laissé tomber malgré leur découragement ;
3. ont pu faire face aux dépenses nécessaires ;
4. avaient un avocat qui connaissait la problématique de l'aliénation parentale ;
5. s'étaient mis eux-mêmes au courant des lois et du fonctionnement des tribunaux ;
6. ont fait appel à une expertise médicolégale de qualité ;
7. avaient un projet pour l'éducation des enfants ;
8. ont recherché la paix et les solutions pour l'avenir ;
9. ont tenu un journal de bord des événements ;
10. ont toujours respecté les droits de visite de l'autre parent ;
11. se sont intéressés exclusivement à leur enfant ;
12. ont toujours respecté la loi à la lettre (ont toujours payé la pension, par exemple) et n'ont jamais fait justice eux-mêmes.

Ces recommandations conviennent bien à des parents raisonnables. Elles ne risquent pas d'être appliquées par des parents qui ne le sont pas et qui ne peuvent l'être en l'absence de soins appropriés. Il faut malgré tout, quoi qu'il en soit, réaffirmer sans cesse que la raison doit toujours avoir si possible le dernier mot et qu'il est du rôle de la justice et de la responsabilité de l'état de tendre par tous les moyens de droit de faire en sorte d'y parvenir.

Documents

Décision judiciaire

Le Syndrome d'Aliénation Parentale reconnu par la Cour de cassation

Cass. 1re civ., 26 juin 2013, n° 12-14.392, P + B + I : JurisData n° 2013-013137

La Cour de cassation approuve la cour d'appel d'avoir décidé que le syndrome d'aliénation parentale installé dans la vie d'un enfant conduisait à transférer la résidence de la mère au père. Cet arrêt participe à la légitimation du SAP et ne peut qu'inciter les juges du fond à rechercher son existence au moyen d'expertises et à prendre en considération un tel diagnostic dans l'appréciation de leurs décisions.

ACALPA

Simone Veil

Paris, le 12 avril 2007

Madame la Présidente,

J'ai bien reçu votre lettre du 3 avril dernier, faisant suite à ma très brève intervention de clôture du colloque que «Protection des Enfants au cours des séparations parentales conflictuelles», me demandant si j'accepterais de devenir membre d'honneur et marraine d'ACALPA.

Je n'avais pu faute de temps, assister à ce colloque, mais la lecture des documents que vous avez bien voulu me faire parvenir, ont retenu toute mon attention.

Comme beaucoup, j'ai pu observer tout récemment, les conséquences tragiques pour les enfants des séparations parentales, qui leur sont imposées, faute d'une entente entre le père et la mère. J'ai été particulièrement sensible à votre demande et c'est très volontiers que j'accepte d'être membre d'honneur et marraine d'ACALPA.

Je vous prie de croire, Madame la Présidente, en mes sentiments les meilleurs.

Madame Olga ODINETZ
Présidente de l'ACALPA
30 rue Paul Bert
92370 CHAVILLE

Secrétariat particulier : [redacted]

Présentation d'ACALPA

L'Association contre l'aliénation parentale pour le maintien du lien familial (ACALPA), créée en 2005, trouve son origine dans une prise de conscience de l'aliénation parentale, maltraitance psychologique dont sont victimes un grand nombre d'enfants dans un contexte de séparation parentale conflictuel, et de la décision de se regrouper afin de porter le débat sur ce problème de société auprès du grand public.

ACALPA regroupe des personnes, parents et professionnels, qui reconnaissent que l'aliénation parentale est un risque grave pour tous les enfants dont les parents se séparent et qui se sont engagées pour faire connaître ce phénomène dans l'espace public et le faire reconnaître par les professionnels concernés afin que tous puissent mieux identifier, prévenir, agir et remédier à ces situations dans l'intérêt des enfants.

Grâce à ses initiatives multiples, ACALPA est devenue un interlocuteur privilégié tant auprès des médias (participation à des émissions TV et radio ; nombreux articles dans la presse), que des institutionnels (partenariat avec l'Institut national des hautes études sur la Sécurité intérieure, puis avec la Fondation pour l'enfance et le défenseur des enfants) et des institutions gouvernementales (ministère de la Justice, ministère de l'Intérieur).

ACALPA ne se substitue ni aux services spécialisés, ni aux dispositifs sociaux et psychojudiciaires existants, ni aux autres associations. Elle travaille en partenariat avec tous les intervenants institutionnels, privés ou associatifs concernés par la protection des enfants lors des divorces et des séparations, pour proposer :

- une plate-forme d'information ;
- un espace d'accueil pour les familles ;
- une passerelle d'échange pour les professionnels.

Reconnue comme une association d'utilité publique habilitée à recevoir des dons, ACALPA est enregistrée par le ministère de l'Intérieur comme une Association d'aide et de soutien aux victimes de soustraction et de rapt parental d'enfant. En qualité d'association d'aide aux victimes, ACALPA, parrainée par madame Simone Weil depuis 2007, respecte l'autonomie de décision des personnes qui la contactent. Elle propose une **écoute privilégiée** pour identifier l'ensemble des difficultés auxquelles les personnes sont confrontées (sentiment d'isolement, souffrance psychologique, méconnaissance du droit...). Elle répond à leurs besoins par un **soutien psychologique,** une **information dans le domaine du droit** (démarches judiciaires, procédures, expertises, audiences de jugement...), **de la bientraitance des enfants** et par **une orientation vers des services spécialisés.** Une obligation de confidentialité est attachée au contenu des entretiens et des correspondances avec les victimes.

ACALPA
Association Loi 1901, Présidente : Olga Odinetz
30, rue Paul Bert – 92370 Chaville – France
Courriel : *contact.acalpa@gmail.com*
Site Internet : *www.acalpa.org*
Site Dailymotion : *www.dailymotion.com/ACALPA*

Sites utiles

- **Légifrance** *www.legifrance.gouv.fr*
- **Ministère de la Justice** *www.justice.gouv.fr*
- **Points d'accès au Droit** *www.annuaires.justice.gouv.fr/lieux-dacces-aux-droits-10111*
- **Défenseur des Enfants** *www.defenseurdesenfants.fr*
- **Observatoire décentralisée de l'action sociale (ODAS)** *http://odas.net*
- **Observatoire national de l'enfance en danger (ONED)** *www.oned.gouv.fr*
- **Enfants disparus** *www.116000enfantsdisparus.fr*
- **École des éducateurs et des parents** *www.ecoledesparents.org*
- **Maisons des adolescents** *www.sante.gouv.fr/le-programme-national-de-soutien-aux-maisons-des-adolescents.html*
- **Fédération des espaces de rencontre** *http://espaces-rencontre-enfants-parents.org/pro/annuaire.php*
- **Médiation familiale**

www.mediationfamiliale.info
www.fenamef.asso.fr
www.apmf.fr
www.couple-enfant.org
www.unaf.fr

- **Violences familiales**

www.justice.gouv.fr/aide-aux-victimes-10044
www.stop-violences-femmes.gouv.fr
www.infofemmes.com
http://soshommesbattus.over-blog.com

Modèles de requête auprès du tribunal de la famille de Dinant

Arrondissement judiciaire de Namur – Division de Dinant Tribunal de la Famille

Requête relative au statut de l'enfant ou des enfants issus de parents mariés, divorcés ou séparés de fait

I. Renseignements personnels

1. Requérant(e)

Nom :

Prénom :

Né(e) à : le

Profession :

Adresse :

Ayant pour conseil :

2. Autre parent

Nom :

Prénom :

Né(e) à : le

Profession :

Adresse :

3. Date de la séparation de fait des parents :

4. Date de la décision éventuelle de divorce ou de séparation de fait :

5. Nom, prénom, date de naissance et domicile de l'enfant ou des enfants mineurs concernés par la présente requête :

• Nom, prénom :

Date de naissance : Lieu de naissance :

Domicile :

Si mineur de + de 12 ans : adresse mail :

• Nom, prénom :

Date de naissance : Lieu de naissance :

Domicile :

Si mineur de + de 12 ans : adresse mail :

• Nom, prénom :

Date de naissance : Lieu de naissance :

Domicile :

Si mineur de + de 12 ans : adresse mail :

II. Modalités actuelles d'hébergement (cochez)

1. Y a-t-il une décision judiciaire qui organise les modalités d'hébergement de l'enfant ou des enfants chez chacun des parents ?

❑ non

❑ oui et laquelle : (décision à joindre impérativement)

  ❑ ordonnance de référé du :

  ❑ ordonnance du juge de paix du :

  ❑ jugement du tribunal de la jeunesse de (lieu) : du (date) :

2. En l'absence de décision judiciaire, avez-vous organisé à l'amiable des modalités d'hébergement pour l'enfant ou les enfants chez les deux parents ?

❑ non pourquoi ?

❑ oui : si un accord a été obtenu, lequel ?

3. Les modalités d'hébergement fixées par décision judiciaire ou à l'amiable sont-elles toujours appliquées ?

❑ oui

❑ non : – à l'égard de quels enfants ?

  – depuis combien de temps ?

  – pourquoi ?

III. Demande du requérant (cochez)

1. Mesures avant dire droit :

❑ médiation

❑ chambre de règlement amiable

❑ enquête sociale de police au domicile (motivez brièvement) :

  ❑ de la mère

  ❑ du père

❑ étude sociale civile (motiver brièvement) :

❑ expertise basée sur la collaboration parentale (si rupture du lien)
❑ expertise thérapeutique

2. Autorité parentale
❑ conjointe
❑ exclusive : motif :

3. Hébergement
❑ Obtention
    ❑ de l'hébergement principal
    ❑ de l'hébergement secondaire
    ❑ de l'hébergement égalitaire
❑ Suspension
    ❑ de l'hébergement principal
    ❑ de l'hébergement secondaire
    ❑ de l'hébergement égalitaire
        ❑ du père
        ❑ de la mère

4. Domiciliation
❑ chez la mère
❑ chez le père

5. Perception des allocations familiales
❑ par la mère
❑ par le père
❑ partage des allocations – lequel ?

6. Contribution alimentaire
❑ pas de demande
❑ la somme de… euros par mois et par enfant, à partir du…

7. Partage des frais extraordinaires
❑ par moitié
❑ autre partage

8. Délégation de sommes
❑ non
❑ oui : pourquoi ?

IV Motivation succincte

(sachant que vous aurez l'occasion de vous exprimer verbalement sur votre demande dès la première audience)

Date et signature du requérant **ou** **Date et signature du conseil,**

Les pièces suivantes sont à joindre à la requête – inventaire des pièces doit être joint

– acte de naissance de chaque enfant concerné

– certificat de résidence de *chacun des parents*

– copie conforme et certificat de transcription de la décision ayant prononcé le divorce

– copie des conventions préalables au divorce par consentement mutuel

– copie de toute décision antérieure.

Arrondissement judiciaire de Namur – Division de Dinant Tribunal de la Famille

Requête relative au statut de l'enfant ou des enfants issus de parents non mariés

II. Renseignements personnels

2. Requérant(e)

Nom :
Prénom :
Né(e) à : le
N° de téléphone ou de GSM :
Profession :
Adresse :
Ayant pour conseil :

3. Autre parent

Nom :
Prénom :
Né(e) à : le
N° de téléphone ou de GSM :
Profession :
Adresse :

6. Date de la séparation de fait des parents :

7. Nom, prénom, date de naissance et domicile de l'enfant ou des enfants mineurs concernés par la présente requête :

- Nom, prénom :
Date de naissance : Lieu de naissance :
Domicile :
Si mineur de + de 12 ans : adresse mail :

- Nom, prénom :
Date de naissance : Lieu de naissance :
Domicile :
Si mineur de + de 12 ans : adresse mail :

- Nom, prénom :
Date de naissance : Lieu de naissance :
Domicile :
Si mineur de + de 12 ans : adresse mail :

III. Modalités actuelles d'hébergement (cochez)

2. Y a-t-il une décision judiciaire qui organise les modalités d'hébergement de l'enfant ou des enfants chez chacun des parents ?

❑ non

❑ oui et laquelle : (décision à joindre impérativement)

❑ ordonnance de référé du :

❑ ordonnance du juge de paix du :

❑ jugement du tribunal de la jeunesse de (lieu) : du (date) :

3. En l'absence de décision judiciaire, avez-vous organisé à l'amiable des modalités d'hébergement pour l'enfant ou les enfants chez les deux parents ?

❑ non pourquoi ?

❑ oui : si un accord a été obtenu, lequel ?

5. Les modalités d'hébergement fixées par décision judiciaire ou à l'amiable sont-elles toujours appliquées ?

❑ oui

❑ non : – à l'égard de quels enfants ?

– depuis combien de temps ?

– pourquoi ?

IV. Demande du requérant (cochez)

2. Mesures avant dire droit :

❑ médiation

❑ chambre de règlement amiable

❑ enquête sociale de police au domicile (motivez brièvement) :

❑ de la mère

❑ du père

❑ étude sociale civile (motiver brièvement)

❑ expertise basée sur la collaboration parentale (si rupture du lien)

❑ expertise thérapeutique

3. Autorité parentale

❑ conjointe

❑ exclusive : motif :

4. Hébergement

❑ Obtention

❑ de l'hébergement principal

❑ de l'hébergement secondaire

❑ de l'hébergement égalitaire

❑ Suspension

❑ de l'hébergement principal

❑ de l'hébergement secondaire

❑ de l'hébergement égalitaire

❑ du père

❑ de la mère

5. Domiciliation

❑ chez la mère

❑ chez le père

6. Perception des allocations familiales

❑ par la mère

❑ par le père

❑ partage des allocations – lequel ?

7. Contribution alimentaire

❑ pas de demande

❑ la somme de… euros par mois et par enfant, à partir du…

9. Partage des frais extraordinaires

❑ par moitié

❑ autre partage

10. Délégation de sommes

❑ non

❑ oui : pourquoi ?

V. Motivation succincte

(sachant que vous aurez l'occasion de vous exprimer verbalement sur votre demande dès la première audience)

Date et signature du requérant, **ou** **Date et signature du conseil,**

Les pièces suivantes sont à joindre à la requête – inventaire des pièces doit être joint

– acte de naissance de chaque enfant concerné

– certificat de résidence de *chacun des parents*

– copie de toutes les décisions antérieures

Arrondissement judiciaire de Namur – Division de Dinant Tribunal de la Famille

Requête relative au droit aux relations personnelles des grands-parents envers leurs petits-enfants (article 375 bis du Code civil)

III. Renseignements personnels

3. Grand-mère

Nom :

Prénom :

Né(e) à : le

Profession :

Adresse :

Ayant pour conseil :

4. Grand-père

Nom :

Prénom :

Né(e) à : le

Profession :

Adresse :

Ayant pour conseil :

3. Nom, prénom, date de naissance et domicile de l'enfant ou des enfants mineur(s) concernés par la présente requête :

- Nom, prénom :

Date de naissance : Lieu de naissance :

Domicile :

Si mineur de + de 12 ans : adresse mail :

- Nom, prénom :

Date de naissance : Lieu de naissance :

Domicile :

Si mineur de + de 12 ans : adresse mail :

- Nom, prénom :

Date de naissance : Lieu de naissance :

Domicile :

Si mineur de + de 12 ans : adresse mail :

dont les parents sont :

Nom(s), prénom(s) et domicile :

Père :

Mère :

II. Modalités du droit aux relations personnelles actuelles

1. Y a-t-il une décision judiciaire qui organise les modalités d'un droit aux relations personnelles ?

❑ non

❑ oui et laquelle : (décision à joindre impérativement)

2. En l'absence de décision judiciaire, des modalités de rencontre ont-elles déjà été organisées à l'amiable ?

❑ non

❑ oui – lesquelles ?

sont-elles toujours appliquées ?

❑ oui

❑ non – pourquoi ?

III. Demande des requérants

1. Mesures avant dire droit (éventuellement) :

❑ médiation

❑ chambre de règlement amiable

2. Droit aux relations personnelles selon les modalités suivantes :

3. Motivation succincte :

Date et signature du/des requérant(s), **ou** **Date et signature du conseil,**

Les pièces suivantes sont à joindre à la requête-inventaire des pièces doit être joint :

– acte de naissance de chaque enfant concerné

– certificat de résidence des grands-parents et de chacun des parents

– copie de toute décision antérieure.

Références bibliographiques

Aguilar José Manuel, *SAP, Síndrome de alienación parentale,* [PAS, syndrome d'aliénation parentale], [espagnol], Almuzara, 2004.

Amourette Sylvie, « Un syndrome à définir », *Journal des Psychologues,* n° 294, 2012, p. 28-32.

Andreoli Antonio, « Le Syndrome de Médée, parcours sadique de la perte d'amour », *Revue Médicale Suisse,* février 2010.

Anzieu Didier, *Le Groupe et l'inconscient,* Dunod, 1976 ; nouvelle édition, 1999.

Aronson Elliot, Carlsmith James Merill, « Effect of the severity of threat on the devaluation of forbidden behavior », *Journal of Abnormal and Social Psychology,* vol. 66, n° 6, 1963, p. 584-588.

Bakalář Edward, Novak Daniel, « Popouzení dí Tête proti druhému rodiči », I[« Inciter l'enfant contre l'autre parent »], [tchèque], in *Průvodce rozvodem pro všechny zúčastněné,* [Guide du divorce pour toutes les personnes impliquées], [tchèque], Lidové noviny, p. 133-142, 1996.

Baker Amy J. L.

– « Adult recall of Parental Alienation in a community sample : Prevalence and associations with psychological maltreatment », *Journal of Divorce and Remarriage,* vol. 51, n° 1, 2010, p. 16-35.

– « Knowledge and attitudes about the Parental Alienation Syndrome : A survey of custody evaluators », *The American Journal of Family Therapy,* vol. 35, n° 1, 2007, p. 1-19.

– « The long-term effects of parental alienation on adult children : A qualitative research study », *The American Journal of Family Therapy,* vol. 33, n° 4, 2005, p. 289-302.

– « Working with alienated children and their targeted parents », *Annals of the American Psychotherapy Assn,* vol. 11, n° 2, 2008, p. 17.

– *Adult children of Parental Alienation Syndrome : Breaking the ties that bind,* W. W. Norton & Co, 2007.

Balbi Elisa, Nardone Giorgio, *Sillonner la mer à l'insu du ciel. Leçons sur le changement thérapeutique et les logiques non ordinaires,* Éditions Satas, 2012.

Bartolomé Jean-Pierre, « Abus sexuels : pas de calme après la tempête », *Revue d'Action Juridique et Sociale,* n° 194, 2000, p. 22-35.

Bastard Benoit, « Désirable et exigeante, la régulation négociée des relations dans le couple et la famille », *Dialogue,* n° 200, 2013, p. 109-120.

Batchy Elia, Kinoo Philippe, « Organisation de l'hébergement de l'enfant de parents séparés ou divorcés », *Thérapie Familiale,* n° 25, 2004, p. 81-97.

Becker Emmanuel (de), Nawshad Ali Hamad, « Les fausses allégations d'abus sexuels sur mineurs : entre Munchausen par procuration et aliénation parentale », *L'Évolution Psychiatrique,* n° 71 (3), 2006, p. 471-83.

Bellerose Jean-Guy, « De L'Impasse Du Divorce à L'Aliénation Parentale », *Université McGill,* Canada, 1998.

Benedek Elissa P., Schetky Diane H., « Custody and Visitation : Problems and Perspectives », *Psychiatr Clin North Am,* n° 8 (4), 1985, p. 857-873.

Bensussan Paul

– « Expertises en affaires familiales : quand l'expert s'assoit dans le fauteuil du juge », *Annales Medico-Psychologiques,* n° 165, 2007, p. 56-62.

– « Interview », in *Aliénation parentale,* n° 3, Éditions Labor, 2005.

– « L'Aliénation parentale : vers la fin du déni ? », *Annales médico psychologiques,* n° 167, 2009, p. 409-15.

– *Inceste, le piège du soupçon,* Belfond, 1999.

Bensussan Paul, Rault F., *La Dictature de l'émotion,* Belfond, 2002.

Bernet William

– « Child Custody Evaluation », *Child & Adolescent Psychiatric Clinics of North America,* 2002, p. 781-804.

– « Parental Alienation Disorder and DSM-V », *American Journal of Family Therapy,* vol. 36, n° 5, 2008, p. 349-366.

– *Parental alienation. DSM-5 and ICD-11,* Charles C Thomas, publisher, LTD, 2010.

Bernet William, von Boch-Galhau Wilfrid, Baker Amy J.-L. & Morrison Stephen L., « Parental Alienation, DSM-V and ICD-11 », *The American Journal of Family Therapy,* vol. 38, n° 2, 2010, p. 76-187.

Biollay Jacques

– *Enfant libre ou enfant otage,* Les liens qui libèrent, 2010.

– *Être parents après la séparation – Construire une coparentalité sereine pour préserver l'enfant,* Hachette, 2012.

Bonfils Philippe et Gouttenoire Adeline, *Droit des mineurs,* Dalloz, 2014.

Bonneville Emmanuelle, « Effets des traumatismes précoces chez l'enfant », *La psychiatrie de l'enfant,* vol. 53, 2010, p. 31-70.

Boszormenyi-Nagy Ivan, Spark Géraldine, *Invisible loyalties : Reciprocity in intergenerational Family Therap,* Brunner-Mazel, 1973.

Boutet Yannick, « L'Îlot délirant chronique », *Journal des Psychologues,* 2012.

Bowen Murray, *La Différenciation de soi,* ESF, 1984.

Bozon Michel, Héran François, *La Formation du couple – Textes essentiels pour la sociologie de la famille,* La Découverte, 2006.

Braive Sophie, « La Parole de l'enfant dans la procédure civile », *Le journal des psychologues,* n° 268, 2009, p. 27-31.

Brisset Claire, Dolto Catherine, Poussin Gérard, *Pour ou contre la garde alternée,* Mordicus, 2010.

Buzzi Isabella, « La sindrome di alienazione genitoriale », in Cigoli V., Gulotta G. ; Santi G., *Divorzio e affidamento dei figli,* Giuffrè, 1997, p. 177-188.

Cancrini Luigi, Viggiaro Daniela, Muscogiuri Erica, « Une expertise thérapeutique : « une famille qui n'a jamais été famille et qui n'arrive pas à cesser d'être une famille » », in D'Amore Salvatore, *Les nouvelles familles,* De Boeck, 2010.

Caplow Théodore, *Deux contre un,* ESF, 1984.

Chapelière Hervé, « Conséquences psychologiques de l'enlèvement et de la rétention abusive d'enfants par un parent, à la suite d'une séparation ». Communication présentée à l'Assemblée nationale, le 18 novembre 1999, Paris.

Chaplier Luc, « Le Syndrome d'Aliénation Parentale », *Émergence,* 2003, p. 27-37.

Cigoli Vittorio, « La Douleur du divorce et ses effets relationnels : une lecture relationnelle symbolique », in D'Amore S., *Les nouvelles familles,* De Boeck, 2010.

Clawar Stanley S., Rivlin Brynne V., *Children Held Hostage,* American Bar Association, 1991.

Clérambault Gaëtan (de), *Œuvres psychiatriques,* Frénésie, 1998.

Clerget Stéphane, *Séparons-nous mais protégeons nos enfants,* Albin Michel, 2004.

Coppert-Royer Béatrice, *Vos enfants ne sont pas de grandes personnes,* Albin Michel, 2010.

Costentino Rodolphe, « Résidence alternée : droit des enfants ou droit des parents », *Le carnet psy,* n° 182, 2014, p. 38-39.

Couvrat Pierre, « Le droit pénal et la famille », *RSC,* 1969, p. 807.

Cyrulnik Boris, *Mourir de dire – La honte,* Odile Jacob, 2010.

Dandoy Nathalie, Kinoo Philippe, Vandermeersch Damien, *Allégations d'abus sexuels et séparations parentales,* De Boeck, 2003.

Darnall Douglas, *Divorce casualties : Protecting your children from Parental Alienation,* Taylor Publishing, 1998.

Dekeuwer-Défossez Françoise, *Rénover le droit de la famille. Propositions pour un droit adapté aux réalités et aux aspirations de notre temps,* La Documentation française, 1999, p. 125.

Delage Michel

– « Le Thérapeute familial et l'aliénation parentale », *Thérapie familiale,* vol. 31, 2010, p. 27-28.

– *La Résilience familiale,* Odile Jacob, 2008.

– *La Vie des émotions et l'attachement dans la famille,* Odile Jacob, 2013.

Delfieu Jean-Marc, « Le Syndrome d'aliénation parentale. Diagnostic et prise en charge médico-juridique », *Experts,* vol. 67, 2005, p. 24-30.

Depaulis Alain, *Le Complexe de Médée – Quand une mère prive le père de ses enfants,* De Boeck, 2008.

Derain Marie, « La Résidence alternée et la défenseuse des enfants », *Le carnet psy,* n° 182, 2014, p. 42-45.

Despert J. Louise, *Children of divorce,* Doubleday, 1953. [Enfants du divorce, PUF, 1957.]

Dolto Françoise, *La Cause des enfants,* Robert Laffont, 1985.

Donfut Corinne, Foucart Nicole, « L'"entre-deux", une histoire de rencontres et de séparations », *Enfances & Psy,* (50), 2011, p. 157 – 163.

Dubray Jean-Marc, Baurain Martine, Füeg Jean-François, « L'Aliénation parentale », *Aliénation parentale,* n° 3, Éditions Labor, 2005.

Durand Édouard

– « Violences conjugales, conflit conjugal et aliénation parentale », *Actualités Juridiques Famille,* Dalloz, 2013.

– *Violences conjugales et parentalités,* L'Harmattan, 2013.

Ehrenberg Alain, Lovell Anne M., *La Maladie mentale en mutation,* Odile Jacob, 2001.

Erwoine Didier
– « Les traitements du syndrome d'aliénation parentale », *Aliénation parentale,* n° 3, Éditions Labor, 2005.
– *Le Syndrome d'aliénation parentale, Mémoire pour licence en psychologie,* Université de Liège, 2004.

Faulkner Nancy, *L'Enlèvement parental est un viol de sa personnalité. Article présenté pour l'association P.A.R.E.N.T. et les victimes de L'enlèvement parental,* le 9 juin 1999 devant le Comité de la Convention des Nations Unies des Droits de l'Enfant par Mme Myriam Fournier.

Festinger Leon, Carlsmith James M., « Cognitive consequences of forced compliance », *Journal of Abnormal and Social Psychology,* n° 58, 1959, p. 203-210.

Festinger Leon, Riecken Henry W., Schachter Stanley, *When Prophecy Fails,* University of Minnesota Press, 1956 ; nouvelle édition, Martino Fine Books, 2012.

Fidler Barbara Jo, Bala Nicholas, Birnbaum Rachel, Kavassalis Katherine, *Challenging Issues in Child Custody Disputes : A Guide for Legal and Mental Health Professionals,* Thomson Carswell, 2008.

Fidler Barbara Jo, Bala Nicholas, Saini Michaël, *Children Who resist post separation parental contact,* Oxford University Press, 2012.

Foenkinos David, *La Délicatesse,* Gallimard, 2009, p. 15.

Freeman Bradley W., « Children of divorce : The differential diagnosis of contact refusal », *Child & Adolescent Psychiatric Clinics of North America,* 2011, p. 467-477.

Freeman Rhonda et Gary, « Gérer les difficultés de contact : une approche axée sur l'enfant. Extraits d'un rapport présenté à la section de la famille, des enfants et des adolescents du ministère de la Justice du Canada », *La Revue d'Action Juridique et Sociale,* (237), 2004, p. 18-30.

Freud Sigmund
– « Sur quelques mécanismes névrotiques dans la jalousie, la paranoïa et l'homosexualité », (1922), traduit par D. Guérineau, in *Névrose, Psychose et Perversion,* PUF, 1973, p. 271-281.
– « Le Plus Commun des ravalements de la vie amoureuse », *Revue française de psychanalyse,* vol. 9-1, 1936.
– *Psychologie de masses et analyse du Moi,* Points Essais, 2014.
– *Psychologie des masses et analyse du moi,* PUF, 2010.

Gagné Marie-Hélène, Drapeau Sylvie, « L'Aliénation parentale est-elle une forme de maltraitance psychologique ? », *Aliénation parentale,* n° 3, Éditions Labor, 2005.

Ganancia Danièle, « Le Juge écartelé dans les séparations conflictuelles », *Actualités Juridiques Famille,* Dalloz, 2013.

Gardner Richard A.
– « Differentiating between parental alienation syndrome and bona fide abuse-neglect », *American Journal of Family Therapy,* vol. 27, n° 2, 1999, p. 97-107.
– « Family therapy of the moderate type of Parental Alienation Syndrome », *Am. Journal Fam. Ther.,* vol. 27, 1999, p. 195-212.

– « Child Custody Litigation : A Guide For Parents and Mental Health Professions », *Creative Therapeutics,* 1986.
– « Family Evaluation in Child Custody Mediation, Arbitration, and Litigation », *Creative Therapeutics,* 1989.
– « The Parental Alienation Syndrome : A Guide for Mental Health and Legal Professionals », *Creative Therapeutics,* 1992.

Gardner Richard A., Sauber Richard S., *Lorandos Demosthenes, International Handbook of Parental Alienation Syndrome,* Charles C Thomas Pub Ltd, 2006.

Gareil Laurence, *L'Exercice de l'autorité parentale, Thèse dirigée par Jacques Ghestin,* éd. LGDJ, Tome 413, 2004.

Goetgheluck Delphine, « Un syndrome d'aliénation parentale ? », *Journal des Psychologues,* n° 294, 2012, p. 18.

Gold-Greenberg Lina, Worenklein Abraham, « L'Aliénation parentale, un défi légal et clinique pour les psychologues », *Psychologie Québec,* 2001, p. 26-27.

Goldwater Anne-France, « Le Syndrome d'Aliénation Parentale », in *Développements récents en droit familial,* Les Éditions Yvon Blais, 1991, p. 121-145.

Gonçalves Pedro, Grimaud de Vincenzi Annie, « D'ennemis à coéquipiers : le difficile apprentissage de la coparentalité après un divorce conflictuel », *Thérapie familiale,* 24 (3), 2003, p. 239-253.

Goudard Bénédicte
– *Le Syndrome d'aliénation parentale, thèse,* Université de médecine de Lyon 1, 2008, p. 40.
– « Le Syndrome d'aliénation parentale – Une forme moderne de l'inceste », *Journal des Psychologues,* 2012.

Gouttenoire Adeline, « Le Droit de la famille dans la jurisprudence de la Cour européenne des droits de l'homme », *Droit de la famille,* n° 5, 2008, p. 16.

Guédon Jean-Philippe, Breger Frédéric., *Les enlèvements parentaux – Guide pratique à l'usage des professionnels,* Éd. CFPE-Enfants disparus, 2013.

Gulotta Guglielmo, « La sindrome di alienazione genitoriale », *Pianeta infanzia. Questioni e documenti, Istituto degli Innocenti, Firenze, Luglio,* 1998, p. 27-36, p. 67-72.

Hammer Clairette, *Les enfants on se sépare – Comment préserver l'équilibre de vos enfants au quotidien,* Flammarion, 2005.

Hayez Jean-Yves
– « Autour de l'abus sexuel, de sa prévention et de sa prise en charge », *La Revue d'Action Juridique et Sociale,* (192), 2000, p. 29-35.
– « Exécuter des innocents ou briser des vies ? Les durs enseignements d'Outreau », *La Revue d'Action Juridique et Sociale,* (237), 2004, p. 40-42.
– « L'Aliénation parentale : info ou intox ? », *Journal des Psychologues,* 2012.

Hayez Jean-Yves, Kinoo Philippe, « Aliénation parentale : Un concept à haut risque », *Neuropsychiatrie de l'Enfance et de l'Adolescence,* 53 (4), 2005, p. 157-65.

Hébrard Stéphanie, « Loi du 4 mars 2002 : regard d'un juge aux affaires familiales », *AJ fam.,* 2003, p. 296.

Hellblom Sjögren Lena, *Hemligheter och minnen. Att utreda tillförlitlighet i sexualbrottmål,* Norstedts Juridik, 1997.

Hirigoyen Marie-France

– *Abus de faiblesse et autres manipulations,* J.-C. Lattès, 2012.

– *Femmes sous emprise,* Pocket, 2006.

– *Le harcèlement moral,* Pocket, 2011.

– *Les nouvelles solitudes,* La Découverte, 2007.

Johnston Janet R., « Children of divorce who refuse visitation », in Depner Charlene E., Bray James H., *Nonresidential parenting – New vistas in family living,* Sage, 1993.

Jones Colin P. A., « What American lawyers need to know about child custody and visitation in Japan », *Asian-Pacific Law and Policy Journal,* Vol. 8, Issue 2, 2007.

Joule Robert-Vincent, et Beauvois Jean-Léon, *La Soumission librement consentie,* PUF, 1998 ; nouvelle édition, 2010.

Joyal Renée, Quéniart Anne, Van Gijseghem Hubert, « Enfants en garde partagée : Quelques questions et réponses », *Intervention,* (122), 2005, p. 51-59.

Juston Marc, « Se séparer en parents responsables », *EMPAN 4,* n° 72, 2008, p. 93-98.

Juston Marc, « Le Syndrome d'aliénation parentale. Éléments de réflexion d'un juge aux affaires familiales », *Gazette du Palais,* n° 226-230, 14-18 août 2011, p. 7-11.

Juston Marc

– « De la co-parentalité à la déparentalité », *A J Famille Dalloz,* 2011, p. 579-583.

– « La Co-audition de l'enfant dans les séparations familiales : une réponse adaptée à la protection de l'enfant », *Droit de la famille,* n° 6, 2011.

– « Le Juge aux affaires familiales face au syndrome d'aliénation parentale : comment le repérer et le gérer », *Le Journal du Droit des Jeunes, Revue d'Action Juridique et Sociale,* n° 307, 2011, p. 19 – 28.

– « Les enfants peuvent-ils faire la loi ou dire leurs besoins ? », *Dalloz-Actualité Juridique Famille,* n° 9, 2009.

– « La Souffrance des enfants dans les situations de séparation de leurs parents : quelle réponse la Justice familiale peut-elle y apporter ? », *Gazette du Palais,* 2012.

Kahneman Daniel, *Système 1, système 2 : les deux vitesses de la pensée,* Flammarion, 2012.

Kelly Joan B., Johnston Janet R., « The alienated child. A reformulation of parental alienation syndrome », *Family Court Review,* vol. 39, n° 3, 2001, p. 249-266.

Klenner Wolfgang, « Rituale der Umgangsvereitelung bei getrennt lebenden oder geschiedenen Eltern », *Zeitschrift für das gesamte Familienrecht,* n° 24, 1995, p. 1529-1535.

Lacan Jacques

– *Écrits,* Seuil, 1966.

– *Le séminaire : Livre XX, Encore,* Le Seuil, 1975, Leçon 21 novembre 1972.

Lamontagne Paule, « Syndrome d'Aliénation Parentale : Contexte et pièges de l'intervention », in sous la direction de Hubert Van Gijseghem, *Us et abus de la mise en mots en matière d'abus sexuel,* Les Éditions du Méridien, 1999.

Lasbats Mireille, « Étude du syndrome d'aliénation parentale à partir d'une expertise civile », *Actualité Juridique Famille Dalloz,* vol. 11, 2004, p. 397-399.

Legoff Jean-François, *L'Enfant, parent de ses parents,* L'Harmattan, 1999.

Lévi-Strauss Claude, *Les structures élémentaires de la parenté,* PUF, 1949.

Levy David M., *Maternal Overprotection,* Columbia University Press, 1943.

Lorandos Demostenes, Bernet William, Sauber Richard, *Parental Alienation, The Handbook for Mental Health and Legal Professionals,* Charles C Thomas Pub Ltd, 2013.

Lowenstein Ludwig F.

– « Attachment Theory and parental alienation », *Journal of Divorce & Remarriage,* vol. 51, n° 3, 2010.

– « Parental Alienation Syndrome : A two-step approach toward a solution », *Contemporary Family Therapy,* vol. 20, n° 4, 1998, p. 505-520.

– *Parental Alienation : How to Understand and Address Parental Alienation Resulting from Acrimonious Divorce or Separation,* Russell House Publishing Ltd, 2007.

Maestre Michel, « L'Expertise familiale systémique. Une alternative à la thérapie sous mandat judiciaire », *Générations,* n° 4, 1995, p. 22-30.

Major Jayne A., « Parents who have successfully fought Parental Alienation Syndrome », *Aspen Law Journal,* 2000.

Malagoli Togliatti Marisa, Lubrano Lavadera Anna, Franci Marta, « Les enfants du divorce comme protagonistes actifs de la séparation conjugale », *Cahiers critiques de thérapie familiale et de pratiques de réseaux,* 34 (1), 2005, p. 135-156.

Manciaux Michel, Girodet Dominique, *Allégations d'abus sexuels,* Fleurus, 1999.

Marique Bee, Sacrez Marie, « De Cochem à Dinant : une procédure dans le respect de l'enfant », *Rev. trim. dr. fam,* liv.1, 2014, p. 11-46.

Morin Edgar

– *Introduction à la pensée complexe,* ESF, 1990 ; nouvelle édition, Points, 2014.

– *La Complexité humaine,* Flammarion, 1994 ; nouvelle édition, 2008.

Nardone Giorgi., Watzlawick Paul, *Brief strategic therapy. Philosophy, techniques, and research.,* Jason Aronson, 2005.

Nazaré-Aga Isabelle, *Les manipulateurs sont parmi nous,* Éd. de l'Homme, 2013.

Neirinck Claire, Bruggeman Maryline, *La Convention Internationale des Droits de l'Enfant – Une convention particulière,* Dalloz-Sirey, 2014.

Neirinck Claire

– « L'Ambiguïté des visites médiatisées », *Dr fam.,* nov. 2012.

– *La Protection de la personne de l'enfant contre ses parents,* LGDJ, 1984.

Ninio Jacques, *L'Empreinte des sens,* Odile Jacob, 1989.

Odinetz Olga

– « L'Aliénation parentale, une source de souffrance pour l'enfant », *Métiers de la petite enfance,* n° 150, 2009, p. 8-10.

– « Protéger les enfants lors des séparations parentales très conflictuelles : un vrai défi pour les professionnels », *Journal d'action sociale,* 2011.

Odyniec Hannah, « De l'enfant-otage à l'enfant-soldat : chroniques de guerres familiales », *Aliénation parentale,* n° 3, Éditions Labor, 2005, p. 128-137.

Pannier Jean

– « Jurisprudence », *Gazette du Palais,* 18-20 novembre 2007, p. 11-15.

– « Jurisprudences : Autorité parentale - Droit de visite et d'hébergement - Aliénation parentale », *La Revue d'Action Juridique et Sociale,* vol. 270, 2007, p. 58-62.

Platon, *Le Banquet, in Œuvres complètes,* t1, La Pléïade, Gallimard, 1982.

Poussin Gérard, Barumandzadeh Taghi, Barumandzadeh Roya et al. « Children suffering from parental divorce », *Archives de Pédiatrie,* 2010, p. 964-5.

Poussin Gérard, Martin-Lebrun Elizabeth, *Les enfants du divorce,* Dunod, 2011.

Poussin Gérard, Sayn Isabelle, *Un seul parent dans la famille,* Centurion, 1990, p. 172.

Poussin Gérard

– "Un conflit destructeur", in « L'Enfant écartelé », *Enfances & Psy,* n° 4, 1998.

– *Mon enfant a-t-il besoin d'un psychologue ? Est-ce toujours utile ? Qui voir ? Quand ? Toutes les réponses à vos questions,* Inter Éditions, 2004.

– *Rompre ces liens qui nous étouffent,* Pocket, 2003.

Rathmes Jean-Martin, « L'Heure de l'enfant. Leurre du juge », *Aliénation parentale,* n° 3, Éditions Labor, 2005, p. 57-75.

Rault Florence, « Séparation et allégations d'abus sexuels », *Aliénation parentale,* n° 3, Éditions Labor, 2005, p. 43-55.

Ravaz Christine, *Avocat à vif,* Éditions du Lau, 2012.

Razavet Jean-Claude, *Du roc de la castration au roc de la structure,* De Boeck, 2008.

Reich Wilhelm, *Character analysis,* Farrar, Straus and Giroux, 1949.

Renault Alain, *La Fin de l'autorité,* Flammarion, 2004.

Richardson Pamela, *A kidnapped mind,* Éd. Dundurn, 2006.

Rongé Jean-Luc

– « En marge d'Outreau, droits de la défense et crédibilité des victimes. La parole des experts et l'égalité des armes », *La Revue d'Action Juridique et Sociale,* (237), 2004, p. 32-38.

– « L'Intérêt de l'enfant dans la Convention de La Haye sur l'enlèvement international d'enfant et la Convention des droits de l'enfant », *La Revue d'Action Juridique et Sociale,* (247), 2005, p. 58-61.

Rousseau Véronique., « Médiation familiale : des situations de divorce à la prévention des séparations conjugales précoces », *Le Journal des psychologues,* 5, (288), 2011, p. 39-43.

Russell Dan, Jones Warren H. « When superstition fails : Reactions to disconfirmation of paranormal beliefs », *Personality and Social Psychology Bulletin (Society for Personality and Social Psychology),* vol. 6, 1980, p. 83-88.

Selvini-Palazzoli Mara, Cirillo Stephano, *Les jeux psychotiques dans la famille,* ESF, 1989 ; nouvelle édition, 2013.

Seron Claude et al., *Don, pardon et réparation,* Fabert, 2007.

Seron Claude, Wittezaele Jean-Jacques, *Aide ou contrôle,* De Boeck, 2009.

Singly François (de), *Les uns avec les autres,* Armand Colin, 2003 ; nouvelle édition, Hachette, 2010.

Traube Raymond B., « Séparations conflictuelles en pédopsychiatrie legale », *Schweizer Archiv fur Neurologie und Psychiatrie,* 157 (6), 2006, p. 270-277.

Trémintin Jacques, « Quand l'enfant se retrouve piégé – L'aliénation parentale », *Lien Social,* vol. 739, 2005, p. 4-14.

Trenoye Pascale, Malchair Alain, Bertrand Jean, « Le Syndrome d'aliénation parentale : du concept à la pathologie ? Clinique et revue critique de la littérature », *Acta psychiatrica Belgica,* 108 (4), 2008, p. 25-36.

Turner Heather A., Kopiec Kathleen, « Exposure to Interparental Conflict and Psychological Disorder Among Young Adults », *Journal of Family Issues,* n° 27, 2006, p. 131-158.

van Dieren Benoit, « L'Intérêt de l'enfant, piège, alibi ou réalité ? », *Revue trimestrielle de Droit Familial,* 1, 1994, p. 101-123.

van Dieren Benoit, De Hemptinne M., Renchon J.-L., « Le Risque de rupture du lien parent-enfant et l'expertise axée sur la collaboration parentale », *Rev. trim. dr. fam.,* 2011, p. 261-298.

van Gijseghem Hubert

– « L'Aliénation parentale : Les principales controverses », *La Revue d'Action Juridique et Sociale,* vol. 23, 2004, p. 11-18.

– « L'Aliénation parentale : Points controversés », *Aliénation parentale,* n° 3, Éditions Labor, 2005, p. 13-27.

– « Le Syndrome d'aliénation parentale », *La Revue d'Action Juridique et Sociale,* vol. 218, 2002, p. 38-41.

– « Le Syndrome d'alienation parentale (SAP) », *Journal du droit des jeunes,* n° 222, fév. 2003.

– « Les controverses entourant la notion de l'aliénation parentale », *Revue de Psychoéducation,* vol. 34, n° 1, 2005, p. 119-29.

van Gijseghem Hubert, Lamontagne P., « L'Aliénation parentale. Comment intervenir ? », in *Approcher le divorce conflictuel,* Éd. J. E. Vanderheyden, 2008, p. 136-143.

van Kote Agnès, « Médiation familiale : une autre parole entre l'enfant et ses parents séparés », *Connexions,* (93), 2010, p. 109-119.

Vasselier-Novelli Catherine, Delage Michel, Danel Patrick, Heim Charles, *Enfants victimes de violences conjugales,* Fabert, 2014.

Vasselier-Novelli Catherine, Heim Charles, « Tenir les uns et les autres, regard sur les appartenances à travers notre expérience des expertises familiales systémiques », *Thérapie Familiale,* vol. 31, 2015, p. 55-69.

Vauville Frédéric, « Du principe de coparentalité et de sa mise en œuvre », in Dekeuwer-Défossez Françoise et Choain Christine, *L'autorité parentale en question,* Presses universitaires du Septentrion, 2003, p. 136.

Versini Dominique, *Rapport de la Défenseure des enfants, Enfants au cœur des séparations conflictuelles,* La Documentation française, 2008.

von Boch-Galhau Wilfrid, Kodjoe Ursula

– « Syndrome d'aliénation parentale : Une forme de maltraitance psychologique des enfants en cas de séparation ou de divorce conflictuel des parents », *Aliénation parentale,* n° 3, Éditions Labor, 2005, p. 91-115.

– « Endoctrinement et rupture des liens en cas de "syndrome d'aliénation parentale" : Conséquences psychologiques sur les enfants du divorce devenus adultes », *Revue Internationale de Psychosociologie,* vol. 13, n° 30, 2007, p. 89-111.

– « Syndrome d'aliénation parentale : Une forme sous-estimée de maltraitance psychologique des enfants en cas de séparation ou de divorce conflictuel des parents », *Synapse, Journal de Psychiatrie et Système Nerveux Central,* n° 227, 2006, p. 11-18.

– « The Parental Alienation Syndrome : an interdisciplinary challenge for professionals involved in divorce », *Verlag für Wissenschaft und Bildung,* 2003, p. 175-185.

von Boch-Galhau Wilfrid, « Le SAP : impacts de la séparation et du divorce sur les enfants et sur leur vie d'adulte », vol. 188, *Synapse,* 2002, p. 23-34.

von Boch-Galhau Wilfrid, Kodjoe Ursula, Andritsky Walter, Koeppel Peter, *The Parental Alienation Syndrome : An interdisciplinary challenge for professionals involved in divorce,* Verlag für Wissenshaft and Bildung, 2003.

Vouche Jean-Pierre, *De l'emprise à la résilience – Les traitements psychopathologiques des violences conjugales : auteurs, victimes, enfants exposés,* Fabert, 2009.

Walch Agnès, *Où va le mariage ?,* Fayard, 2013.

Wallerstein Judith S., Kelly Joan B., « Effects of divorce on the visiting father-child relationship », *The American Journal of Psychiatry,* vol. 137, n° 12, 1980, p. 1534-1539.

Wallerstein Judith S., Blakeslee Sandra, *Second chances : Men, women, and children a decade after divorce,* Bantam Press, 1989.

Wallerstein Judith S., Kelly Joan B., « The effects of parental divorce : Experiences of the child in later latency », *American Journal of Orthopsychiatry,* 46, 1976, p. 256-269.

Wallerstein Judith S., Kelly Joan B., *Surviving the break-up : how children and parents cope with divorce,* Basic Books, 1980.

Warshak Richard A.

– « Bringing sense to parental alienation : A look at the disputes and the evidence », *Family Law Quarterly,* vol. 73, n° 2, 2003, p. 273-301.

– « Family bridges : Using insights from social science to reconnect parents and alienated children », *Family Court Review,* vol. 48, n° 1, 2010, p. 48-80.

– *Divorce poison How to protect your family from bad-mouthing and brainwashing,* Harper Collins, 2010.

– *Divorce Poison : Protecting the Parent-Child Bond from a Vindictive Ex,* Regan Books, 2001.